가람 이병기 전집 22

국어학 논문·평론, 고어집

이 도서는 2024년 국립대학육성사업의 지원을 받아 수행되었음
이 도서는 2024년 익산시와 전라북도의 지원에 의해 간행되었음

가람 이병기 전집

22

국어학 논문·평론, 고어집

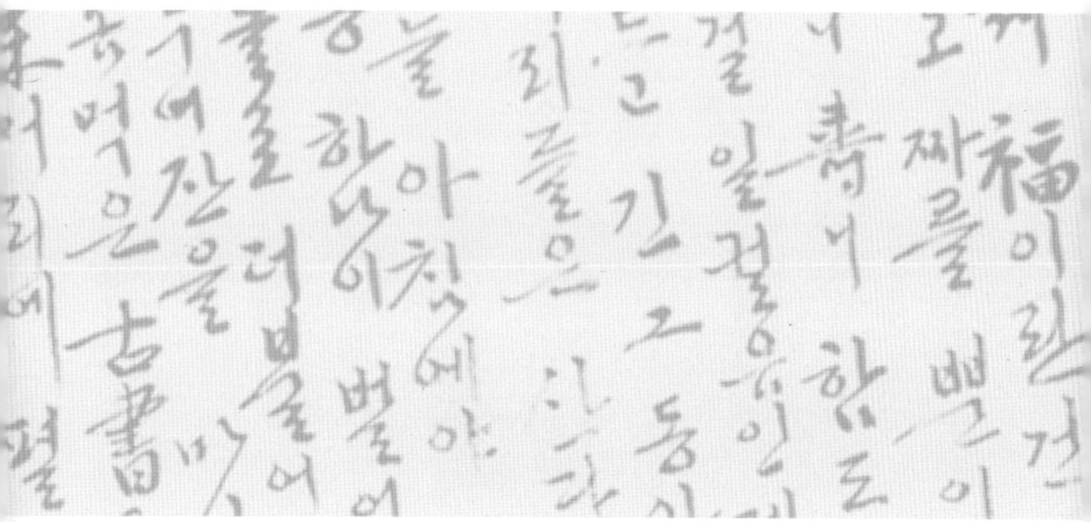

전북대학교출판문화원

국어학 논문·평론, 고어집

일러두기

1. 이 전집 22권은 신문잡지에 발표된 가람 이병기의 국어학 관련 논문, 평론 등 저술과 기타 자료를 연도순으로 배치하고, 그의 육필 노오트 『고어집古語集』을 수록하였다.
2. 원문의 표기법을 존중하여 수록하되, 띄어쓰기는 가독성을 고려하여 현재의 한글맞춤법 규정에 따르는 것을 원칙으로 하였다.
3. 반복되는 한자는 국문으로 일부 바꾸기도 하였다.
4. 원문의 한자어는 가독성을 위하여 '한글漢字' 식으로 표기하였다.
5. 출전은 각주로 표시하였으며, 발표 일자는 신문은 연월일까지, 잡지는 연월까지 밝혔다.

목 차

논문·평론

조선어朝鮮語로 보는 불교佛敎

朝鮮語로 보는 佛敎

柯南 李秉岐

어느나라ㅅ사람이든지 저의國語를 尊重히아니 녀기는이가업다。그國語가아니면 그나라ㅅ사람의 思想과感情을 完全히나타낼수가업는까닭이다。그럼으로 朝鮮ㅅ사람은 朝鮮語를 尊重히아니녀길수업다。

벌서三千年前에 漢ㅅ字가流入되어 모든記錄과 日用談話까지 漢ㅅ字를使用하여왓다。그러나 우리朝鮮語는 그대로 傳하여왓다。아무리 래튼말이盛行하여도 伊太利國語는 伊太利國語대로 傳하여發達하엿고 佛蘭西語가盛行하여도 獨逸語는 獨逸語대로 傳하여發達하엿다。이가티 우리朝鮮語도 언제든지 그대로 傳하여發達할것이다。

一千五百餘年前에 佛敎가支那로부터 輸入되며 모든文化가 그影響을바더 크게發達되엿다。그러하야우리말에도 佛敎의말이 만히 섯기게되엇다。그中에도 山名가튼것은 佛敎의말로된것이 퍽만타。대강 적어보면 抱川의觀音山 金浦의文殊山 金川의帝釋山 忠州의迦葉山 鎭安의智藏山 任實의極樂山 南原의般若山 益山의彌勒山 龍華山 陜川의彌陀山 海州의達摩山 德源의袈裟山 淮陽의金剛山 三陟의佛陀山들이다。이걸보드라도 佛敎가얼마만콤 隆盛하엿든걸 짐작할수잇다。

그러나 佛敎가隆盛하든 時代에는 오히려 國學이振興하여 國學을勉勵한高僧巨儒가만하엿다。이를터면 新羅의大矩和尙 角干魏弘 融天師 信忠 忠談 月明師 永才 薛聰等과 高句麗의乙巴素와 百濟의武王 成忠等과 高麗의均如大師 一然 鄕敘 禪坦 蔡洪哲 鄭夢周等과 李朝의世宗大王 信

『불교』 7호, 1924. 12.

조선어朝鮮語로 보는 불교佛教[1]

가람嘉藍 이병기李秉岐

어느 나라ㅅ사람이든지 저의 국어國語를 존중尊重히 아니 녀기는 이가 없다. 그 국어國語가 아니면 그 나라ㅅ사람의 사상思想과 감정感情을 완전完全히 나타낼 수가 없는 ㅆ닭이다. 그럼으로 조선朝鮮사람은 조선어朝鮮語를 존중尊重히 아니 너길 수 없다.

벌써 삼천三千 년年 전前에 한ㅅ자漢ㅅ字가 유입流入되어 모든 기록記錄과 일용담화日用談話까지 한ㅅ자漢ㅅ字를 사용하여 왓다. 그러나 우리 조선어朝鮮語는 그대로 전傳하여 왓다. 아무리 래튼말이 성행盛行하여도 이태리伊太利 국어國語는 이태리伊太利 국어國語대로 전傳하여 발달發達하엿고 불란서어佛蘭西語가 성행盛行하여도 독일어獨逸語는 독일어獨逸語대로 전하여 발달하엿다. 이가티 우리 조선어朝鮮語도 언제든지 그대로 전傳하여 발달發達할 것이다.

일천오백一千五百여 년年 전前에 불교佛教가 지나支那로부터 수입輸入되며 모든 문화文化가 그 영향影向을 바더 크게 발달發達되었다. 그리하야 우리말에도 불교의 말이 많이 섯기게 되엇다. 그중中에도 산명山名과 같은

1 「朝鮮語로 보는 佛教」, 『佛教』 7호, 1924. 12.

것은 불교의 말로 된 것이 퍽 많다. 대강 적어 보면 포천抱川의 관음산觀音山, 김포金浦의 문수산文殊山, 김천金川의 제석산帝釋山, 충주忠州의 가섭산迦葉山, 진안鎭安의 지장산智藏山, 임실任實의 극락산極樂山, 남원南原의 반야산般若山, 익산益山의 미륵산彌勒山, 용화산龍華山 합천陜川의 미타산彌陀山, 해주海州의 달마산達摩山, 덕원德源의 가사산袈裟山, 회양淮陽의 금강산金剛山, 삼척三陟의 불타산佛陀山 들이다. 이걸 보드라도 불교가 얼마만큼 융성隆盛하였든 걸 짐작할 수 잇다.

그러나 불교가 융성하던 시대에는 오히려 국학國學이 진흥振興하여 국학國學을 면려勉勵한 고승거유高僧巨儒가 만하엿다. 이를터면 신라의 대구화상大矩和尙, 각간角干 위홍魏弘, 융천사融天師, 신충信忠, 충담忠談, 월명사月明寺, 영재永才, 설총薛聰 등과 고구려의 을파소乙巴素와 백제의 무왕武王 성충成忠 등等과 고려의 균여대사均如大師, 일연一然, 정서鄭敍, 선탄禪坦, 채홍철蔡洪哲, 정몽주鄭夢周 등과 이조의 세종대왕, 신미信眉, 수미守眉, 설준雪峻, 홍준弘濬, 지해智海, 해초海超 사지斯智, 학열學悅, 학조學祖, 김수온金守溫, 신숙주申叔舟, 성삼문成三問, 최항崔恒, 안지安止 등이 모다 유명하엿섯다

불교의 사상도 쏘한 사람의 사상인 까닭에 우리 조선인의 사상에도 불교사상과 같은 사상이 잇는 것이다. 그러므로 조선에서 불교의 사상을 밝히는 것도 곧 우리 사람의 사상을 밝히는 것인즉 우리 사람의 사상을 밝히자 하면 먼저 우리말을 잘 이해하여야 할 것이다.

능가경楞伽經의 「언어와 제일진실第一 眞實」에

「말에는 네 가지 종류種類가 서로 다르니

1. 물건物件의 형체상모形體狀貌에 취就하야 니르는 말이니 스사로 늣기는 바를 짜라 감感하는 마음이 생겨 말을 함.

2. 잠ᄭ대하는 말이니 이것은 먼저 견문학지見聞學知한 바를 꿈꾸며 하는 말이다. 샌 뒤에는 아모 실체實體도 업슴.

3. 과거의 한바 행위行爲를 기억하여 생기는 말.

4. 무한無限한 녯적으로부터 사람의 마음에 심어 사람의 깁흔 습관習慣이 되엇슴으로 그 힘에 의지하야 말을 함.」

이라 하였다. 그 제4第四에 「무한한 녯적으로부터 사람의 마음에 심어 사람의 깁흔 습관이 되엇슴으로 그 힘에 의지하야 말을 함」이라 하는 것을 보아도 조선朝鮮ㅅ사람도 반듯이 무한無限한 녯적으로부터 심어온 깁흔 습관에 의지하여 생긴 말이 잇슬 것이다. 이건 불교의 힘으로 어찌하지 못할 것이오, 돌이어 불교가 먼저 우리말의 힘을 빌려야 될 것이다.

야소교耶蘇敎가 처음 조선에 전포傳布될 때 그 성경聖經을 전혀 조선어朝鮮語로 번역飜譯하여 전포傳布하더니 과연 그 효력效力을 만히 어덧다.

조선의 불교도 다시 융성케 하랴면 저 국어학자가 만히 나기를 바란다. 국학이 발달되는 동시에 불교도 따라 부흥復興될 줄로 믿는다.

한ㅅ자漢ㅅ字의 음音

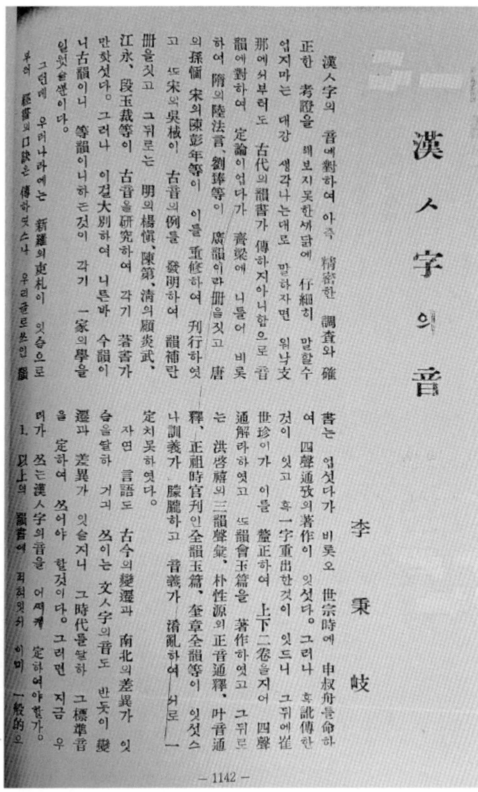

漢ㅅ字의 音

李秉岐

漢ㅅ字의 音에對하여 아즉 精密한 調査와 確正한 考證을 해보지못한새닭에 仔細히 말할수 업지마는 대강 생각나는대로 말하자면 워낙支那에서부터도 古代의韻書가 傳하지아니함으로 音韻에對하여 定論이업다가 齊梁에 니르러 비롯하여 隋의陸法言、劉臻等이 廣韻이란冊을짓고 唐의孫愐 宋의陳彭年等이 이를 重修하여 刊行하엿고 또宋의吳棫이 古音의例를 發明하여 韻補란冊을짓고 그뒤로는 明의楊愼、陳第、淸의顧炎武、江永、段玉裁等이 古音을硏究하여 각기 著書가 만핫섯다。 그러나 이걸大別하여 니른바 今韻이나古韻이나 等韻이니하는것이 각기 一家의學을 일웟슬뿐이다。

그런데 우리나라에는 新羅의吏札이 잇슴으로부터 經書의口訣은 傳하엿스나 우리글로쓰인 韻書는 업섯다가 비롯오 世宗時에 申叔舟를命하여 四聲通攷의著作이 잇섯다。 그러나 혹訛傳한것이 잇고 혹一字重出한것이 잇드니 그뒤에崔世珍이가 이를 釐正하여 上下二卷을지어 四聲通解라하엿고 또韻會玉篇을 著作하엿고 그뒤로는 洪啓禧의三韻聲彙、朴性源의正音通釋、叶音通釋、正祖時官刊인全韻玉篇、奎章全韻等이 잇섯스나訓義가 朦朧하고 音義가 淆亂하여 서로 一定치못하엿다。

자연 言語도 古今의變遷과 南北의差異가 잇슴을딸하 거긔 쓰이는 文ㅅ字의音도 반듯이 變遷과 差異가 잇슬지니 그時代를딸하 그標準音을 定하여 쓰어야 할것이다。 그러면 지금 우리가 쓰는漢ㅅ字의音을 어떠케 定하여야할가。

1. 以上의 韻書에 적혀잇서 이미 一般的으

— 1142 —

『신민』 제13호, 1926. 5.

한ㅅ자漢ㅅ字의 음音[2]

한ㅅ자漢ㅅ字의 음音에 대對하여 아즉 정밀한 조사와 확정確定한 고증考證을 해 보지 못한 까닭에 자세히 말할 수 업지마는 대강 생각나는 대로 말하자면 원낙 지나支那에서부터도 고대의 운서韻書가 전하지 아니함으로 음운音韻에 대하여 정론定論이 업다가 제양齊梁에 니릉어 비롯하여 수隋의 육법언陸法言, 유진劉臻 등이 광운廣韻이라 책을 짓고 당의 손면孫愐 송의 진팽년陳彭年 등이 이를 중수重修하여 간행하엿고 또 송의 오역吳棫이 고음古音의 예例를 발명하여 운보韻補란 책을 짓고 그 뒤로는 명의 양신楊愼, 진제陣第, 청의 고염무顧炎武, 강수江水, 단옥재段玉裁 등이 고음古音을 연구하여 각기 저서著書가 만핫섯다. 그러나 이걸 대별大別하여 니른바 금운今韻이니 고운古韻이니 하는 것이 각기 일가一家의 학學을 일웟슬 쌘이다.

그런데 우리나라에는 신라의 이찰吏札이 잇슴으로부터 경서經書의 구결口訣은 전傳하엿스나 우리 글로 쓰인 운서韻書는 업섯다가 비롯오 세종世宗 시時에 신숙주申叔舟를 명命하여 사성통고四聲通攷의 저작著作이 잇섯다. 그러나 혹 와전訛傳한 것이 잇고 혹 일자중출一字重出한 것이 잇드니 그 뒤에 최세진崔世珍이가 이를 이정釐正하여 상하上下 2권二卷을 지어 사성통해四聲通解라 하엿고 또 운회옥편韻會玉篇을 저작著作하엿고 그 뒤로는

2「漢ㅅ字의 音」,『新民』 제13호, 1926. 5.

홍계희洪啓禧의 삼운성휘三韻聲彙, 박성원朴性源의 정음통석正音通釋, 협음통석叶音通釋, 정조正祖 시時 관판官判인 전운옥편全韻玉篇, 규장전운奎章全韻 등이 잇섯스나 훈의訓義가 몽롱朦朧하고 음의音義가 효란淆亂하여 서로 일정一定치 못하엿다.

자연 언어言語도 고금古今의 변천變遷과 남북南北의 차이差異가 잇슴을 쌀하 거긔 쓰이는 문ㅅ자文ㅅ字의 음音도 반듯이 변천變遷과 차이差異가 잇슬지니 그 시대時大를 쌀하 그 표준음標準音을 정定하여 쓰어야 할 것이다. 그러면 지금 우리가 쓰는 한ㅅ자漢ㅅ字의 음音을 어써케 정定하여야 할가?

1. 이상以上의 운서韻書에 적혀 잇서 이미 일반적一般的으로 부르는 음音은 그대로 부르고
2. 이상以上의 운서에는 그러케 적히지 아니 하얏드라도 이미 일반적으로 부르게 된 음音

(ㄱ) ㅅ, ㅈ, ㅊ 들을 초성으로 둔 ㅑ, ㅕ, ㅛ, ㅠ 들은 ㅏ, ㅓ, ㅗ, ㅜ 들로 발음發音하는 싸위니

샤社를 사. 셔書를 서. 쇼召를 소. 슈水를 수.

쟈者를 자. 져著를 저. 죠朝를 조. 쥬酒를 주.

챠車를 차. 쳐妻를 처. 쵸抄를 초. 츄秋를 추.

(ㄴ) 다항行의 ㅕ, ㅛ, ㅣ를 자항行의 ㅓ, ㅚ로, 타항行의 ㅕ, ㅛ, ㅣ를 차항行의 ㅓ, ㅚ로 발음하는 싸위니

뎌抵를 저. 됴條를 조. 디(知四聲通解)를 지.

텬天을 천. 툐髫를 초. 티(治四聲通解)를 치.

(ㄷ) 한ㅅ자漢ㅅ字의 본음本音을 와전訛傳하여 부르는 따위니

부모父母의 무母를 모.

인쇄印刷의 쇄刷을 쇄.

츄흡取扱을 취급.

자츄子丑의 츄丑을 축.

3. 일반적으로 부르지 아니하는 음이거나 운서에도 적히지 아니한 음이라도 특별히 역사적 학술적으로 보존할 필요가 잇는 음.

뎜션(점선낙랑黏蟬樂浪의 현명縣名)을 념제

계단契丹을 그란

목단牧丹을 모란

이라 하는 따위로 한ㅅ자의 음을 정하면 조흘가 하나 이건 나의 한 억단臆斷에 지나지 못함이니 아마도 국학國學과 한학漢學을 둘우 능통能通한 학자들이 나서 정확하고도 완비完備한 한ㅅ자의 자전을 맨글어 노하야 할 것이다.

— 숫

말의 관습習慣으로 된 변화變化

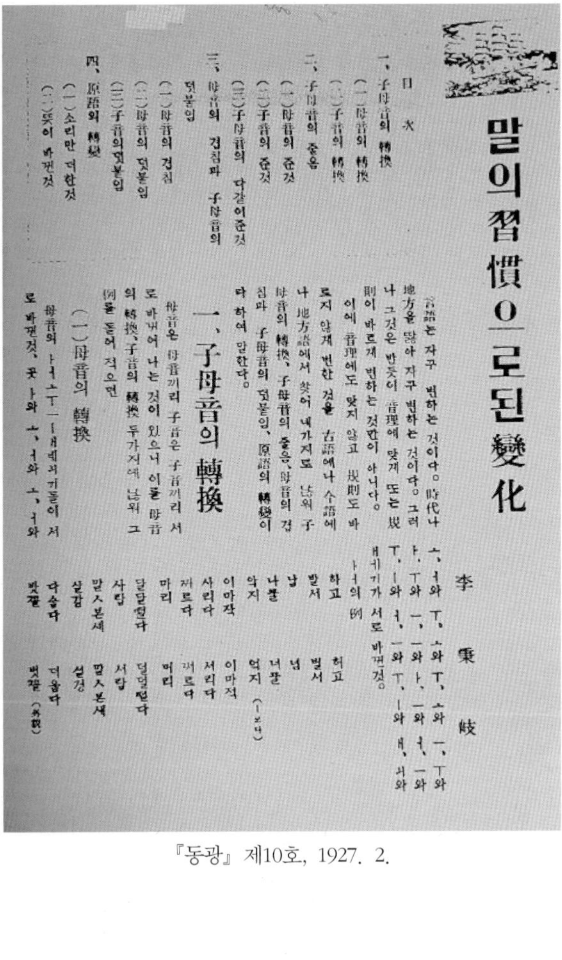

말의 習慣으로된 變化

李秉岐

目次

一、子母音의 轉換
(一)母音의 轉換
(二)子音의 轉換
二、子母音의 줄음
(一)母音의 준것
(二)子音의 준것
(三)子母音의 다같이준것
三、母音의 겹침과 子母音의 덧붙임
(一)母音의 겹침
(二)母音의 덧붙임
(三)子音의덧붙임
四、原語의 轉變
(一)소리만 더한것
(二)뜻이 바뀐것

言語는 자구 변하는 것이다。時代나 地方을 딸아 자구 변하는 것이다。그러나 그것은 반듯이 音理에 맞게 또는 規則이 바르게 변하는 것만이 아니다。이에 音理에도 맞지 않고 規則도 바로지 않게 변한 것을 古語에나 今語에나 地方語에서 찾어 네가지로 난워 子母音의 轉換、子母音의 줄음、母音의 겹침과 子母音의 덧붙임、原語의 轉變이라 하여 말한다。

一、子母音의 轉換

母音은 母音끼리 子音은 子音끼리 서로 바꾸어 나는 것이 있으니 이를 母音의 轉換、子音의 轉換 두가지에 난워 그 例를 들어 적으면

(一)母音의 轉換

母音의 ㅏㅓㅗㅜㅡㅣㅐㅔㅚㅟ들이 서로 바뀐것、곳 ㅏ와 ㆍ、ㅓ와 ㆍ、ㅓ와 ㅜ、ㅗ와 ㅜ、ㅗ와 ㅡ、ㅜ와 ㅏ、ㅜ와 ㅡ、ㅡ와 ㅏ、ㅡ와 ㅓ、ㅡ와 ㅜ、ㅣ와 ㅓ、ㅡ와 ㅜ、ㅣ와 ㅐ、ㅚ와 ㅐㅔ가 서로 바뀐것。

ㅏㅓ의 例

하고 허고
발서 벌서
납 넙
나뿔 너뿔
악지 억지 (ㅡ보다)
이마작 이마적
사리다 서리다
짜르다 쩌르다
마리 머리
달달떨다 덜덜떨다
사랍 서랍
말ㅅ본새 말ㅅ본새
살감 설겅
다숩다 더웁다
밧짤 벗짤 (외)

『동광』 제10호, 1927. 2.

말의 관습習慣으로 된 변화變化[3]

이병기李秉岐

목차目次

3 「말의 習慣으로 된 變化」, 『東光』 제10호, 1927. 2.

언어言語는 자꾸 변하는 것이다. 시대時代나 지방地方을 땋아 자꾸 변하는 것이다. 그러나 그것은 반듯이 음리音理에 맞게 또는 규칙規則이 바르게 변하는 것만이 아니다.

이에 음리音理에도 맞지 않고 규칙規則도 바르지 않게 변한 것을 고어古語에나 금어今語에나 지방어地方語에서 찾어 네 가지로 낳워 자모음子母音의 전환轉換, 자모음의 줄음, 모음의 겹침과 자모음의 덧붙임, 원어原語의 전변轉變이라 하여 말한다.

一. 자모음子母音의 전환轉換

모음은 모음끼리 자음은 자음끼리 서로 바뀌어 나는 것이 있으니 이를 모음母音의 전환轉換, 자음子音의 전환轉換 두 가지에 낳워 그 예를 들어 적으면

(一) 모음母音의 전환轉換

모음의 ㅏ ㅓ ㅗ ㅜ ㅡ ㅣ ㅐ ㅔ ㅚ ㅟ 들이 서로 바뀐 것. 곳 ㅏ와 ㅗ, ㅓ와 ㅗ, ㅓ와 ㅜ, ㅗ와 ㅜ, ㅗ와 ㅡ, ㅜ와 ㅏ, ㅜ와 ㅡ, ㅡ와 ㅏ, ㅡ와 ㅓ, ㅡ와 ㅜ, ㅣ와 ㅓ, ㅡ와 ㅜ, ㅣ와 ㅐ, ㅚ와 ㅐ, ㅔ, ㅟ가 서로 바뀐 것.

ㅏ ㅓ의 예例

하고	허고
발서	벌서

남	념
나물	너물
악지	억지(−쓰다)
이마작	이마적
사리다	서리다
짜르다	쩌르다
마리	머리
달달 떨다	덜덜 떨다
사랍	서랍
말ㅅ본세	말ㅅ본새
살강	설겅
다숩다	더웁다
밧꼴	벗꼴(외모外貌)

ㅏ ㅗ의 예例

말	몰馬 영광靈光, 고어古語
깔 전라全羅, 충청忠淸	꼴(芻) 동同
사매 울진蔚珍, 고어古語	소매
남	놈
맞	몾(伯) 영광靈光
파리	포리 同
팢	퐂 同
팔ㅅ둑	폴ㅅ둑 영광靈光
달라다	돌라다 전라全羅, 경상慶尙
낳우다	놓우다
낳다	놓다(生) 경상도慶尙道

바듯이	보듯이 남원南原
짝아리	쪽아리
갑절	곱절
눈바라	눈보라

ㅓ ㅗ의 예例

엄마	옴마 전주全州 오마니祖母 전주全州
버선	보선襪 경상慶尙, 전라全羅, 함경咸鏡
버굿	보곳(비눌과 같은 나무껍질)
번의	본의(과실果實 내피內皮)
먼저	몬저 경상慶尙, 함경咸鏡
번대기	본도기(누에-)
눈석임	눈속임

ㅓ ㅜ의 예例

얼(芽)	움
벅국이	국국이(布穀)
엉덩이	궁둥이
벅적벅적	북적북적
껄떨껄떡	꿀떨꿀떡
먹다	묵다 경상도慶尙道
멁다	묽다
억이다	욱이다

ㅗ ㅜ의 예例

고어古語	금어今語

매오 매우

되오 되우

다보록 다부룩

소복이 수북이

눈통이 눈퉁이

다독거리다 다둑거리다

다로다 다루다

녹다 눅다

속이다 숙이다(고개를…)

나모 나무

아오 아우

낳오다 낳우다

걷오다 걷우다

배호다 배우다

싸호다 싸우다

사괴다 사귀다

ᄇᆞᆯ독 팔ㅅ둑

목 멱(項)

이는 고어古語의 ㅗ를 금어今語의 ㅜ로 내는 따위.

ㅗ ㅡ의 예例

고어古語 금어今語

알옴 알음

ᄀᆞᆯ옴 갈음(易)

잡옴 잡음

들옴 들음

말옴	말음(不)
놀옴	놀음
밀옴	밀음
헐옰힘	헐을힘
열호로	열으로(十一)
밖오로	밖으로
하여곰	하여금
새곰하다	시금하다
아논일	아는일
족옴	족음

이는 고어古語의 ㅗ를 금어今語의 ㅡ로 내는 따위.

ㅜ ㅏ의 예例

부득부득	바닥바닥
부스대다	바스대다
부스러지다	바스러지다
부적거리다	바작거리다
부적부적	바작바작
심부름	심바람
장수	장사

ㅜ ㅡ의 예例[4]

고어古語	금어今語
닛움	닛음
구룸	구름

4 원문에는 'ㅜ ㅣ의 예例'로 되어 있으나 예문은 'ㅜ ㅡ'의 예이므로 'ㅜ ㅡ의 예例'로 수정함.

힘쑤다	힘쓰다
뚜다	뜨다(開)
죽움	죽음
흐루다	흐르다
얼운	어른(長)
물우니	물으니
넘우니	넘으니
우움	웃음

이는 고어古語의 ㅜ를 금어今語의 ㅡ로 내는 따위.

ㅡ ㅏ의 예例

슬슬	살살
슬그먼이	살그먼이
슬쩍슬쩍	살짝살짝
슬기롭다	살가롭다
슬어지다	살아지다
뜨뜻하다	따땃하다
뜨겁다	따갑다
긁어먹다	깕어먹다
스록	사록(갈-)
반듯이	반닷이
오즉	오작
무슴	무삼
말슴	말삼
가슴	가삼
아츰	아참

맞흠	맞함

ㅡ ㅓ의 예例

그저	거저
슳음	섫음
으슬렁으슬렁	어슬렁어슬렁
으스름달ㅅ밤	어스름달ㅅ밤
흗다	헏다(散)
흔어지다	헌어지다
부스름	부스럼
죽음	죽엄
묻음	묻엄
헤음	헤엄
세음	세엄
뛰음	뛰엄

ㅡ ㅜ의 예例

고어古語	금어今語
끄럼이	꾸럼이(包)
바느실	바누실
며느리	며누리
믈	물(水)
플	풀(草)
서블	서울
므슴	무슴
믈읫	무릇(凡)

므거이	무거이(重히)

이는 고어古語의 ㅡ를 금어今語의 ㅓ로 내는 따위.

ㅣ ㅏ의 예例

아침	아참
맞힘	맞함
가지	가장이
아기	아가
장시	장사
일씨	일싸
실엉	살강
오직	오작
칩다	찹다
집다	잡다
앗기	아갑다
밧기	반갑다
지질어진다	자질어진다

ㅣ ㅓ의 예例

히뭁다	허여멀엏다
지질지질	지적지적
늣기다	늣겁다
슬기	슬겁다
즐기다	즐겁다

이는 뜻도 바뀌어 씌는 따위.

ㅣ ㅜ의 예例

자시하다	지수하다
시미다	수미다(潛)
밧이다	밧우다
붓이다	붓우다
미섭다	무섭다

ㅣ ㅐ의 예例

빕새	뱁새(볍새)
빌엉방이	밸엉방이
질알	잴알
아비	아배
어미	어매
아지	아재
아히	아해
보비	보배
선비	선배
미친놈	매친놈
미섭다	매삽다
미지근하다	매지근하다
싱글싱글	생글생글
시암	새암
견디다	견대다
부디	부대
소리	소래
가시	가새(荊)

잔치	잔채
짐치	짐채, 침채
어찌	어째
진들어시다	잰들어지다

ㅚ와 ㅐ ㅔ ㅟ의 예例

열쇠	열쇄, 열대
뫼	메(山)
뵈	베(布)
바회	바위
사외	사위
알외다	알위다
삐최다	삐취다(피로疲勢)
빛외다	빛위다

(二) 子音의 전환轉換

자음이 다른 자음으로나 또는 같은 자음끼리 서로 바뀐 것. 곳 다른 자음의 ㄱ와 ㅂ, ㄱ와 ㅅ, ㄱ와 ㅈ, ㄱ와 ㅇ, ㄴ와 ㄹ, ㄴ와 ㅁ, ㄴ와 ㅇ, ㄷ와 ㅅ, ㄷ와 ㅈ, ㄹ와 ㄴ, ㄹ와 ㅅ, ㅁ와 ㅂ, ㅅ와 ㄴ, ㅅ와 ㅂ, ㅈ와 ㅂ, ㅎ와 ㅅ가 서로 바뀌며 같은 子音의 ㄱ와 ㅋ, ㄷ와 ㅌ, ㅂ와 ㅍ, ㅈ와 ㅊ, ㄱ와 ㄲ, ㄷ와 ㄸ, ㅂ와 ㅃ, ㅈ와 ㅉ가 서로 바뀐 것.

(ㄱ) 다른 자음으로 바뀜

ㄱ ㅂ의 예例

꼭대기	뽁대기 부산釜山(산-)
꾸꾸시 고령高靈	뿌뿌시(-욱은다) 부산釜山
족박 충남忠南	좁박 충남忠南, 전라全羅
속	솝(裡) 고어古語
북	붑(鼓) 同
거북	거붑(龜) 同
부억	부업(廚) 同
곡생초	곱생초
곡두선	곱장선, 꼽장선
낙거미 전라全羅, 충청忠淸	납거미 경성京城

ㄱ ㅅ의 예例

고어古語	금어今語
반드기	반듯이
번드기	번듯이
비슥하다	비슷하다
믄드기	문듯(忽)

ㄱ ㅈ의 예例

기삼이	지삼이
귤	쥴(橘)
길삼	질삼(紡績)
매겻다	매짓다(띄鶉)
구겨내	구지내(鵃)

기아	지와, 지새
김제	짐제(金堤)
김승	짐승
김치	짐치, 짐채
깃	짓(羽)
견헌	진헌(甄萱)

ㄱ ㅇ의 예例

바닥	바당(발-), 바탕
그럭저럭	그렁저렁
갈악이	갈앙이(바짓-)
들석들석	들성들성
오르락나리락	오르랑나리랑
들컥들컥	들컹들컹
올막졸막	올망졸망

ㄴ ㄹ의 예例

한아버지	할아버지
한머니	할머니
언마나	얼마나
곤마리	골마리
언청이	얼청이

ㄴ ㅁ의 예例

무슨	무슴
안	암

손씨	솜씨
몬지	몸지
세간살이	세감살리
잔자리	잠자리(蜻蜓)

ㄴ ㅇ의 예例

들큰들큰	들컹들컹
물큰물큰	물컹물컹
불근불근	불겅불겅
언덕	엉덕
오면가면	오명가명
안요냐	앙오냐 경상도慶尙道

ㄷ ㅅ의 예例

고어古語	금어今語
뜯	뜻
곧	곳
자몯	자못(頗)
몯	못
벋	벗(友)
빋	빗(債)

이는 ㄷ ㅅ이 받힘만으로 그칠 때는 다 같이 내는 것임.

ㄷ ㅈ의 예例

고어古語	금어今語
디새	지새(瓦)

딘이다	진이다(守)
아디 몯하다	아지 못하다
낙디	낙지(소팔초어小八稍魚)
디ᄂᆞᆫ힋	지는해
하딕	하직(辭)
디다	지다(落)
토디	토지土地

이는 ㄷ가 우에서 ㅈ로 바뀐 따위

뎡자	정자亭子
됴상	조상(吊喪)

ㄹ ㄴ의 예例

라주	나주羅州
루수	누수漏水
로송나무	노송나무
로인	노인老人

이는 ㄹ가 ㅏ ㅓ ㅗ ㅜ 우에서 ㄴ로 바뀌는 따위

ㄹ ㅅ의 예例

걸다	것다(步)
물다	뭇다(問)
질	짓
탈	탓
얼청이	엇청이
불다	붓다(脹)

달다	닷다(走)
길다	깃다(長)
닐컬다	닐컷다
올바시	옷바시
올빠미	옷바미
오라비	옷바
홀	홋(單)
얼	엇(斜)
갈모	갓모
곳갈	곳갓(冠, 古褐)
설달	섯달
열쇠	엿쇄

ㅁ ㅂ의 예例

맛이다	밧이다(破壞)
눈망울	눈방울
멋 고어古語	벗(率子)
없다 경상도慶尙道	없다
굼실굼실	굽실굽실
무름쓰다 전라全羅, 충청忠淸	무릅쓰다 경성京城
멋	뻿(…낸다)
덤석	덥석(…물다)
두름나물	두릅나물
잠오아	잡으러 경상도慶尙道

ㅅ ㄴ의 예例

엇청이	언청이
엇치	언치(말…)
못한다	몬한다 경상도慶尙道
맛보다	만보다 同

ㅅ, ㅂ의 예例

짓 고어古語	집(家)
헌 것	헌겁
겻말	겹말(謎話)

ㅈ ㅅ의 예例

듣자오니	듣사오니
받자오니	받사오니
감쪼으다	감쏘시다(보시다)
의자	의상
붓적붓적	붓석붓석
밧작밧작	밧삭밧삭
쩍다	쐬다(벌…)

ㅎ ㅅ의 예例

힘	심(力)
헴	셈
혀	셔(舌)
효	쇼(孝)
힌머리	센머리

해ㅅ것	새것
혀케	셔캐
휴지	슈지(故紙)

(ㄴ) 같은 子音끼리 바뀜.

ㄱ, ㅋ의 예例

고 古語	코
갈 古語	칼
건갈이	건컬이(마른갈이)
안개	암캐
한간	한칸
시금시금	시큼시큼
수것	수컷

ㄷ ㅌ의 예例

하나도	하나토
문대다	문태다
도막	토막
돕 고어古語	톱(爪)
한데	한테
암탉	암탉
수탉	수탉
사당	사탕
바당	바탕

ㅈ ㅊ의 예例

짐채	침채
재축하다	채출하다
혼자	혼차
만지다	만치다
지접은하다	추접은하다
송아지	송아치
시절	시칠 고어古語 사철
장아지	장아치
잔작하다	잔착하다
점	첨(하-)
양지물	양치물
먼저	먼처
꽂앙이	꽃앙이
곶 고어古語	꽃(花)

ㅂ ㅍ의 예例

벌	펄(原野)
변하다	편하다
마바람	마파람
휘바람	휘파람
안팎	안팎
조밥	조팝
바삭바삭	파삭파삭
북이	푹이(最人)

ㄱ ㄲ의 예例

곱을곱을	꼽을꼽을
갈칠하다	깔칠하다
강둥강둥	깡뚱깡뚱
곶 고어古語	꽂
고돌고돌	꼬돌꼬돌
긑 고어古語	끝(終)

ㄷ ㄸ의 예例

다스하다	따듯하다
데꾼하다	떼꾼하다
돌돌	똘똘
듸글듸글	띄글띄글
둘둘	뚤뚤

ㅂ ㅃ의 예例

벋다	뻗다
바틋하다	빠듯하다
벅국새	뻑국새
번적번적	뻔쩍뻔쩍
번들번들	뻔들뻔들
불휘 고어古語	뿌리(根)

ㅅ, ㅆ의 예例

살 경상도慶尙道	쌀
석다 고어古語	썩다

싯다 고어古語	씻다
스다 고어古語	쓰다(書)
시름	씨름

ㅈ ㅉ의 예例

장아지	장아찌 고령高靈
가지	까지(茄子) 전주全州
자르다	짜르다
족악	쪽악
질기다	찔기다

二. 자모음子母音의 줄음

모음이나 자음이 자모음子母音 우에서나 알에서 준 것이 있으니 이를 모음의 줄음 자음의 줄음, 자모음子母音의 다 같이 줄음 세 가지에 낞어 그 예例를 들어 적으면

(一) 모음母音의 준 것

모음이 같은 모음을 맞나거나 다른 모음을 맞나거나 하여 한 모음만 준 것이 있으니

(ㄱ) 같은 모음을 맞나 준 것

ㅏ의 예例

저리 가았다	저리 갔다
책을 사아 보다	책을 사 보다
내암새	냄새
새암	샘(泉)
빼어먹다	빼먹다
내어 버리다	내 버리다
매어 달다	매달다

ㅓ의 예例

발우 서어라	발우 서라
자리를 펴어라	자리를 펴라
헤엄	헴(游泳)
억어지 쓴다	억지 쓴다

ㅗ의 예例

저걸 보오	저걸 보
이리 오오	이리 오
야조오개	야조개(夜照峴)

ㅜ의 예例

편히 누우시오	편히 누시오
무	무(蘿蔔)
누구	누(誰)

ㅡ의 예例

흐으르다 고어古語	흐르다(流)
드르 고어古語	들(野)

ㅣ의 예例

래일	랠(來日)
제일	젤(第)
며리치	멸치 전라全羅, 충청忠淸
소리개	솔개
자리개	잘개 경상도慶尙道

(ㄴ) 다른 모음母音을 맞나 준 것

ㅜ의 예例

시원하다	시언하다
훤츨하다	헌츨하다
남원	남언, 남안南鴈
워대	어대

ㅡ의 예例

건느어 가다	건너 가다
뜨어 가다	떠 가다
트어 졌다	터졌다
가을	갈
마을	말
다음	담

마음	맘
마르는 고어古語	마는(하지...)
더음	덤
겨을	결
여을	열
모으다	모다
고을	골
노을	놀(靄)
호을로	홀로
살음	삶
거믜	거미
아자븨	아자비
나븨	나비
이믜	이미(旣)
픠다	피다(發)
여희다	여히다(離)
글픠	글피
븨다	비다(空)
이긔다	이기다(勝)
억의다	억이다(違)
싀	시(酸)
굽의	굽이
가막의	가막이
믜요니	미우니(憎)
우븨다	후비다(空掘)
나의	내

너의	네
오의	외(胡爪)
누의	뉘
우의	위

ㅣ의 예例

우렁이	우렁(田螺)
더욱이	더욱
가득이	가득
아니 가다	안 가다

ㅣ ㅏ의 예例

아니하다	않다
같지 아니하다	같잖다
하지 아니하다	하잖다(하는 고어에 많다는 말)

(二) 자음의 준 것

자음이 첫소리로나 끝소리로서 준 것이 있으니

ㄱ의 예例

아기	아이
배고개	배오개(梨峴)
애고개	애오개(阿峴)
야조고개	야조오개, 야조개(夜照峴)
배개	배애(梨浦)

모래고개	모래오개(沙峴)
하고개	해오개(鶴峴)
보기	보이
갈가지	갈아지(범)
실겅	실엉
단기다	단이다
쓸개	쓸애(膽) 충북忠北
공이	옹이(節)
뚜께	뚜에
발자국	발자옥
벙긋거리다	벙읏거리다
날개	날애
어간	어안(-이 벙벙하다)
개금	가얌(榛子)
육월	유월(6月)
백천	배천(白川)
얼게빗	얼에빗
진기다	진이다(守)
승검초	승엄초(當歸)

ㄹ의 예例

솔나무	소나무
버들나무	버드나무
불나비	부나비
선달님	선다님
딸님	따님

날날이	나날이
갈나니	가나니
들나들이	드나들이
물넘기	무넘기
바눌실	바누실
불손	바손
불담기	부담기
밀닫이	미담이
갈다	가다(밭을)
불득이	부득이(不得已)
부실	부실(不實)
불지	부지(不知)
량반	양반(兩班)
려	여(呂)
륙월	유월(6月)
료리ㅅ집	요리ㅅ집
류	유(劉, 柳)
리	이李

우와 같이 ㄹ이 ㅑ, ㅕ, ㅛ, ㅠ, ㅡ 우에 서 주는 것은 조선 말에 ㄹ 첫소리가 없는 까닭이다.

ㅂ의 예例

우방	우엉(牛蒡)
을벼	을예
밭	앝(田)

십월	시월(10月)
십방	시상(十方) 불가(佛家)

ㅅ의 예例

못자라다	모자라다
버릇장이	버르장이
비슴	비음(설-)
모시	모이(닭-)
머슴	머음
아시	아이(初)
무슴일	무음일
과실	과일(果實)
깃음	기음
무수	무
여수	여으
가슬	가을
겨슬	겨을
마슬	마을
꼴악시니	꼴악우니
살외다	알외다(白)
시들시들	이들이들
지새	지아, 기아
자새	자애(묵-)
장시	장이
부스름	부으름
웃음	우음

닛으니	니으니
나수	나우(더)
구슈	구유(桶)
즈슴	즈음(際)
어서	어어
송사리	송아리

ㅈ의 예例

먼저	먼여
자죽	자욱(발-)
웃적웃적	웃역웃역
쭉을쭉을	욱을욱을
광주리	광우리
쭉을이다	욱을이다
옹잘옹잘	옹알옹알
오락지	오락이
검정이	검엉이
웅절웅절	웅얼웅얼
눌엉지	눌엉이
남저지	남어지
그림자	그림애, 그름애(影) 고어古語

ㅎ의 예例

부헝이 고어古語	부엉이
가히	가이, 개
조희	조의(紙)

닐흠 고어古語	니름
바희 고어古語	바의, 바위
안해	안애
후비다	우비다
놓이다	노이다, 뇌다
방하	방아
여흘	여을
사희	사의, 사위
아히	아이, 애
창호장이	창오장이
낳우다	난우다

(三) 자모음子母音의 다 같이 준 것

그 예例

줄으니	주니
굴으니	구니
갈으니	가니(밭을-)
길으니	기니
넣으니	너니
놓으니	노니
좋으냐	조냐
마마님	마님
스승님	스님
딸기	딸
생원님	샌님(生員님)

이것을 보라	이걸 보라
이것이 어떠하냐	이게 이떠냐
그리하여(야)도	그래도
그런다하여(야)도	그런대도
그리하였(았)다	그랬다
옷을 정하게 닙어라	옷을 정히 닙어라
관계를 하지 아니하다	관곙잖다 괭잖다

「하」의 모음 곳 ㅏ는 어느 자모음 앞에서는 흖이 줄고 그 자음 곳 ㅎ만 념아 받힘이 되나니 니를 터면 「그러하다」를 「그함다」로 「그러하게」를 「그렇게」로, 「그러하고」를 「그렇고」로, 「正하다」를 「正ㅎ다」로, 「正하게」를 「正ㅎ게」, 「正하고」를 「正ㅎ고」로 하는 따위도 있다.

三. 모음母音의 겹침과 자모음子母音의 덧붙임

모음은 모음끼리 겹치거나 또는 덧붙이거나 하는 것도 있으며 자음은 자모음子母音 알에 덧붙이는 것이 있다.

(一) 모음母音의 겹침

모음母音의 ㅣ가 다른 모음母音의 ㅏ, ㅓ, ㅗ, ㅜ, ㅡ들과 잘 겹치나니 그 예例를 들면

아이	애

가이 충청도忠淸道	개(犬)
사이	새(間)
지나이다	지내다
닿이다	대다
자이다	재다
차이다	채다
짜이다	째다
타이다	태다
터이니	테니(올-)
더이다	데다(합-)
버이다	베다
쏘이다	쐬다
쪼이다	쬐다
모이다	뫼다
보이다	뵈다
쓰이다	씌다
그이	긔
뜨이다	띄다

(二) 모음母音의 덧붙임

모음의 ㅣ가 제 소리 우에나 다른 모음 알에 덧붙임이 있으니 그 예를 들면

(ㄱ) 제소리 우에 덧붙임.

자미	재미(滋味)
홀아비	홀애비
홀어비	홀에비
곰팡이	공팽이
놈팡이	놈팽이
짚앙이	짚앵이
놀앙이	놀앵이
괴앙이	괴앵이
이악이	이액이
앉은방이	앉은뱅이
빌엉방이	빌엉뱅이
다리	대리
단기다	댄기다
창호장이	창호쟁이
밭장이	밭쟁이
고추박이	고추백이
나박이	나백이
삼키다	상키다, 생키다
소나기	쇠나기, 쇠내기
꾸미다	꿔미다
벗기다	벳기다
먹이다	멕이다
박이다	백이다
막히다	맥히다
가슴팍이	가슴팩이

(ㄴ) 다른 모음母音 알에 덧붙임

아까	아깨
조용히	죄용이
헛노릇	헷노릇
만들다	맨들다
열마	열매
족음	죄음
온통	왼통
온갖	왼갖

(三) 자음子音의 덧붙임

자음의 ㄹ, ㅅ, ㅇ 들이 제소리 알에나 또는 다른 자모음子母音 알에 덧붙임이 있으니 그 예例를 들면

ㄹ의 덧붙임.

니르어	니르러
푸르어	푸르러
잠오아	잠오라
마루	말루
교육	교륙(教育) 영광靈光
공교로	공골로 仝
날아가다	날러가다
물어오다	물러오다(退來)
버레	벌레

흐레	흘레
굴에	굴레(앝-)
기에	길래(하-)

ㅅ의 덧붙임

먹읍니다	먹습니다
좋읍니다	좋습니다
젖읍니다	젖습니다
받읍니다	받습니다
줏읍니다	줏습니다(밤을-)

ㅇ의 덧붙임

따	땅(地)
버위리 고어古語	벙어리
허겁	헝겁
질바	질방
매아지	망아지
쇠아지	송아지
조희	종의
개울	갱골
뫼아리 고어古語	멩아리(響)
매ㅅ돌	망ㅅ돌
갈애	갈앙이
대가리	대강이
아가리	아강이
꼬리	꽁지

四. 원어原語의 전변轉變

원어原語가 그대로 소리만 더하고 뜻은 바뀌지 않거나 또는 그대로나 소리를 덜고 더하거나 하여 뜻이 바뀐 것이 있으니 그 예例를 들면.

(一) 소리만 더한 것

김 고어古語	김웅(柱)
서 仝	섯값애(椽)
천 仝	천량(財)
엄 仝	엄니(牙)
납 仝	잔납이(猿)
고곰 仝	며누리고곰(痎疫)
삼태 仝	삼태미(糞斗) 삼태기
망태	망태기
괴 고어古語	괴앙이
고	검은고(琴)
가슴	가슴팍이
눈	눈깔, 눈통이
니	닛발이
뼈	뼈따귀
팔	팔따지, 팔대기, 팔ㅅ둑, 팔ㅅ죽지
저	저ㅅ가락, 저봄
목	목아지, 목정강이
배	배아지, 배ㅅ대기, 배퉁이

뜽	잔뜽이, 뜽ㅅ덜미, 등ㅅ덜이, 등성이, 등어리
꼬리	꼴앙이, 꼴앙지, 꽁당이, 꽁지
ᄢᅵ(時)	끼니(한-)
것다 고어古語	꺾다(折)
닷다 仝	닦다(修)
엿 仝	엿보다(窺)
긑 仝	끝
옣 仝	옣대(今, 지금껏)
긋다 仝	끊다(斷)

(二) 뜻이 바뀐 것

깃다(悅) 고어古語	깃브다
믿다	믿브다
낮다	낮브다
앓다	앓브다
슳다	슳브다
지르(臨) 고어古語	다지르다
하리(談) 仝	하소연
깃(巢) 仝	깃들이다
남진 仝	남편
꾀다(忌) 仝	꺼리다
몬(物) 仝	몬지
고(鼻) 仝	고ㅅ불
번지(磟碡)	돌번지
재여리(媒) 고어古語	여리ㅅ군

가시(妻, 女子) 仝	가시네, 가시집(妻子)
가시어미(丈母)	가시아비(丈人)
솝(裡) 仝	솝니(裡里)
한(大) 仝	한밭(太田), 한아버지
실(谷) 仝	참실(眞谷), 달이실(月谷)
울(谷) 仝	여수울(六谷), 띄울(茅谷)
치(魚) 仝	암치, 멸치, 갈치, 준치, 황치
죽	죽엄
묻	묻엄
헤	헤엄
뛰	뛰엄
쉬	쉬엄쉬엄
마루(宗)	마루턱이(頂上), 마루ㅅ대(棟木), 말개미, 말거머리, 말잠자리, 말벌
가람(江, 湖)	내ㅅ갈
나이(白木)	나이하다(무영 짜다)
베(麻布)	베옷, 베실, 베틀
맞	맞음(-나간다)
집	지붕

유희遊戲로 된 말 공부工夫

『한글』 1권 2호, 1927. 3.

유희遊戲로 된 말 공부工夫[5]

네ㅅ날 서당書堂에서 아이들이 심심하면 초중종初中終이니 자맞힘이니 자모듬이니 하는 놀이를 하고 노는 것이 한갓 심심파적만 되는 것이 아니라 그러는 사이에 모르는 글ㅅ자나 글ㅅ귀도 알어지고 아든 글ㅅ자나 글ㅅ귀도 더 잘 기억記憶하게 되는 것이었다.

이것을 처음에 어떤 이가 발명發明하여 아이들에게 가르쳐 전했는지도 모르나 과연 이런 이가 있었다면 이는 더 심한 생각을 가졌든 이라 하겠다. 이런 변변찮은 아이들의 놀음놀이까지라도 뜻있게 마련한 것이 이사ㅅ사람의 일은 안이다. 서양西洋의 어느 교육자敎育者는 자모음字母音 자字를 파랑이, 노랑이, 붉경이, 검정이로 물들인 나무쪽에 사겨 맨들은 놀이개를 아이들에게 주어 그 가지고 노는 동안에 자모음ㅅ자字母音ㅅ字를 다 알게 하였다 한다. 이와 같이 아이들 놀이에도 내남없이 비슷한 일이 있는 것은 원악 사람의 생각이 서로 같은 까닭이다.

그러나 아이들 놀이에 무엇을 억지로 가르치려는 것은 돌이어 어리석은 일이라 할 이도 있으리라. 이는 아이들이 놀이를 할 때에는 그 놀이를 하여 질겁게 재미있게 놀기만 하면 그만이니 무슨 말이니 글이니 하고 가르칠 것이 아니라 하겠지마는 우에 말한 문ㅅ자文ㅅ字 유희遊戲 따위로

---

5 「遊戲로 된 말 工夫」, 『한글』 1권 2호, 1927. 3.

하여 아이들이 다른 놀이와 같이 질겁게 재미있게 놀고 또한 문ㅅ자文ㅅ字의 지식知識도 넓디게 되면 더 안이 좋은 일일가 만일 이런 유희遊戱가 아이들에게도 다른 유희遊戱보다 더 질겁게 된다면 누가 시겨서 그럴 것이 아니라 아이들 스스로가 하지 말라도 할 것이니 유희遊戱 그것만으로도 좋을 것이다.

종래 조선에서 어린아이들이 말을 배울 제 누가 억지로 이말 저말을 배워라 해서 배우는 것이 아니라 제 스스로 일삼어 때때로 익히는 것이 맞힘내 그 말을 다 알고 다 잘하게 함이다. 지금 학교學校에서도 조선어과科만 두고 알뜰이 가르치지도 않는 데가 많이 있어 조선말보다도 다른 것을 더 알리려 하메 아든 조선말도 잊어버리고 잘하든 조선말도 서투르게 되지마는 학교學校도 없을 때 — 조선어과科도 없었을 때에는 아이들 유희遊戱에도 저 스스로 하는 말ㅅ공부工夫가 있었다 —

띠띠고 신신고
춤추고 뛰뛰고

호랑이 꼴앙이
개구리 대구리

갓 쓰고 갓모 쓰고
술 먹고 술 안 먹고

식은 밥이요(食은—)
먹은 묵이라(—墨—)

묵은 풋나물이요
쓰든 숯섬이라

콩이 떨어지며 콩콩하고
돌이 궁글으며 돌돌한다

하는 따위는 첩음疊音의 미美와 대구對句의 묘妙를 늣기게 되어 다른 말보다 외기가 쉽고 외면 자꾸 외고 싶은 것이며

접시 밑에 접시 하나 접시 밑에 접시 둘 ……
강 밑에 강 하나 강 밑에 강 둘 ………………

이 따위는 이렇게 한숨에 — 접시 열 — 강 열까지 끌어 음경音景이나 음도音度를 넓히는 연습練習을 하는 것이며

가슬 풋콩밥 봄 풋콩밥

저 건네 남서방네 집웅에 언진 콩ㅅ가
지가 깐 콩가지냐 안 깐 콩가지냐

저 건네 장서방네 집웅에 앉은 장닭이 큰 장서방네 장닭이냐 작은 장서방에 장닭이냐

하는 따위는 발음髮音하기 어려운 것을 연습練習하여 혀를 부드럽게 놀려 아무 말이든지 유창流暢하게 하자는 것이다. 이 따위들이 아이들의 한

유희遊戱에 지나지 못하지마는 자세仔細히 살펴보면 유희遊戱 중中에도 이러한 무엇이 있어 말공부工夫를 곳잘 되게 하는 것이다. 지금 보통학교普通學校에서 가르치는 조선어독본讀本이 아이들에게 그리 호감好感을 주지 못하는 것은 독본讀本의 그것이 유희遊戱처럼-이 따위처럼 재미있게 못된 까닭인 것이다. 이에 이 일단一端을 말하여 이나마 조선말ㅅ공부工夫의 한 참고參考나 되게 하자는 것이다.

원시어原始語와 변성어變成語

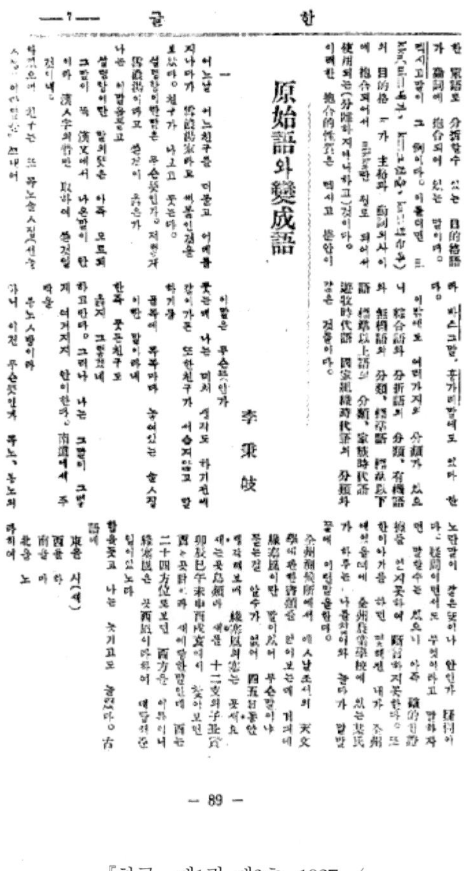
한글

原始語와變成語

李秉岐

— 89 —

『한글』 제1권 제3호, 1927. 4.

원시어原始語와 변성어變成語[6]

—이 말은 무슨 뜻인가

一

어느 날 어느 친구를 더불고 어데를 지나다가 설농탕가雪濃湯家라고 써 붙인 것을 보았다. 친구가 나보고 뭇는다.

"설렁탕이란 말은 무슨 씃인가. 저렇게 설농탕雪濃湯이라고 쓴 것이 옳은가"

나는 이 말을 듣고

"설렁탕이란 말의 뜻은 아즉 모르되 그 말이 꼭 한문漢文에서 나온 말이 안이라 한ㅅ자漢ㅅ字의 음音만 취取하여 쓴 것일 것이네."

하였으며 친구는 또 목노술ㅅ집(선술ㅅ집)이란 말을 끄내어 뭇는데 나는 미처 생각도 하기 전에 같이 가든 또 한 친구가 서슴지 않고 말하기를

"골목에 목목마다 놓여있는 술ㅅ집이란 말이라네"

한즉 뭇든 친구도

"옳지 그렇겠네"

하고 만다. 그러나 나는 그 말이 그렇게 여겨지지 안이한다. 남도南道에서 주막을

---

6 「原始語와 變成語」, 『한글』 제1권 제3호, 1927. 4.

"봉노ㅅ방이라"

하니 이건 무슨 뜻인가 목노, 봉노의 노란 말이 같은 뜻이나 안인가 의문疑問이다. 의문疑問이면서도 무엇이라고 말하자면 말할 수는 있으나 아즉 확적確的한 증거證據를 얻지 못하여 단언斷言하지 못한다. 또한 이 야기를 하면 몇 해 전 내가 전주全州에 있을 때에 전주농업학교全州農業學校에 있는 모씨某氏가 하루는 나를 찾아와 놀다가 말말 끝에 이런 말을 한다.

"전주측후소全州測候所에서 예ㅅ날 조선의 천문학天文學에 관한 서류書類를 얻어 보는데 거긔에 녹새풍綠塞風이란 말이 있어 무슨 말이냐 묻는 걸 알 수가 없어 사오일 동안 생각해 보매 녹새풍綠塞風의 새塞는 곳 새요 새는 곳 조류鳥類라 새를 십이지十二支의 자축인묘진사오미신유술해子丑寅卯辰巳午未申酉戌亥에서 찾아보면 유酉는 곳 닭이라 새에 당한 말인데 유酉는 이십사방위二十四方位로 보면 서방西方을 이름이니 녹새풍綠塞風은 곳 서풍西風이라 하여 대답해 준 일이 있노라"

함을 듯고 나는 늣기고도 놀랬다. 고어古語에

동東을 시(새)
서西를 하
남南을 마
북北을 노

라 하여

동풍東風을 새ㅅ바람
서풍西風을 한의바람

남풍南風을 마ㅅ바람=마파람

북동풍北東風을 놉새ㅅ바람

이라 한다. 이 말들은 지금도 배 부리는 사람들끼리는 쓰는 말이다. 그러면 북동풍北東風을 서풍西風이라 한 가릇침이 과연 놀랠 일 안인가. 그리고 또 어떤 학자學者는 조선어의 수사數詞의 어원語原을 연구硏究하여 다섯五은 닥閉는다는 말에서, 열十은 열開다는 말에서 나온 말이라 한다. 웨 그러냐 하면 수數를 셀 제는 엄지손ㅅ가락붙어 사끼손ㅅ가락까지 다 꼽으면 손을 닫는 것이요 사끼손ㅅ가락부터 엄지손ㅅ가락까지 다 펴면 손을 여는 것이라는 뜻이다. 그러나 닫 열 따위의 말은 다섯, 열 따위의 수사數詞보다도 훨씬 나종에 생긴 말인가 한다. 아즉 가옥家屋이나 기구器具들을 맨들 줄도 모르고 그야말로 암혈岩穴이니 움막에서 생활生活할 시대時代에도 조개껍질을 보화寶貨로 알고 서로 바꾸든 일이 있었을 것이니 이러자면 적어도 하나로 붙어 열까지의 수사數詞야 알어 가지지 않었으리. 그리고 셈을 셀 때에는 손ㅅ가락을 꼽는다든가 편다든가 하는 말을 썼을 것이요 혹은 손을 쥐었다 폈다라 하겠지 닷는다 열다라고는 안이할 것이다. 닫 열 따위 말은 문이나 쑤에를 가지고 이르는 말이니 제법 가옥家屋이나 기구器具들을 맨들어 노코 살 째가 안이면 생각지 못했을 말이다. 아뭏든지 이와 같은 어원語原의 해석解釋이 공교하게도 혼합混合된 것이나 안인가 또는 견강부회牽强附會한 것이나 안인가 과연 믿을 수가 없다.

二

말이 원악 생길 때에 낱낱이 무슨 뜻을 붙이자 해서 된 것만이 안이라 모든 물건物件의 형태形態나 음향音響이나 모든 일의 어떠함이 어찌어찌하여 정情에 늣길 때 미처 사려思慮도 할 겨를이 없이 이 소리 저 소리를 내어 되는대로 일컬어 보거나 어느 소리를 부호符號처럼 써 본 것이 곳 이런 말 저런 말이 되어 사람에서 사람으로 시대時代에서 시대時代로 전해 온 것일 것이다. 그리고 그 전해오는 동안에 허구많은 침윤浸潤을 겪어 그 원형原形이나 원의原義가 변화變化된 것이 많은데 그 원형原形만 변화變化하고 원의原義는 변화變化하지 아니한 것과 원형原形이나 원의原義가 다 같이 변화變化된 것이 많으니 전자前者를 이름하여 원시어原始語라, 후자後者를 이름하여 변성어變成語라 한다.

원시어原始語의 예例

아비, 아바, 아배, 아비니, 아버지, 아방 부父

어미, 어머, 엄마, 어매, 어머니, 어멍, 어뭉이 모母

아가, 아기, 아지, 아이 자子

이 따위 말들은 무슨 뜻으로 된 말인지 알 수 없다. 그뿐더러 알려 하는 것이 돌이어 어리석은 일이다. 우에 말한 바와 같이 무슨 뜻을 꼭 붙여 맨든 말이 안일 것이니 무슨 뜻을 찾으려 한들 될 수 있으며 억지로 욱여대어 무엇이라고 한다손 그리 장할 것이 있으랴 그리고 또

울웅울웅 소리를 듣고 울외(雷)라

기럭기럭 소리를 듣고 기럭이(雁)라

귀뜰귀뜰 소리를 듣고 귀뜰암이(蟋蟀)라

이름하는 따위는 얼마큼 그 이유理由를 알 수 있으나 이 따위 말들도 이런 소리를 듣고 곳 감각적感覺的으로 막의漠擬하여 일컬은 것에 지나지 못한 것이다.

변화어變化語의 예例

어버이 양친兩親

사람서리 인간人間

여리ㅅ군 여리군餘利軍

물후미 만灣

이 말들을 다시 설명說明하면 어버이는 어머니母 아버지父가 줄어 합한 것이요 사람서리는 사람人 서리間가 그대로 합한 것이요. 여리ㅅ군은 재여리中媒란 말과 군徒이란 말이 합한 것이요. 물후미는 물水이란 말과 후미彎曲란 말이 합한 것이다. 이 따위 변성어變成語들은 이런 이유理由가 반듯이 잇슬 것이다. 이유理由가 잇슴으로 이유理由을 호구湖究할 만하고 호구湖究하면 알 수도 잇는 것이다. 이러하야 어원語源을 찻고 마츰내 원시어元始語를 발견發見하게 되며 원시어元始語가 곳 막의음漠擬音, 감탄음感歎音, 부호음符號音에 지나지 못함도 알 것이다.

(끝)

새말[新語]

한글

새말(新語)

『조선일보』 1927. 5. 4.

새말(新語)[7]

새말은 새로 지어 쓰는 말이니 새말이 생기게 되는 까닭을 말하면 사람의 살음살이에 날마다 달마다 어찌할 수 없이 생기는 새 일, 새 물건을 딿아 새 말도 생기는 것인데 우리말체로 맨들어 쓰는 것, 또는 한ㅅ자漢ㅅ字로나 한ㅅ자로 된 외국어外國語를 그대로 쓰는 것의 두 가지가 있으니 우리말체로는

자동차를 뿡뿡이차라
토메이토를 땅ㅅ감이라
기차를 불수레라
하마차荷馬車를 집마차라
화물렬차貨物列車를 짐차라

하는 따위의 통속적通俗的으로 지어 쓰는 새말이 있고

정음正音을 한글이라
정음 긔념날을 가갸날이라
모음母音을 홀소리라

7 「새말新語」, 『조선일보』, 1927. 5. 4.

자음을 닿소리라

하는 따위의 학술적學術的으로 지어 쓰는 새말이 있다. 이 따위는 곧 어찌 할 수 없이 생기게 되는 새말이나 이 새 말들이 몯우 민중화하여 곳잘 써지고 아니 써지는 것은 그 말이 잘되고 잘못되고 가 그다지 상관이 없고 한때 유행성이나 또는 정치적 세력을 가지고 못 가지는 데 달렸을 것이다. 무론 이런 새말은 그 일 그 물건을 땂아 아니 생길 수 없는 말이니 잘 되었든 못 되었든 민중적으로 쓰게만 되면 그대로 굳어버릴 것이다. 그리고 또 한ㅅ자漢ㅅ字로는

인명人名
지명地名

새로 생기는 몯은 사물의 니름 따위는 아즉까지도 거의 다 한ㅅ자로 지어 쓰며

취급取扱
상징象徵
동경憧憬
용달用達
견적見積
면회面會

라 하는 따위는 한ㅅ자의 음音만 취하여 쓰는 것이니 이 따위는 순우리말로 새로 지어 쓸 수가 없는 것도 아니지마는 습관習慣, 형편形便, 추세趨勢

또는 맹종적盲從的, 모방적模倣的으로 한ㅅ자를 쓰게 되는 것이 있다. 이뿐 아니라 외국어를 그대로 쓰는 것도 많으나 이건 새말이라 닐컷기보다도 그냥 외국어라 하여 자국어自國語로 화하는 족족 맞흠내 자국어로 칠 수 밖에 없는 것이다. 그러나 우리는 지금 새말이나 외국어 따위를 아니 쓸 수 없지마는 쓰지 않어도 좋을 데까지 새말이나 외국어를 쓰다가 우리말을 없이는 것이 많다. 우리의 쓰든 말은 다 없이고 새말, 외국어로만 써도 못될 일은 없겠다고 생각하는 이도 업지 않겠지마는 웨 쓰든 걸 아니 쓰고 새것, 남의 것만 쓰려하나. 오늘날의 문화文化가 하루아침에 아니 된 것임을 알면 언어言語도 그렇게 쉽게 되는 것이 아닌 줄을 알리라. 어찌 가졌든 것도 늘리지 못하면서 새것, 남의 것만 가지려 하나 새것, 남의 것도 써야 할 것이야 말할 것도 없으나 맹종적盲從的, 모방적模倣的만으로는 그리 잘하는 노릇이 아닐 것이다.

— 가람 —

겹말

법하고 全部나行字音으로 내는것을 보면字音의變化는 되도록 本音에갖갑도록 努力하는바가 있는것을볼수있다 所謂歷史的이니 表音的이니하는 問題의字音들의實例는 대강이것으로 끝을막고 이다음號에가서 이字音들 整理에對한 愚見을말슴하고자한다。

겹 말

李秉岐

말을 흠이들 分類하여 標準語、地方語(方言)、古代語(古語)、現代語、術語(科語)、熟語、磨語、新語(造語)、俚語、外來語、雅語、俗語——이렇게 말하지마는 이밖에 또하나 特別히 쓰는말들이 있오니 곳 宮中語(宮中에서만쓰는말)심만이말(山蔘캐는이들끼리 쓰는말)、겹말따위다。

宮中語나 심만이말을 이에 말하지 않고 겹말만 가지고 말하려한다。

겹말은 揃說(冊나弗、에서는 謎語라 外語라하였고 지금俗間에서는 겹말、또는 변이라하여 겹말쓰는것을 변쓴다고한다。

겹말은 어느일이나 물건의니름을 그대로 니르지않고 다른말을 빌어서 어떤이들끼리만 그秘密을지키고저함인데 하나는 무슨일을 남모르도록 進行코저함이요、또하나는 體面에서 남을 俗辱、諱諱、嘲笑、諷刺、警省로저함이라 前者는장사들이나 捕校들이 쓰는것이요、後者는 항상俗間에서 흠이들 쓰는것이다。

그런데 前者의例를 들면

전ㅅ변(商賈에서쓰는말)

여순—여겨서 산물건값을 제겨가서 흠여남겨먹는이。
암괭이—여순파같은말
진상치—낮은물건。下品。
부셍이—진상치와같은말。
따상이—좋은물전。上品。
송화색—흉諧한이。가린주머니。
가재친다—물건을좋추보내는것。
상봉어그린다—생선장사따위의 사파는금에사지않고 그장사를 흠어가지고 서로들 놀러는것。

신전ㅅ변(신전에서만쓰는겹말)

시무—하나。一。
미무—둘。二。
반상육—셋。三。
상미무—넷。四。
변—다섯。五。
육상—여섯。六。
전너—닐곱。七。
앙수—여덟。八。

또도적ㅅ변(捕盜廳에서쓰는겹말)

총오로알쇄라—사람들을 물러치는것(辟左右)
수어살이—아비。父。
뫼어살이—어미。母。
우ㅅ마더—언니。兄。
알에ㅅ마더—아우。弟。
옥이—아들。子。
나셍이—소。牛。
풍뎅이—가마。轎子。
주석—담배。煙草。
마미—잡을쇠。
밀대—열쇠。

『한글』 1권 4호, 1927. 6.

겹말[8]

말을 흖이들 분류分類하여 표준어標準語, 지방어地方語(방언方言), 고대어古代語(고어古語), 현대어現代語, 술어術語(과어科語), 숙어熟語, 폐어廢語, 신어新語, 남조어濫造語, 이어俚語, 외래어外來語, 아어雅語, 속어俗語 — 이렇게 말하지마는 이 밖에 또 하나 특별特別히 쓰는 말들이 있으니 곳 궁중어宮中語(궁중에서만 쓰든 말), 심만이말(산삼山蔘 캐는 이들끼리 쓰는 말), 겹말 따위다.

궁중어宮中語나 심만이말을 이에 말하지 않고 겹말만 가지고 말하려 한다.

겹말은 쇄설瑣說, 책冊 니름에서는 미화謎話라 외화外話라 하였고 지금 속간俗間에서는 겹말, 또는 변이라 하여 겹말 쓰는 것을 변 쓴다고 한다.

겹말은 어느 일이나 물건의 니름을 그대로 니르지 않고 다른 말을 빌어 써 어떤 이들끼리만 그 비밀秘密을 지키고저 함인데 하나는 무슨 일을 남모르게 진행進行코저 함이요, 또 하나는 암면暗面에서 남을 모욕侮辱, 비방誹謗, 조롱嘲弄, 풍자諷刺, 경성警省코저 함이라 전자前者는 장사들이나 포교捕校들이 쓰든 것이요, 후자後者는 항상 속간俗間에서 흖이들 쓰는 것

8 「겹말」, 『한글』 1권 4호, 1927. 6.

이다.

그런데 전자前者의 예例를 들면

전ㅅ변(상전商廛에서 쓰는 말)

여손 — 여긔서 산 물건값을 저긔 가서 올여 남겨 먹는다.

암쾡이 — 여손과 같은 말

진상치 — 낮은 물건. 하품下品.

부성이 — 진상치와 같은 말.

짜상이 — 좋은 물건. 상품上品.

송화색 — 제장斉薔한 이. 가린 주머니.

가재친다 — 물건을 돌우 보내는 것.

삼붕어 그린다 — 생선 장사 따위의 사라는 금에 사지 않고 그 장사를 블어 가지고 서로들 놀리는 것.

신전ㅅ변(신전에서만 쓰는 곁말)

시두 — 하나. 일一.

미두 — 둘. 이二.

반상육 — 셋. 삼三.

상미두 — 넷. 사四.

번 — 다섯. 오五.

육상 — 여섯. 육六.

건너 — 닐곱. 칠七.

양숭 — 여듧. 팔八.

포도청ㅅ변(포도청捕盜廳에서 쓰는 곁말)

통으로 알웨라 — 사람들을 물리치는 것(벽좌우辟左右)

수어살이 — 아비. 부父.

튀어살이 — 어미. 모母.

우ㅅ마디 — 언니. 형兄.

알에ㅅ마디 — 아우. 제弟.

욱이 — 아들. 자子.

낭성이 — 소. 우牛.

풍덩이 — 가마. 교자轎子.

푸석 — 담배. 연초煙草.

마미 — 잠을쇠.

밀대 — 열쇠.

댄추 — 해. 불.

실 — 오라(홍색 포승紅色捕繩)

탈구른다 — 비온다.

장시 — 불한당.

푼 — 곰도적(소도小盜)

나귀 — 신.

사지 — 고기.

생인쇠 — 양반兩班.

허리ㅅ간 — 중인中人.

맨드라미 — 무당.

송기떡 — 무예청武藝廳.

배추벌레 — 춘방사령春坊使令.

때쩌구리 — 목수木手.

딱쇠 — 대정장이.

맹과리 — 도야지.

모쪼 — 술. 주酒.

광능(눈) 굴린다 — 선조대왕宣祖大王의 용안龍眼을 니름인데 눈 부릅 뜨는 것

들걸 — 박씨朴氏.

꼭지 — 배씨裵氏.

작발 — 장씨張氏.

주저리 — 김씨金氏.

화초 — 이씨李氏.

토리 — 한씨韓氏.

늘어진 쇠 — 류씨柳氏. 유씨兪氏. 류씨劉氏.

산새 — 최씨崔氏.

주먹 — 손씨孫氏.

늘속 — 관ㅅ사람. 백정白丁.

금파리 — 갓전ㅅ군.

나막신 — 착고. 골앙틀.(발에 채는 형구形具)

요령 — 주의周衣.

이 따위 겹말들은 때마다 곧마다 곧혀 씀으로 말미암아 일정一定하게 오래도록 전해오는 것은 많지 못할 뿐 아니라 어느 몇몇 사람끼리만 알고 쓰는 말이라 좀처럼 얻어 볼 수 없는 것이요. 또 후자後者의 예例를 들면

거년금년 — 쌍년雙年 — 쌍년. 천한 년.

변덮어라 — 문 닫는 것을 니름.

자룬가전댄가 — 막 닳은 골목.

끌에 삼촌 — 말숙末叔 말숙하다.

과리껍질 — 하이카라.

병자년방죽 — 건방진 것.

방동지네 장물이다 — 슴거운 것을 니름

(괴산槐山 읍내邑內) 사는 조씨趙氏 하나가 그 처가妻家 방씨方氏에게 해마다 햇장을 얻어다 먹는데 그 장맛이 퍽 슴겁든 것이다)

여산백지 — 엷은 것(여산礪山에서 나는 백지白紙가 퍽 엷었든 것이다.)

홍제원인절미 — 늘어진 것. 늘인 것. (홍제원洪濟院이란 곧에서 팔든 인절미가 퍽 늘어졌든 것이다)

오종포 팔어라 — 땅 팔어라 (오종포午鍾砲소리가 땅 한다)

택출이 — 택출澤出이 — 못난이.

댄추 떨어 치어라 — 불 꺼라(댄추는 포도청捕盜廳ㅅ변)

멧산ㅅ자넷이다 — 출출出出하다 — 출출하다

황났다 — 판 들었다. 결단났다.

콩이 있다 — 수가 있다. 마음이 있다.

진고개 나막신에 호랑이 나린다 — 게다가 몰아간다.

소곰 가지고 대어든다 — 잡어먹으려 한다

순사보통호 — 순사보통호巡査補統戶 — 순금반지(순금純金반지)

색떡 — 색병色餠 — 염병染病. 저런 색떡할 놈.

양떡 먹일 놈 — 총 맞일 놈(양떡은 팡)

우마양식순사보통호 — 우마양식순사보통호牛馬糧食巡査補統戶 — 꼴에 순금반지(꼴은 추蒭)

알에ㅅ녁장사 — 매음녀賣淫女.

수수밥 — 자식紫食 — 자식子息. 아들.

배암의 부랄 — 사탕.

초림 — 초림椒林 — 서얼자庶孼子(호초胡椒 맛이 얼얼함)

이 따위 겹말들은 퍽 많이 있으나 낫낫이 다룰 수 없어 이만 그친다. (끝)

한ㅅ자漢ㅅ字의 닮이 이르는 음音

『한글』 1권 5호, 1927. 7.

한ㅅ자漢ㅅ字의 닯이 이르는 음音[9]

이병기李秉岐

一. 뜻을 딿아 닯이 니르는 자음字音

고래古來로 조선에 전래傳來한 한ㅅ자漢ㅅ字의 음音은 지나支那의 각各 시대時代 각各 지방地方의 자음字音을 그대로 전해온 것, 또는 와전訛傳한 것도 있는 가운데 뜻이 같어도 음音은 여러 가지로 있는 것도 있거니와 뜻이 다름을 딿아 2종二種의 음音, 3종三種의 음音, 4종四種의 음音, 5종五種의 음音, 6종六種의 음音을 가진 자字가 있나니 그 예例는 알에와 같다.

「ㅏ」 2종二種의 음音

행行은 항오라 하면 「항」이니 일가一家의 촌수寸數의 같은 항行과 열列을 니를 때에는 항렬行列이라 하고 단긴다면 「행」이니 여러 사람들이 열列를 지어 감을 니를 때에는 행렬行列이라 하며

極은 급하다면 「극」이요 잦오라면 「긔」이며

9 「漢ㅅ字의 닯이 이르는 音」, 『한글』 1권 5호, 1927. 7.

佛은 부처라면 「불」이요 크다면 「필」이며

假는 빌다면 「가」요 이른다면 「격」이며

亡은 잃는다면 「망」이요 없다면 「무」이며

籍은 핑계한다면 「자」니 憑籍는 빙자라 하고 어수선하다면 「적」이니 狼籍은 랑적이라 할 것이나 이는 보통 랑자라 하며

覆는 덮는다면 「부」니 天覆地載는 천부지재라 하며 뒤집는다면 「복」이니 反覆은 반복이라 하며

著는 나타낸다면 「저」니 著述著作은 저술저작이라 하고 부드친다면 「챡」이니 逢著은 봉챡, 到著은 도챡이라 하며

惡은 사납다면 「악」이요 미워한다면 「오」이며

省은 살핀다면 「성」이나 省墓는 성묘라 하고 던다면 「생」이니 省略은 생략이라 하며

「ㅓ」 3종三種의 음音

樂은 질겁다면 「락」이요 풍뉴라면 「악」이요 좋아한다면 「요」니 樂山樂水는 요산요수라 하며 식食은 먹인다면 「사」요 먹는다면 「식」이요 사람 니름으로는 「이」니 酈食其는 역이기라 하며 격格은 이르다면 「격」이요 나무의 높은 가지라면 「각」이요 자품이라면 「핵」이니 자격資格은 자핵이라 할 것이나 보통 자격이라 하며

數는 셈이라면 「수」이요 빽빽하다면 「촉」이요 잦다면 「삭」이니 가곡歌曲의 니름에 初數大葉, 二數大葉, 三數大葉은 초삭대엽, 이삭대엽, 삼삭대엽이라 할 것이나 보통 초수대엽 이수대엽 삼수대엽이라 하며

率는 장수라면 「수」이요 거늘인다면 「솔」이요, 셈수의 니름이면 「률」

이라 하며

竝는 짝한다면 「반」이요 련한다면 「방」이요 견준다면 「병」이며

「ㅗ」 4종四種의 음音

契는 계약한다면 「계」이요 나라 니름으로는 「글」이니 契丹은 글안이라 하고 근고한다면 「결」이요 사람 니름으로는 「설」이며

휘煇는 빛난다면 「휘」이요 지친다면 「훈」이요 해무리라면 「운」이요 밝엉다면 「혼」이며

「ㅜ」 5종五種의 음音

敦은 다스린다면 「퇴」이요 쟁반이라면 「대」이요 도탑다면 「돈」이요 돋인다면 「단」이요 아로삭인다면 「조」이며

「ㅡ」 6종六種의 음音

주洒는 씻는다면 「세」이요 뿌린다면 「새」이요 우뚝한다면 「최」이요 닥는다면 「쇄」이요 엄숙하다면 「선」이요 쇄락하다면 「사」이다

二. 자전字典과 닲이 니르는 자음字音

종래의 운고韻考나 옥편玉篇에는 원음元音과 속음俗音의 구별區別이 있으

니 이 속음俗音이란 것도 조선의 속음俗音이 아니라 지나支那의 속음俗音을 니름인데 그 원음元音 혹은 속음俗音이 와전訛傳한 것인지 어찌된 것인지 종래의 자전字典과는 다르게 니르는 자음子音이 있나니 그 예例는 알에와 같다.

字典의 本音 조선의 俗音

母 무··············모(부모父母)

丑 추··············축(자축子丑)

扱 흡··············급(취급取扱)

取 추··············취(취급取扱)

刷 솰··············쇄(인쇄印刷)

陜 협··············합(합천陜川-지명地名)

提 데··············리(보리菩提-범어梵語)

十 십··············시(시월十月, 시방十方)

六 륙··············유(유월六月)

釋 석··············서(석가모니釋迦牟尼)

白 백··············배(배천白川-지명地名)

下 하··············사(사처下處)

論 론··············논(의논議論)

丹 단··············란, 안(모란牡丹, 계란契丹)

平 평··············피(피양平壤······지명地名)

原 원··············안(남안南原······지명地名)

逼 벽··············핍(핍박逼迫)

剌 랄··············라(수라水剌)

黏 덤··············념(념제黏蟬)

蟬 선··············제(념제黏蟬)

區 우……………구(구역區域)

廓 곽……………확(확정廓情)

告 곡……………고(신고申告)

愒 할……………갈(공갈恐愒)

個 가……………개(일개一個)

狀 장……………상(정상情狀)

約 요……………약(약속約束)

糖 당……………탕(사탕砂糖)

辰 신……………진(갑진甲辰, 진사辰巳)

麗 리……………려(고려高麗)

黴 미……………매(매독黴毒)

이것이 이거시냐 이거디냐 (一)

이것이 이거시냐 이거디냐 (一)

李秉岐

一

오늘날에야 아무리 궁벽한시골일망정 우리글로된 신문한장이나 잡지한권이라도 아니가는고든없으리라 이만큼 우리글이 보급됨을보면 유교의 사상만존중하고 한문만을 글로알고쓰든그시대는 벗어지나잖으며 또한우리도 우리의것으로 차저돌아옴을알며 아니깃버할수없는 일이다 더욱이지난해이때로 부터는 우리말과 글의운동에더한힘과애를 써오는터이다 니른바『문맹퇴치』(文盲退治)니『내마음을내글로』니하며 신문과잡지와로도 퍽으나 선전을하였며뚤어서『한글강습』이니『한글회』니하는것이 각처에서 많이들생겻섯다 지나간해만 이렇뿐이랴앞으로도그보다 더한 운동이있어더한성적을 얻을줄로믿으며 우리말과 글에대하여 그못하는몇몇가지를 들어말하고저한다 이것도우리글운동의 한도움이 될가함이다

二

『이것은』을『이거든』이라
『이것을』을『이거들』이라
『이것이』를『이거디』나『이거지』라

읽는따위의『ㅅ』받침을『ㄷ』이나『ㅈ』의소리로 내는것이 있으니이런글을 읽을제에는 말과글과는 판연히다르게된다 말로하자면는

『이것은』을『이거슨』으로
『이것을』을『이거슬』로
『이것이』를『이거시』로

하면서 글로읽을제에는 딴소리를내니 이것은 말이틀린것인가글이틀린것인가 그저 말소리대로만 적을것같으면

『이것은』을『이거슨』이라

『조선일보』, 1927. 10. 24.

이것이 이거시냐 이거디냐 (一)[10]

一

오늘날에야 아무리 궁벽한 시골일망정 우리글로 된 신문 한 장이나 잡지 한 권이라도 아니 가는 곳은 없으리라. 이만큼 우리글이 보급됨을 보면 유교의 사상만 존중하고 한문만을 글로 알고 쓰든 그 시대는 벌써 지나갔으며 또한 우리도 우리의 것으로 차저 돌아옴을 알며 아니 깃버할 수 없는 일이다. 더욱이 지난해 이때로부터는 우리말과 글의 운동에 더한 힘과 애를 써오는 터이다. 니른바 『문맹퇴치文盲退治』니 『내 마음을 내 글로』니 하여 신문과 잡지와로도 퍽으나 선전을 하였으며 딸어서 『한글 강습이니』, 『한글회』니 하는 것이 각처에서 많이들 생겼섯다. 지나간 해만 이럴 뿐이랴. 앞으로도 그보다 더한 운동이 있어 더한 성적을 얻을 줄로 믿으며 우리말과 글에 대하여 그릇하는 몟몟 가지를 들어 말하고저 한다. 이것도 우리글 운동의 한 도움이 될가 함이다.

10 「이것이 이거시냐 이거디냐 (一)」, 『조선일보』, 1927. 10. 24.

二

『이것은』을 『이거든』이라
『이것을』을 『이거들』이라
『이것이』를 『이거디』나 『이거지』라

낡는 따위의 『ㅅ』 바침을 『ㄷ』이나 『ㅈ』의 소리로 내는 것이 있으니 이런 글을 읽을 제에는 말과 글과는 판연히 다르게 된다. 말로 하자면

『이것은』은 『이거슨』으로
『이것을』은 『이거슬』로
『이것이』는 『이거시』로

하면서 글로 읽을 제에는 딴소리를 내니 이것은 말이 틀린 것인가 글이 틀린 것인가. 그저 말소리대로만 적을 것 같으면

『이것은』을 『이거슨』이라.

조선어朝鮮語와 우리 임무任務

朝鮮語와우리任務

李秉岐

『조선일보』, 1928. 11. 13.

조선어朝鮮語와 우리 임무任務[11]

오늘날 우리말은 영어英語나 수학數學과 같이 힘을 쓰고 마음을 들이기는 고사하고 영어英語 수학數學이나 다른 학문學問과 같이 한 학문學問으로 녀기기나 하는가. 우리말도 한 학문學問이라 할 것 같으면 누구나 함부로 말하든 못할 것이다. 그러나 흔히들 하는 말「조선사람이 조선말을 배우잘 것이 있나?」,「그까진 언문諺文이야 아무렇게 쓰든 상관이 있나」하고 자기自己의 아는 것 쓰는 법에 좀 다른 점點만 있으면 이알량비알량하며 이러니저러니 하기만 하는 모양이다. 이런 것은 무식한 사람의 하는 말로만 알기 쉬우나 제법 내노라 하고 다른 학문學問에는 찰찰察察하게 구는 사람에도 적지 않은 모양이다.

웨 그럴까.

첫재는 조선말은 우리의 말이라 우리가 어려서 어머니 가슴에 안겨 젖을 먹으며 아즉 아무 지식知識도 가지지 못할 적에 배우는 줄도 모르게 배운 것임으로 다른 학문學問을 배운 것과 같이 배웠다는 생각은 아니나는 것이다. 그러고 조선어 그것도 다른 학문學問과 같이 아니 된 것임은 무론이다. 그리고 잘 알든 못 알든 자기自己가 알기는 아는 것이니 그만한 자신自信도 있고 자만自慢도 있고 자각自覺도 있을 것도 무론이다.

11「朝鮮語와 우리 任務」,『조선일보』, 1928. 11. 13.

둘재는 오늘날 추세趨勢로 말미암아 다른 학문學問과 같은 지위地位를 가지지 못한 우리말에 대하여 스스로 가벼이 아니 녀길 수 없는 것이다. "사흘만 굶으면 아니 날 생각이 없다"는 말과 같이 내내 지켜오든 지조智操도 변하고 말 갈 데 소 갈 데 다 가기도 하거든 하물며 밥도 돈도 아니 나는 우리말에야 그 누가 탐탐이 녀기랴? 그 씨와 날이 아무리 헝클어져 있든 마든 잘 고르고 다듬어 아름답게 깎아내려는 생각이나 하랴.

셋재는 과연 우리말이 다른 학문學問과 같이 정리整理가 아직 못 되어 있는 까닭이다. 그럼으로 다른 사람들은 말할 것도 없거니와 우리말을 연구硏究한다는 이 가운데에도 서로 생각이 합일合一치 못하야 이렇게 쓰는 이가 있고 저렇게 쓰는 이도 있어 각각 그 주장主張을 세우고 나아간다. 이것이 조선어朝鮮語 발달發達의 과정過程에 있어서 없지 못할 일이지마는 남 보기에는 조선어朝鮮語 그것이 부실하여 그런 줄 알기도 쉬운 것이다.

이상以上 말한 세 가지를 다시 말하면 이렇든 저렇든 이것은 우리말에 대한 무식無識이라고 볼 수밖에는 없으며 이렇게 무식無識한 이만큼 우리는 더욱 이에 대한 책임감責任感을 가지고 노력努力하여야 할 것이다.

그러나 정리整理가 되든 말든 그저 내버려 두고 어떠한 한두 사람에게만 그 책임責任을 돌려보낸다면 아니 될 일이다. 그 책임責任이 있다 하드라도 우리가 다 조선어학자朝鮮語學者가 되어야 한다는 말은 아니되 조선사람으로서 조선어朝鮮語를 많이 장려獎勵하고 조선어학자朝鮮語學者를 많이 양성養成할 임무任務는 누구나 있을 것이다. 남의 일처럼 수수방관袖手傍觀만 할 건 아니다.

더구나 요새 철자법綴字法 개량改良 한글 기념절紀念節을 당하여 우리는 이와 같은 생각이 간절히 아니 날 수 없으며 또한 몇몇 군대의 한글 정리

整理에 대한 운동運動이 일어남을 볼 때 나도 깃버하는 그 한 사람으로서 우리도 우리 임무任務에 대한 반성反省을 깨달은 줄 알며 이로붙어 이 운동運動이 그 좋은 효과效果를 얻을 줄을 믿고 바란다.

세종대왕世宗大王의 훈민정음訓民正音 반포頒布

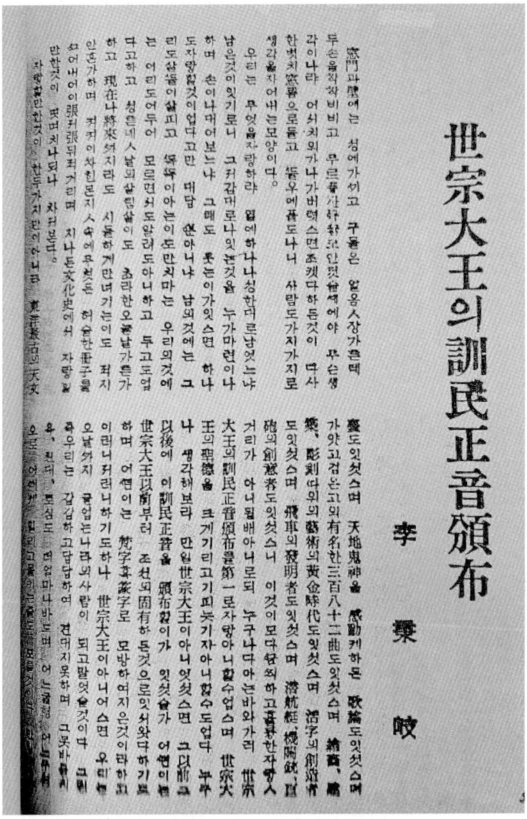

世宗大王의訓民正音頒布

李秉岐

『별건곤』 제12·13호, 1928. 5. 1.

조선역사상朝鮮歷史上 가장 광휘光輝 잇는 페-지

세종대왕世宗大王의 훈민정음訓民正音 반포頒布[12]

이병기李秉岐

창문窓門과 벽壁에는 성에가 ᄭᅵ고 구들은 얼음ㅅ장 가튼데 두 손을 싹싹 비비고 무르플 잔ᄯᅳᆨ ᄭᅮᆯ코 안젓슬 ᄯᅢ때에야 무슨 생각이 나랴. 어서 치위가 나가 버렷스면 조켓다 하든 것이 다사한 볏치 창窓틈으로 들고 ᄯᅳᆯ 우에 풀도 나니 사람도 가지가지로 생각을 자어내는 모양이다.

우리는 무엇을 자랑하랴. 열에 하나나 성한 대로 남엇느냐 남은 것이 잇기로니 그저 감대로 나 잇는 것을 누가 마련이나 하며 손이나 대어 보느냐. 그래도 뭇는 이가 잇스면 하나도 자랑할 것이 업다고만 대답ᄲᅮᆫ 아니냐. 남의 것에는 그리도 살ᄯᅳᆯ이 살피고 ᄯᅩᆨᄯᅩᆨ이 아는 이도 만치마는 우리의 것에는 이리도 어두어 모르면서도 알려도 아니하고 두고도 업다고 하고 성튼 녜ㅅ날의 살림살이도 초라한 오늘날 가튼가 하고 현재現在나 장래將來ᄭᅡ지라도 시들하게만 녀기는 이도 적지 안흔가 하며 켜켜이 싸힌 몬지ㅅ속에 무쳣든 허술한 책자를 끄어내어 이 장張 저 장張 뒤적거

12 「世宗大王의 訓民正音 頒布」, 『별건곤』 제12·13호, 1928. 5.

리며 지나든 문화사文化史에서 자랑할 만한 것이 몃며치나 되나 차저본다.

자랑할 만한 것이 한두 가지만이 아니라 동양東洋 최고最古의 천문대天文臺도 잇섯스며 천지귀신天地鬼神을 감동케 하든 가요歌謠도 잇섯스며 가얏고 검은고의 유명한 삼백팔십이 곡三百八十二曲도 잇섯스며 회화繪畵, 건축建築, 조각彫刻 따위의 예술藝術의 황금시대黃金時代도 잇섯스며 활자活字의 창조자創造者도 잇섯스며 비차飛車의 발명자發明者도 잇섯스며 잠항정潛航艇, 기관총機關銃, 거포巨砲의 창의자創意者도 잇섯스니 이것이 모다 끔찍하고 훌륭한 자랑ㅅ거리가 아니 될 배 아니로되 누구나 다 아는 바와 가티 세종대왕世宗大王의 훈민정음訓民正音 반포頒布를 제일第一로 자랑 아니 할 수 업스며 세종대왕世宗大王의 성덕聖德을 크게 기리고 기피 늣기지 아니할 수도 업다. 누구나 생각해보라. 만일 세종대왕이 아니 잇섯스면 그 이전以前 그 이후以後에 이 훈민정음을 반포頒布할 이가 잇섯슬가? 어떤 이는 세종대왕世宗大王 이전부터 조선朝鮮의 고유固有하든 것으로 잇서 왓다 하기도 하며 어떤 이는 범자梵字 혹은 전자篆字로 모방하여 지은 것이라 하고 이러니저러니 하기도 하나 세종대왕이 아니어스면 우리는 오날까지 글 업는 나라의 사람이 되고 말엇슬 것이다. 그런 즉 우리는 갑갑하고 답답하여 견대지 못하며 그 못 바들 치욕, 천대, 토심도 더 얼마나 바드며 어느 굴형 어느 구석으로 어써케 밀리고 몰키는 줄도 모를 것이다. 만일 세종대왕이 다른 나라에 나서 이 글을 반포頒布하섯드라도 우리는 그 얼마나 그걸 불어워하여 탐냇슬 것이랴.

정음正音 이외以外에도 비록 이두吏讀나 한문漢文을 사용하기는 햇스나 어찌 정음正音과 가티 자연自然스럽고 자유自由스러웟스랴. 그것으로는 우리의 사상思想, 감정感情을 적어내기에 맛당하다 할 수 업는 것이다. 범문梵文이나 영문英文을 배워가지고 사용하는 이만큼 어려운 점이 잇는 것이다.

이럼으로 벌써 사백팔십삼 년四百八十三年 전 세종대왕世宗大王께서.

「國之語音이 異乎中國하야 與文字로 不相流通할새 故로 愚民이 有所欲言하야도 而終不得伸基情者 多無라 予爲此悶然하야 新制二十八字하노니 欲使人人으로 易習하야 便於日用耳니라」

라 하시고 이글을 반頒하신 것이다.

이 정음正音의 반포頒布가 세계世界 기존旣存한 음운音韻 문ㅅ자文ㅅ字가운대 비록 시대로는 좀 뒤졋다 하드라도 그 정교精巧하고도 완비完備한 점點으로는 가장 으뜸이 되는 것이다.

과연 정음正音 반포頒布 이전에 세종대왕의 이에 대한 성지聖旨와 진념軫念이 그 얼마나 놀라왓스랴. 주소좌와晝宵坐臥에 생각이 끗히실 적이 업섯스며 집현전集賢殿에서 여러 문신文臣들과도 종종種種 자세仔細하신 자의諮議도 잇섯스며 혹은 성삼문成三問으로 하여 열세 번이나 요동遼東을 가고오고 하여 황찬黃瓚에게 질문도 한 일이 잇든 것을 밀워 보면 이만한 정음正音은 지어내노라고 주도면밀周到綿密하신 성지와 진념을 가지셧슴을 알 수 잇다. 옥좌玉座에 걸어안저 만기萬機를 총찰總察하시면서도 이 아름다운 성지聖旨와 진념軫念을 가지시고 이 아름다운 글ㅅ자를 지어내신 것을 생각하면 생각할사록 고맙고 늣거움을 이길 수 업다.

우리는 그를 왕자王者로만 녀기지 안코 민중교화民衆敎化의 사명使命으로 아는 바이다.

그런데 정음正音이란 어써한 것인가. 정음正音에 대하야 어써케들 생각하엿는가. 정음반포正音頒布 이래 정음正音에 대한 찬사讚辭를 들어보자.

훈민정음서訓民正音序에

「以二十八字 而轉煥無窮 簡而要 精而通 故智者 不崇朝而通 愚者 可浹旬而學以是解書 加以知基義 以是聽訟 可以得基情 字韻 則淸濁之能辨 樂歌 則律呂之克諧無所 用而不備 無所往而不達雖豊聲鶴唳 鷄鳴狗吠 皆可得而書矣」

라 하엿스며 이성호李星湖는

「凡爲音者 莫不有字 人稱倉籀以來 末始有也」

라 하얏으며 이원교李圓嶠는

「今取考之 與切韻及華人韻書之正者 無所不合 是豈非我 聖朝聲律之教可爲東方 萬世法乎」

라 하엿스며 신여암申旅庵은

「千言萬語, 纖悉形容, 雖婦孺童騃, 皆得而用之, 以達基辭, 以通基情」

이라 하엿스며 정동유鄭東愈는

「諺文往覇萬無一疑」

라 하엿스며 유방편자柳方便子는

「諺文 則若移東全部 則已 欲誤一字之形 得乎 欲改一字之音 得乎 此用之精也」

라 하엿스며 이소운李嘯雲은

「若隨聲成 則增衍幾何字 生生不窮焉」

이라 하엿스며 영인英人 쎌 박사博士는

「歐羅巴人은 무식한 이라도 한 時間만이면 다 배우겟다」

고 하엿스며 일인日人 일조白鳥 박사博士는 문자우승열패론文字優勝劣敗論 중에

「자획字劃이 적고도 구조構造가 규칙 바르게 된 점으로 말하면 세계 음운音韻 문ㅅ자文ㅅ字 중 제일第一이 될 만큼 정교精巧하다.」

고 하엿다. 이상의 찬사讚辭만으로도 내 남 할 것 업이 이구동성異口同聲으로 굉장히 찬미讚美한 것임을 알 것이다. 이것이 다만 우리의 것이라 하여 자랑이 아니라 자랑을 아니할 수 업서 자랑함이다. 만일 우리의 것이라도 아무런 자랑할 만한 점이 업스면야 애적부터 자랑을 하려도 아니할 것이다. 우리는 녜ㅅ날 삼한갑족三韓甲族으로서 소실 대문大門 안에서 금관자金貫子 옥관자玉貫子 부티고 호화롭게 살엇다 한들 주리는 배야 부리지도 안코 귀녀겨 들을 이도 업슬 것이니 이 싸위 자랑을 하는 웃으운 이는 오늘날 그다지 잇지도 안흘 것이다. 그러나 자랑할 것도 자랑만 할

것이 아니라 그걸 잘 정리整理하고 잘 이용利用하여 우리도 잘 살어야 한다. 이만 못한 것을 가지고도 잘 정리하고 잘 이용하여 온 세계에 위엄을 부리며 들날치고 사는 무리가 여북 만흔가. 석굴암石窟庵의 부처들이 방광放光을 하여 수십만數十萬 리里를 비치고 봉덕사奉德寺 종소리가 온 세계에 들린대도 우리들이 고목냉회枯木冷灰와 가티 되고야 그 무슨 영광이 되며 자랑이 되랴. 진실로 정음正音으로 하여 영원한 자랑이 되게 하자면 여간 고심노력苦心努力하지 안흐면 아니 될 것이다. 세종대왕과 가튼 성심성력誠心誠力을 가진 이가 한두 사람만 잇서도 아니 될 것이다. 누구나 그 뜻으로서 그 힘을 써야만 할 것이다.

정음正音은 조선의 자랑이다. 우리의 자랑이다. 이 자랑이 영원한 자랑이 되도록 하자. 그리고 항상 우리의 영靈이 여긔에 멈을러 잇는 줄을 니저서는 아니 된다.

조선 문법강화文法講話

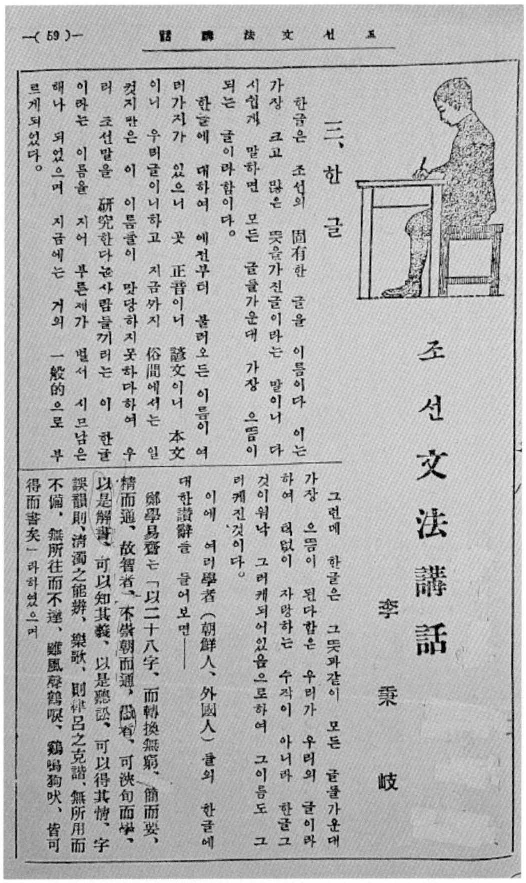

조선文法講話

李秉岐

三、한글

한글은 조선의 固有한 글을 이름이다 이는 가장 크고 많은 뜻을가진글이라는 말이니 다시쉽게 말하면 모든 글들가운대 가장 으뜸이 되는 글이라함이다。

한글에 대하여 예전부터 불러오든 이름이 여러가지가 있으니 곳 正音이니 諺文이니 本文이니 우리글이니하고 지금까지 俗間에서는 일컷지만은 이 이름들이 맛당하지못하다하여 우리 조선말을 硏究한다는사람들끼리는 이 한글이라는 이름을 지어 부른제가 벌서 시므남은해나 되었으며 지금에는 거의 一般的으로 부르게되었다。

그런데 한글은 그뜻과같이 모든 글들가운대 가장 으뜸이 된다함은 우리가 우리의 글이라하여 덕없이 자랑하는 수작이 아니라 한글그것이워낙 그러케되어있음으로하여 그이름도 그러케진것이다。

이에 여러學者(朝鮮人、外國人)들의 한글에 대한讚辭를 들어보면——

鄭學易齋는「以二十八字、而轉換無窮、簡而要、精而通、故智者、不崇朝而通、愚者、可浹旬而學、以是解書、可以知其義、以是聽訟、可以得其情、字誤韻則、淸濁之能辨、樂歌、則律呂之克諧、無所用而不備、無所往而不達、雖風聲鶴唳、鷄鳴狗吠、皆可得而書矣」라하였으며

『조선강단』 1권 1호, 1929. 9.

조선 문법강화文法講話 (一)[13]

1. 서어序語

조선 문법文法이라 하면 흔히 어려운 것, 이상한 것 또는 외국外國 문법文法을 번역한 그것이나 아닌가 생각하시는 이가 많으나 반듯이 그런 것은 아닌 줄로 안다.

워낙 문법文法이란 것은 그 나라 말의 유래由來, 습관習慣, 조직組織의 엇떠함을 연구研究하여 어긋난 것을 바르게 흐린 것을 똑똑하게 어려운 것을 쉽게 어수선한 것을 조촐하게 하자는 것이라 그 원리原理로 말하면 내 나라나 남의 나라의 것이 그다지 다를 것이 업지마는 나라마다 역사歷史, 풍속風俗, 습관習慣, 제도制度가 다름을 쌀아 언어言語도 그만큼 다른 점点이 업지 못함으로 이 다른 점点까지라도 따지고 밝혀야 할 것이다.

조선 문법文法도 조선말의 유래由來, 습관習慣, 조직組織의 어떠함을 연구研究하며 다른 나라의 문법과도 갓흔 점 다른 점을 잘 캐여 내어 한 법칙法則을 세워가지고 일반적一般的으로나 또는 특수적特殊的으로 말하는 데나 글 짓는 데 더욱 그 편의便宜를 돕고자 함이다.

13 「조선文法講話」, 『朝鮮講壇』 1권 1호, 1929. 9.

그럼으로 조선 문법文法이 다른 나라의 그것과 갓다 하여 꼭 그것을 번역한 것이라 할 것이 아니요, 또한 다르다 하여 그것을 이상하게 녀길 것도 아니다. 아주 그 어계語系가 다른 나라의 말과 다른 것이 있음은 말할 것도 없거니와 조선말과 같은 그 어계語系를 가진 몽고蒙古말 만주滿洲말 일본日本말과도 다른 점이 없지 못할 것이다. 이뿐 아니라 갓은 조선말에도 연구硏究하는 그 사람을 쌀아 얼마만콤 같은 점 다른 점이 있슬 것이다.

그런대 이 근래近來 조선 문법을 말하시는 이가 적지 아니하나 아즉 누구나 그 연구硏究가 다 되엿다 하며 내노라 할 것도 업는 가운대 더구나 이에 말하는 변변치 못한 것을 보시는 이는 이러한 점은 살피고 짐작하여 주기를 바란다.

2. 총설總說

(1) 말

아기가 벙글벙글 웃는다.
꽃은 피고 지고 한다.
물은 쉬지 않고 흐르는구나.
달은 밝고 밤은 깊다.
오냐 그는 그리하라.

이 따위 말들과 갓치 우리 사람의 사상思想 감정感情을 소리로 나타내는 것을 곳 말이라 하나니 말은 반듯이 무슨 의사意思를 나타내는 소리라 할 것이요 한갓 그 의사意思만으로나 소리만으로는 말이라 할 수 업는 것이다. 가령 갓난아기가 말은 못하는 대신에 울음을 잘 울어 앓버도 울고 배곯버도 울고 추워도 울고 더워도 울어 저의 편치 못한 모든 사정을 다만 「으아으아」 하는 울음소리로 하여 남에게 알리지마는 이 「으아으아」 하는 소리를 곳 말이라 하지는 아니하고 그 아기가 차차 자라며 걸음마둥둥, 달생달생도 하며 맘맘, 밥바, 지지 하고 짖어거릴 때에야 비롯오 말을 배운다 하여 불완不完하나마 이것은 말이라 하며 우- 하는 바람소리며 (쉬-) 하는 물소리며 부헝이의 부헝부헝 하는 소리며 꾀꼴이의 꾀꼴꾀꼴 하는 소리며 귀똘암의 귀똘귀똘 하는 소리며 울에의 울웅소리 자동차의 뻥뻥소리 — 이 소리 저 소리 천 소리 만 소리가 잇서도 그 소리만은 곳 말이 아니고 이러한 소리들이 적어도 무슨 의사意思를 나타내는 소리로 쓰게 되어야만 비롯오 말이 되는 것이다.

그러하면 사상思想 감정感情이나 소리 그것이 말에 대한 필요必要한 재료材料가 됨은 말할 것도 업스려니와 사상思想 감정感情을 연구硏究하거나 소리 그것을 연구하는 것이 곳 말의 연구가 아님도 알어 두어야 한다 말은 말로서의 연구가 있어야 한다.

(2) 국어國語

말은 그 나라 그 민족民族을 딸아 다 다른데 자기가 자기의 나라의 말을 일컬어 국어國語라 하고 국어에는 표준어標準語, 지방어地方語(방언方言), 고대어古代語(고어古語), 현대어現代語, 술어術語(과어科語), 숙어熟語, 신어新語, 남조어濫造語, 이어俚語, 외래어外來語, 아어雅語, 속어俗語가 있으니—

표준어標準語는 대개 그 국민이 다수多數히 쓰는 말을 표준標準하거나

또는 그 나라의 수부首府의 중류계급中流階級에서 쓰는 말을 표준標準하여 정定한 말을 이름이요

지방어地方語는 그 지방地方 그 지방地方에서만 쓰는 말이나 사투리를 이름이요

고대어古代語는 고대古代에서 쓰든 말인데 우리말에는 지금 지방어地方語같이 쓰이는 말에도 몰을 말, 소매를 사매, 속을 솝, 안에를 가시, 문을 오리라 하는 따위는 고대어古代語 그대로 남어 있는 것이요

술어術語는 학술學術, 기술技術, 예술藝術에서 전용專用하는 말이요

숙어熟語는 문자로 쓰는 말인데 어버이, 우누, 놀음놀이, 누른해, 궂은비, 눈바라, 흰달, 푸나무, 부나비, 가는비 따위의 말들을 이름이요

폐어廢語는 어느 시대時代나 어느 지방地方에서 쓰다가 아니 쓰는 말이요

신어新語는 새로 지어 쓰는 말이요

이어俚語는 속간俗間에서 쓰는 격언格言, 우언寓言, 또는 야비野卑한 말들을 이름이요

외래어外來語는 = 오자략五字略 = 외국어外國語로서 자국화自國化하여 쓰는 말들이요 쏘한 고아古雅한 소리로 된 말을 아어雅語라 야속野俗한 소리로 된 말을 속어俗語라 하는데 아어雅語는 속어俗語보다도 시가문단詩歌文壇에서 많이 쓰이는 말이다.

(3) 문ㅅ자文ㅅ字

문ㅅ자文ㅅ字는 말이나 소리를 눈에 보이게 적어낸 것을 이름이다.

문ㅅ자文ㅅ字의 종류種類는 꽤 만이 잇스나 이것을 크게 난우면 의의문

자意義文ㅅ字, 음운문ㅅ자音韻文ㅅ字 두 가지가 잇고 또 이것을 각각各各 두 가지에 난우면 의의문ㅅ자意義文ㅅ字에는 상형문ㅅ자象形文ㅅ字, 부호문ㅅ자符號文ㅅ字가 잇고 음운문ㅅ자音韻文ㅅ字에는 철음문ㅅ자綴音文ㅅ字, 음표문ㅅ자音標文ㅅ字가 잇다.

상형문ㅅ자象形文ㅅ字는 상고上古에 아즉 미개未開한 민족民族이 맨들어 쓰든 문ㅅ자文ㅅ字니  등ㅅ자等ㅅ字와 같흔 일월산수日月山水 따위 부호 일월산수日月山水 따위를 그림으로 그려 쓰든 지나문ㅅ자支那文ㅅ字나 애급문ㅅ자埃及文ㅅ字가 이것이요

부호문ㅅ자符號文ㅅ字는 상형문ㅅ자象形文ㅅ字보다는 좀 발달發達된 것 곳 상형문ㅅ자象形文ㅅ字만으로는 형상形象 없는 사물事物들을 다 그려 쓸 수 없슴으로 부호符號로 하여 쓰는 부호문ㅅ자符號文ㅅ字를 맨든 것이니 ㅗ ㅜ Ⅰ Ⅱ 등ㅅ자等ㅅ字와 같흔 上 下 一 二 따위를 부호符號로 그려 쓰는 지나문ㅅ자支那文ㅅ字나 라마문ㅅ자羅馬文ㅅ字가 이것이요

철음문ㅅ자綴音文ㅅ字는 부호문ㅅ자符號文ㅅ字보다도 더 발달發達된 것이니 한 음절音節 곳 한 음단音團을 맨들어 쓰는 カ キ ク ケ コ 등의 일본日本 가명문ㅅ자假名文ㅅ字 따위가 이것이요

음표문ㅅ자音標文ㅅ字는 문ㅅ자文ㅅ字 가운대 가장 발달發達된 문ㅅ자文ㅅ字니 이것은 홀로 발음發音될 수 잇는 ㅏ ㅑ ㅓ ㅕ 따위인 모음문ㅅ자母音ㅅ字와 홀로 발음發音할 수 업는 ㄱ ㄴ ㄷ ㄹ 따위인 자음문ㅅ자字音ㅅ字와가 서로 합合하여 무슨 소리든지 다 적어낼 수 잇는 문ㅅ자文ㅅ字다 곳 ㄱ ㅏ가(가), ga가(ga)가 되는 조선 문ㅅ자文ㅅ字나 영문ㅅ자英文ㅅ字 따위가 이것이다.

그런데 조선 문ㅅ자文ㅅ字는 자획字劃이 적고 그 구조構造가 규칙規則 바르게 되어 가장 합리적合理的이고 실용적實用的이어서 세계 문ㅅ자世界文

人字 가운대 제일第一이 될 만큼 정교精巧하다고 일컷는 것이다.

— 계속 —

조선 문법강화文法講話 (二)[14]

이병기李秉岐

3. 한글

한글은 조선의 고유固有한 글을 이름이다. 이는 가장 크고 많은 뜻을 가진 글이라는 말이니 다시 쉽게 말하면 모든 글들 가운대 가장 으뜸이 되는 글이라 함이다.

한글에 대하여 예전부터 불러오든 이름이 여러 가지가 있으니 곳 정음正音이니 언문諺文이니 본문本文이니 우리글이니 하고 지금ᄭᅡ지 속간俗間에서는 일컷지만은 이 이름들이 맛당하지 못하다 하여 우리 조선말을 연구研究한다는 사람들끼리는 이 한글이라는 이름을 지어 부른 제가 벌서 시므남은 해나 되었으며 지금에는 거의 일반적一般的으로 부르게 되었다.

그런데 한글은 그 뜻과 같이 모든 글들 가운데 가장 으뜸이 된다 함은 우리가 우리의 글이라 하여 턱없이 자랑하는 수작이 아니라 한글 그것이 워낙 그러케 되어 있음으로 하여 그 이름도 그러케 진 것이다.

이에 여러 학자學者(조선인朝鮮人 외국인外國人)들의 한글에 대한 찬사讚

14 「朝鮮文法講話」, 『朝鮮講壇』 2권 1호, 1930. 1.

辭를 들어보면—

정학역제鄭學易齊는 「以二十八字, 而轉換無窮, 簡而要, 精而通, 故智者, 不崇朝而通, 愚者, 可浹旬而學, 以是解書, 可以知其義, 以是聽訟, 可以得其情, 字誤韻則, 淸濁之能辨, 樂歌, 則律呂之克諧, 無所用而不備, 無所往而不達, 雖風聲鶴唳, 鷄鳴狗吠, 皆可得而書矣」라 하였으며

이성호李星湖는 「我東諺字. 剏於 世宗朝丙寅, 凡有音者, 莫不有字, 人稱倉籒以來 未始有也」라 하였으며

신여암申旅菴은 「其爲字, 不多, 而其爲用, 至周, 書之甚便, 而學之甚易, 千言萬語, 纖悉形容, 雖婦孺童騃 皆得而用之. 以達其辭, 以通其情, 此古聖人之未及究得, 而通天下所無者也」라 하였으며

이소운李嘯雲은 「天下萬國, 各有其國之書 ……… 俱不知我東諺字之簡易易曉也」라 하였으며

영인英人 깨일 박사博士는 「구라파인歐羅巴人으로서는 비록 무식한 이라도 한 시간時間 동안이면 다 배울 수 있는 글이다.」 하였으며

일인日人 일조日鳥 박사博士는 「세계음언문ㅅ자世界音諺文ㅅ字 가운대 제일第一이 될 만큼 정교精巧하다.」 하였다.

이 찬사讚辭들을 보드라도 그 얼마나 잘된 글임을 알 수 있다. 그러나 이러한 글을 가지고도 우리는 잘 쓰지를 못하여 오늘날까지 이 모양으로 된 것은 오로지 우리의 허믈이라 할 수밖에 없다. 이 세상世上에는 이만도 못한 글을 가지고도 이보다 잘 쓰며 자랑을 삼는 것이 여북 많은가 우리

도 지금부터는 이 글을 잘 쓰도록 힘을 써야 한다. 이런 의미意味로 하여 한글 연구硏究을 더욱 힘쓰지 않으면 아니 된다.

4. 한글과 소리

(1) 홀소리, 닿소리

한글에서는 ㅏ, ㅓ, ㅗ, ㅜ, ㅡ, ㅣ, ㅑ, ㅕ, ㅛ, ㅠ 들의 열한 자를 홀소리(모음母音)라 하고 ㄱ, ㄴ, ㄷ, ㄹ, ㅁ, ㅂ, ㅅ, ㅇ, ㅈ, ㅎ, ㅋ, ㅌ, ㅍ, ㅊ 들의 열네 자를 닿소리(자음子音)라 하며 홀소리는 제 홀로 소리 낼 수 있는 것들을 이름이요 닿소리는 제 홀로는 소리 낼 수 없고 반듯이 홀소리에 닿어야 소리 낼 수 있는 것을 이름이다.

이 밖에도 ㆁ, ㅿ, ㆆ의 세 자가 있으나 ㅇ는 받힘(종성終聲)으로는 아니 쓰고 아ㅅ지ㅅ줄 첫소리(초성初聲)로만 쓸 뿐이고 ㅿ, ㆆ의 두 자는 옛날에는 쓴 일이 있으나 지금에는 그다지 필요必要가 없음으로 아니 쓰는 것이다. 그리고 지금에 보통으로 쓰이는 것온 ㅇ까지 너어서 홀소리, 닿소리의 글ㅅ자들을 모다 쳐보면 시믈여섯 자만이다.

그런데 ㅏ, ㅓ, ㅗ, ㅜ, ㅡ, ㅣ, ㅑ, ㅕ, ㅛ, ㅠ, ㆍ 들은 제소리대로 하여 아, 어, 오, 우, 으, 이, 야, 여, 요, 유, ᄋᆞ 라 이르고 ㄱ, ㄴ, ㄷ, ㄹ, ㅁ, ㅂ, ㅅ, ㆁ, ㅈ, ㆆ, ㅋ, ㅌ, ㅍ, ㅊ, ㅇ 들은 가장 제 소리와 갓가운 소리로 하여 그, 느, 드, 르, 므, 브, 스, 으, 즈, 흐, 크, 트, 프, 츠, 으라 이른다. 이는 옛날부터 이르기는 기역, 니은, 디귿, 리을, 미음, 비읍, 시옷, 이응, 지, 히, 키, 티, 피, 치라고 하였으나 이것이 음리音理에 맞지 못하고 같은 명칭名稱으로 통일統一도 못 되었다 하여 몇 해 전 조선어연구회에서 다시 이름을 곧힌 것이다. 그리하여 곧힌 이름이 종래從來의 이름보다 합리合理함은 무론이고 부르기, 배우기에도 훨썩 쉬운 것도 사실事實이다 그 일례一例를 들어 말하면「ㄱ, ㅏ」가 합하여「가」가 되는 것을「기역」과「아」와가 합하여「가」가 되었다 함보다도「그」와「아」와가 합하여「가」가 되었다 함이 알기 쉬울 것 아닌가. 이건 실험實驗을 하여 보아도 곳 알 것이다.

그리고 철음綴音하는 법은 홀소리와 닿소리와가 반듯이 서로 합하여야 된다. 홀소리는 닿소리와 달러 제 홀로나 또는 저들끼리가 합하여도 쓸 수 있겠지마는 이런 전례前例는 없으며 소리를 낼 수 없는「ㅇ」라도 옆에 붙여 쓰게 된 것이다.

이것이 훈민정음訓民正音의「ㆍ와 ㅡ와 ㅗ와 ㅜ와 ㅛ와 ㅠ와란 첫소리 알에 붙여 쓰고 ㅣ와 ㅏ와 ㅑ와 ㅕ와란 옳은 녁에 붙여 쓰라」하고「믈읫 자字는 반듯이 어울러 소리를 일운다」하는 예例와 같이 쓰는 바이다. 이 법으로 하여 홀소리 닿소리의 시믈여섯 자만 가지면 무슨 소리 무슨 말이든지 다 적어낼 수 있다. 과연 위에 적은 신여암申旅菴의 말의「천언만어千言萬語, 섬실형용纖悉形容」과 같이 할 수 있는 것이다. 그런데 종래從來의 철음綴音하든 예例를 들어보면—

(ㄱ)「가나니라」와 같이 가루 쓰는 것
(ㄴ)「혹을보고」와 같이 나리 쓰는 것
(ㄷ)「각낡닮밝」과 같이 가루 나리 쓰는 것

의 세 가지가 있어 어느 자字는 가루로 쓰고 어느 자字는 나리로 쓰고 어느 자字는 가루로 나리로 쓰기도 한다. 이것이 일정一定치 못하고 또한 맞당치 못하다 하여 가루쓰기를 주장하는 이가 있다. 그 이상理想은 찬성

하겠으나 실행實行하기에는 퍽 어려운 일이라 여간한 노력努力과 시일時日를 허비하여가지고는 될 수 있을 것 같지 않다.

(2) 홀소리의 갈래

홀소리에는 홋홀소리(모음母音) 겹홀소리(복모음複母音) 거듭홀소리(중모음重母音) 세 가지가 있으니—

홋홀소리는 ㅏ, ㅓ, ㅗ, ㅜ, ㅡ, ㅣ와 같이 단지 홋으로 된 그 소리만을 이름이요.

겹홀소리는 ㅑ, ㅕ, ㅛ, ㅠ 와 같이 단지 홋으로 된 소리만이 아니고 어느 홀소리와 홀소리와가 겹쳐 된 것 같으니 곳 ㅑ는ㅣ, ㅏ, ㅕ는ㅣ, ㅓ, ㅛ는 ㅣ, ㅗ, ㅠ는ㅣ, ㅜ, ㆍ는 ㅣ, ㅡ가 겹친 것같이 된 것을 이름이다. 다시 그 예例를 들어 말하면—

「기아집」은 「갸집」과
「이엉」은 「영」과
「가시오」는 「가쇼」와
「이웃집」은 「윳집」과
「이웅차」는 「ㆀ차」와

같은 것이요.

거듭홀소리는 ㅐ, ㅔ, ㅚ, ㅟ, ㅢ, ㅘ, ㅝ, ㅙ, ㅞ 와 같이 홋홀소리가 둘이나 셋이 거듭된 것 또는 ㅒ, ㅖ, ㆉ, ㆌ 이와 같이 겹홀소리와 홋홀소리와가 거듭된 것을 이름이다. 이 가운대 ㅐ와 ㅔ와는 홋홀소리로 생각하는 이도 있으나 우리말의 습관음習慣音을 상고하여 보거나 반절反切의 예例를 보거나 하드라도 거듭홀소리로 하는 것이 당연한 일이다.

(3) 닿소리의 갈래

닿소리에는 홋홀소리(단자음單子音) 겹닿소리(복모음複母音) 거듭닿소리(중모음重母音) 세 가지가 있으니—

홋홀소리는 ㄱ, ㄴ, ㄷ, ㄹ, ㅁ, ㅂ, ㅅ, ㅇ, ㅈ, ㅎ 와 같이 단지 제소리만으로 된 것을 이름이요.

겹닿소리는 ㅋ, ㅌ, ㅍ, ㅊ와 같이 어느 홋닿소리와 홋소리와가 서로 석인 것같이 된 것 곳 ㅋ는 ㄱ, ㅎ나 ㅎ, ㄱ ㅌ는 ㄷ, ㅎ나 ㅎ, ㄷ, ㅍ는 ㅂ, ㅎ나 ㅎ,ㅂ, ㅊ는 ㅈ, ㅎ나 ㅎ, ㅈ가 섞인 같이 된 것을 이름이니 그 예例를 들어 말하면—

「먹히다」는 「머키다」나 「놓코」는 「낫노코」와 「벋히다」는 「버티다」나 「좋다」는 「조타」와 「잡히다」는 「자피다」와 「슳브다」는 「슬프다」와 「맞흠」은 「마츰」이나 「옳지」는 「올치」와

같은 것이요.

거듭닿소리는 홋닿소리나 겹닿소리가 서로 거듭된 것을 이름인데 ㄲ, ㄸ, ㅃ, ㅆ, ㅉ와 같이 짝거듭된 것 ㄳ, ㄵ, ㄶ, ㄺ, ㄻ, ㅀ, ㄼ, ㄾ, ㄿ, ㅄ, ㅺ과 같이 덧거듭된 것이 있으니 그 예例를 들으면—

짝거듭 된 것에는

까, 따, 빠, 싸, 짜 — 의 첫소리로 된 것과

있(有), 었(되-다)), 았(보-다), 얐(하-다), 였(하-다), 겠(하-다), 렀

(하-다),

갔(-었다), 왔(-다), 웠(치-다) — 의 받힘으로 된 것과가 있고

덧거듭에는

넋(혼魂), 앉(좌坐), 많(다多), 닭(계鷄), 삶(팽烹), 밟(답踏), 앒(통痛), 핥(지舐), 읊(음吟), 없(무無), 셗(절折) — 의 받힘으로 된 것이 있다.

그런데 모든 닫소리는 첫소리로도 쓰고 받힘으로도 쓸 수 있음은 곳 훈민정음訓民正音의 「내종乃終소리는 다시 첫소리를 쓰나니라」 하는 규례規例에 설명說明하여 있는 것이다 이대로 하면 지금에 받힘으로는 아니 쓰는 ㄷ, ㅈ, ㅎ, ㅋ, ㅌ, ㅍ, ㅊ 들도 모다 받힘으로 쓸 수 있는 것 아닌가. 다만 한편 생각만 가지고 이러니저러니 하고 되잖은 이유理由를 끌어대어 이 규례規例를 반대反對할 건 아니다. 다 같은 닿소리로서 다른 닿소리들은 다 받힘으로 쓰면서 이것들만 못 쓰겠다는 이유理由는 아무리 한대도 철저徹底치 못할 것이다.

그리고 또 짝거듭 덧거듭 닿소리들을 첫소리로나 받힘으로 모다 쓸 수 있음도 훈민정음訓民正音의 「첫소리를 어울러 쓸지면 갊아쓰(병서並書)라 내종乃終소리도 한가지라」하는 규례規例에 설명說明하여 있는 것이다. 이것도 종래從來의 속간俗間에서는 꼭 그대로 준행遵行하지 아녀왔으나 그러타고 못 쓸 건 없다. 이것도 반대反對을 하자면 무슨 이유理由든지 없었을 건 아니나 반대反對를 하기 위하여 끌어대는 이유理由는 정당正當한 이유理由가 아니다.

만일 이것들이 음리音理로나 어법語法으로 보아서 맞지 아니한다면 비

록 훈민정음訓民正音의 규례規例가 있다드라도 꼭 그대로 맹종盲從할 건 아니지마는 그러치 않다면 가장 합리合理할 일이 아닌가.

이건 내 한 사람의 생각만이 아니다. 한글을 연구硏究한다는 사람의 생각은 거의 다 이런 모양이다. 요전에 굉장히 떠들든 한글철자법문제綴字法問題에도 이것이 가장 큰 문제問題가 되어 각各 신문잡지新聞雜誌에는 한 난欄을 특별特別히 두고 이 문제問題와 이 문제問題에 대한 답안答案들을 연재連載하였다. 그 연재連載한 것들을 보드라도 이러케 하자는 것이 누구나 다 같은 생각이었다.

이에 한글을 정리整理하는데 근본적根本的으로 그것을 바로 잡어 나가지 않으면 아니 된다. 번연히 잘못된 줄은 알면서도 그걸 곧히지 못할게 무엇인가? 옳든 긇든 아칙 속간俗間에서 하는 대로만 좇자 하면 한글은 좀처럼 정리整理될 날이 없을 것이다.

조선 문법강화文法講話 (三)[15]

이병기李秉岐

5. 홀소리의 주는 것

홀소리를 서로 잇어낼 때에 한 쪽 홀소리는 흔히 주는 것이 있으니 이는 아무쪼록 소리를 홋지게 하고저 함이다.

같은 홀소리를 서로 잇어낼 때에 곳 ㅏ와 ㅏ, ㅓ와 ㅓ, ㅗ와 ㅗ, ㅜ와 ㅜ, ㅣ와 ㅣ가 서로 맞날 때에는 그 알에 있는 홀소리 하나는 주는 것이 있으니 그 예를 들면—

「가아서」는 「가서」로
「서어라」는 「서라」로
「보오」는 「보」로
「누우시오」는 「누시오」로
「래일」은 「랠」로

15 「朝鮮文法講話」, 『大衆公論』 2권 2호, 1930. 3.

되는 따위다. 그러나 반듯이 다 이러케 되는 것이 아니니 「시름을 자아내다」의 「자아내다」는 「자내다」로 줄지 아니하고 「배를 저어가다」의 「저어가다」는 「저가다」로 줄지 아니하고 「자아내다」, 저어가다」 그대로 발음發音되는 것도 있다.

다른 홀소리를 서로 잇어낼 때에 곳 ㅡ와 ㅓ가 서로 맞날 때에는 ㅡ의 소리는 주는 것이니 그 예例를 들면—

「뜨어가고」는 「떠가고」로
「건느어가고」는 「건너가고」로
「깃브어서」는 「깃버서」로
「믿브어서」는 「믿버서」로
「부프어서」는 「부퍼서」로
「트어서」는 「터서」로

되는 따위다. 이와 같이 ㅡ가 ㅓ의 위에서 주는 것은 ㅡㅅ 소리보다 ㅓㅅ 소리의 힘이 더함으로 말미암은 것이다. 그러하여 이러케 된 조선말치고는 이러치 않은 것이 없는 것 같다. 어떤 이는 섬(島)을 슴, 범(虎)을 븜으로 쓰자고 하나 이러한 조선말 버릇에 있어서 될 수 없는 것이다. 슴, 븜—하고 쓰드라도 마츰내 그는 섬, 범으로 하여 읽게 되고 말 것이다.

6. 닿소리의 연변連變

닿소리를 서로 잇어낼 때에 그 소리 내는 기관機關의 관계關係로 하여 좌左와 같이 바뀌는 것들이 있으니

ㄱ의 예例

「떡닢」은 「떵닢」으로

「막난이」는 「망난이」로

「백목白木」은 「병목」[16] 으로

「박망이」는 「방망이」로

「백어白魚」는 「뱅어」로

「오적어烏賊魚」 또는 「오징어」로

소리 내는 것과 같이 ㄱ가 ㄴ ㅁ ㆁ들의 위에서는 ㆁ로 바뀌고

ㄴ의 예例

「란리亂離」는 「랄리」로

「천리千里」는 「철리」로

「팔년八年」을 「팔년」으로

「질녀姪女」는 「질려」로

소리 내는 것과 같이 ㄴ가 ㄹ위에나 알에서는 ㄹ로 바뀌고

ㄷ의 예例

「앞이가 벋났다」는 「앞이가 번났다」로

「옷을 걷느냐」는 「옷을 건느냐」로

「곧곧마다」는 「곧곧마다」[17] 로

소리 내는 것과 같이 ㄷ가 ㄴ, ㅁ들의 위에서는 ㄴ로 바뀌고

16 '「뱅목」'의 오기인 듯.

17 '「곤곤마다」'의 오기인 듯.

ㄷ, ㅅ, ㅈ의 예例

「츩이 벋소」는 「옷을 벗소」로

「츩이 벋지」는 「비가 멎지」로

「옷을 벗다」는 「츩이 벋다」로

「옷을 벗지」는 「비가 멎지」로

「비가 멎다」는 「츩이 벋다」로

「비가 멎소」는 「옷을 벗소」로

소리 내는 것과 같이 ㄷ, ㅅ, ㅈ는 서로 어떠케 맞나든지 서로 같은 소리로 바뀌고

ㄹ의 예例

「백련白蓮」은 「백년百年」으로

「감로甘露」는 「감노敢怒」로

「겁려刼廬」는 「겁녀怯女」로

「빗량-兩」은 「빗냥」으로

「강령綱領」은 「강녕康寧」으로

「맛량반-兩班」은 「맛냥반」으로

소리 내는 것과 같이 ㄹ가 ㄴ, ㄹ, ㅎ 밧의 모든 닿소리 알에서는 ㄴ로 바뀌고

ㅁ의 예例

「곰개(웅포熊浦)」는 「공개」로

「삼개(마포麻浦)」는 「상개」로

「잠기다」는 「장기다」로

「감기다」는 「장기다」로
「안간다」는 「앙간다」로

소리 내는 것과 같이 ㅁ가 ㄱ위에서는 ㅇ로 바꾸기도 하고

ㅂ의 예例
「옷닙느냐」는 「옷님느냐」로
「갑니다」는 「감니다」로
「밥먹느냐」는 「밤먹느냐」로
「입맛나다」는 「임맛나다」로

소리 내는 것과 같이 ㅂ가 ㄴ, ㅁ들의 위에서는 ㅁ로 바뀌다.

이 위에 말한 바뀐 것들은 그 소리 내는 기관機關의 관계關係로 하여 그러케 될 뿐이고 그것을 그대로 쓸 것은 아니니 그 바뀌지 않은 그 소리대로 써야 한다. 요마적 글을 쓰는 이들도 이런 줄은 모르고 아무러케든지 발음發音되는 대로만 함부로 쓰는 것이 있으니 그 일례一例를 들면

「갑니다」를 「감니다」로
「먹읍니다」를 「먹음니다」로

쓰는 따위다. 이는 잘못이다. 이 위에 말한 바와 같이 ㅂ가 ㄴ나 ㅁ 위에서는 ㅁ로 바뀜으로 하여 이 따위의 잘못이 생긴 것이다. 만일 「감니다」가 옳은 것이라고 생각하는 이가 있으면 거긔에다 「데다」니 「시다」로를 붙이어 보라. 「감데다」나 「감시다」가 말이 되었나 보라. 아니다 아니 되었다. 그러나 「갑니다」 하는 말의 「갑」에다 붙이고 보면 「갑데다」나 「갑

시다」로도 아니 되었나. 그리고 또 「먹읍니다」도 이와 꼭 같은 그 예例니 이 따위를 퍽 주의注意하여야 한다.

7. 습관음習慣音

홀소리나 닿소리가 무슨 이유理由도 없이 바뀌는 것이 있으니 이를 이르되 습관음習慣音이라 한다. 그 예를 들면—

홀소리의 버릇에

「하고」를 「허고」로

「나물」을 「너물」로

「발서」를 「벌서」로

「칼」을 「콜」로

「남」을 「놈」으로

「팟」을 「폿」으로

「파리」를 「포리」를

하는 따위 같이 ㅏ를 ㅓ로나 ㅗ로 내기도 하고

「샤회社會」를 「사회」로

「셔신書信」을 「선신」로

「숑사訟事」를 「송사」로

「슈토水土」를 「수토」로

「그쟈-者」를 「그자」로

「수져-箸」를 「수저」로

「죠씨趙-」를 「조씨」로
「쥬인主人」을 「주인」으로
「긔챠汽車」를 「긔차」로
「쳐쳡妻妾」을 「처첩」으로
「쵸대招待」를 「초대」로
「츄츅追逐」을 「추축」으로

하는 따위의 같이 ㅑ, ㅕ, ㅛ, ㅠ들의 겹홀소리를 ㅅ, ㅈ, ㅊ들의 첫소리 알에서는 ㅏ, ㅓ, ㅗ, ㅜ들의 홋홀소리로 내고

닿소리의 버릇에
「겨자(市)」를 「져자로」
「귤橘」을 「줄」로
「길삼」을 「질삼」으로
「기러기」를 「지러기」로
「길엉이」를 「질엉이」로

하는 따위와 같이 ㄱ를 ㅈ로 내기도 하고

「수수」를[18] 「틀캐」로
「한간」을 「한칸」으로
「알강이」를 「알캉이」로
「고」를 「코」로
「갈치」를 「칼치」로

---

18 원문에는 '「수수」수'로 되어 있음.

하는 따위와 같이 ㄱ를 ㅋ로 내기도 하고

「도막」을 「토막」으로

「도(猪)」를 「토」로

「돗갑이」를 「톳잡이」로

「수닭」을 「수탉」으로

「가운대」를 「가운태」로

는 따위와 같이 ㄷ를 ㅌ로 내기도 하고

「벌」을 「펄」로

「휘바람」을 「휘파람」으로

「안밧」을 「안팟」으로

하는 따위와 같이 ㅂ를 ㅍ로 내기도 하고

「시절가時節歌」를 「시철가」로

「한점」을 「한첨」으로

「징얼징얼」을 「칭얼칭얼」로

하는 따위와 같이 ㅈ를 ㅊ로 내기도 하고

「라씨羅-」를 「나씨」로

「루수漏水」를 「누수」로

「로씨盧-」를 「노씨」로

하는 따위와 같이 ㄹ를 홀소리 ㅏ, ㅗ, ㅜ 위에서 처음 낼 때에는 ㄴ로 내고

「리천利川」을 「이천」으로
「량반兩班」을 「양반」으로
「려씨呂-」를 「여씨」로
「료리料理」를 「요리」로
「류씨柳劉-」를 「유씨」로

하는 따위와 같이 ㄹ를 홀소리 ㅣ 위에서 낼 때에는 소리가 줄고

「살외」를 「알외」로
「가슬」을 「가을」로
「머슴」을 「머음」으로
「무수」를 「무우」로
「부스름」을 「부으름」으로
「웃음」을 「우음」으로
「과실」을 「과일」로
「기심」을 「기임」으로
「잇으면」을 「이으면」으로
「짓으면」을 「지으면」으로

하는 따위와 같이 ㅅ를 첫소리로나 홀소리 사이에서 낼 때에는 소리가 줄기도 하고

「갈모」를 「갓모」로
「설달」을 「섯달」로

「걸(步)다」를 「것다」로
「들(聞)다」를 「듯다」로
「달(走)다」를 「닷다」로
「실(載)다」를 「싯다」로

하는 따위와 같이 ㄹ를 ㅅ로 내기도 하고

낟(穀) 낫(鎌) 낮(晝) 낱(面) 낯(箇) 벋(蔓) 벗(脫) 몇(止) 밑(底) 및(及)

들과 같이 ㄷ, ㅅ, ㅈ, ㅌ, ㅊ 를 받힘소리만으로 낼 때에는 어느 것이든지 다 같은 소리로 내고 ㄴ, ㅁ, ㅇ 위에서 낼 때에는 ㄴ로 내고

「혬」을 「셈」으로
「혀대기」를 「셔대기」로
「효도孝道」를 「쇼도」로
「힘부림」을 「심부림」으로

하는 따위와 같이 ㅎ를 ㅅ로 내기도 하다

이 따위의 습관음習慣音들은 어느 것이 옳은 것이고 긇은 것이고를 말할 수 없으니 어느 것이든지 다 써도 좋으나 그러고 보면 넘우나 어수선하여 우리말을 조촐하게 바르잡을 수 없음으로 여긔에 표준어標準語를 정하고 그 표준어標準語를 써야 할 것이다 가령 「발서」나 「벌서」나의 두 가지 말이 있으면 이 두 가지 말에서 「벌서」라는 말로 표준어標準語를 삼고 그 말만 써야 할 것이다.

— (계속) —

조선 문법강화文法講話 (四)[19]

이병기李秉岐

8. 단어單語

대개 문법文法을 말하는 이가 말의 소리부터를 말하는 것이 아니라 이 단어單語부터를 말하지마는 우리 조선말에 있어서는 그러치 못하다. 말의 소리부터를 먼저 말하지 않으면 아니 된다. 말의 소리부터를 모른다면 단어 그것도 모르게 된다. 다른 나라와 같이 어려서부터 제 나라 말의 교육教育을 법답게 받었을 것이면 굳하여 그러잘 것이 없으나 우리는 우리말의 교육教育이란 무엇인지도 모르고 자라았음으로 철자법綴字法의 원리原理를 말하는 말의 소리부터를 말하게 된 것이다. 그걸 이 문법文法에서 말하지 아니하면 과연 알 길이 없다. 그러하여 이 강화講話에서는 말의 소리부터를 말한 것이고 이제부터는 단어單語를 말하자는 것이다.

그런데 단어單語는 무엇인가 간단히 말하면 단어單語는 말의 단위單位를 이름이다. 가령

19 「朝鮮文法講話」, 『大衆公論』 2권 5호, 1930. 6.

봄이 오다.

는 「봄」과 「이」와 「오」와 「다」와의 네 단어單語로 되어 있고

바람은 불고 비는 그치지 아니하는구나

는 「바람」과 「은」과 「불」과 「고」와 「비」와 「는」과 「그치」지」와 「아니」와 「하」와 「는구나」와의 열한 단어單語로 되어 있다. 이와 같이 어느 말이든지 단어單語가 하나 또는 몇몇이 모여 아니 된 것이 없으니 말을 연구研究하자면 말을 잘 분해分解하여 그 단어單語를 아니 찾을 수 없다. 곳 어느 말이든지 그 분해分解될 수 있는 대까지는 분해分解를 하여 그 단어單語를 찾어야 한다. 그러챤코는 각각 그 말의 뜻을 밝힐 수 없다.

9. 단어單語의 유별類別

말의 성질性質로 보아 단어單語를 그 품류品類대로 난울 수 있으니 그것을 이르되 품사品詞라 한다.

품사品詞를 난우는 것은 말이 다른 나라들끼리 서로 다를 것은 말할 것도 없으려니와 같은 나라에서도 또한 그 연구研究하는 이를 딸어 서로 아니 다를 수 없다. 무론 다르대야 그 전부全部가 다 다른 건 아니고 어느 부분部分에 있서서만 좀 다르겠지마는 그만한 다른 점이라도 없고 보면 그 무엇을 연구研究한다 함일가. 다만 남의 것이나 고대로 흉내 내어 말한다면 그 학문學問은 도저히 진보進步할 수 없는 것이다. 요마적 우리말을

연구研究한다는 이끼리도 넘어나 통일統一이 못 된 것은 좀 어찌타 생각 아니 할 수 없으나 그러타고 하여 그걸 조소나 비방을 할 건 아니다. 우리 말도 학문學問답게 되려면 그것이 또한 진보進步하는 과정過程에 있자면 자연 면할 수 없는 그 사실事實이다. 다만 한두 사람의 말로만 하여 모다 작정作定될 건 아니다. 그런 의미意味로 보면 요마적 우리말 연구자硏究者끼리 서로 이설異說이 많이 나는 것도 오히려 깃버할 현상現狀이나 아닌가 한다.

그런데 우리말의 품사品詞에 대하여 자래自來 그 학자學者들이 정定해 논 것을 보면 고故 유길준兪吉濬 씨氏는

> 명사名詞, 대명사代名詞, 동사動詞, 조동사助動詞, 형용사形容詞, 접속사接續詞, 첨부사添附詞, 감동사感動詞

라 하여 여듧 품사品詞로 하였고 김규식金奎植 씨氏는

> 명사名詞, 대명사代名詞, 동사動詞, 형용사形容詞, 부사副詞, 후사後詞, 접속사接續詞, 감탄사感歎詞

라 하여 여듧 품사品詞로 하였고, 고故 주시경周時經 선생先生은

> 임 (여러 가지 몬(물物)과 일을 이름하는 씨를 다 이름이라)
> 엇 (여러 가지 엇더함을 이르는 씨를 다 이름이라)
> 움 (여러 가지 움즉임을 이르는 씨를 다 이름이라)
> 겻 (임씨의 만이나 움씨의 자리를 이르는 여러 가지 씨를 다 이름이라)

잇 (한 말이 한 말에 잇어지게 함을 이르는 여러 가지 씨를 다 이름이라)

언 (엇더한 임씨이라 이르는 여러 가지 씨를 다 이름이라)

억 (엇더하게(움)라 이르는 여러 가지 씨를 다 이름이라)

놀 (놀나거나 늣기어 나는 소리를 이르는 씨를 다 이름이라)

끗 (한 말을 다 맺게 함을 이르는 여러 가지 씨를 다 이름이라)

이라 하여 아홉 품사品詞로 하였고 김두봉金枓奉 씨氏는

임(명名), 엇(형形), 움(동動), 겻(구搆), 잇(연連), 맺(결結), 언(관冠), 억(부副), 늑(감感)

이라 하여 아홉 품사品詞로 하였고 고故 이규영李奎榮 씨氏는

임씨(명사名詞), 얻씨(형용사形容詞), 움씨(동사動詞), 겻씨(조사助詞), 잇씨(접속사接續詞), 맺씨(종지사終止詞), 언씨(관사冠詞), 억씨(부사副詞), 늑씨(감탄사感歎詞)

라 하여 아홉 품사品詞로 하였고 그 밖에도 또 달리한 몇몇 사람의 것이 있으나 그건 그만두려 한다.

위에 말한 품사品詞들은 대개는 서로들 같다. 그중에도 김두봉金枓奉 씨氏의 것과 이규영李奎榮 씨氏의 것은 주시경周時經 선생先生의 것과 좀 명칭名稱만 다르지 그 내용內容은 꼭 같은 것이다. 오늘날 어느 학교學校에서나 강습회講習會에서 쓰는 문법文法에도 대개는 이 주시경周時經 선생先生의 것을 표준標準 삼어 쓰는 것이다. 나의 말하자는 것도 대개 그와 그다지

틀릴 건 없으나 나의 생각과 경험經驗한 바로 말미암아 좀 다른 것은 위에 말한 언씨(관사冠詞)는 형용사形容詞에 넣고 잇씨(접속사接續詞), 맺씨(종지사終止詞) 따위는 조사助詞에 넣어 버리고 다만

명사名詞, 형용사形容詞, 동사動詞, 조사助詞, 접속사接續詞, 부사副詞, 감동사感動詞

라 하여 일곱 품사品詞로 하자는 것이다. 또한 단어單語를 대별大別하면 네 가지로 난우게 된다. 곳 체언體言, 용언用言, 부사副詞, 조사助詞로 하여 명사名詞는 체언體言에 형용사形容詞, 동사動詞는 용언用言에, 부사副詞, 접속사接續詞, 조사助詞는 부사副詞에, 조사助詞는 조사助詞에 속屬하게 된다. 그러고 이것들을 그 의의意義로서 보면 체언體言, 용언用言, 부사副詞 따위는 제 홀로 한 의의意義를 가지고 쓰이게 되고 조사助詞만은 제 홀로는 그 의의意義를 가지지 못하고 반듯이 다른 의의意義 있는 말—체언體言, 용언用言—에 붙어 그 의의意義를 도아주어 쓰이게 된다. 그걸 다시 표表를 꾸며 보면 이러하다—

체언體言(명사名詞)……………………………
용언用言(형용사形容詞, 동사動詞)……………… } 의의意義 잇는 말
부사副詞(부사副詞, 접속사接續詞, 감동사感動詞) } 산어算語
조사助詞(조사助詞)…………………………… 보조하는 말

어떤 이는 대명사代名詞나 수사數詞를 독립獨立한 품사品詞로 하기도 하나 그는 명사名詞라는 이름 알에 넣어 말한대도 못 될 것이 없으며 또는 조동사助動詞라는 품사品詞와 관사冠詞라는 품사品詞를 두어 가지고 말하기

도 하나 우리말 그것에는 조동사助動詞라거나 관사冠詞라고 하여 이름을 붙이는 것이 맞당치 못한가 하며 또는 보통 토(조사助詞)를 가지고 접속사接續詞라거나 종지사終止詞라고 하여 따루 품사品詞를 둘 것이 아니라 조사助詞라는 품사品詞 알에 다 넣어 버리고 워낙 접속사接續詞 그것만 가지고 한 품사品詞로 하여 두는 것이 가可할가 한다.

그러하여 위에 말한 것과 같이 명사名詞, 형용사形容詞, 동사動詞, 조사助詞, 접속사接續詞, 부사副詞, 감동사感動詞 따위의 일곱 품사品詞를 둔 것이다. 다시 그 예例들을 들어 말하면—

사람, 개, 나무, 마음, 일, 아츰, 물, 흙 - 따위는 명사名詞들이요
히, 크, 곱, 단단하, 착하, 새, 외, 무슨, 어느 - 따위는 형용사形容詞들이요
살, 먹, 잡, 지, 먹이, 잡히- 따위는 동사動詞들이요
가, 이, 을, 에, 와, 과, 으니, 고, 이나, 다, 어라 - 붙위는 조사助詞들이요
또는, 그리고, 그러나, 그래서 - 따위는 접속사接續詞들이요
다, 잘, 이리, 저리, 꼭, 곳, 매우, 천천이 - 따위는 부사副詞들이요
허허, 에그, 아이구, 암 - 따위는 감동사感動詞들이다

— (계속) —

조선 문법강화文法講話 (五)[20]

이병기李秉岐

10. 명사名詞

명사名詞는 모든 물건이나 일의 이름을 이르는 말이다. 이를 터면

제비 한 쌍이 떴다.
그는 아츰 저녁으로 우리 집에 온다.
마음을 잘 먹어야 한다.
열은 다섯의 갑절이다.
옥순이는 옥희의 형이다.

「제비」, 「쌍」, 「그」, 「아츰」, 「저녁」, 「우리」, 「집」, 「마음」, 「열」, 「다섯」, 「갑절」, 「옥순」, 「옥희」, 「형」 따위가 곳 명사名詞들이다.

그 종류種類는 자명사自名詞, 대명사代名詞, 수사數詞 세 가지로 난우어 말한다.

20 「朝鮮文法講話」, 『大衆公論』 2권 6호, 1930. 9.

1) 자명사自名詞는 모든 물건이나 일의 이름을 직접直接으로 이르는 말인대 다시 그 종류種類를 고유명사固有名詞, 보명사普名詞 두 가지로 난우어 말한다.

ㄱ. 고유명사固有名詞는 어느 한 가지 일에나 물건에만 오로지 쓰는 말이니 그 예例를 들면

신지는 단군檀君 때 사람의 이름이다.
삼개는 용산龍山 옆에 있는 마을 이름이다.
오날은 한가위(추석秋夕)날이다.
나는 곳불이 들었다.

——— 의 「신지」, 「단군檀君」, 「삼개」, 「용산龍山」, 「한가위」, 「곳불」 따위와 같이 인명人名, 지명地名이나 또는 어느 특수한 물건의 이름이 그것이요.

ㄴ. 보통명사普通名詞는 같은 종류種類의 일에나 물건에 두루 쓰이는 말이니 그 예例를 들면

저 산山에는 밤나무 소나무 잣나무가 깃어 있다.
여긔에는 독일獨逸 사람, 미국米國 사람, 영국英國 사람이 산다.
꽃이 피었다.— 함박꽃, 장미꽃, 월게꽃
저 집에는 좋은 책이 많이 쌓였다.
기다리는 님은 어느 날에 돌라올고
너는 무슨 병으로 앓느냐?

가는 바람이 불고 부슬비가 나린다.

——— 의 「나무」, 「사람」, 「꽃」, 「집」, 「책」, 「님」, 「날」, 「병」, 「바람」, 「비」 따위가 그것이다. 이것은 직속형용사直屬形容詞(어느, 무슨, 새(신新), 여러, 위를 위에 붙여 쓸 수 있는 것이요 위에 말한 고유명사固有名詞에는 직속형용사直屬形容詞를 위에 붙여 쓸 수 없는 것이라 이 고유명사固有名詞, 보통명사普通名詞의 구별區別은 이로 말미암아 할 수도 있으며 그러할 필요必要도 있으나 그 밖에 혹은 유형명사有形名詞, 무형명사無形名詞의 구별區別이든지 구체명사具體名詞, 상형명사象形名詞의 구별區別이든지 단명사單名詞 합명사合名詞의 구별區別 따위는 그다지 우리 문법文法에서는 필요必要가 없으며 또한 명사名詞의 성류性類로 보아 양성명사陽性名詞, 음성명사陰性名詞, 중성명사中性名詞, 양성명사兩性名詞라 하여 구별區別할 필요必要도 없다. ——— 이 따위들은 다른 나라의 국어國語에서는 그만한 필요必要가 있어 그러하는 것이겠지마는 그도 알 수 없는 것이 가령 영어英語에서는 「해」를 양성명사陽性名詞, 「달」을 음성명사陰性名詞라 하는 것을 독일어獨逸語에서는 「해」를 음성명사陰性名詞, 「달」을 양성명사陽性名詞라 한다. 그건 그 나라마다의 습관習慣으로나 볼 수밖에 없다. 어느 걸 꼭 합리合理하다고 할 수 없다. 그럼으로 우리는 함부로 남의 나라의 문법文法이나 본받어 그 다시 우리말에는 필요必要도 없는 것을 수다스러이 지어낼 것이 없다. 우리 문법文法에 정말 필요必要가 있는 것이면야 남의 나라의 문법文法에야 있는 것이든 없는 것이든 암만이라도 지어낼 수 있음은 무론이다. 다시 말하면 우리 문법文法은 우리말의 성질性質과 습관習慣을 딸어 좌우左右할 것이다.

2) 대명사代名詞는 말을 간단히 하랴고 자명사自名詞를 대신하여 하는 말인데 다시 그 종류種類를 인대명사人代名詞 지시대명사指示代名詞, 연속대명사連續代名詞 미정대명사未定代名詞 네 가지로 난우어 말한다.

ㄱ. 인대명사人代名詞는 사람에게 쓰는 대명사代名詞니 그 예例를 들면

나비야 청산靑山 가자 범나미 너도 가자.
나는 간다 나는 간다.
저는 별 수 있나.
우리는 조선사람이다.
너이는 훌륭한 사람들이다.
저이는 공부들을 잘한다.

——— 의 「너」, 「나」, 「저」, 「우리」, 「너이」, 「저이」 따위들이 그것이 다 이와 같이 보통은 사람에게 쓰는 대명사代名詞이지마는 그 뜻을 옮겨 다른 것에도 쓸 때가 있는 것이고 이 가운대 「저」는 「나」와 같이 쓰이기도 하니 곳 저의 손위ㅅ사람에게 말할 때에 자기自己를 가리처 「저」라고 함이요.

ㄴ. 지시대명사指示代名詞는 무엇을 가리치는 대 쓰는 대명사代名詞니 그 예例를 들면

이를 어찌한단 말이냐?
그는 그만두어라.
저는 무엇이냐?

여긔는 양지요 저긔는 음지다.

—— 의 「이」, 「그」, 「저」, 「여긔」, 「저긔」 따위들이 그것이요.

ㄷ. 연속대명사連續代名詞는 제 홀로만은 쓰이지 못하고 반듯이 어느 말 알에 붙어 쓰이는 대명사代名詞니 그 예例를 들면

다시 더 올 이는 없다.
그 것이 무엇을 하겠느냐?
아무 한 것이 없느냐?
죽은 것이냐? 산 것이냐?
너는 하는 바가 무엇이냐?

—— 의 「이」, 「것」, 「바」 따위들이 그것이요.

ㄹ. 미정대명사未定代名詞는 꼭 알지 못함을 이름에 쓰는 대명사代名詞니 그 예例를 들면

너는 누구며 나는 누구냐?
무엇을 하고 있느냐?
그게 무엇이냐?
그 값이 얼마냐?
어대든지 가고 싶다.

—— 의 「누구」, 「무엇」, 「얼마」, 「어대」, 따위들이 그것이다.

3) 수사數詞는 무엇을 헤알이는 대 쓰는 말이니 그 예例를 들면

나는 아들이 하나다.
셋에 둘을 보태면 얼마냐?
넷에 다섯을 보태고 여섯을 빼면 몇이 남느냐?
백의 열 갑절이 천이요 천의 열 갑절이 만이다.

──── 의 「하나」, 「둘」, 「셋」, 「넷」, 「다섯」, 「여섯」, 「열」, 「백」, 「천」, 「만」 따위들이 그것인데 이것을 어떤 이는 수數의 대명사代名詞라 하기도 하고 어떤 이는 한 독립獨立한 품사品詞로 하여 말하는 이도 있으나 다른 여러 대명사代名詞와는 같지 않은 점이 많으며 그렇다고 명사名詞의 성질性質을 가지고 안 있는 것은 아니니 명사名詞의 한 종류種類로 하여 생각하는 것이 가장 온당한가 하다.

그런데 어느 말이 명사名詞인가 아닌가를 알자면 위에 말한 그 정의定義들을 잘 알어 가지고 보면 그만이겠지만 그러치 못하면 또한 간편한 방법方法이 있으니 곳 「가」, 「이」, 「는」, 「만」, 「이다」 와 같은 토들을 달어 보라. 가령

먹이, 깃븜, 넘어, 트집, 잘못

들이 명사名詞인가 ― 하면 위에 말한 토들을 달어 보자.

먹이가 퍽 많다.
깃븜이 넘친다.
저넘어는 어대냐?

트집만 잡는다.
네가 잘못이다.

이와 같이 「먹이」, 「깃븜」, 「넘어」, 「트집」, 「잘못」 따위는 「가」, 「이」, 「는」, 「만」, 「이다」와 같은 토들이 붙어 명사名詞임을 알게 하는 것이다.

또 명사名詞의 쓰이는 것은 주어主語, 술어述語, 종속어從屬語, 관계어關係語 네 가지가 있다.

1) 주어主語는 어느 글의 임자가 되는 말이니 곳

꽃이 피다.
새가 울다.

——— 의 「꽃」과 「새」 따위들이니 「이」와 「가」와의 토를 더하여 「피」와 「울」과의 그 임자가 되는 것이고

2) 술어述語는 어느 글의 임자의 말을 풀이하는 말이니 곳

푸른 것은 버들이요.
우는 것은 법국이다.

——— 의 「버들」과 「법국」 따위들이니 「이요」와 「이다」와의 토를 더하여 「푸른 것」과 「우는 것」과의 풀이가 되는 것이다.

3) 종속어從屬語는 어느 명사名詞 위에 있어 이에 딸리어 쓰이는 말이니 곳

봄의 꽃
가을의 달

——— 의 「봄」과 「가을」 따위들이니 「의」 토를 더하여 「꽃」과 「달」과의 딸림이 되는 것이다.

4) 관계어關係語는 어느 말(형용사形容詞나 동사動詞) 위에 있어 이에 매이어 쓰이는 말이니 곳

집으로 간다.
벗에게 편지를 붙이다.
꿀보다 달다.
글을 읽는다.

——— 의 「집」과 「벗」과 「꿀」과 「글」따위들이니 「으로」와 「에게」와 「보다」와 「을」과의 토를 더하여 「가」와 「붙이」와 「달」과 「읽」과의 매임이 되는 것이다.

같은 명사名詞로서 이와 같이 네 가지로 쓰이는 것은 그 달리는 토가 서로 다름으로 말미암은 것이다.

(계속)

조선어강화朝鮮語講話 (一)

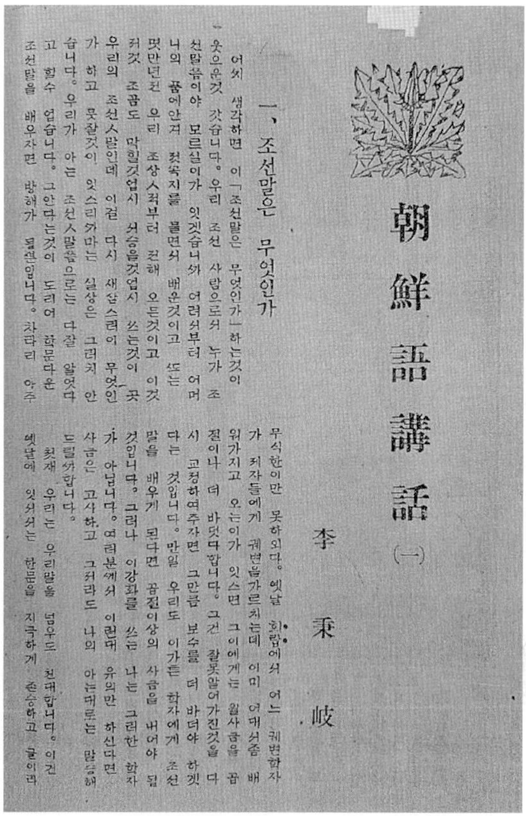

朝鮮語講話 (一)

李秉岐

一、조선말은 무엇인가

어찌 생각하면 이「조선말은 무엇인가」하는것이 우스운것 갓습니다。 우리 조선 사람으로서 누가 조선말씀이야 모르실이가 잇겟습니까 어려서부터 어머니의 품에안겨 젖꼭지를 물면서 배운것이고 또는 몃만년전 우리 조상ㅅ적부터 전해 오든것이고 이것 저것 조곰도 막힐것업시 서슴을것업시 쓰는것이 곳 우리의 조선ㅅ말인데 이걸 다시 새삼스려이 무엇인가 하고 뭇잘것이 잇스리까마는 실상은 그러치 안습니다。 우리가 아는 조선ㅅ말씀으로는 다잘 알엇다고 할수 업습니다。 그안다는것이 도리어 학문다운 조선말을 배우자면 방해가 될뿐입니다。 차라리 아주 무식한이만 못하외다。 옛날 희랍에서 어느 궤변학자가 제자들에게 궤변을가르치는데 이미 어데서좀 배워가지고 오는이가 잇스면 그이에게는 월사금을 곱절이나 더 바덧다합니다。 그건 잘못알어가진것을 다시 교정하여주자면 그만큼 보수를 더 바더야 하겟다는 것입니다。 만일 우리도 이가튼 학자에게 조선말을 배우게 된다면 곱절이상의 사금을 내어야 될것입니다。 그러나 이강화를 쓰는 나는 그러한 학자가 아닙니다。 여러분에서 이런데 유의만 하신다면 사금은 고사하고 그저라도 나의 아는대로는 말슴해 드릴까합니다。

첫재 우리는 우리말을 넘우도 천대합니다。 이건 옛날에 잇서서는 한문을 지극하게 존승하고 글이라

『가톨릭청년』 1권 1호, 1933. 6.

조선어강화朝鮮語講話 (一)[21]

1. 조선말은 무엇인가

어찌 생각하면 이 '조선말은 무엇인가' 하는 것이 웃으운 것 갓습니다. 우리 조선사람으로서 누가 조선말 쯤이야 모르실 이가 잇겟습니까? 어려서부터 어머니의 품에 안겨 젓꼭지를 물면서 배운 것이고 또는 몃 만 년 전 우리 조상ㅅ적부터 전해 오든 것이고 이것저것 조곰도 막힐 것 업시 서슴을 것 업시 쓰는 것이 곳 우리의 조선ㅅ말인데 이걸 다시 새삼스러이 무엇인가 하고 뭇잘 것이 잇스리까마는 실상은 그러치 안습니다. 우리가 아는 조선ㅅ말 쯤으로는 다 잘 알엇다고 할 수 업습니다. 그 안다는 것이 도리어 학문다운 조선말을 배우자면 방해가 될 쌘입니다. 차라리 아주 무식한 이만 못하외다. 옛날 희랍에서 어느 궤변학자가 제자들에게 궤변을 가르치는데 이미 어대서 좀 배워 가지고 오는 이가 잇스면 그이에게는 월사금을 곱절이나 더 바덧다 합니다. 그건 잘못 알어 가진 것을 다시 교정하여 주자면 그만큼 보수를 더 바더야 하겟다는 것입니다. 만일 우리도 이 가튼 학자에게 조선말을 배우게 된다면 곱절 이상의 사금을

21 「朝鮮語講話 (一)」, 『가톨릭青年』 1권 1호, 1933. 6.

내어야 될 것입니다. 그러나 이 강화를 쓰는 나는 그러한 학자가 아닙니다. 여러분께서 이런 대 유의만 하신다면 사금은 고사하고 그저라도 나의 아는 대로는 말슴해 드릴싸 합니다.

첫재 우리는 우리말을 넘우도 천대합니다. 이건 옛날에 잇서서는 한문을 지극하게 존숭하고 글이라면 한문만으로 알고 모든 긔록을 그것으로 하든 그쌔 그 버릇이 지금싸지도 남어 잇는 싸닭입니다. 마치 그쌔 중국 사람이 조선ㅅ사람을 천대하듯이 아니 그보다도 더 천대하든 것입니다. 그리고 요마적 와서는 그 한문 외에도 몃몃 나라말을 더 배우지 안흐면 아니 됨으로 하여 사실 우리말보다도 그걸 더 힘쓰게 숭상하게 됩니다. 그리하야 그것에 대한 교양이나 지식이 우리말에 대한 것보다도 훨씬 나은 이가 만케 됩니다. 그들도 쏘한 옛날 한문을 존숭하든 이가 우리말을 천대하든 것과 다름이 업습니다. 그러면 우리로서 우리말은 천대만 할 것입니싸. 자각이 잇는 여러분쎄서는 잘 아실 것입니다.

우리말을 그러케 천대하거나 쉽사리 녀길 것이 아닙니다. 적어도 몃만 년 전 — 유사 이전부터 우리 민족에게 고유한 것이엇습니다. 이것이 그 장구한 동안, 무수한 파란을 격겨오면서 오늘날싸지 살어 잇고 쏘는 이 뒤에라도 무궁무궁하게 살어갈 것입니다. 우리의 생활이 이것으로서 좌우할 것입니다. 이것이 곳 우리의 생명입니다. 조선의 마음과 정조가 이것에 뭉치어 잇습니다. 조선의 마음과 정조가 질정된 훌륭한 사상이나 문학도 이것에서 생길 것입니다.

둘재, 우리말은 다시 배워야 합니다. 과연 우리가 안다는 그것만으로서는 도저히 자랠 수 업습니다. 보십시요! 우리보다도 더 현명하다는 문명한 여러 나라ㅅ사람들은 웨 자긔네가 잘 아는 자긔 나라ㅅ말을 배운답니싸? 다시 말하면 불란서ㅅ사람으로서 웨 불란서ㅅ말을 배우며 영길리ㅅ

사람으로서 웨 영길리ㅅ말을 배운답니ᄭᅡ? 그네들은 자긔 나라의 말을 배우기 위하야 유치원에서부터 전문학교에ᄭᅡ지 거진 십칠팔 년 동안을 두고 여러 학과 중에도 자긔 나라ㅅ말의 과정을 가장 소중하게 긴요하게 여기고 배운다 합니다. 그래서 그들은 누구나 자긔 국어교육을 그러케 바든 이만큼 자긔 국어를 잘 이해하게 됩니다. 그런데 우리는 어ᄶᅥ합니ᄭᅡ. 요마직 학교에나 단이며 일주일에 한 시간ᄶᅳᆷ 조선어를 배운 신교육을 바든 이 외에는 우리말을 학문답게 배운 이가 업슬 듯합니다. 대개는 자긔 가정에서 함부로 어더들은 그대로입니다. 말하자면 이러케 안 건만으로 그쳐서는 오늘날 문명한 여러 나라ㅅ사람들과 가티 엇개를 비집고 살어갈 수 업습니다. 그네들이 자긔 것에 대하여 하듯이 우리도 우리 것—우리말에 대하여 하여야 할 것입니다.

셋재, 우리말을 속히 정리하여야 합니다. 우리말처럼 난잡하게 된 말이 업슬 것입니다. 우리말은 생긴 이후 지금ᄭᅡ지 제대로 변천되어 왓을 ᄲᅮᆫ이요. 한 번도 정리해 본 적은 업섯습니다.

그럼으로 말이 일정하지 못합니다. 한 말을 가지고도 이 사람은 이렇게 저 사람은 저러케 형형색색으로 말을 합니다. 그 한 가지 례를 들면

1. 나는 깃븝니다.
2. 나넌 깃붑니다.
3. 나난 깃븜니다.

와 가티 한 말을 서너 가지로 다르게 발음하지 안습니ᄭᅡ? 이러한 것은 문명한 다른 나라의 말에서는 어더 볼 수 업는 것입니다. 우리는 이러한 말들을 그냥 버려두고 어ᄶᅵ잔 말입니다.

그런데 우리말을 정리하재도 우리말을 먼저 잘 알어야 하고 잘 알자면 배워야 합니다. 가령 몃몃 학자가 잇서 우리말을 아무리 잘 연구해 노앗다 하여도 너는 너대로 나는 나대로 하고 아무 상관이 업스면 될 수 업습니다. 조선말 문법이나 사전을 맨드는 것은 몃몃 학자만으로도 하겟지마는 이 정리에 이르러서는 조선ㅅ사람으로 누구나 힘쓰지 안어서는 될 수 업습니다.

우리말은 우리가 존중해야 하고 배워야 하고 정리해야 합니다. 내 다리가 가려운데 남의 다리만 글거 주고 살 때가 아닙니다. 그리고 남의 덕에만 살라고 할 것도 아닙니다. 우리의 력사 문화 — 무엇으로 보나 우리의 말은 우리의 보배요 생명입니다.

2. 조선ㅅ글은 무엇인가

종래 우리가 쓰든 글에는 세 가지가 잇스니 한글과 이두문과 한문입니다.

한문漢文은 본시 중국의 문ㅅ자文ㅅ字이지마는 수천 년 전부터 우리 조선에 수입되어 쓰이든 것입니다. 삼한시대에도 무론 이 글을 썻스리라 하겟스며 그 뒤 삼국시대에 이르러서는 더구나 불교가 전파되자 그 바람에 이 글이 퍽 보급되고 최치원 가튼 유명한 한문학자도 나앗스며 고려시대에는 불교 외에 또한 유교가 성하기 시작하고 과거도 보기 시작하여 더욱이 이 글을 숭상하다가 본조에 들어서도 이 글이 또한 중요한 지위에 잇서 왔습니다.

그리하야 우리의 문헌—역사나 문집이나 기타 긔록을 보면 거진 이 한문으로서 되어 잇고 지명, 인명 또는 물명까지도 이것으로서 되어 잇스며 혹은 우리말을 업시기도 하고 혹은 우리말과 혼합도 되어 좀처럼 떼어노흘 수 업게커럼 기픈 관계를 가지고 잇습니다.

지금도 무슨 의식儀式에 쓰는 글이라든지 편지나 풍월이라든지 어느 족보나 문집이나 묘갈명, 행장 짜위라든지는 한문 그것을 보존하고 잇스나 일반 경행으로는 순 조선말을 주장하야 쓰고 한문으로는 명사로 된 것이나 써 줄 샘이고 순 한문 그대로는 쓰려 하지도 안습니다. 이 모양으로 되어 간다면 한문의 운명은 아즉 망건과 상토를 보존하고 잇는 이며 옛 문헌을 연구하자는 학자 몃몃 사람이나 지탱하여 갈 것 갓습니다.

이두문吏讀文은 한문 문ㅅ자文ㅅ字의 새김나 소리를 빌어 우리말을 적든 것입니다. 가령

「하나니」를 「爲飛尼」라
「이삷으나」를 「是白乎乃」라
「이다하올지라두」를 「是如爲乎乙喩良置」라

하는 쒸위가 곳 그것입니다. 이두문은 신라 때 설총薛聰이가 처음 맨들어 낸 것이라 하는 이도 잇스나 실상은 설총이 이전부터 잇든 것이외다. 한문이 조선에 수입되든 당시부터 잇섯든 것인가 합니다. 한문만으로는 우리말을 적기에 자래지 못함으로 이두문이 생긴 것입니다. 이는 설총이 이전의 문헌에서도 종종 나오는 것입니다. 순연한 우리말로서 되어 잇는 짱 이름, 사람 이름, 벼슬 이름 짜위며 향가鄕歌 짜위가 모다 이두문으로 적히어 잇습니다. 다만 설총이는 이두문으로서 구경九經을 번역하엿슬 샘입니다. 말하자면 설총이도 그 향가를 짓든 이들과 가티 이두문을 잘

쓰든 이의 하나입니다.

이두문은 그 뒤 여러 역대를 거치어 오면서 관공 문서에나 사사 편지에나 토를 다는 대에나 혹은 금석문金石文에 쓰이며 이 근자에까지 전하든 것입니다.

지금도 문헌으로는 이두문이 만히 남어 잇서 중요한 연구 재료가 됩니다. 향가나 역사나 고대에 쓰든 말 짜위를 알자면 이두문을 모르고는 아니 될 것입니다.

한글은 순연한 우리글, 조선말을 적기에 가장 적당하게 된 우리글, 그리고 세계 문자 가운대에도 가장 훌륭하게 합리하게 된 우리글이라 합니다.

이 글은 지금부터 사백구십 년 전에 본조 세종대왕世宗大王께서 맨드신 것인데 그째는 이 글을 훈민정음訓民正音 또는 그저 정음正音이라고 일컷다가 그 뒤에 또 언문諺文이라고 불러 왓습니다. 언문이라고 한 것은 한문을 그러케 숭상하든 째에 잇서 한문은 참글 곳 진서眞書라 하고 우리글은 상말ㅅ글 곳 언문諺文이라는 뜻으로 입니다. 그럼으로 벌서 수십여 년 전에 우리글을 연구하는 이들끼리 언문이라는 말을 부르기가 실혀 새로 이름을 진 것이 한글입니다. 한글이라 함은 제일 조흔 글이라는 뜻입니다. 「한」이란 말은 크다는 제일이라는 뜻을 표하는 말인데 그 뜻을 취한 것입니다.

이 글은 세종대왕 째나 그 뒤 얼마ㅅ동안에는 창작創作에나 번역 서류에나 관공문서에도 두루 쓰이다가 그래도 한문만 숭상하든 버릇으로서 다만 한문 서류의 번역에나 약간 이야기책에나 녀자의 편지 왕복에나 또는 노래를 지어 적는 대에 쓰일 쌘으로서 간신간신히 그 생명을 전해 왓습니다. 그럼으로 그 오랜동안에 이것이 발ㅅ전 발ㅅ달되기는 고사하고 훈민정음 당시의 그 모양도 만히 와전, 실ㅅ전되고 함부로 되는 대로 쓰게 되어 지금의 이 글은 난잡하기 이를 대 업습니다.

무론 우리 글을 연구하신 이가 역대로 오며 몃몃 사람 업는 것도 아니지마는 그건 다만 책상 놀음에 그치고 말엇습니다. 이 근자에 와서야 주시경 선생周時經 先生이 나셔 비로소 이 글을 바루잡어 쓰자고 무진 애와 힘을 쓰시고 이 길을 크게 열어주셨습니다.

지금은 교과서나 기타 출판물이나 신문, 잡지도 한글로서 다 되어가고 해마다 보나르드 가튼 운동이 굉장하게 일어나고 철ㅅ자ㅅ법 통일이며 사전 편찬이며 연구회 가튼 것도 점점 늘어 갑니다.

지금은 우리말 우리글도 한 훌륭한 학문으로서 큰 연구의 재료가 되어 우리 조선ㅅ사람이나 또는 외국 사람에도 여기에 유의하고 전력하는 이가 적지 안습니다. 그리고 연구하는 이의 견지를 따라 다소간 그 학설이 서로들 다르게도 되고 잇습니다. 이건 우리 조선말 조선ㅅ글에서만 그런 것이 아니고 어느 학설에서든지 다 그러한 것입니다.

여러분께서는 그중 어느 것을 하나만 잡어 잘 이해하신 뒤에 여러 학설을 참고해 보시면 조흘 것입니다. 그리고 학자의 학설과 통일 문제와는 다른 것임을 아셔야 합니다.

조선어강화朝鮮語講話 (二)[22]

3. 한글

한글은 처음 세종대왕世宗大王께서 훈민정음訓民正音으로서 반포頒布하든 때에는 글ㅅ자 수효가 모다 스믈여달자이었습니다. 그 스물여달자는

ㄱ, ㅋ, ㆁ, ㄷ, ㅌ, ㄴ, ㅂ, ㅍ, ㅁ, ㅈ, ㅊ, ㅅ, ㆆ, ㅇ, ㄹ, ㅿ
ㆍ, ㅡ, ㅣ, ㅗ, ㅏ, ㅜ, ㅓ, ㅛ, ㅑ, ㅠ, ㅕ

들입니다. 그리고 ㄱ, ㅋ, ㆁ… 들은 초성初聲 또는 종성終聲이라 ㆍ, ㅡ, ㅣ, ㅗ, … 들은 중성中聲이라 이름하여 철자綴字하는 법은 초성에 중성을 합하거나 또는 중성과 종성을 합하거나 하여 쓰다가 그 뒤 팔십여 년쯤 지내어 최세진崔世珍이라는 큰 학자가 나서 훈몽자회訓蒙字會라는 책을 맨들어 내었는데 거긔에는 이 글을 언문자모諺文字母 또는 반절反切이라 이름하고 초성종성통용팔자初聲終聲通用八字라 하여

ㄱ기역, ㄴ니은, ㄷ디귿, ㄹ리을, ㅁ미음, ㅂ비읍, ㅅ시옷, ㆁ이응

22 「朝鮮語講話 (二)」, 『가톨릭青年』 1권 2호, 1933. 7.

이라 하였으며 초성독용팔자初聲獨用八字라 하여

ㅋ키, ㅌ티, ㅍ피, ㅈ지, ㅊ치, ㅿ싀, ㆁ이, ㅎ히

라 하였으며 중성독용십일자中聲獨用十一字라 하여

ㅏ아, ㅑ야, ㅓ어, ㅕ여, ㅗ오, ㅛ요, ㅜ우, ㅠ유, ㅡ으, ㅣ이 ·(ᄉᆞ의 종성)

이라 하엿스며 초중성합용작자례初中聲合用作字例라 하여

가, 갸, 거, 겨, 고, 교, 구, 규, 그, 기, ᄀᆞ

이라 하였으며 초중종삼성합용작자례初中終三聲合用作字例라 하여

간, 갇, 갈, 감, 갑, 갓, 강

라 하였으니 이때 와서는 벌서 ㆆ자 하나는 없어져서 훈민정음의 스물여달자가 스믈일곱자만 쓰이게 되엿고 그 중의 ㅿ자도 그 뒤에 쓰이지 않고 요마적에는 ㆍ자도 아니 쓰게 되엿읍니다.

그러면 지금 우리가 통용하는 한글 글ㅅ자는

ㅏ, ㅑ, ㅓ, ㅕ, ㅗ, ㅛ, ㅜ, ㅠ, ㅡ, ㅣ
ㄱ, ㄴ, ㄷ, ㄹ, ㅁ, ㅂ, ㅅ, ㆁ, ㅈ, ㅎ, ㅋ, ㅌ, ㅍ, ㅊ, ㅇ

의 스믈 다섯 자입니다.

그런데 ㆆ, ㅿ, ㆍ 이 세 글ㅅ자는 웨 아니 쓰는 것인가 함을 다시 들어 말하면

ㆆ는 ㅎ보다 약한 소리인데 훈민정음에는 ㅇ, ㆆ, ㅎ의 세 소리를 다 구별하여 썼으나 그 뒤로 오며 ㆆ 그 소리는 분명히 발음할 수 없음으로 자연 폐지된 것이며

ㅿ는 ㅅ보다 약한 소린데 이 소리는 ㆆ보다는 더 오래 써 왔으나 마츰내 ㅇ와 혼동하여 써 버리고 말엇스며

ㆍ는 지금도 어썬 이는 ㅏ와 혼동하여 ᄋᆞ를 아로 ᄀᆞ를 가로 읽기도 하나 이건 꼭 ㅏ와 같은 소리가 아닐 것입니다. 훈민정음의 스믈여달자가 서로 다 다른 소리인데 어찌 이 ㆍ, ㅏ의 두 자만 꼭 같은 소리를 표하게 맨들 까닭이 있습니까? 이건 무론 그 뒤에 잘못 읽어 온 것입니다. 그럼으로 예전부터 우리글을 연구하든 학자들이 이 자에 대한 의논도 적지 않았습니다. 혹은 ㆍ는 ㅏ, ㅡ의 간음間音이라기도 하고 혹은 ㅓ, ㅗ의 간음이라기도 하고 혹은 ㅣ, ㅡ의 합음合音이라기도 하여 아즉 그 소리를 꼭 정할 수가 없을 뿐 아니라 또는 누가 ㆍ를 무에라고 결정하여 발음을 한대도 이미 ㅏ와 같이 읽든 버릇을 교정하지 않고는 일반ㅅ사람에게 쓰일 수 없음으로 차라리 폐지하고저 함입니다.

그리고 ㅇ, ㆁ는 아주 다른 자입니다. 과연 훈민정음의 례에도 이 두 자가 또렷이 따루 있지 않읍니까. 그 뒤 훈몽자회에도 분명히 구별하였든 것이 아닙니까. 그러다가 어찌하여 꼭대기를 떼어 버리고 그냥 ㅇ로 혼동하여 ㅇ 한 자로만 써 온 것입니다.

ㅇ는 지금 우리가 소리를 낼 수 없을 만큼 된 글ㅅ자요 ㆁ는 이응 또는 행으로 읽으며 훌륭히 발음을 할 수 있읍니다. 그러하여 바침으로 쓸 때

에는 꼭 ㆁ 이것을 써야 합니다. 이내 써 오든 버릇으로 ㅇ 바침을 쓰고 ㆁ으로 발음하는 것은 틀린 일입니다. 훈민정음의 예를 보면

샹相, 통通, 용用

과 같이 종성終聲이 분명한 자는 반듯이 ㆁ이것을 쓰고

영予, 셩書, 령閭

와 같은 자에는 그저 ㅇ를 써 한문漢文ㅅ자의 음에는 반듯이 초중종삼성初中終三聲을 표하였읍니다. 그러나 그 뒤 훈몽자회에는 이 따위를 다 없이고 그냥

여予, 셔書, 려閭

로 썼읍니다. 훈몽자회를 맨든 최세진은 한어漢語학 대가로서 그런 한문자음漢文ㅅ字音을 어련이 알고 그랬으리까. 그런즉 ㅇ는 아ㅅ자ㅅ줄의 첫소리로나 쓸 것이요 바침으로는 절대로 아니 쓸 것입니다. 딴은 아주 폐지하여도 좋지마는 아ㅅ자ㅅ줄에는 이것이 없으면 다만 그 체재가 다른 자들과 어울리지 않을까 함입니다.

4. 한글 자모음

위에 말한 중성中聲의

ㅏ, ㅑ, ㅓ, ㅕ, ㅗ, ㅛ, ㅜ, ㅠ, ㅡ, ㅣ

를 모음母音이라 하는데 이걸 또 홀소리라고 이름하며 초종성初終聲의

ㄱ, ㄴ, ㄷ, ㄹ, ㅁ, ㅂ, ㅅ, ㅇ, ㅈ, ㅎ, ㅋ, ㅌ, ㅍ, ㅊ

를 자음子音이라 하는데 또 닿소리라고 이름합니다. 한데 종래의 그 철자綴字의례는 대개 세 가지가 있으니

(1) 가로 쓰는 것-가나다라
(2) 나리 쓰는 것-속보고
(3) 가로나리 쓰는 것-막벌쮧

과 같이 되어 있읍니다. 이건 과연 불규측하게 된 것입니다. 일본의 白鳥 박사博士 같은 이도 한글을 세계 문자 가운대 가장 잘 된 글이라 하면서도 그 철자법만은 칭찬하지 아니하였읍니다. 그러나 이걸 갑작이 개량하기는 큰 문제입니다. 수십 년 전부터 이것을 개량하여 가로쓰는 법으로 일정하게 쓰려고 자체字體도 달리해 보고 그런 식으로 약간 출판도 해보고 퍽 강구講究도 해 보는 이가 적지 않으나 아즉까지 이러타 할 만큼 효과는 들어나지 않습니다. 무론 그 리론에 있어서는 가로쓰는 것이 당연합니다마는 써 오는 관습과 여러 가지 사정으로 말미암어 실행하기가 어려운 것입니다.

5. 한글 모음의 종류

한글 모음의 종류는 단모음單母音, 복모음複母音, 중모음重母音 — 세 가지로 난워 말하면

(1) 단모음은 ㅏ, ㅓ, ㅗ, ㅜ, ㅡ, ㅣ 들입니다. 이 소리들은 단순한 제소리만으로 다른 소리와는 조곰도 썪이지 않은 것입니다.

(2) 복모음은 ㅑ, ㅕ, ㅛ, ㅠ 들입니다. 이 소리들은 단순한 제소리만이 아니고 무슨 소리와 겹친 것처럼 되었습니다.

가령 ㅑ는 ㅣ와 ㅏ가 겹친 것 같읍니다. 기아집을 갸집이라 하는 것이 곳 그것입니다. 무론 기아집과 갸집과는 따로따로 발음할 수도 있지마는 갸집의 갸가 기아집의 기아의 겹친 것으로도 볼 수 있는 것입니다.

ㅕ는 ㅣ와 ㅓ가 겹친 것입니다. 이는 우리말에 퍽 많이 있는 것입니다.

그리어가 그려로
먹이어가 먹여로
덤비어가 덤벼로
가리치어가 가리쳐로
던지어가 던져로

되는 따위가 다 그것입니다.

ㅛ는 ㅣ와 ㅗ가 겹친 것입니다. 여봅시오를 여봅쇼 하는 것입니다.

ㅠ는 ㅣ와 ㅜ가 겹친 것입니다. 드리운 버들을 드륜 버들이라 하는 것입니다.

그러나 ㅑ를 쓰는 대신 ㅣ, ㅏ를 쓰거나 ㅕ를 쓰는 대신 ㅣ, ㅓ를 쓰거나 ㅛ를 쓰는 대신 ㅣ, ㅗ를 쓰거나 ㅠ를 쓰는 대신 ㅣ, ㅜ를 쓰거나 해서는 아니 됩니다. 그건 제각금 다르게 발음하기도 하는 ᄭᅡ닭으로입니다.

(3) 중모음은 ㅐ, ㅔ, ㅚ, ㅟ, ㅢ, ㅘ, ㅝ, ㅙ, ㅞ, ㅒ, ㅖ, ㆉ, ㆌ 들입니다. 이는 어느 소리와 소리가 거듭하였다는 뜻입니다. 허나 그 중의 ㅐ ㅔ와 같은 것은 어느 소리와 거듭한 흔적을 찾어낼 수 없을 만치 되어 있읍니다. 마치 단순한 제소리만으로 된 것도 같읍니다. 그럼으로 어떤 이는 이 따위는 단모음單母音이라 하기도 합니다. 과연 ㅏ와 ㅣ가 거듭하여 ㅐ가 되거나 ㅓ와 ㅣ가 거듭하여 ㅔ가 되거나 할 것 같지는 않으나 사실 우리말의 준례를 보면

아비를 애비
어미를 에미

라 하는 따위는 그 ㅏ나 ㅓ가 그 밑에 ㅣ의 영향을 받어서 그런 것이라 아니할 수도 없읍니다. 또

가이를 개(犬)
합더이다를 합데다

라 하는 것도 다 ㅏ, ㅣ가 거듭한 것으로 아니 볼 수 없읍니다. 그러면 이것은 그 결과結果로 보는 것보다도 그 근원으로 보아서 이러타는 것이 어떨까 합니다.

ㅚ는 ㅗ와 ㅣ가 거듭한 것
ㅟ는 ㅜ와 ㅣ가 거듭한 것.
ㅢ는 ㅡ와 ㅣ가 거듭한 것.

이라 하겠으며

ㅗ와 ㅏ가 거듭하여 ㅘ가 되고
ㅜ와 ㅓ가 거듭하여 ㅝ가 되고

함은 누구나 고지듯는 바입니다. 그러나 ㅘ나 ㅝ가 곳 ㅗㅏ나 ㅜㅓ는 아닙니다. 과연 그러치 않습니까.

보아는 봐와 다르고
주어는 줘와 다르고

합니다. 이 모양으로 풀어 말한다면

ㅙ는 ㅗ와 ㅏ와 ㅣ가 거듭된 것
ㅞ는 ㅜ와 ㅓ와 ㅣ가 거듭된 것

입니다. 그리고 ㅒ나 ㅖ나 ㅛ나 ㅠ도 다 이 모양으로 거듭된 것이라고 하겠읍니다.

그런데 이건 그만두고 여긔서 얻은 지식으로 다음의 련습 문제나 풀어 봅시다.

1) 나는 길에서 돈을 주셨소

2) 아버지가 내게 돈을 주셨소.

하는 이 두 문제의 주셨소는 다 옳습니까. 혹은 어느 것이 틀렸습니까.
— 하면 나는 이러케 대답하겠습니다.

2) 아버지가 내게 돈을 주셨소의 셨은 셧이라야 옳을 것이라고. 웨? 그건 주시었소의 시섰이 겹치어 셧이 된 것임으로.

1) 나는 길에서 돈을 주셨소의 셨은 셨이 아니라 었이고 그 첫소리인 ㅅ은 주 에 붙을 것이니 즉 주셨소는 줏었소로 써야 합니다. (그 리유는 차차 알게 될 것입니다) 다만 발음만은 주셨소는 줏었소가 서로 다를 것이 없습니다.(속續)

조선어강화朝鮮語講話 (三)[23]

6. 한글 자음의 종류

한글 자음의 종류도 세 가지가 있으니 그는 단자음單子音, 복자음複子音, 중자음重子音입니다.

(1) 단자음은 ㄱ, ㄴ, ㄷ, ㄹ, ㅁ, ㅂ, ㅅ, ㅇ, ㅎ 들입니다. 이 소리들도 단모음처럼 단순한 제소리만으로 다른 소리와는 조곰도 섞이지 않은 것입니다.

그런데 이 단자음은 모다 첫소리(초성初聲)로나 끝소리(종성終聲, 또는 바침)로 쓰는 것이외다. 훈민정음訓民正音의 규례規例에도

> 종성終聲은 부용초성復用初聲 하나니라

한 것이 곳 이 뜻을 말함이외다. 요 전호前號에 말한 훈몽자회訓蒙字會의 례에는 초성종성통용팔자初聲終聲通用八字라 하여

23 「朝鮮語講話 (三)」, 『가톨릭青年』 1권 3호, 1933. 8.

ㄱ, ㄴ, ㄷ, ㄹ, ㅁ, ㅂ, ㅅ, ㆁ

만을 첫소리, 또는 바침으로 쓰는 줄로 말하였고, 요마적 와서 어떤 이는 위에 말한 훈민정음의 규례인 '종성은 부용초성하나니라'는 것을 첫소리 전부를 모다 바침으로 쓰라는 것이 아니라, 첫소리에도 어떤 것만을 바침으로 쓰라는 뜻이라고 해석하기도 하나 과연 그것이 그런 게 아니외다. 그건 순탄한 해석이 아니외다. 그중에 그 어떤 것만을 쓰라는 명문이 어대 있읍니까. 그러면 첫소리를 모다 바침으로 쓰라는 명문은 또 어대 있느냐고 반문反問을 할는지도 모릅니다마는 그래도 이러케 해석하는 것이 정당합니다. 그뿐만 아니라, 훈민정음식으로 판각된 책들을 보드라도 과연 이 따위 첫소리들을 바침으로 써 온 례가 많읍니다. 그런즉 그 규례나 실례가 다 이러한 것을 어찌 그 어느 것만 바침으로 쓰고 그 어느 것은 바침으로 못 쓴다고 할 수 있으리까?

그러타 하드라도 훈몽자회나 또는 그 뒤로 오며 아니 쓰든 바침을 새삼스러이 쓰잘 것이 무엇이냐고 말하실 이도 있으리다. 그러나 우리가 오늘날 우리글을 새로 정리, 통일하자는 이 마당에 그따위 잘못된 것이라도 잘못된 그대로 인습해 갈 건 없읍니다. 우리말, 우리글을 퍽 천대하고 함부로 되는 대로 쓰는 그때, 그릇치고 잘못된 것이 여북이나 많겠읍니까. 쓸 바침도 아니 쓰고 쓰든 바침도 아니 쓰고 오늘날과 같이 명사名詞니 동사動詞니 형용사形容詞니 하는 단어單語의 구별도 없이 그저 그 소리대로나 적어 쓰든 것입니다. 딴은 그 소리나 꼭 그대로 잘 적어 썼든지 의문입니다.

그런데 단자음單子音을 첫소리로 쓰는 것은 무론이거니와 다만 바침으로 쓰는 것 그중에도 ㄷ, ㅈ, ㅎ 이 세 자만이 문제입니다.

ㄷ 바침은 훈몽자회訓蒙字會에도 썼으며 한 백 년 전까지도 쓰든 것입니다. 가령

받(受), 얻(得), 걷(收), 곧(直), 굳(堅)

하는 따위에는 반듯이 ㄷ 바침이라야 할 것이외다. 이것을 되는대로 그저 ㅅ 바침을 하여

밧(受), 엇(得), 것(收), 곳(直), 굿(堅)

으로 쓰는 것은 잘못입니다. 써 놓고 읽어 보시면 압니다.

'밧으니'는 '바스니'
'엇으니'는 '어스니'

와 같이 발음이 될 것입니다. 만일

'밧으니'는 '바드니'
'엇으니'는 '어드니'」

로 발음한다면 그는 잘못 읽으신 것입니다. 그럼으로 이것을 옳게 쓰자면

'바드니'는 '받으니'
'어드니'는 '얻으니'

로 써야 합니다. 그러하여 이 말에다 여러 토(助詞)를 달고 보면

받으니, 받아(어), 받고, 받다
얻으니, 얻어, 얻고, 얻다

와 같이 됩니다.

ㅈ 바침도 ㅅ 바침과 혼동混同하여 써 왔으나 정말 제소리를 찾어 쓰자면 이것도 부활復活시켜야 하겠습니다.

찾(尋), 맞(迎), 젖(浥), 낮(低), 늦(晩)

이 따위가 곳 그것입니다. 이것들도 여러 토를 달고 보면

찾으니, 찾아(어), 찾고, 찾다
맞으니, 맞아(어), 맞고, 맞다

와 같이 됩니다. 다만 이 ㄷ 바침, ㅈ 바침 따위는 그 밑에 「이」, 「은」, 「으니」, 「아(어)」와 같은 토들을 달어 보지 아니하면 ㅅ 바침과 혼동하기 쉬운 것입니다.

곧(處)-곳(卽), 벋(延)-벗(脫)
낮(晝)-낫, 잊(忘)-잇(連)

이와 같은 말을 그냥 떼어 놓고 보면 과연 어느 것이 ㄷ 바침인지, ㅈ 바침인지, ㅅ 바침인지 모르겠으나

곧이, 곧은, 벋으니, 벋아(어)
낮이, 낮은, 잊으나, 잊어

이러케 토를 달고 보면 제각금 제소리의 바침이 분명하게 나타나는 것입니다.

ㅎ 바침도 ㄷ 바침이나 ㅈ 바침과 같이 정말 제소리를 찾어 쓰자면 아니 쓸 수 없읍니다. 이것을 어떤 이는 바침으로 쓸 수가 없다 하나 알기 쉽게 말하면

먹(食)으니, 먹어, 먹고, 먹다
업(負)으니, 업어, 업고, 업다

와 같은 따위는 '머'에 'ㄱ'을 붙여 「먹」으로, 「어」에 「ㅂ」을 붙여 「업」으로 쓰는 것인 줄을 알면서 어찌

좋으니, 좋아, 좋고, 좋다
놓으니, 놓아, 놓고, 놓다

와 같은 것은 이러케 ㅎ 바침을 하여 쓰는 것이 아니라 하겠읍니까. 다만 ㅎ은 그 소리가 다른 자음子音보다 여리고 또는 다른 자음과 잘 섞이는 성질이 있는 까닭에 다른 자음과 같이 일정하게 분명하게 소리가 나지 않고 혹은 그것이 줄어지거나 혹은 그것이 그런가를 감촉하기 어려운 점이 있읍니다. 말하자면

「좋으니」를 「조니」, 「좋아」를 조아

와 같이 쓰는 것은 ㅎ 바침이 줄어진 것이고

「좋고」를 「조코」, 「좋다」를 「조타」

와 같이 쓰는 것은 ㅎ 바침이 그 밑의 '고'나 '다'라는 토에 섞인 것을 그대로 쓰는 것입니다.

(2) 복자음複子音은 ㅋ, ㅌ, ㅍ, ㅊ 들입니다. 이 자음들은 단자음單子音과 같이 단순한 제소리만이 아니고 무슨 소리 - 곳 ㅎ 소리와 섞인 것입니다.

ㅋ은 ㄱ이나 ㅎ, ㅎ이나 ㄱ이 서로 섞인 것으로

「착하다」는 「차카다」
「놓고」는 「노코」

와 같고

ㅌ은 ㄷ이나 ㅎ, ㅎ이나 ㄷ이 서로 섞인 것으로

「벋히고」는 「버티고」
「좋다」는 「조타」

와 같고

ㅍ은 ㅂ이나 ㅎ, ㅎ이나 ㅂ이 서로 섞인 것으로

「잡히다」는 「자피다」

「슳브다」는 「슬프다」

와 같고 ㅊ은 ㅈ이나 ㅎ, ㅎ이나 ㅈ이 서로 섞인 것으로

「잊히다」는 「이치다」
「잃지 마라」는 「일치 마라」

와 같읍니다. 이 따위 례들을 보드라도 알 것이 아닙니까. 과연 그런 것이 아니라고 할 수 있겠습니까.

그러나 ㅋ 대신에 ㄱㅎ 또는 ㅎㄱ을 쓰거나 ㅌ 대신에 ㄷㅎ 또는 ㅎㄷ을 쓰거나 ㅍ 대신에 ㅂㅎ 또는 ㅎㅂ을 쓰거나 ㅍ 대신에 ㅂㅎ 또는 ㅎㅂ을 쓰거나 ㅊ 대신에 ㅈㅎ 또는 ㅎㅈ를 쓰거나 해서는 아니 됩니다. 다시 말하면 ㅋ을 쓸 때는 ㅋ을 꼭 쓰고 ㅌ을 쓸 때는 ㅌ을 쓰고 ㅍ을 쓸 때는 ㅍ을 쓰고 ㅊ을 쓸 때는 ㅊ을 써야 한다는 것입니다.

조선어강화朝鮮語講話 (四)[24]

6. 한글 자음의 종류

2에 3을 더한 것이 5라 하여 5 대신에 곧 23을 쓸 것이 아닙니다. 그건 서로 그 경우가 다른 까닭입니다. 위에 들은 준례는 복자음複子音 그것이 마치 그 무슨 소리와 서로 석긴 것과 갓다는 것을 설명함에 지나지 못합니다. 잘 주의해야 합니다.

그리고 복자음도 첫소리나 또는 끗소리(바침)으로 쓰는 것입니다.

녘(方位), 부엌(주)

과 같이 ㅋ 바침을 쓰는 것도 있고

밭(田), 밑(底), 짙(深), 흩(散)

과 같이 ㅌ 바침을 쓰는 것도 있고

24 「朝鮮語講話 (四)」, 『가톨릭靑年』 1권 4호, 1933. 9.

무릎(膝), 높(高), 숲(林), 갚(報)

과 같이 ㅍ 바침을 쓰는 것도 잇고

꽃(花), 빛(色), 밎(及), 좇(從)

과 같이 ㅊ 바침을 쓰는 것도 있읍니다. 무론 이 따위들도 그 밑에 '이', '은', '에', '을' 토나 '으니', '아(어)', '고', '다' 토들을 달고 보면 어느 바침들이 붙는가를 알 것입니다

윗녘이, 윗녘은, 윗녘에, 윗녘을
밭이, 밭은, 밭에, 밭을
무릎이, 무릎은, 무릎에, 무릎을
꽃이, 꽃은, 꽃에, 꽃을

과 같이, 또는

흩으니, 흩어, 흩고, 흩다
높으니, 높아, 높고, 높다
좇으니, 좇아, 좇고, 좇다

와 같이 써 보시오. 과연 제소리의 바침들이 나오지 않읍니까. 그리고 거긔에 일정한 법칙이 있어 보이지 않읍니까. 만일 이 따위들을 종래의 하든 것과 같이 쓴다면 퍽 어수선하고 지저분하여 그 갈피를 잘 찾어낼 수가 없을 것입니다. 곳 그 어느 도막까지가 한 단어單語인지 또는 무슨

품사品詞인지를 모르게 될 것입니다.

좀 더 한 말하고저 하는 것은 위에 말한 바침 가운대 ㄷ 바침, ㅌ 바침에 대한 것입니다. 위에 든 준례를 보실 때 혹 의심이 나는 대가 있으리다. 그건 곳

「곧(處)이」를 「고디」
「밭(田)이」를 「바티」

와 같이 발음할 것인데 실상 우리말에는 그러케 하지 않고

「곧이」는 「고지」
「밭이」는 「바치」

로 발음을 하나니 그 발음과 그 철자법이 서로 웨 틀릴가 함이외다. 그러나 그건 틀린 것이 아니외다.

「곧이」, 「밭이」

로 쓴 것도 옳고 또

「고지」, 「바치」

로 발음함도 옳은 것입니다. 이는 「ㄷ」이나 「ㅌ」 소리가 「이」라는 소리 위에서는 발음상 자연 구개음화口蓋音化하는 까닭에 이러케 되는 것입니다

(3) 중자음重子音은 같은 자음으로 된 것과 다른 자음으로 된 것과의 두 가지가 있습니다.

같은 자음으로 된 것을 ㄲ, ㄸ, ㅃ, ㅆ, ㅉ 들입니다. 이는 자음의 된소린데 곧 ㄲ는 ㄱ[25]보다, ㄸ는 ㄷ보다, ㅃ는 ㅂ보다 ㅆ는 ㅅ보다 ㅉ는 ㅈ보다 되게 내는 소리들입니다. 이 따위를 다만 시옷이라 하여 ㅺ, ㅼ, ㅽ, ㅾ와 ㅾ와 같이 쓸 것이 아닙니다. 역사적歷史的으로나 음리적音理的으로 보드라도 이러케 쓰는 것이 합당합니다.

그런데 이 따위는

까지, 꺼지다, 꼬다, 끄다, 끼다
따다, 떠, 또, 뚜렷하다, 뜻, 띠
빠지다, 뻗다, 뽕, 뿔, 삐다
싸다, 써, 쏘다, 쑥, 쓰다, 씨
짜다, 쩖다, 쪽, 쭉쭉 벋다, 찌다

와 같이 첫소리로 쓰이는 것이 보통이되 이 가운데 ㄲ나 ㅆ는 끝소리 곳 바침으로 쓰이기도 합니다.

닦어, 닦으니, 닦고, 닦다
섞어, 섞으니, 섞고, 섞다
묶어, 묶으니, 묶고, 묶다
깎어, 깎으니, 깎고, 깎다

들은 곳 ㄲ 바침을 쓰는 것이고

25 원문에는 'ㄱ'로 되어 있음.

있(有)어, 있으니, 있고, 있다

보았으니, 보았고, 보았다

먹었으니, 먹었고, 먹었다

먹겠으니, 먹겠고, 먹겠다

하얐으니, 하얐고, 하얐다

하였으니, 하였고, 하였다

들은 곧 ㅆ 바침을 쓰는 것입니다. 이외에도

왔으니 왔고 왔다

더웠으니 더웠고 더웠다

와 같은 것이 있으나 이는 곳 위에 말한 「았으니」, 「었으니」가 다른 말과 합친 것일 뿐이외다.

다른 자음으로 된 것은 ㄳ, ㄵ, ㄶ, ㄺ, ㄻ, ㄼ, ㅀ, ㄾ, ㄿ, ㄽ 들입니다.

ㄳ은

넋(魂)이, 넋은, 넋을

삯(품-)이 삯은 삯을

과 같이 쓰는 것이고

ㄵ은

앉(坐)어, 앉으니, 앉고, 앉다

얹어, 얹으니, 얹고, 얹다

와 같이 쓰는 것이고

ㄶ은

많(多)어, 많으니, 많고, 많다
않(不)어, 않으니, 않고, 않다
끊(斷)어, 끊으니, 끊고, 끊다
꿇(訂)어, 꿇으니, 꿇고, 꿇다

와 같이 쓰는 것이고

ㄺ은

낡어, 낡으니, 낡고, 낡다.
늙어, 늙으니, 늙고, 늙다
굵어, 굵으니, 굵고, 굵다
긁어, 긁으니, 긁고, 긁다

와 같이 쓰는 것이다.

ㄻ은

삶이, 삶은, 삶을
닮어, 닮으니, 닮고, 닮다
옮아, 옮으니, 옮고, 옮다
굶어, 굶으니, 굶고, 굶다

와 같이 쓰는 것이고

ㄼ은

밟(踏)어, 밟으니, 밟고, 밟다

광(廣)어, 넓으니, 넓고, 넓다

엷(淺)어, 엷으니, 엷고, 엷다

와 같이 쓰는 것이고

ㅀ은

앓(痛)어, 앓으니, 앓고, 앓다

옳(是)아, 옳으니, 옳고, 옳다

잃(失)어, 잃으니, 잃고, 잃다

뚫(穿)어, 뚫으니, 뚫고, 뚫다

와 같이 쓰는 것이고

ㄾ은

핥(舐)어, 핥으니, 핥고, 핥다

훑어, 훑으니, 훑고, 훑다

와 같이 쓰는 것이고

ㄿ은

읊(吟)어, 읊으니, 읊고, 읊다

와 같이 쓰는 것이고

ㅄ은

없(無)어, 없으니, 없고, 없다

값(價)이, 값은, 값을

과 같이 쓰는 것입니다.

— 계속 —

조선어강화朝鮮語講話 (五)[26]

7. 자모음字母音의 줄임

자모음字母音을 잇대어 발음發音할 때에 그 자모음ㅅ가운대 어느 모음이나 자음을 하나 또는 하나 이상을 줄임이 있으니 이는 그 소리를 홋지게 하고저 함입니다. 한데 이 줄임은 대개 두 가지가 있으니 하나는 일정一定하게 된 것 또 하나는 일정치 않게 된 것입니다.

1) 일정하게 된 것에도 또 같은 모음의 것과 다른 모음의 것과의 두 가지가 있으니

ㄱ. 같은 모음을 잇대어 발음할 때에는 그 밑의 모음 하나를 줄입니다. 가령

「가았다」를 「갔다」
「나았다」를 「났다」
「사았다」를 「샀다」

26 「朝鮮語講話 (五)」, 『가톨릭靑年』 1권 6호, 1933. 11.

「자았다」를 「잤다」
「차았다」를 「찼다」
「타았다」를 「탔다」
「파았다」를 「팠다」

라 함과 같은 따위는 곳 ㅏ가 ㅏ를 맞날 때 그 밑의 ㅏ를 줄인 것입니다. 그러나

나아가다(進行)
자아내다(惹起)

와 같이 줄이지 않는 것도 있으니 이는 한 특수한 것이외다. 또

「서어라」를 「서라」

라 함과 같은 것은 ㅓ가 ㅓ를 맞날 때 그 밑의 ㅓ를 줄인 것입니다. 그러나

배를 저어라

와 같이 아니 줄이는 것도 있읍니다. 또

「보오」를 「보」
「오오」를 「오」

라 함과 같은 것은 ㅗ가 ㅗ를 맞날 때 그 밑의 ㅗ를 줄인 것이고

「누우시오」를 「누시오」
「무우(蘿葍)」를 「무」

라 함과 같은 것은 ㅜ가 ㅜ를 맞날 때 그 밑의 ㅜ를 줄인 것이고

「제일第一」을 「젤」
「래일來日」을 「랠」

이라 함과 같은 것은 ㅣ가 ㅣ를 맞날 때 그 밑의 ㅣ를 줄인 것입니다.

ㄴ. 다른 모음을 잇대어 발음할 때에 그 위의 모음 하나를 줄이는 것 — 곳 ㅡ가 ㅓ를 맞날 때에 ㅡ를 줄이는 것입니다.

「뜨어오르다」를 「떠오르다」
「건느어간다」를 「건너간다」
「트어지다」를 「터진다」
「그어라」를 「거라」
「끄어라」를 「꺼라」
「크었다」를 「컸다」
「부프었다」를 「부펐다」
「낮브었다」를 「낮벘다」
「흘르어」를 「흘러」
「올르아」를 「올라」

「골르아」를 「골라」
「달르어」를 「달러」

라 함과 같은 따위는 그것인데 이 중의

「흐르어」, 「올르아」, 「골르아」, 「달르어」

와 같은 것은 「아」나 「어」라는 토 밖의 「고」, 「더니」, 「면」, 「다」와 같은 토들의 위에서는 보통 ㄹ 소리 하나를 더 내지 아니하고 다만

「흐르다」, 「오르다」, 「고르다」, 「다르다」

와 같이 쓰이는 것이외다.

2) 일정치 않게 된 것에는 그 어느 모음母音이나 자음子音을 줄이는 것이 있으니 가령

「우리 아버지」를 「울 아버지」
「우리 어머니」를 「울 어머니」

라 하고

「아니간다」를 「안간다」
「아니온다」를 「안온다」

라 함과 같이 모음만을 줄인 것도 있고

「그것이」를 「그게」
「올적에」를 「올제」

라 함과 같이 「ㅅ」이나 「ㄱ」의 자음만을 줄인 것도 있고

「그것은」을 「그건」
「그것을」을 「그걸」

라 함과 같이 「ㅅ」자음이나 「ㅡ」모음을 함께 줄인 것도 있습니다.

위에 말한 것과 같은 자모음의 줄임은 아무 자모음이든지 서로 맞나는 대로 함부로 줄이게 된 것이 아닙니다. 우리말의 발음 그것에 종래 그러하게 된 것만을 찾아 낸 것입니다.

8. 자음子音의 련변連變

자음子音이 서로 잇대어 날 때에 그 소리 내는 긔관의 관계를 따라 바뀌는 것이 있습니다.

ㄱ의 준례
ㄱ이 ㄴ, ㅁ, ㅇ들의 위에서는 ㅇ으로 바뀝니다.

「박닢」을 「방닢」

「동백나무」를 「동뱅나무」
「즑넌출」을 「즚넌출」

이라 함과 같은 것은 ㄱ이 ㄴ 위에서 ㆁ으로 바뀌는 것이고

「백목(白木)」을 「뱅목」
「떡메」를 「떵메」
「악마(惡魔)」를 「앙마」
「학무(鶴舞)」를 「항무」

라 함과 같은 것은 ㄱ이 ㅁ 위에서 ㆁ으로 바뀌는 것이고

「백어(白魚)」를 「뱅어」
「오적어(烏賊魚)」를 「오정어 오중어」
(어魚ㅅ자음을 예전에는 「어」라 하였음)

라 함과 같은 것은 ㄱ이 ㆁ위에서 ㆁ으로 바뀌는 것이외다

이것이 발음으로 이러하게 되지마는 우리가 이것을 바르게 쓰자면 바꿔는 소리는 쓰지 말고 본 말대로 써야 합니다.

ㄴ의 준례
ㄴ이 ㄹ 위에서나 알에서는 ㄹ로 바뀝니다.

「란리亂離」를 「랄리」
「천리만리千里萬里」를 「철리말리」

라 함과 같은 것은 ㄴ이 ㄹ위에서 ㄹ로 바뀌는 것이고

「칠년팔년七年八年」은 「칠련팔련」

「질녀姪女」를 「질려」

라 함과 같은 것은 ㄴ이 ㄹ 알에서 ㄹ로 바뀌는 것입니다.

이것도 한ㅅ자漢ㅅ字로 된 말만은 그 본음本音대로 쓰고 그 바뀌는 소리는 쓰지 말 것이며 다만 순 조선말로 된 것에 있어서는 어원語源을 꼭 아는 것 외에는 모다 그 발음대로 하여 쓸 것입니다. 이를테면

「갈는지」, 「올는지」

와 같이 「갈」과 「올」과 「는지」의 어원語源을 분명히 아는 것은

「갈른지」, 「올른지」

이러한 발음대로 써서는 아니 되고

「달리(異)히」

「알리라(知)하리라」

「날리다(飛)하다」

「물리다(退)하다」

함과 같은 것은 다만 발음대로만 쓸 것이고

「달니」

「알니라」

「날니다」

「물니다」

와 같이 쓸 것이 아니외다.

ㄷ의 준례

ㄷ이 ㄴ, ㅁ들의 위에서는 ㄴ으로 바뀝니다.

「앞니가 벋났다」를 「앞니가 번났다」

「옷을 걷느냐」를 「옷을 건느냐」

라 함과 같이 ㄷ이 ㄴ위에서 ㄴ으로 바뀌는 것도 있고

「곧곧마다」를 「곧곤마다」

「남을 뜯물다」를 「남을 뜬물다」

라 함과 같이 ㄷ이 ㅁ위에서 ㄴ으로 바뀌는 것이 있읍니다.

그러나 이것도 본말대로 쓰고 바뀌는 것은 쓰지 말어야 합니다.

ㄷ, ㅅ, ㅈ의 준례

ㄷ, ㅅ, ㅈ을 어떠하게 서로 잇대어 내든지 위의 소리는 알에소리로 바뀝니다.

「츩(葛)이 벋소」는 「옷을 벗소」

「흙이 벋지」는 「비가 멎(止)지」

와 같이 「벋소」의 ㄷㅅ 소리는 「벗소」의 ㅅㅅ 소리와 같고 「벋지」의 ㄷㅈ 소리는 「멎지」의 ㅈㅈ 소리와 같으며

「옷을 벗다」는 「흙이 벋다」
「옷을 벗지」는 「비가 멎지」

와 같이 「벗다」의 ㅅㄷ 소리는 「벋다」의 ㄷㄷ 소리와 같고 「벗지」의 ㅅㅈ 소리는 「멎지」의 ㅈㅈ 소리와 같으며

'비가 멎다'는 '흙이 벋다'
「비가 멎소」는 '옷을 벗소'

와 같이 「멎다」의 ㅈㄷ 소리는 '벋다'의 ㄷㄷ 소리와 같고 「멎소」의 ㅈㅅ 소리는 '벗소'의 ㅅㅅ 소리와 같습니다.

그럼으로 이러한 말들을 쓰자면 틀리기가 쉬웁니다. 잘 살피어 그 본말을 찾어 써야 합니다. 만일

옷을 벗소

이 「벗소」를

옷을 벋소

옷을 벚소[27]

와 같이 쓰든지

흙이 벋소

의 「벋소」를

흙이 벗소
흙이 벚소

와 같이 쓰든지

비가 멎소

의 「멎소」를

비가 먿소
비가 멋소

와 같이 쓰든지 하면 틀릴 것이 아닙니까.

27 원문에는 '멎소'로 되어 있음.

조선어강화朝鮮語講話 (六)[28]

9. 한ㅅ자음漢ㅅ字音

한ㅅ자는 무론 지나支那의 문ㅅ자로서 우리 조선에 들어온 지도 퍽 오랩니다. 오랜 만큼 우리 조선말에서 한ㅅ자와의 관계는 여간 깊은 것이 아닙니다. 불교佛敎나 유학儒學을 숭상하든 그 시대에 있어 한ㅅ자漢ㅅ字만을 문ㅅ자로 알고 배우고 익히고 쓰고 하여 온 것 아닙니까. 그러하여 고유固有한 우리말도 한자 때문에 많이 없어지고 그 대신 한ㅅ자로서 된 말이 더 많이 쓰이게 된 것입니다. 그 일례를 들면

백百을 온
천千을 즈믄

이라 하여 한 삼백 년 전까지는 보통 쓰이든 것입니다. 이러한 말은 다행이 문헌文獻에나 남어 있어 이러케 된 줄이나 알겟지마는 아무 문헌에도 남지 않고 없어진 줄도 모르게 없어진 말들이 여북 많겟읍니까. 그러면

28 「朝鮮語講話 (六)」, 『가톨릭靑年』 2권 1호, 1934. 1.

서도 그때에는 그 한ㅅ자로 된 말만을 좋아하고 쓰든 것입니다. 그러든 곧에서 우리말이 지금 이만큼이라도 남어온 것은 또한 긔적奇蹟과 같이 생각합니다.

그런즉 우리말에 있어서 한ㅅ자어漢字ㅅ語도 또한 중요히 아니 볼 수 없습니다.

한ㅅ자어가 지금 와서는 우리의 익은 말이 되고 우리말 어휘語彙에도 그 수효가 많이 섞여 있습니다.

몇 해 전 총독부總督府에서 편찬한 조선어사전朝鮮語辭典을 보드라도 총어ㅅ수語ㅅ數가 58,639五萬八千六百三十九인데 한ㅅ자어가 47,134四萬七百三十四요 언문어諺文語가 17,178, 이두어吏讀語가 728이라 하였습니다.

이중의 언문어諺文語, 이두어吏讀語라는 것이 순연한 우리말입니다. 한ㅅ자어漢ㅅ字語가 과연 얼마나 많읍니까. 꼭 이것으로 표준할 건 아니되 한ㅅ자어가 많은 건 사실입니다.

이러한 한ㅅ자어를 우리말에서 지금 빼어버릴 수도 없거니와 또는 내버려 둘 수도 없읍니다. 그러하여 한ㅅ자어도 우리말로서의 곳 정리를 잘해야 하겠읍니다.

한ㅅ자어漢ㅅ字語 정리整理에는 무엇보다도 먼저 그 한ㅅ자음漢ㅅ字音을 정리해야 할 것입니다. 이건 어찌 생각하면 문제가 많을 것 같으나 딴은 그러치도 않읍니다.

한ㅅ자음漢ㅅ字音에 대하여 어떤 이는 이왕 한ㅅ자 자전字典에 규정되어 있는 그대로 써야 한다고 하며 또 어떤 이는 지금 일반ㅅ사람의 표준발음을 좇아 써야 한다고 하나 두 말이 결국은 다 마찬가지가 되고 말 것입니다. 웨 그러냐 하면 한ㅅ자 자전의 규정 한자음대로 쓴 대도 그 전부를 다 그러케 쓸 수는 없을 것이고 일반ㅅ사람의 표준발음의 자음대로 쓴 대로 어느 것은 하는 수 없이 한ㅅ자 자전의 것을 좇아야 하게 될 것입니다. 더구나 이 사람 저 사람이 서로 다 다르게 하는 발음을 어찌 다 표준할 수 있으며 비록 표준할 수 있다 하드라도 사람 사람이 그 수탄 우리말을 어찌 다 긔억하여 잘할 수 있습니까. 누구나 자전字典을 찾어보아야 할 때가 자연 있을 것입니다. 그러면 지금 일반ㅅ사람의 표준발음을 좇아야 할 것도 있고 자전의 것도 좇아야 할 것도 있을 것입니다.

그러나 한ㅅ자 자전字典만 금석지전金石之典으로 믿고 있는 이는 지금 일반ㅅ사람의 발음하는 것까지도 무시하고 넘우나 고집을 부리는 일도 있습니다. 그건 과이 현명한 일이라고 하든 못하겠습니다.

한ㅅ자의 음이란 반듯이 어느 때든 일정불변하는 것이 아닙니다. 언어言語란 것은 항상 시대를 따라 변천하는 것입니다. 한ㅅ자음도 우리 언어의 한 부분인 이상에 어찌 변하지 않을 수 있습니까.

한ㅅ자음도 삼한시대三韓時代의 것이 다르고 삼국시대의 것이 다르고 고려高麗나 본조本朝의 것이 다르고 같은 본조의 것으로도 또한 년대年代마다 다 다를 것입니다.

한ㅅ자음은 우리 한글이 생긴 때부터 한글로서 분명하게 적어 왔습니다. 그때부터 한ㅅ자 자전에 나타나는 자음字音들은 어떠한가 그 표를 하나 적어봅시다.

자字 / 음音	국國	음音	정情	자字	발發	설舌	습習	이李
훈민정음 訓民正音 (1446)	·귁	ᅙᅳᆷ	쪙	·쫑	·벓	·쎯	·씹	ㅇ
사성통해 四聲通解 (1517)	·국	음	졍	·ᄌᆞ	·발	셜	·습	니
정음통석 正音通釋 (1747)	국	음	졍	ᄌᆞ	발	셜	습	리
삼운성휘 三韻聲彙 (1751)	국	음	졍	ᄌᆞ	발	셜	습	리
규장전운 奎章全韻 (1796)	국	음	졍	ᄌᆞ	발	셜	습	리

훈민정음訓民正音의 자음과 사성통해四聲通解의 자음이 서로 어떠케 틀립니까. 그리고 그 담의 정음통석正音通釋이나 삼운성휘三韻聲彙나 규장전운奎章全韻에는 변한 것이 없으나 다시 정음통석正音通釋이나 교정전운옥편校正全韻玉篇(1888)이나 아학편兒學編(1906) 같은 것을 보면 이러합니다.

정음통석正音通釋

음音 / 자字	원음 原音	속음 俗音
융融	융	륭
용容	숑	용
동憧	츙	동
항港	강	항
매魅	미	ᄆᆡ
계癸	귀	계

교정전운옥편校正全韻玉篇

음音 / 자字	원음 原音	속음 俗音
모母	무	모
축丑	츄	축
왜倭	와	왜
쇄刷	솰	쇄
북北	븍	북
금金	금	김

아학편兒學編

음音 / 자字	원음 原音	속음 俗音
천天	텬	천
지地	디	지
제第	뎨	졔
자子	ᄌᆞ	자
매妹	ᄆᆡ	매
주主	쥬	주

실상 이러한 책들을 보면 무던히 한ㅅ자음을 정리하여 놓았읍니다. 지금 와 새삼스럽게 한ㅅ자음 문제를 떠들 것도 없읍니다. 이른바 속음俗音이라는 것이 그 때 일반ㅅ사람이 발음하는 자음입니다. 그것이 지금과도 다를 것이 없읍니다. 우리는 그대로 좇아 쓰면 좋을 것입니다. 꼭 자전의 원음原音이라고 하여 이상야릇한 발음을 할 것이 아닙니다. 만일 자전의 원음을 좇는다면

부모(父母)를 부무
인쇄(印刷)를 인솰

라 해야 할 것이 아닙니까. 그러하여 위에 말한 것과 같이

ᄀᆞᆫ방(艮方)은 간방
ᄂᆡ외(內外)는 내외
ᄃᆡ리(代理)는 대리
ᄆᆡ일(每日)은 매일
ᄇᆡ우(俳優)는 배우
ᄉᆞ촌(四寸)은 사촌
ᄋᆞ동(兒童)은 아동
ᄌᆞ음(字音)은 자음
ᄎᆞ남(次男)은 차남
ᄐᆡ모(胎母)는 태모
ᄑᆡᆼ다(烹茶)는 팽다
ᄒᆡ의(海衣)는 해의
샤희(社會)는 사회

샤발(削髮)은 삭발
샹인(上人)은 상인
쟈비(煮沸)는 자비
쟉약(芍藥)은 작약
쟝가(長歌)는 장가
챠부(車夫)는 차부
챡실(著實)은 착실
챵가(唱歌)는 창가

으로 쓸 것이고

셔신(書信)은 서신
셕탄(石炭)은 석탄
션조(先祖)는 선조
셜명(說明)은 설명
셩공(成功)은 성공
셰금(稅金)은 세금
져장(貯藏)은 저장
젹두(赤豆)는 적두

　　져후(前後)는 전후

　　졀박(切迫)은 절박

　　졉구(接口)는 접구

　　졍직(正直)은 정직

　　졔각(除却)은 제각

　　쳐리(處理)는 처리

　　쳑도(尺度)는 척도

　　쳔고(千古)는 천고

　　쳘인(哲人)은 철인

　　쳠리(尖利)는 첨리

　　쳥동(靑銅)은 청동

으로 쓸 것이고

　　쇼년(少年)은 소년

　　쇽인(俗人)은 속인

　　숄거(率去)는 솔거

　　숑덕(頌德)은 송덕

죠반(朝飯)은 조반

쪽하(足下)는 족하

죵죵(種種)은 종종

쵸빙(招聘)은 초빙

쵹광(燭光)은 촉광

춍검(銃劍)은 총검

으로 쓸 것이고

슈토(水土)는 수토

슉모(叔母)는 숙모

슌박(淳朴)은 순박

슐가(術家)는 술가

쥬야(晝夜)는 주야

쥭마(竹馬)는 죽마

즁심(中心)은 중심

츄분(秋分)은 추분

츅문(祝文)은 축문

츈분(春分)은 춘분

츌입(出入)은 출입

츙치(蟲齒)는 충치

츄용(取用)은 취용

으로 쓸 것이고

뎌당(抵當)은 저당

뎍실(的實)은 적실

뎐가(田家)는 전가

뎜원(店員)은 점원

뎝시(接匙)는 접시

뎡거(停車)는 정거

디리(地理)는 지리

딘멸(殄滅)은 진멸

딜탕(跌宕)은 질탕

으로 쓸 것이고

텬문(天文)은 천문

텰로(鐵路)는 철로

텸가(添加)는 첨가

텹텹(疊疊)은 첩첩

텽직(廳直)은 청직

톄격(體格)은 체격

으로 쓸 것이고 그리고 또

협천(陜川)은 합천

회녕(會寧)은 회령

백천(白川)은 배천

십월(十月)은 시월

의론(議論)은 의논

허낙(許諾)은 허락

으로 쓸 것입니다.

그리고 순연한 우리말로 된 것은 한ㅅ자韓ㅅ字를 빌어 쓸 필요가 없읍니다. 곳

「생각」을 「生覺」
「구경」을 「求景」
「사랑」을 「思郞」

이라고 쓸 것이 아닙니다. 그뿐더러 비록 한ㅅ자韓ㅅ字로 된 말이라도 이미 익은 말이고 보면 한글만으로 적어 써도 좋습니다.

조선어朝鮮語와 작문作文

을腦入한것이요 [illegible] 殺人된것도아니다 그러
나 그流通이그다지더되며 그다지어렵고 틈틈이國學者
의排斥에 몰리며 執政者의抑制에울면서 겨우高麗朝를
더위잡아 그것도麗朝中葉以後에야 간신히자리를잡게된
것이 얼마나漢學者들위하야 안탓갑다한것이나 이리하
여서 이뒤에야비롯오 글을한다하면 漢文을하는것으로
글을한다하며 글은오즉漢文을 글이라하게된것이아닌가

❖ ❖

이제는인제 漢文時代가가잇고 가갸時代가온지 오래
다그러나 漢文時代만가앗슬뿐이지 가갸時代가 제법대
신한것이아니다 게다가허가잡히려면 아주까마아득하지
아니하냐 그러면이제조선에는 무슨글이잇는가 漢文이
잇는가 가갸가잇는가 또는두가지가다잇는가 漢文이본
대우리에맛는것이아니며 그것배우기를쉬엇스매漢文時代
는 果然가앗거니와 그러면우리는 그대신에 무슨글時
代를맨들고잇는가 요사히新聞이나雜誌를보건대 혹國漢
文을쓰며 혹漢文말을 가갸音으로쓰며 혹英語를번역하
야 그법의그말을가갸音으로쓰기도하고 혹日語를번역하
야 그글투그것을 가갸로쓰기도한다。 그러면이제의이꼴
을가지고 우리에게 글이잇다할것이나 말이잇다하겟는
가 아무리하야도 이꼴을가지고 글이잇다 말이잇다하
기는 남이부끄러운일이다。

❖ [illegible] ❖

그러면우리는 [illegible]을 어[illegible]가 [illegible]
을쓸때에 혹外國말법을비양하고 혹外國[illegible]
은 아즉다른問題로하고 가갸를硏究하자 가갸도 사람
의말을 담는그릇 곳글이라하면 硏究하자 [illegible]的으로
硏究하자 우리가 漢文집에서 가갸집으로 옴긴지 가
얼마되지아니함으로 쓰기는쓰면서 또쉽기는쉬우면서도
무엇인지낫바해하고 어느모인지 눈정글이어지는 것은
아즉도가갸집에 맛을덜들이고 가갸집살림을 덜다스린
까닭이다 가갸는 사람의말中에 조선말부터담자는 그
릇 곳조선말부터쓰자는글이다 제말을아름답게쓸수업수
면남의말도 아름답게쓸수업슬것이다 가갸를崇尙하자
가갸글時代를맨들자 가갸를硏究하자 가갸도學問이다。

朝鮮語와作文

李秉岐

朝鮮語

내가 지난가을에 모처럼 洋服을입고 學徒들을다리
고 日本人先生과가티 扶餘로 修學旅行을가서 어느旅

『학생』 1권 2호, 1929. 4.

조선어朝鮮語와 작문作文[29]

조선어朝鮮語

내가 지난 가을에 모처럼 양복楊僕을 입고 학도學徒들을 데리고 일본인日本人 선생先生과 같이 부여扶餘로 수학여행修學旅行을 가서 어느 여관旅館에 들엇섯다. 일본인 선생은 여관ㅅ방 웃목에 앉아 편지를 쓰고 나는 몸이 좀 고달파 그 아랫목에 누워 잇다가 「구들ㅅ장이 넘우 차니 군불을 째어 주오.」 하고 여관 주인旅館主人을 불러 이르고, 그 주인에게 「영감이상 조선말을 잘합니다.」 하는 칭찬을 바든 일이 있었다. 하오리 양복洋服을 입고 진고개판에서나 정거장停車場 근처近處에서 무지헌 노동자勞働動에게 「싸가 무손 일이가 잇소까」 하고 혀 구든 소리를 하며 가일인假日人노릇을 하는 짜위보다는 내가 조선말을 낫게 할는지 모르지마는 누구나 조선사람으로서 그만한 말씀을 하고야 칭찬을 바들 것도 아니다. 하나이 세상世上에서 조선사람이 조선말을 하고서 칭찬을 밧는다는 것이 어찌 생각하면 그럴 씃도 한 일이다. 우에 말한 ○○○○○만 아니라 완고頑固한 학부형學父兄에도 조선말이 무엇인지를 모르고 학교學校 다니는 자제子

29 「朝鮮語와 作文」, 『학생』 1권 2호, 1929. 4.

弟에게 「조선 놈이 조선말이야 무엇 하러 배우느냐」 하는 이도 잇다 한다. 이 짜위 사람들은 과연 무식한 사람이라 하겟스나 또한 제법 유식하다는 사람들에도 이와 가튼은 말을 하는 이가 적지 안타.

만일 이러한 논법論法으로 하면 다만 조선말쑨이랴. 무슨 학교學校니 학문學問도 다 필요必要가 업슬 것이다. 소곰은 짜고 사탕은 단 줄은 알며 주먹구구九九도 하고 나무ㅅ가리도 싸흘 줄 알으니 화학化學이나 수학數學도 배울 것 업는 것 아닌가. 그래도 화학, 수학은 배워야 할 줄을 알면서도 어찌 조선말에 대하여서는 그다지 녀기지 안흘까 — 이 짜위 말은 퍽 웃으운 말 가트나 이상하게도 이 세상世上에서는 이 짜위 말을 곳잘하는 이 짜위 사람들을 만히 어더 볼 수가 잇다.

(차간 38행 삭제此間三十八行削除)

더욱이 어려움을 깨닷게 된다. 작문作文의 기초基礎 지식知識인 조선어朝鮮語 그것을 톡톡하게 배우지 못한 이들에게 작문 그것인들 잘하기 바랄 것인가. 북이 커야 소리도 클 것 아닌가.

(차간 30행 삭제此間三十行削除)

그런데 우리 조선말로서 우리의 사상思想 감정感情을 자유自由롭게 발표發表하자면 첫재, 조선말 그것을 잘 알어야 함은 무론이지마는 조선말 그것만 잘 안다고 그러케 될 것은 아니고, 또한 그 발표發表하는 법, 곧 작문법作文法도 잘 알아야 할 것이다. 작문법을 잘 알자면 작문作文 연습練習의 필요必要야 더 말할 것 없다. 그럼으로 교육령敎育令에도 조선어朝鮮語 과정

科程에 반듯이 작문作文이란 명목名目을 너흔 것이다. 작문도 조선어 교육敎育의 하나에 지나지 못하나 작문이야말로 중요한 과정이라 아니 할 수 업다. 문인文人 학자學者에 뜻을 두는 이야 말할 것도 업고 그 밧게 어떠한 사람이든지 시詩, 소설小說, 평론評論은 아니드라도 편지나 계약서契約書쯤이야 쓸 필요가 업는 이 업슬 것이다. 편지나 계약서쯤을 쓰드라도 작문법作文法을 알고 모르는 관계關係가 저윽이 잇슬 것이 아니랴.

(차간 11행 삭제此間十一行削除)

과연 작문을 가르치자면 조선말 그것보다도 어려울 것이다. 웨 그럴가. 지금 우리는 조선어 지식知識이 부실한 까닭에 작문 그것도 잘될 수 업다 함은 위에 말함과 가트며 게다가 작문을 맛터 가르치는 이라고 반듯이 문장가文章家가 아닐 것이니 자기가 꼭 모범문模範文을 지어낼 것도 아니며, 그러면 달리 또 어썬 명문名文이나 만히 어들 수 잇서 그것을 내보이고 그대로 지어라 할 것도 아니며, 그저 문제만 내어주고 지어 오느라 하면 그 주의主意와 구성構成이 어썬 건 그만두고 도모지 조선말 그것을 모르게 써서 자세仔細히 보자면 한두 장만 보재도 매우 시간이 걸리게 된다.

(이하 39행 삭제以下三十九行削除)

조선어연구朝鮮語研究가 필요必要

–조선문단朝鮮文壇의 현재現在와 장래將來–
제1회 집필執筆 교육계敎育界 제씨諸氏

조선어연구朝鮮語硏究가 필요必要[30]

지금 우리 조선에 잇서서 문예文藝가 무슨 필요必要가 잇으랴. 문예文藝보다도 밥을 먹어야 하지 안이랴 하는 생각을 가지고 잇는 이가 열이면 열이나 거의 될 것이다. 이 생각을 가진 이는 문예文藝 외인外人만 아니라 곧 문예가文藝家나 문예文藝를 애호愛好하는 이 가온대에도 만히 잇슬 것이다. 과연 남다른 생활난生活難을 밧고 잇는 오늘날 우리로는 이런 생각을 아니 가질 수 업다. 배곱흔 사람에게는 시詩를 주는 이보다 밥을 주어야 할 것이다. 이런 사람에게는 시와 갓흔 문예文藝만 아니라 그 밧게 다른 예술藝術이나 학술學術이나 도덕道德이나 종교宗敎 짜위도 모두 밥만은 못 홀 것이다. 그러나 우리의 삶을 위ᄒᆞ여서는 밥만 아니라 옷도 잇서야 ᄒᆞ며 집도 잇서야 ᄒᆞ며 그 밧게 예술, 학술, 도덕, 종교 — 모든 것이 모두 잇서야 홀 것이니 예술의 그 ᄒᆞ나인 문예도 잇서야 함은 무론毋論이다.

쏘한 이 세상世上에서는 문예는 다만 한인한사閒人閒事로만 녁이는 이가 만흐나 오늘날 우리가 말ᄒᆞ는 문예文藝는 녯날 이른바 문인소가文人騷家들이 ᄒᆞ는 음풍농월吟風弄月이나 무문농필舞文弄筆이 아니라 곳 우주宇宙와 인생과 사회의 모든 방면方面으로서 무한無限한 예술적藝術的 진경眞境을

30 「朝鮮語硏究가 必要」, 『문예공론』 1호, 1929. 5.

찾아내는 것이다. 다시 말ᄒᆞ면 회사會社, 공장工場, 시정市井, 주사酒肆, 청루靑樓 — 어느 것에든 그 어든 경험經驗과 흥분興奮을 가지고 새로운 재료材料를 삼어 가지가지로 예술적 표현을 ᄒᆞ는 것이다.

그런데 오늘날 우리의 문예계文藝界는 엇더한고. 워낙 문예운동文藝運動이 일어난 지 얼마가 아니 되매 그 짧은 동안에 만흔 효과가 업다고 탓홀 것도 아니지만은 간단簡單히 말ᄒᆞ면 아즉은 유치幼稚함을 면치 못ᄒᆞ겟다.

누구나 다 ᄒᆞ는 말과 갓치 오늘날 우리 조선에서는 독자讀者는 업서도 작자作者는 만타 한다. 혹은 시 혹은 소설小說 혹은 무엇이라 ᄒᆞ는 십 전 내지 일 전 남짓한 새로 난 책들이 만흐나 대개 낡은 책사冊肆에 싸혀 잇다가 맛츰내 휴지休紙가 되고 말 ᄲᅮᆫ이고 독자는 겨우 작자作者 자기自己 한 사람 밧게는 업는 것도 만타 한다.

그러면 이러케도 독자가 업는 이 세상에서 훌륭한 작가가 날 수 잇으랴. 문예는 반듯이 독자를 위ᄒᆞ여 지어냄은 아니겟지만은 작자 자기 한 사람만 보자고 짓는 것도 아니니 독자가 만흐면 만흘사록 조흘 것이며 작자는 반듯이 감상가感賞家 비평가批評家가 아닐 것이니 만흔 독자에게 감상感賞도 받고 비평批評도 밧어야 할 것 아니랴. 만일 독자가 하나도 업다 하면 감상도 비평도 밧을 길이 업슬 것이니 비록 문예작가文藝作家의 소질素質이 잇는 이라도 어찌 다 잘 되기를 바라랴.

대개 문예文藝에 대하여 이해理解할 만한 이는 오늘날 교육敎育을 밧은 이라 자국어自國語보다도 타국어他國語의 교양敎養이 더 잇서 그걸 보기를 조선ㅅ글 보기보다 쉽게스리 녀기며 또 그것의 내용內容도 형식形式도 우리 것보다 낫게 되엿슴으로 그걸 보려 함도 그럴듯한 일이라. 다만 우리 글에 대하여 독자가 만치 못한 것만 나무랄 수도 업는 일이다.

오늘날 우리 문예 작가는 이러케 어려운 처지處地에 잇다. 자기가 독자도 되며 자기가 감상가感賞家, 비평가批評家도 되어야 하며 자기가 주의主義, 주장主張도 잇서야 하며 자기가 개척자開拓者, 창도자唱導者도 되어야 하며 그리하여 우리 민중民衆으로 더부러 갓치 나아가야 한다.

이런 문예작가文藝作家야말로 우리의 문단文壇에 잇서 그 공로功勞가 크다. 이런 문예작가에는 맛치 산두판에서 참광대가 나오기 전에 얼이광대가 나와 어벌정거리는 것 갓흔 작가도 잇서 참작가다운 작가를 끌어내기도 하며 작으나 크나 벌서 내로라하며 한자리를 잡고 점잔을 피는 이도 잇으며 조튼 낫든 외래外來의 사상思想을 그대로 바다들여 내용이나 형식을 퍽 새롭게 하려는 이도 잇다.

이 근래近來 문예작품文藝作品이 어느 신문잡지新聞雜志에든지 아니 실릴 적이 업고 개인個人의 자비출판自費出版으로도 꽤 발표發表되는 걸 보면 그 질質이야 엇재튼 그 양量으로는 만허지는 것과 그것이 문예도文藝道의 한 선전宣傳이 되는 것과 글로 말미암어 문예文藝 독자讀者가 하나라도 더 늘어가는 것과 쏘한 우리 민중의 자아의식自我意識이 날로 더욱 밝어지는 것과를 알겟스며 이로부터 끈흐려야 끈흘 수 업는 우리 문예의 싹이 자랄 대로 자라며 거기서 조흔 쏫과 조흔 열매가 만히 피고 만히 매질 줄을 알겠으며 짜아서 앞흐로는 훌륭한 작가며 다수多數한 독자도 만히 생길 줄도 알겠다.

우에도 말한 바와 갓치 우리는 자국어自國語보다도 타국어他國語 그것을 낫게 아는 오늘날 역경逆境에 잇서 오히려 이만한 문예계現狀을 지니고 잇습은 전혀 우리 민중民衆의 자아의식이 밝어지는 까닭에 잇다 하겠다.

아무튼 오늘날 교육教育이 보급普及됨을 짜어 우리 민중民衆의 자아의식自我意識이 밝어지며 민중의 자아의식이 밝어짐을 짜어 우리 문예계文藝界가 성해질 것인데 이에 문예운동文藝運動과 갓치 조선어운동朝鮮語運動이 잇서야 할 것이다.

조선말로 발표發表되는 조선문예朝鮮文藝가 조선어朝鮮語 그것과 엇더한 관계關係를 가젓스랴. 만일 우리의 사상思想 감정感情을 다른 나라 말로서 발표한다면 그것을 과연 조선문예朝鮮文藝라 하랴. 조선문예朝鮮文藝는 조선말로만 발표된 그것이라야 할 것이다. 그러면 조선문예 작가는 먼저 조선어朝鮮語 연구硏究를 할 필요가 잇슬 것 아니랴. 그저 조선말의 어의語意, 어감語感, 어세語勢도 잘 모르고 조선문예朝鮮文藝를 잘 지어낼 수가 업슬 것이다. 수사법修辭法을 아니 배웟서도 수사법 이상以上의 명문名文을 지어내는 문장가文章家와 갓치 조선어 그것을 아니 연구해도 훌륭한 조선문예를 지어낼 수 잇다면 모르거니와 그러치 못하다면 반듯이 조선어 연구를 하여야 할 것이다. 그러나 조선문예 작가들은 조선어에 대하여 퍽 등한等閑하다. 별로 조선어연구를 한 적은 업서도 몇몇 편篇의 명시名詩 명문名文을 지어냇스니 구타여 그ᄶᅡ진게야 연구할 것이 업서 그런가. 그러타 하드래도 다른 나라 말들과 갓치 아즉 정돈整頓되지 못한 우리말이니 문예작가는 누구보다도 먼저 이걸 정돈整頓하고 법 잇게 써내야 할 것이며 써낸 써낸 그것이 문예文藝 이외인以外人에게 조흔 궤범軌範이 되도록 하여야 할 것 아닌가. 이태리伊太利 국어는 싼테, 복캐쵸, 로렌소 등等 문호의 손을 거쳐 완성完成되엇다 하며 영길리어英吉利國語는 쵸시, 위클리프 등 문호文豪의 손을 거쳐 완성完成되엿다 하지 안는가. 나는 이 의미意味로서 특별히 우리 문예 작가文藝作家들에게 큰 임무任務와 노력努力을 가지게 하고 큰 기대期待와 축복祝福을 하는 것이다.

조선어연구朝鮮語研究의 현상現狀

『조선일보』, 1930. 11. 19.

조선어연구朝鮮語研究의 현상現狀[31]

이 근래近來 조선어朝鮮語 문제問題도 퍽 복잡複雜하게 된다. 대번 이러타 하는 한두 말로서 해결解決될 것이 아니다. 얼른 생각하면 우리가 다 알고 쓰는 조선어朝鮮語를 가지고 그 무슨 복잡複雜한 문제問題가 있을까 하겠지마는 실상 그걸 따지고 보면 그러케 될 수밨에 업다.

조선어朝鮮語는 다른 나라의 국어國語들처럼 대개 정리整理된 것이라 하여도 우리의 오늘날 처지處地로서는 또한 문제問題를 삼지 않을 수 없는데 하믈며 아직도 정리整理가 되려면 얼마만 한 노력努力과 시일時日을 거처야 할는지 모른다. 다만 한두 사람의 힘만으로는 아니 된다. 우리 이천만인二千萬人이 모두 그 연구자研究者는 아니드라도 그 연구자研究者들 우리 가운대에서 많이 시일時日을 허비하도록 하게 하는 의무義務만은 누구나 가지고 있는 것이다. 학교學校를 단이는 자제子弟에게 학비學費도 아무것도 당하여 주지 않고 공부工夫만 잘못한다고 나무라는 것과 같이 우리는 그 연구자研究者들만 나무라서는 아니 된다.

그러나 우리는 조선어朝鮮語에 대하여 대개가 방관傍觀하는 모양으로 그들을 나무라거나 또는 조롱하거나 비방하거나 하지 않는가. 과연 주시

---

31 「朝鮮語研究의 現狀」, 『조선일보』, 1930. 11. 19.

경周時經 선생先生 이래以來로 그따위 푸대접을 그들은 그 얼마나 받어왔는가. 그중中 한두 가지 예例를 들어 말하면 그놈들이 쓸대없는 일을 한다는 등 저이끼리도 학설學說이 다르니 떠든다는 등 지금 와서는 무슨 파派 무슨 파派하고 이름까지 지어 마치 녯날 사색당파四色黨派와 같은 것이나 아닌가 하는 등 또는 그것으로서 한 구직처求職處로 알고 덤뷔는 것이나 아닌가 하고 말들 하는 것을 종종 들을 수 있을 뿐이요, 이르는 철자법실행사전편찬기성綴字法實行辭典編纂期成과 같은 가장 시급하고도 중대重大한 그러한 문제問題 따위는 한때 말하는 이가 있드라도 얼마 아녀 희지부지하고 없어저 버린다. 우리에게도 상무인서관商務印書館이나 삼성당三省堂 같은 큰 책사冊肆나 있었으면 그가 영리營利를 하기 위하여서라도 벌서 그러한 문제問題 따위는 해결解決이 되었을는지도 모르지마는 종로鐘路 한편에 있는 모모某某 서사書肆로는 애적부터 그럴 마음도 낼 수가 업으니 더구나 어떤 부처님이 나서 보시普施를 한다고 하겠는가?

그리고 그 연구자硏究者들도 아주 허물이 없는 건 아니다. 그건 좀 성의誠意가 부족不足하다 함이다(어떠신 한두 분은 그러치도 않다지마는). 고산자古山子가 대동여지도대동지지大東輿地圖<u>大東地誌</u>를 맨들 때 같이 백두산白頭山을 일곱 번이나 올라가고 조선朝鮮 팔도八道를 방방곡곡坊坊曲曲으로 찾어단이며 재료수집材料收集, 조사연구照査硏究를 하다가 딸은 늙이고 자기自己는 옥사獄死까지 하듯 그러한 성의誠意만 있으면 조선어朝鮮語 정리整理도 다 될 수가 있는 것이다. 과연 그런 이는 아즉도 없다. 볼 수가 없다.

그러나 그들의 하는 연구硏究가 쓸대없는 일은 아니다. 비록 지금 그들의 손으로서 그 정리整理를 다 하겠다 또는 그들이 다 학자學者가 된다고 할 수는 없으나 그래도 어리ㅅ광대 노릇은 넉넉이 하는 이들이다. 얼마이

여서 참광대가 되거나 다른 참광대가 나게커럼 할 수는 있으나 그들의 학설學說이 서로 다르다는 것은 그 연구硏究를 딸어 자연 어쩔 수 없는 일이다.

이건 조선어朝鮮語만이 아니라 다른 과학科學이나 어학語學이 아니 그런 것이 없다. 일본어日本語에도 금택장삼랑金澤庄三浪과 산전효웅山田孝雄의 말이 서로 다르고 또 영어를 채용採用하여 일본어를 삼자고 하든 삼유례森有禮 따위도 있으며 지나어支那語에도 마건충馬建忠과 호적胡適의 말이 서로 다르다. 어찌 조선어朝鮮語만이 아니 그럴 수 있으며 또 무슨 파派가 있다드라도 반듯이 일종一種 어떠한 야비野卑한 욕심慾心이 있어서 생긴 건 아니고 자연 그의 주장主張하는 바 — 학설學說이 다름으로 하여 얼마큼 학파學派가 아니 생길 수 없는 것이며 조선어朝鮮語 연구硏究를 한 구직처求職處로 안다는 것도 그다지 나무랄 수는 업는 것이 그 둘이 모다 벽곡辟穀을 하고 살 수는 업는 것이라. 그것이 한 구직처求職處가 될 수만 있다면 더욱 좋을 것이 아니랴? - 이상以上은 조선어朝鮮語 연구자硏究者에게만 두남을 두어 말 할 것이 아니라 딴은 사실事實이 그런 것 아니랴?

조선어朝鮮語 연구硏究를 한 대도 그저 백지白紙ㅅ장만 펼처 들고 앉어서 엉터리도 없는 망단妄斷 편견偏見이나 생각하여 내는 것이 아니고 반듯이 모든 재료材料를 수집蒐集하여 조사調查 연구硏究하여 혹은 분석分釋 혹은 종합綜合하여 거긔에서 한 원리原理 원칙原則을 발견發見하는 그야말로 한 과학적科學的 연구硏究 그것을 하자면 여간 성의誠意만 가지고서는 될 수 있는가? 그들에게는 그걸 할 만한 여유餘裕 곳 시간時間도 금전金錢도 있어야 할 것이다. 종일 품을 파노라고 밭븨밭븨 지내다가 밤이나 혹은 휴일休日을 당하여 책도 보아야 하고 생각도 하여야 하고 죄어내기도 하여야 하자니 그 노릇이 그러게 쉬운 것이 아니며 더욱이 거긔에 당한 참고서參考書들을 구하여 보자니 그대로 될 수 있는가 낡고 썩은 책冊 한 권에도 10원十圓 내지乃至 100원百圓까지를 주어야 얻어 보게 되는 우리의 처지處地에 있어서 그 몇 사람이나 무란이 될 수 있는가. 종래 조선어朝鮮語의 역사적歷史的 연구硏究도 이와 같이 어려운 형편形便에 있는 그들로서 더구나 다른 외국어外國語와의 비교적比較的 연구硏究야 말할 것도 없다. 외국外國 유학留學도 할 수 없고 또는 달리 어찌할 수 없다.

조선어朝鮮語 연구硏究는 조곰 철자법綴字法이나 단어법單語法을 말하는 것에 그칠 뿐이 아니라 조선朝鮮 고금古今의 말이며 글이나 지방地方마다의 사토리며 이야기며 놀애부치도 모다 주어 모아 그걸 남보다도 이통하게 알어야 할 것이다. 그것이 과연 몇몇 사람의 힘으로나 몇몇 해의 동안으로서 그리 쉽사리 될 수 있는가. 이러케 생각하면 그 연구硏究가 퍽 막연漠然하다. 끝이 날 적이 없다. 누구나 한다고도 할 수 없다. 하나 꼭 그러타고 하여 우리는 이에 주저할 것이 없다. 이런 조선어朝鮮語 연구硏究이나마 그것이 해마다 한 걸음이라도 더 나아가게 된다면 지금 신문新聞, 잡지雜誌, 기타其他 출판물出版物 들을 보드라도 전보다는 점점 정리整理되어 가는 줄을 알겠다. 그건 조선어朝鮮語 연구자硏究者보다도 우리 조선인朝鮮人 일반一般이 날로 더 깨처가는 한 현상現狀으로 아니 볼 수 없다.

우리는 더욱 노력努力을 하자. 자꾸 더 나아가도록 해마다 해마다 이 「한글 기념일紀念日」을 당할 때마다 더욱 맹렬猛烈하고 분발하여 나아갈 뿐이다.(끝)

한글운동運動의 전개展開 (2)

한글運動의展開 (二)

李秉岐

『중앙일보』 1932. 1. 2.

한글운동運動의 전개展開 (2)[32]

한글을 쉽사리 말을 마라. 지금 한글 운동運動이 다 되엇다고 하지도 마라. 이것이 다 완성完成되려면 언제나 될는지 모른다. 우리의 성의誠意와 노력努力의 어써함에 달렷을 샌이다. 말하자면 종縱으로는 역사적歷史的 연구硏究 — 언문言文이 변천變遷하여 온 시대時代 시대時代의 연구와 횡橫으로는 비교적比較的 연구硏究 — 지방어地方語 외국어外國語와의 연구를 하여야 할 것이다. 그저 조선말이나 알고 반절反切만 쌔치고 하여 명사名詞 형용사形容詞 부사副司의 단어單語나 몃 개 짐작하면 다 된 것이 아니다. 음운音韻, 단어單位, 단어법單語法, 문장법文章法 따위를 모다 능통能通하여야 함은 무론이고 그러자면 어느 문법文法책 하나만 외울 샌 아니라 그 보조補助와 관계關係가 잇는 과학科學-언어학言語學, 음운학音韻學, 심리학心理學, 문학文學, 사학史學, 인류학人類學, 고고학考古學 따위까가지라도 다 짐작하여야 한다. 과연 이것이 쉬운 일이 아니다. 이 가튼 일이야 도저히 일반화一般化시킬 수 업다. 특수特殊한 그 전문가專門家들에게 맛길 수밧게 업다 하나 우리 일반인一般人으로서도 본들 문명文明한 외국인外國人들이 자국어自國語를 아는 이만큼은 알어야 할 것이다. 우리는 십상 우리가 아는 외국어外國語나 외국문外國文보다도 우리말 우리글에 대하여서는 돌이

32 「한글運動의 展開 (二)」, 『중앙일보』 1932. 1. 2.

어 무식하다.

三

그런데 우리 한글운동運動에 잇서 우리 일반인一般人의 임무任務와 전문가專門家의 임무任務가 자연 서로 다르지 안을 수 업다.

우리 일반인一般人의 임무任務는 한글에 대한 이해理解와 또는 그 전문가專門家들을 정진精進하도록 함에 잇다. 다시 말하면 우리에게는 무엇보다도 자연하고 합리合理한 것이 곳 조선말이고 그 말을 적는 대 가장 자연하고 합리合理한 글이 곳 한글임을 아는 동시同時에 그 말과 글과를 정확正確 분별分明하게 쓸 줄도 알어야 하며 그것을 더욱더욱 전개展開되게 함에는 그 전문가들이 만히 나게 해야 할 것이며 그들로 하여곰 가장 노력努力케커럼 도아주어야 할 것이다.

그리고 전문가專門家의 임무任務는 타 과학자科學者들이 자기自己의 전문專門에 대對하여 일생一生을 희생犧牲하는 것가티 해야 할 것이다. — 어느 동물학자動物學者가 지렁이 하나에 삼십년三十年 벼룩이 생식기生殖器에만 십년十年을 허비하드시 한글 연구硏究에도 몃 십년十年 몃 십년十年씩 하는 이가 잇서야 할 것이다. 경선하게 성급性急하게 덤빌 것도 아니고 억지쓰거나 욕심만 부릴 것도 아니고 오로지 수준하게 침착하게 자연自然 □□할 셈이다.

이밧게 또 전문가專門家와 가티 하지는 안트라도 또한 만히 노력努力을 하여야 할 이는 각各 학교學校의 한글 교원敎員들이며 신문新聞이나 잡지雜誌의 기자記者들이며 인쇄업자印刷業者들이며 그중에도 시가詩歌 소설小說

희곡戲曲싸위를 피어내는 문예작가文藝作家들이다. 그들의 무기武器는 한글이다. 그들의 생명生命은 한글을 잘 사용使用함에 잇다. 그들은 아방我邦의 쉑스피어나 싼테가 되어야 한다.

다른 나라 사람들은 자국어自國語의 교육敎育을 적어도 십오륙 년 동안이나 밧고도 오히려 상당相當한 작가作家가 되려고 보면 더욱 그 방면方面에 힘을 쓴다 하는대 우리로서는 단 일 년이나 법다이 배워본 적이 잇는가. 그래도 특特히 소설小說이니 하여 척척 써내는 것을 보면 이상한 일이다. 하나 푸로벨가티 형용사形容詞를 하나만 쓰든 못하엿음이오 포오가티 콤마 한점 틀린 게 업게 쓰지도 못할 것이다.

한글 운동運動의 가장 성실誠實한 병정兵丁은 작가作家들이다. 그들은 운동運動의 최초最初로부터 최종最終까지 서로 써날 수 업스며 그 최고最高의 찬사讚詞를 엇는 것도 그들의 손에 달린 것이다.

이 의미意味로 보아서 문예작가文藝作家들이 누구보다도 이 운동運動에 만히 참가參加한 이도 잇스며 참예參預하려는 이도 적지 안은 모양이다. 우리는 이 현상現想을 깃버 아니 할 수 업다.

한글 운동運動은 점점 전개展開되여 잇다. 이러한 우리의 정세情勢를 싸라 그리 아니 될 수 업는 것이다. 이것이 다만 한글운동運動의 전개展開라기보다 우리 일반인一般人 의식意識의 전개展開이다. 우리 일반인一般人의 운동運動이 전개展開되면 될수록 이 운동運動도 더욱 성하게 전개展開될 것이다.

한글의 경과經過

한글의 經過

李 秉 岐

—이는 今年 十月 二十九日저녁, 明月館本店에서 한글紀念式을 할때에 말한것—

한글의 經過는 한글 頒布한 때로부터 그 文獻을 中心하여 말하되 먼저, 世宗大王의 聖德과 業蹟에, 그 다음에는 한글 創造의 動機와 그 經過에 대하여 말하고저 합니다。

世宗大王은 本朝 太宗의 셋재 아드님으로서 太祖 六年 丁丑 四月 十日(五三五年前)에 漢陽 潛邸에서 誕生하시어 열한살에 忠寧君, 열다섯에 忠寧大君, 스물둘에 世子가 되시엇습니다。

그때 世子禔(太宗의 큰아드님)이 失德한 일이 많아서 하로는 여러 臣下들이 闕廷에 모여 그를 廢하기를 청하매 太宗은 禔의 큰아들을 세우려 하거늘 여러 臣下들이 말하되『殿下께서 世子를 가르치심이 지극하오신데도 이러하올거든 이제 어린 손자님을 세우시면 이 뒤ㅅ날의 일을 어찌 아오리까。더구나 아비를 廢하고 아들을 세움이 그 의리가 어떠하옵습니까, 청컨대 어진이를 택하여 세웁소서』한즉 太宗은『卿들이 택하여 말하라』하셧습니다。다시 여러 臣下들이『아드님 아시기는 君父만 못하오니 택하심이 聖心에 잇나이다』고 하엿습니다。그제야 太宗이『忠寧은 天性이 聰敏하고 學問을 좋아하여 아무리 치운 때나 더운 때라도 밤을 새우며 글을 읽고 또한 다스리는 道理를 잘 알으니 내, 世子를 삼을가 하노라』말슴하고 여러 臣下들도 어진이를 택하십소서 한 것도 忠寧을 가리침이라 하고 모다 稱賀하엿다 합니다。

그러고 스물셋 되시든 해에 禪位를 받으시엿습니다。——太宗은 在位한 十餘年 동안을 두고 天災와 地變이 끊이지 아녀 이를 不德한 탓이라 하여 傳位를 한 것입니다。

世宗께서는 三十 二年 동안을 在位하섯고 五十 四歲에 昇遐하섯는데, 內治, 外交, 文武 百度에 精勵하섯습니다。集賢殿을 두어 人材를 기르고 農事直說로 하여 產業을 勸奬하고 三綱行實로 하여 紀綱을 세우고 賢相으로는 黃喜, 許稠, 孟思誠이 잇고 文學은 鄭麟趾, 崔恒, 成三問들이 잇고 天文은 金墩, 音樂은 朴堧, 工藝는 蔣英實, 軍事는 金宗瑞가 잇어 對馬島 討伐, 四郡 設置, 六鎭 開拓까지 하게 되여 이러한 事蹟을 적어놓은 實錄이 一百 五十 四冊이나 되어잇습니다。이 實錄만으로도 本朝 歷代의 實錄 가운데 가장 많은 것입니다。

× ×

그 중에도 더욱 놀라운 것은 물론 이 한글을 만들어내신 것입니다。이 글은 온 世界의 文字 가운데 가장 옳하게, 좋게, 쉽게 된 글이외다。우리나 남들이 다 가치 더할나위 없이 기리는 글이외다。곳, 우리의 큰 보배요, 큰 자랑거립니다。하므로, 우리는 한글 하나만으로도 世宗大王을 거룩하고 고맙게 아니 생각할 수 없습니다。그때 만일 世宗大王께서 한글을 아니 만들어내섯드러면 어찌 되겟습니까。우리에게는 글도 없엇을 것이며 오늘과 같은 기쁜날도 없을 것이 아닙니까。

한데 한글을 만드신 動機는 訓民正音序와 같이 우리는 漢文으로는 쓸 수 없다。우리

— 424 —

『한글』 제1권 제6호, 1932. 12.

강연문

한글의 경과經過[33]

— 이는 금년今年 10월十月 29일二十九日 저녁, 명월관 본점明月館本店 에서 한글기념식記念式을 할 때에 말하든 것 —

한글의 경과經過는 한글 반포頒布한 때로부터 그 문헌文獻을 중심中心하여 말하되 먼저, 세종대왕世宗大王의 성덕聖德과 업적業蹟에, 그다음에는 한글 창조創造의 동기動機와 그 경과經過에 대하여 말하고저 합니다.

세종대왕世宗大王은 본조本朝 태종太宗의 셋재 아드님으로서 태조太祖 6년六年 정축丁丑 4월四月 10일十日(535년 전五百三十五年前)에 한양漢陽 잠저潛邸에서 탄생誕生하시어 열한 살에 충녕군忠寧君, 열다섯에 충녕대군忠寧大君, 시믈둘에 세자世子가 되시었습니다.

그때 세자世子 제禔(태종太宗의 큰아드님)이 실덕失德한 일이 많아서 하로는 여러 신하臣下들이 조정朝廷에 모여 그를 폐廢하기를 청하매 태종太宗은 제禔의 큰아들을 세우려 하거늘 여러 신하臣下들이 말하되 『전하殿下께서 세자世子를 가르치심이 지극하오신데도 이러하옵거든 이제 어린 손자님을 세우시면 이 뒤ㅅ날의 일을 어찌 아오리까. 더구나 아비를 폐廢하고 아들을 세움이 그 의리가 어떠하겠습니까. 청컨대 어진 이를 택하여 세웁

33 「한글의 經過」, 한글 제1권 제6호, 1932. 12.

소서』 한즉 태종太宗은 『경卿들이 택하여 말하라』 하셧습니다. 다시 여러 신하臣下들이 『아드님 아시기는 군부君父만 못하오니 택하심이 성심聖心에 잇나이다』고 하엿습니다. 그제야 태종太宗이 『충녕忠寧은 천성天性이 총민聰敏하고 학문學問을 좋아하여 아무리 치운 때나 더운 때라도 밤을 새우며 글을 읽고 또한 다스리는 도리道理를 잘 알으니 내, 세자世子를 삼을가 하노라』 말슴하고 여러 신하臣下들도 어진 이를 택하십소서 한 것도 충녕忠寧을 가리침이라 하고 모다 칭하稱賀하엿다 합니다.

그리고 시믈셋 되시든 해에 선위禪位를 받으시엇습니다. — 태종太宗은 재위在位한 십여년十餘年 동안을 두고 천재天災와 지변地變이 끊이지 아녀 이를 부덕不德한 탓이라 하여 전위傳位를 한 것입니다.

세종世宗께서는 32년 동안을 재위在位하셧고 54세에 승하昇遐하셧는데, 내치內治, 외교外交, 문무文武 백도百度에 정려精勵하셧습니다. 집현전集賢殿을 두어 인재人材를 기르고 농사직설農事直說로 하여 산업을 권장勸獎하고 삼강행실三綱行實로 하여 기강紀綱을 세우고 현상賢相으로는 황희黃喜, 허조許稠, 맹사식孟思識이 잇고 문학文學은 정인지鄭麟趾, 최항崔恒, 성삼문成三問들이 잇고 천문天文은 김돈金墩, 음악音樂은 박연朴堧, 공예工藝는 장영실蔣英實, 군사軍事는 김종서金宗瑞가 잇어 대마도對馬島 토벌討伐, 사군四郡 설치設置, 육진六鎭 개척開拓까지 하게 하여 이러한 사적事蹟을 적어놓은 실록實錄이 154책冊이나 되어 잇습니다. 이 실록實錄만으로도 본조本朝 역대歷代의 실록實錄 가운데 가장 많은 것입니다.

그중에도 더욱 놀라운 것은 물론 이 한글을 맨들어 내신 것입니다. 이 글은 온 세계世界의 문학文學 가운대 가장 용하게, 좋게, 쉽게 된 글이외다. 우리나 남들이 다 가치 더할 나위 없이 기리는 글이외다. 곳, 우리의 큰 보배요, 큰 자랑거립니다. 하므로, 우리는 한글 하나만으로도 세종대왕世宗大王을 거룩하고 고맙게 아니 생각할 수 없습니다. 그때 만일 세종대왕世宗大王께서 한글을 아니 맨들어 내셧드라면 어찌 되겟습니까. 우리에게는 글도 없엇을 것이며 오늘과 같은 기쁜 날도 없을 것이 아닙니까.

한데 한글을 맨드신 동기動機는 훈민정음訓民正音 서序와 같이 우리는 한문漢文으로는 쓸 수 없다. 우리는 우리 글이 잇어야 한다. 한문漢文은 어렵다. 우리글은 쉬워야 한다는 뜻에서 나온 것이외다. 한문漢文 말고도 이두문吏讀文 같은 것이 잇기는 잇으나, 그도 마땅하지 못하여 아주 우리 말을 적기에 훌륭한 이와 같은 소리ㅅ글(음표문자音標文ㅅ字)를 지으신 것이외다. 이 글을 지으실 때, 물론 한자漢字, 범서梵書, 몽고문자蒙古文字 같은 따위도 참고參考야 하셧겟지만 그걸 곧 모방模倣한 것은 아니외다. 일본日本 학계學界의 권위權威인 백조白鳥 박사博士 같은 이도 이 한글은 아무대서도 모방模倣한 것이 아니고, 순연純然히 세종대왕世宗大王의 독창獨創한 것이라고 합니다. 우리가 이러케 녀기느니만큼 과연 세종대왕世宗大王께서도 이 글을 지으시든 그 고심苦心과 노력努力이야 여북하셧으리까. 하로나 이틀, 또는 한 달이나 두 달로 하여 될 것이 아니라 적어도 열 해나 스므 해만은 긴 동안을 두고 하신 것이 아니겟습니까. 궁중宮中에 정음청正音廳을 두고 집현전集賢殿 학사學士들과 의논도 하시고 또는 명明 학사學士 황찬黃瓚에게 음운音韻에 대한 문의問議를 하러 성삼문成三問으로 하여 요동遼東을 열세 번이나 가오게 하고 이사로 게실 때도 두 손을 걷어잡고 한가히 앉으셔 본 적이 없엇다 하심을 밀우어 보아도 넉넉이 짐작할 수 잇습니다.

그리하여 한글을 다 맨드시기는 세종世宗 25년 계해癸亥 12월이엇으나 오히려 미비한 곧이 잇을가 하여 더 두고 보시다가 마츰내 28년 병인(丙寅

486년전) 9월에 와서야 반포頒布한 것입니다. 이것이 곳, 훈민정음訓民正音입니다.

그러나 이 반포頒布하는 것을 퍽 반대反對하는 이가 잇엇습니다. 부제학副提學 최만리崔萬理, 직제학直提學 신석조辛碩祖, 직전直殿 김문金汶, 응교應教 정창손鄭昌孫, 부교리副校理 하위지河緯地, 부수찬副修撰 송처검宋處儉, 저작랑著作郎 조근趙瑾 따위가 곳 그들인데 모다 의금부義禁府에 가두엇다가 그 다음날에야 내놓앗고, 정창손鄭昌孫은 파면罷免까지 시켰다 합니다.

다만 그 반대反對하는 이유理由는 이러합니다.

언문諺文은 문자文字(한문漢文)와는 아주 딴판으로 되어 가지고 위항이어委巷俚語만을 쓰는 것이라고 한데, 반포頒布한 뒤로는 퍽 장려奬勵하여 공문서公文書에도 다 쓰게 하고 이조吏曹의 사과史科와 사전史典을 취재取才할 때에도 이것으로서 시험試驗을 보게 하엿습니다. 그리하여 관인官人 김득상金得祥은 대간臺諫의 잘못함을 이 글로 적어가지고 의금부義禁府, 승정원承政院에 보이든 일까지 생기게 되엇습니다.

그리고 한편으로는 찬술撰述과 번역飜譯 따위를 굉장하게 하엿습니다. 말하자면, 조종祖宗(목종穆宗), 익조翼祖, 환조桓祖, 태조太祖, 태종太宗의 송덕頌德을 하고저 권제權踶, 정인지鄭麟趾, 안지安止, 박팽년朴彭年, 강희안姜希顏, 신숙주申叔舟, 이현광李賢光, 성삼문成三問, 이개李塏, 신영손辛永孫, 최항崔恒 들을 시켜 용비어천가龍飛御天歌를 짓고 소헌왕후昭憲王后(세종대왕世宗大王 후비后妃)를 추도追悼하여 수양군首陽君을 시켜 월인천강지곡月印千江之曲을 짓게 하고 김문金汶, 김구金鉤로 하여 서언해書諺解, 최항崔恒으로 하여 동국정운東國正韻과 홍무정운洪武正韻, 신숙주申叔舟로 하여 사성통고四聲通考를 찬纂하게 하고, 증도가남명계송證道歌南明繼頌은 친親히 3천여三千

餘 수首를 번역飜譯하시고 또 그 뒤에 여러 가지 불경佛經을 번역飜譯한 것도 오로지 세종世宗께서 시키신 일입니다.

그중, 용비어천가龍飛御天歌는 한글 반포頒布하든 그 전 해—세종世宗 27년二十七年에 시작한 것이고 또 삼강행실三綱行實 같은 책冊은 세종世宗 14년十四年에 간행刊行한 것인데, 그 난격欄格 위에 벌서 한글로 번역飜譯하여 적힌 것이 잇으나, 이는 그 뒤 성종成宗 때에 새겨 넣은 것입니다.

세조世祖는 그 조카 단종端宗의 위位를 찬탈簒奪함으로 말을 많이 들어도 그 업적業蹟으로는 그 아버니 세종世宗보다도 못지않을 뿐 아니라, 더욱이 이 한글에 대하여는 놀라운 공로功勞가 잇습니다. 월인천강지곡月印千江之曲과 같은 한글 문헌文獻 가운데 가장 소중한 거질巨帙의 책冊을 친親히 맨드시되 그때, 고승高僧이요 석학碩學인 신미信眉, 수미守眉, 설준雪峻, 홍준弘濬, 효운曉雲, 지해智海, 해초海超, 사지斯智, 학열學悅, 학조學祖, 김수온金守溫 들을 더불고 의정議定하여 세조世祖 4년四年에야 초간初刊을 하엿습니다.

세조世祖 7년七年에는 천경도감刋經都監을 두고 능엄경楞嚴經, 묘법연화경妙法蓮華經, 아미타경阿彌陀經, 원각경圓覺經, 금강심경金剛心經, 육조해금강경六祖解金剛經, 영수집永壽集 따위의 불교경전佛教經典들을 번역하엿는데, 이 책冊들은 지금도 다 남어 잇으며, 또 그 밖에 무경칠서언해武經七書諺解며 초학자회初學字會도 잇엇다 합니다.

그리고 성종成宗 때에도 찬술撰述, 또는 번역飜譯한 것이 퍽 많으니 내훈內訓 같은 책冊은 성종成宗 6년에 인수대비仁粹大妃(덕종후비소혜왕후德宗后妃昭惠王后 한씨韓氏)가 친親히 지은 것이고, 오대진언五大眞言은 친親히 번역한 것이며 세종世宗 때부터 시작하여오든 금강경삼가해金剛經三家解와

증도가남명계송證道謌南明繼頌도 이때에야 번역이 다 되어 간행刊行하엿으며 두시언해杜詩諺解는 조위曺緯, 유윤겸柳允謙, 의침義砧들로 하여 번역하엿는데, 위에 말한 세종世宗, 세조世祖 때의 간행刊行된 책冊들은 모다 훈민정음訓民正音과 같은 체제體制의 목각판木刻板으로 박은 것이지만, 이때 금강경삼가해金剛經三家解, 증도가남명계송證道謌南明繼頌, 두시언해杜詩諺解들은 모다 주자鑄字로서 박은 것입니다. 그러나, 그 자법字法, 어법語法, 또는 사성표四聲表를 찍은 것이라든지 조곰도 다름이 없습니다. 다만 이때 와서 한글 주자鑄字를 썻다는 것이 놀라울 뿐입니다. 그뿐더러 또 서거정徐居正, 노사신盧思愼, 허종許琮, 어세겸魚世謙, 유순柳洵, 유윤겸柳允謙 들로 하여 연주시격聯珠詩格과 황산곡시집黃山谷詩集을 번역한 것이 잇으며, 유숭조柳崇祖라는 거유巨儒를 시켜 칠서언해七書諺解를 맨들엇습니다. 칠서언해七書諺解는 이때에 비롯한 것입니다. 그리고 또 향약집성방鄕藥集成方이라든지 악학궤범樂學軌範 같은 귀중貴重한 책冊도 이때 간행刊行되엇습니다.

이러케 성하든 한글 운동運動이 연산조燕山朝에 이르러는 아주 비운이 들엇습니다. 그 까닭을 말하자면 그때 궁중宮中의 비사秘事를 들어야 하겟습니다.

성종成宗이 공혜왕후恭惠王后 한씨韓氏를 여히고 숙의淑儀 윤씨尹氏가 원자元子(연산군燕山君)을 낳으니 비妃를 삼엇는데 윤씨尹氏가 너무 총애寵愛함을 믿고 방자하여, 성종成宗의 가까이하는 내인內人 엄씨嚴氏, 정씨鄭氏에게 질투嫉妬가 심하여 성종成宗에게도 퍽 불공不恭하다가 하로는 성종成宗의 얼굴에 손톱 자욱이 잇엇습니다. 이것을 인수대비仁粹大妃(성종모후成宗母后)가 아시고 진노震怒하여, 대신大臣 윤필상尹弼商 등等을 불러 의논하고 폐투廢妬하여, 사제私第로 내보냇는데, 성종成宗이 때때로 한글로서 그

허물을 적어 중관中官과 승지承旨를 윤씨尹氏에게 보내어 읽혀 들리고 그 개과改過하기를 바랏으나 윤씨尹氏는 마침내 개과改過를 못하고, 죽을 때 약藥을 토吐하여 그 입엇든 백금삼白錦衫를 더레고 그 적삼을 그 어미 신씨申氏에게 벗어 주며 자기自己의 아들이 님금이 되거든 드리라 하더니 과연 연산주燕山主가 사위嗣位하자 그 적삼을 드리매 그걸 안고 아침저녁으로 울고 그때 승지承旨들은 다 죽이는데, 채수蔡壽라 하는 이는 언문諺文을 모른다 하여 아니 죽엿으며, 또한 그 어머니가 비명非命에 죽엇나 하고 그때 폐비廢妃 의논에 참여한 이거나 그 인척이 되는 이들이면 모다 죽이고 이미 죽은 이면 부관참시도 하고 뼈를 부셔 바람에 날리기도 하엿으며 한번은 어떤 이가 연산주燕山主의 음학淫虐한 것을 언문諺文으로 적어 가로街路에 붙엿는데, 이건 그때 피죄被罪한 자의 친당親黨의 소위라 하고 귀양 간 이들을 잡어다 참형慘刑을 하고 또 언문諺文을 못 배우게 금禁하엿습니다. 그 언문諺文을 금禁하든 전교傳敎를 보면 이러합니다.—언문諺文을 쓰는 놈은 제서制書를 기훼율棄毁律로 하여 곧 참斬하고 알고도 고告하지 않는 놈은 제위반율制違反律로 하여 혹형酷刑을 한다고. 이러하여 집집마다 두엇든 언문諺文과 구결책口訣冊은 모다 불사르고 다만 한어번역漢語飜譯과 같은 언문諺文만은 그대로 두게 하엿습니다.

그러다가 중종中宗 원년元年에 이르러서는 언문청諺文廳까지 혁폐革弊하고 겨우 성종成宗의 뜻을 받아 「숭검절용崇儉節用」의 전교傳敎를 한글로 번역하여 부인婦人과 소자小子까지라도 알리게 하고 김안국金安國으로 하여 여씨향약呂氏鄕約, 정속正俗, 농서農書, 천서蚕書, 이륜행실二倫行實, 삼강행실三綱行實, 속삼강행실續三綱行實, 창진방瘡疹方, 피온방疲瘟方 따위를 번역하여 퍼트리고 유향열녀전언해劉向烈女傳諺解를 예조禮曹 시켜 간행刊行하게 하엿고, 영가집재간永嘉集再刊도 되었으나 이때 가장 볼만한 것은 최세진崔世珍이 지은 사성통해四聲通解며 훈몽자회訓蒙字會며 박통사언해朴通事諺解며 이문집람吏文輯覽 따위입니다. 지금에 행용行用하는 언문諺文 반절反切이라는 것도 이 훈몽자회訓蒙字會에서 나온 것입니다. 이것이 훈민정음訓民正音의 규례規例와는 다르게 된 것이 많읍니다. 한 흥미興味 잇는 연구研究ㅅ거리입니다.

이때에는 한글 작가作家(시조작가時調作家)도 많고 그중, 황진이黃眞伊 같은 놀라운 천재天才도 잇엇읍니다.

그리고 명종明宗 때에는 아미타경언해阿彌陀經諺解가 중간重刊되고 구황촬요救荒撮要가 간행刊行될 뿐이고 선조宣祖 때에는 월인천강지곡月印千江之曲의 제1第一 제2第二가 소백산小伯山 지ㅅ방사池叱方寺에서 중간重刊되엇는데, 첫머리에 훈민정음訓民正音이 붙여 잇습니다. 이것만으로도 귀중貴重하다 아니 할 수 없습니다. 또는 유신儒臣을 시켜 칠서언해七書諺解를 맨들고 가례언해家禮諺解니 소산집언해昭產集諺解니 하는 것도 간행刊行하고 시조작가時調作家는 이때가 가장 많은데, 그중 대표代表로 붙이는 임제林悌, 이황李滉, 정철鄭澈 들입니다. 정철鄭澈의 것으로는 송강가사松江歌辭라는 책冊이 간행刊行되어 잇습니다.

인조仁祖 때부터는 좀 나아가는 모양입니다. 없어지든 두시언해杜詩諺解를 영남嶺南에서 오번吳翻과 김상복金尙宓이 중간重刊를 하엿으며, 이서李曙 같은 이는 무관武官으로서 마경언해馬經諺解를 번역하엿으며, 오륜가역五倫歌譯을 찬纂하고 경서언해經書諺解를 각各 도道에 반포頒布하엿으며, 김육金堉은 종덕신편언해種德新編諺解를 맨들엇으며 최립崔岦의 언문구결諺文口訣한 남화경南華經을 간행刊行하엿으며 속어俗語와 어원語源를 말한 홍만종

洪萬鍾의 순오지旬五志가 잇으며, 시조작가時調作家로는 윤선도尹善道, 신흠申欽과 같은 우수優秀한 이도 잇으며, 윤선도尹善道의 가사집歌詞集으로 고산별집孤山別集까지 간행刊行되어 잇습니다.

효종孝宗 때엔 윤선도尹善道의 영향影響을 받아 효종대왕孝宗大王 당신도 시조작가時調作家이엇지만 다만 김정국金正國으로 하여 경민편언해警民編諺解를 내엇을 뿐이고, 현종顯宗 때엔 율곡원고栗谷原稿로 하여 소학언해小學諺解를 개정改訂할 뿐이고, 숙종肅宗 때에는 박통사언해朴通事諺解를 중간重刊하고, 묘향산妙香山 보현사普賢寺에서 진언집眞言集을 간행刊行하고 김만중金萬重의 구운몽九雲夢, 김춘택金春澤의 사씨남정기謝氏南征記, 숙종후비肅宗后妃 민씨閔氏의 인현왕후덕행록仁賢王后德行錄 같은 소설小說이 저작著作되고, 김천택金天澤은 포교捕校로서 청구영언靑丘永言, 김수장金壽長은 기성서리騎省書吏로서 해동가요海東歌謠 같은 막대莫大한 가사집歌詞集을 편찬編纂하고 이때 시조작가時調作家도 제법 많은 가운데 김수장金壽長, 김천택金天澤이 가장 나옵니다.

영조英祖 때에도 칠서언해七書諺解니 당본여사서언해唐本女四書諺解니 훈의소학訓義小學이니 어제상훈언해御製常訓諺解니 어제훈음언해御製訓音諺解니 천의소감언해闡義昭鑑諺解니 하는 것이 잇으나, 특별特別히 들어 말할 것은 신경준申景濬의 훈민정음도해訓民正音圖解와 박성원朴性源의 화동정음통석운고華東正音通釋韻考, 화동토음통석華東吐音通釋과 홍계적洪啟迪의 삼운성휘三韻聲彙요, 또는 신노걸대언해新老乞大諺解와 삼역총해三譯總解입니다. 이는 한자漢字 연구硏究에 좋은 재료材料들이 됩니다. 그리고, 이정작李庭綽이 옥린몽玉麟夢이라는 소설小說을 지은 것도 이때인 듯한데 이 소설小說은 지나인支那人에게 구상構想이 훌륭하다는 평評까지 받은 것입니다.

정조正祖 때에는 오륜행실五倫行實, 명의록언해明義錄諺解, 적명의록언해續明義錄諺解, 증수무원언해增修撫院諺解, 무예도보통지언해武藝圖譜通志諺解, 병영지남언해兵營指南諺解 윤음언해綸音諺解 따위가 잇고 궁정문학宮廷文學의 대표代表될 만한 은도세자비恩悼世子妃 홍씨洪氏가 지은 한중록恨中錄이 잇고, 어휘집語彙集으로는 이성지李成之의 재물보才物譜며 이학달李學達, 이덕무李德懋, 정약용丁若鏞의 물명고物名攷가 잇고 어원학語源學으로는 정약용丁若鏞의 아언학비雅言學非니 황윤양黃胤錫의 원제유고願齊遺稿가 잇고 어학서류語學書類로는 이의봉李義鳳의 고금석림古今釋林이 잇고 운서韻書로는 규장전운奎章全韻이 잇고 악장가사樂章歌詞 같은 고대가요집古代歌謠集도 잇으며 순조純祖 때엔 유희柳僖와 같은 유수有數한 학자學者가 잇어 언문지諺文志며 물명고物名考를 저작著作하였고, 남익훈南益薰 같은 이는 유명有名한 소설小說인 옥루몽玉樓夢을 지었으며, 광무황제光武皇帝 때 와서는 강위姜瑋의 의정국문자모분해擬定國文字母分解도 잇으며, 불인佛人 쿠란의 한불자전韓佛字典이 잇으니 이것이 우리말 사전辭典으로는 처음인 것이라 하겟습니다. 지금부터 오십 년 전의 일입니다. 그 뒤에 또 영인英人 께일의 한영자전韓英字典이 잇습니다. 이런 것을 우리의 손으로서 일즉이 만들어 놓지 못한 것이 우리로는 퍽 섭섭하고 부끄러운 일이외다.

그런데 한글 운동運動에 유공하든 이를 다시 들어 말하면 부녀婦女들입니다. 그들의 편지에 모든 기록記錄이며 읽는 글이며 벗이 곳 이 한글입니다. 그러므로 하여 종래의 소설小說이 수백 여나 되고, 지나支那의 명시名詩명문名文으로도 번역된 것이 많읍니다. 지금도 어느 지방地方에서는 출가出嫁하는 따님에게 반드시 노래나 이야기책 몇몇 권은 주는 일이 있습니다. 과연 한글 반포頒布한 뒤 사백팔십여 년을 오며 그 운동運動의 중진重鎭이 된 것이고 또는 한어漢語, 왜어倭語, 몽고어蒙古語, 만주어滿洲語 따위의 역학譯學을 하든 이들입니다. 말과 말을 대역對譯도 하고 그 발음법發音法도 적고 하여 한글을 많이 쓰든 것이고 그다음에는 여러 종교宗敎 — 불교佛敎, 도교道敎, 기독교基督敎 들입니다. 불교佛敎와 도교道敎도 공로功勞가 적지 않지만 이 근래近來에는 기독교基督敎의 공로功勞가 가장 많읍니다. 오늘날 경향京鄕을 물론하고 다수多數히 한글을 깨치게 된 것은 물론 그 힘이라고 할 수밖에 없습니다.

말슴은 여기에 그치겠습니다. 요마적 우리가 하는 한글 운동運動은 말하지 않고.

말과 글

『한글』 제2권 제5호, 1934. 8.

一講

말과 글[34]

말이란 무엇이며 글이란 무엇인가 하면, 말은 곧 우리 사람들의 의사를 발표하는 소리요, 글은 곧 말을 글씨로 적어 놓은 것이다.

혹은 우리 사람들만이 말을 하는 것이 아니라, 새 짐승들도 저끼리 쓰는 말이 있다고 하나, 그건 무론 우리 사람들의 말과는 딴판일 것이매, 그건 그대로 두고 지금 예서 말하자는 것은 다만 우리 사람들의 하는 말에 대하여서 만이다.

한데 우리 사람의 말인들 서로 다 같은 건 아니다. 그 나라나 그 민족을 따라 대개 다르다. 그러하여 제마다 제 나라 제 민족의 말을 가지고 국어라 하여 퍽 끔찍이 여기고 숭상하지들 않는가. 어떤 학자는 국어를 국성國性이라고까지 하여 그 국가의 생명이 그 국어에 달렸다고 하였다. 무론 나라나 민족의 특성特性을 말하자면 먼첨 그 국어가 다름을 이르지 않을 수 없다. 그런이만큼 그 국어는 그 나라마다의 가장 중대한 보배요 자랑이 되는 것이다.

여러 나라의 말에는 같은 계통의 다른 것과 다른 계통의 다른 것과의 두 가지가 있으니, 중국어中國語와 우리 조선말과의 다름은 다른 계통의 다른 것이고, 몽고어蒙古語와 우리 조선말과의 다름은 같은 계통의 다른

34 「말 과 글」, 『한글』 제2권 제5호, 1934. 8.

것이다. 같은 계통이라 함은 다만 그 말의 형식形式이 같음을 이르는 바이다. 형식의 같음도 그 어느 정도까지에 그칠 뿐이고, 그 밖의 모든 것이 서로 다 다름은 더 말할 것이 없다.

어떤 이는 우리말과 몽고말과는 같은 계통의 말이니 십상팔구는 서로 같으리라고 짐작할는지도 모르나 그런 건 아니다. 천연 다르다. 몇 만 년 전 같은 민족으로서 가치 생활할 적에는 같은 말들을 쓴 일이 있었다 하드레도, 그 뒤 장구한 동안 서로 나뉘어 살아오며 습관 풍속 정치 제도가 달라짐을 따라 무론 말도 다르게 발달 되었을 것이다.

그리고 글은 말보다도 휠씬 그 뒤에 생겨난 것이다. 어느 나라의 글이든지 다 그러한 것이다. 말만 가지고 쓰자면 부족함 불편함을 아니 느낄 수 없으므로, 자연 글이란 것을 발명하게 된 것이다. 말이 아무리 신통하고 교묘하게 된 것이라 하드라도 그 말소리를 들을 만한 가까운 곳에나 또는 한때 한곳에 있는 사람에게만 할 수 있을 뿐이고 만일 딴 곳에나 먼 곳에나 다른 날 다른 곳에 있는 사람에게는 어찌할 수 없는 것이다. 이런 곳에는 글이라야 한다. 말만 가지고는 아니 된다. 지금처럼 전화, 유성기, 발성영화 따위가 발명되었드라면 글이 소용없을 것도 같으나, 그럴스록 글은 글대로 소용되는 것이다.

우리 사람들의 문화는 글이 발명되어 발달함을 따라 또한 발달하는 것이다. 오늘날 문화가 이렇게 발달 된 것도 오로지 글의 덕택이 아닌가. 인쇄술이 발달되며 글이 퍽 보급된 까닭이 아닌가. 글도 말의 다름과 같이 나라마다의 쓰는 글이 서로 다 다르다. 그 수효가 여간 많은 게 아니다. 그 많은 수효를 다 들어 말할 수 없으므로, 큼즉하게 그걸 두어 가지로 나누어 말하고저 한다.

하나는 그림글, 또 하나는 소리글이다. 그림글은 옛날 우리 사람들의 지식이 그다지 열리지 못하던 때 말 대신 그림을 그리어 제 의사를 알리던 것이다. 곧 산 모양을 그리어 산으로, 새 모양을 그리어 새로, 반달을 그리어 달로, 똥그라미를 그리어 해로 알리던 한문의 옛 전사와 같은 것이 이것이다. 이것이 이른바 노를 맺어 쓰던 걸 대신한 것이라 한다. 이것이 아직 분화 정도가 그다지 열리지 못하던 때에 있어 발명되어 쓰이던 것으로서, 그 뒤 점점 발달하여 지금 와서는 자형字形이 퍽 다르게 변하였다. 지금의 한문 글자는 그때와 같은 그림글로는 볼 수 없이 되었다. 지금 한문 글자의 보통 쓰이는 해서나 행서나 초서를 보고야 누가 그런 뜻으로 생각하겠는가. 다만 한 글자로서 기억하여 알 뿐이다. 마치 영어 글자를 보고 아는 그것과 다름이 없다. 그러면 지금의 한문 글자는 곧 그림글은 아니라고 하여도 가하다.

소리글은 소리를 적기 위하여 맨든 글이다. 우리 사람들의 지식이 제법 발달 된 때에 비로소 발명된 것이다. 적어도 상당한 문명 정도에 이르러 쓰이게 된 무기요 보배이다. 이것을 원시시대原始時代나 미개시대未開時代에 있어서는 도저히 상상도 못 하였던 것이다. 말하자면 그런 시대 또는 그림글 시대를 지낸 다음에 생긴 글이 곧 소리글이다.

소리글에도 몇 가지 종류가 있다. 한 음절音節된 가나假名 글자와 같은 것도 있고, 자음子音 모음母音으로 된 한글이나 영문英文과 같은 것이 있다.

그중 가장 용하게 묘하게 더할 나위 없이 잘된 것은 우리 한글이라 한다.

한글이 이렇게 잘되었다 함은 예전 조선의 학자들이 기릴 뿐만 아니라, 이 근자 다른 학자들도 그렇다고 한다.

그러나 아직도 글이라면 한문만을 아는 이가 없지도 않다. 수천 년을 두고 한문을 써오던 버릇으로 또는 한문만 숭상하고 또는 퍽 고루하여 한문 외에는 글이 없는 줄 알던 버릇으로 하여 그러하다.

말은 우리의 의사를 발표하는 것이고, 글은 말을 적어 놓은 것이다.

그런즉 우리 조선사람으로서 조선말을 적는 한글을 쓰는 것이 가장 당연한 일이다.

세종대왕世宗大王과 한글

한글날

한글創製와世宗大王

世宗大王과한글

한글記念會合

『동아일보』, 1935. 10. 28.

한글날 제489회
한글 창제創製와 세종대왕

세종대왕世宗大王과 한글[35]

이에 새삼스러이 말할 것도 없지마는, 우리에게 가장 고마우신 이는 세종대왕世宗大王. 이러하신 이가 만일 아니 나셧드라면 즐풍목우櫛風沐雨하던 태조太祖의 창업創業도 어찌 되엇을는지, 그건 그만두드라도 한글과 같은 막대 막중한 보배가 잇을는지 모를 것이다.

이러하신 이의 행적行蹟과 또는 한글을 만들어 내시든 때의 그 고심苦心은 어떠한지 그걸 이루 다 들어 말할 수는 없으며, 비록 단편적斷片的이나마 그 몇 가지라도 알아둠이 그다지 불필요不必要한 일은 아니다.

세종대왕世宗大王께서는 이조李朝 태조太祖 6년六年(1397) 정축丁丑 4월四月 10일十日, 한양漢陽 잠저潛邸에서 태종太宗의 셋째 아드님으로 태어나시고, 재위在位 32년三十二年 보령寶齡 54세五十四世 되시던 해(1450) 2월二月 17일十七日에 승하昇遐하시어, 여주驪州 서북산西北山에 장葬하엿다.

세종대왕世宗大王께서 처음에는 충녕대군忠寧大君으로 봉封하였다. 태종 18년(1418) 6월에 세자世子가 되시엇다. 여기 대하여 속전俗傳하는 여러 말들이 잇으나, 국조보감國朝寶鑑을 보면 이러한 일이 잇다. 문무백관文武

35 「世宗大王과 한글」, 『동아일보』, 1935. 10. 28.(『한글』 제3권 제10호 1935. 12.에도 수록됨)

百官이 세자 제世子 禔(태종의 큰아들인 양녕대군讓寧大君)가 실덕失德하엿다고 폐廢하기를 청한즉, 태종을 제禔의 큰아들을 세워 사속嗣續코저 하엿다.

군신群臣이 모다 말하되,

전하殿下께서 세자를 교양敎養함에 지극하섯서도 그러한데, 지금 어린 손자孫子를 세우시고 어찌 될는지 알 것이며, 더구나 그 아비를 폐하고 아들을 세우는 도리가 잇으리까. 어진 이를 택하여 세우소서.

하엿다. 태종은 가로대,

경卿들이 마땅히 어진 이를 택하여 말하라.

하니, 군신은 또 말하되.

아드님 아시기는 군부君父와 같으신 이가 없으니, 몸소 택하옵소서.

하엿다. 태종은 가로되,

충녕忠寧은 천성天性이 총민聰敏하고 학문學問을 조아하여 비록 성한극서盛寒極暑라도 밤새도록 글을 읽으며, 손에서 책을 노을 때가 없으며, 치체治體에도 통달通達하니, 나는 충녕忠寧으로서 세자世子를 삼고저 하노라.

하매, 군신君臣은 하례하되, 신臣들, 이른바 어진 이를 택하시라는 것도 또한 충녕忠寧을 가리킴이라 하고, 즉시 세워 세자世子를 삼엇다.

서상敍上한 것만으로도 세종대왕의 성격性格과 더욱이 학문學問을 조아하시고, 독서讀書를 즐기시고, 만기萬機를 밝게 살피시든 거룩한 성군聖君이심을 넉넉이 짐작하려니와, 궐내闕內에 집현전集賢殿을 두어 문인文人 학사學士를 양성養成하고 찬술簒述 제작制作이 만으며, 해적海賊과 야인野人을 치고 사군四郡을 두고 육진六鎭을 개척開拓하는 등等 — 업적業績이 163권百六十三卷 154책百五十四冊이나 되는 거대한 보록寶錄에 기재記載되어 잇으며, 그중에서도 가장 놀라운 건 물론 한글을 맨들어 반포頒布한 일이다.

실록實錄을 보면, 세종世宗 25년二十五年 12월十二月에 상上이 친히 언문諺文 28자二十八字를 지으시엇다 하고, 세종 28년二十八年(1446) 9월九月 29일조二十九日條에는 '시월훈민정음성是月訓民正音成'이라 하엿는데, 용재총화慵齋叢話를 보면, 신라新羅 때부터 이두吏讀가 잇어 관부官府, 민간民間이 써 오나 그건 모두 한자漢字를 빌어 쓰므로 퍽 난삽難澁하고 또는 몽롱朦朧한지라, 상上이 이르되,

> 제국諸國이 각기 문자를 지어 제 국어國語를 기록記錄하나, 우리나라는 없다.

하시고, 자모字母 28자二十八字를 맨드시고, 금중禁中에 청廳을 두고, 신숙주申叔舟, 성삼문成三問, 최항崔恒 들을 명命하여 찬정撰定하고 이름을 훈민정음이라 하엿다 하며, 앙엽기盎葉記에는

> 世傳 莊獻大王 嘗御圜 以卿鑄 排刊忽悟害 命成三問等 創製云(세전 장헌대왕 상어위 이경주 배간홀오해 명성삼문등 창제운)

이라 하엿으니 이는 세종대왕이 뒷간에 가시어 뒤를 보다가 뒷나무(측주廁籌)를 배간排刊해 보시고 맨들엇다고 지금까지도 전하는 말이다.

세종대왕께서는 한글을 만드실 때 이러하신 일도 잇을 듯하다. 이것이 일조일석一朝一夕에 얼른 되어질 것이 아니매, 여러 해포를 두고 어느 때 어느 곳에든지 끈임이 없는 연구를 싸으섯을 것이고, 한편으로는 성삼문成三問 같은 학사學士를 더블고 의논도 하여 마츰내 완성完成하게 되엇을 것이다.

그러나 세종대왕께서 이런 글을 맨드심을 퍽 반대反對하는 이도 잇었다. 문자文字(한문漢文)와는 조금도 간섭干涉이 없는 위항이어委巷俚語를 전용專用하는 것이라고 하고 강경强硬히 항소抗疏를 하는지라, 그때 부제학副提學 최만리崔萬理, 직제학直提學 신석조辛碩祖, 직전直殿 김문金汶, 응교應敎 정창손鄭昌孫, 부교리副校理 하위지河緯地, 부수찬副修撰 송처검宋處儉, 저작랑著作郎, 조근趙瑾 등을 의금부義禁府에 가두고야 훈민정음訓民正音(한글)을 반포頒布하엿다.

정음正音을 한번 반포頒布한 뒤로는 더욱 그 사용使用함을 장려奬勵하여 관문서官文書에도 쓰게 하고, 이조吏曹의 이과吏科, 이전吏典을 취재取材할 때에는 이것으로써 시험試驗도 보게 하엿고, 용비어천가龍飛御天歌, 월인천강지곡月印千江之曲, 남명집南明集, 기타 불경佛經 번역 등 굉장한 찬술纂述도 잇엇다. 남명집南明集과 같은 것은 세종대왕께서 친히 30여 수三十餘首를 번역까지 하섯다 한다.

이와 같이 세종대왕께서는 우리 문화사文化史에 나아가는 우리에게도 큼직한 자취를 남겨 노앗고, 이 자최를 밟고 나아가는 우리도 영원永遠히 그 광발光發을 저바릴 수 없다.

이외以外의 고심苦心을 살필 수가 잇다. 이제 몇 가지 사실事實만 간단히

들어보자

첫재 세종께서 「각국各國은 다 제 나라의 문자文子가 잇으되, 홀로 우리 나라만 없다」라 탄성歎聲을 발發하시엇다. 즉卽 우리나라에 문자文子 없는 것이 국가적國家的으로 수치가 되는 것은 물론이요, 어음語音이 같지 아니한 남의 나라의 글을 쓰게 되므로 인민人民에게 곤란困難을 줌이 막대莫大하다는 뜻이다. 이 얼마나 고집苦集으로 하신 말슴인가.

둘재 세종께서 정음청正音廳을 궐내闕內에 설치設置하신 것을 보면 한글의 제작制作이 다만 일시一時의 사업事業에 그치지 아니하고, 이와 같이 새 관청官廳을 신설新設하기까지 하여 영속적永續的으로 연구硏究의 기관機關을 삼앗음이며 또 연구원硏究員으로 조신朝臣 중中, 정인지鄭麟趾, 성삼문成三問, 신숙주申叔舟, 최항崔恒 등 음운학音韻學에 밝은 학자들을 거기에 두어 밤낮 연구를 쉬지 안케 하시엇으니 한글의 제작이 국가 정치政治에 중대성重大性이 잇음을 아시엇음이다.

셋재 세종께서 당시 명明나라 학자學者 황찬黃燦이 요동遼東에 적거謫居하다 함을 들으시고 성삼문成三問을 보내어 음운音韻을 질문質問하게 하엿은데 요동遼東의 왕반往返이 무릇 십삼도十三度에 이르럿다. 그와 같이 머나먼 길에 십삼회十三回 왕반往返이란 것은 여간한 시일時日과 노력努力이 들엇을 것이 아님을 알겟으며. 이 밖에 한글을 제작制作할 때에 세계世界 각국各國의 언어言語 문자文子를 다 참자參孜하엿다 한즉, 그것을 조사調査 연구硏究하기에도 무론 이와 같은 노력努力이 잇엇을 것을 짐작할 수 잇다.

넷재 세종께서 일즉 안질眼疾을 환患하사 요양療養하시기 위하여 청주淸州 초정椒井에 행행行幸하실새 다른 공문서류公文書類는 다 밀쳐두고 오직 한글의 원고原稿만 가져가셔서 옥체玉體의 실섭失攝하도록까지 연구硏究에

초심焦心하시엇다.

다섯재 새 문자 곧 한글을 창제創製함에 대하여 거조擧朝가 다 한문漢文 사상思想에 심취心醉한 자들뿐으로 도무지 이를 이해理解하지 못하엿을 것은 물론이요, 완부고루頑腐固陋한 최만리崔萬理 등의 항소극론抗疏極論함 같은 것은 얼마나 성려聖慮를 거슬리엇음인가.

여섯재 한글을 창제創製함에 얼마나 한 시일時日이 걸리엇는지 자세히 알 수 없으나 세종 25년二十五年 계해癸亥 동冬에 훈민정음訓民正音이 성成이라 하고 28년二十八年 병인丙寅 9월九月에 반포頒布하엿다 하니, 그 사이가 3개년三個年이 지난지라. 이를 보드라도 그를 제작製作함에는 응당 상당相當한 시일時日이 걸리엇을 것을 추측推測하겟으며, 또 이를 즉시卽時 발포發布하지 아니하고 3개년三個年이나 두고 연구硏究를 거듭하며, 혹 용비어천가龍飛御天歌를 지어 실용實用의 예例를 보이어, 만전萬全을 안 뒤에 비로소 발포發布하엿으니, 그 신중愼重한 처리處理와 주도周到한 용심用心에는 과연 감복感服하지 아니할 수 없다.

이와 같은 만흔 고심苦心을 싸하서 한글을 완성完成한 것이다. 우리가 이를 생각할 때에 감루感淚를 스스로 금禁할 수 없도다.

말은 인간人間의 거울

우리말을 찾으라

말은人間의거울

우리말을찾으라

李秉岐

『동아일보』, 1938. 1. 4.

말은 인간人間의 거울

우리말을 찾으라[36]

말은 나를 표정表情한 것이고 글은 말을 적어 놓은 것이다. 말을 떠나서는 글이 잇을 수 없다.

이럼으로 글을 하자면 먼저 말을 알어야 하고 말을 알자면 그 공부를 하여야 할 것이다.

그러나 공부를 아니하고도 아는 말이 잇으니 이건 어려서부터 저절로 알어진 말이다. 그저 그렁저렁 살자면 모르되 지식知識을 넓히고 기술技術을 늘리고 좀 더 나은 살음을 하자면 이것만으로는 도저히 자래지 못할 것이다.

말공부는 우리의 학문學問 가운대 가장 중요重要한 과정課程이다. 무지한 야만인野蠻人들은 저절로 알어진 말이나 몇 마디 가지고 더 공부할 줄도 모르고 잇지마는 문명인文明人은 누구나 이걸 중요重要히 알고 지독히 공부를 하고 잇다. 가정家庭으로서부터 유치원幼稚園, 소학小學, 중학中學, 대학大學에까지 가장 많은 시간時間을 허비하면서 배우는 것이다. 거의 그 반생半生의 정력精力과 노력勞力과를 그 말공부로 보내고 잇다. 그들은 현대어現代語는 물론이고 고대어古代語나 미래어未來語까지도 궁구하고 잇다.

---

36 「말은 人間의 거울 우리말을 찾으라」, 『동아일보』, 1938. 1. 4.

그러하여 사람은 말하기 때문에 살고 잇음을 깨닷고 잇다.

우리는 글에는 천재天才를 가지고 잇다. 말공부는 그다지 아니 하고도 글을 한다. 지금 시詩, 소설小說, 수필手筆 등을 물같이 써내는 시인詩人, 문사文士들 가운대, 제 스스로 반성反省해 보드라도 남과 같이 말 공부를 해 본 적이 잇는가? 하나도 없을 것이다. 또는 지금이라도 말 공부를 하고 잇느냐? 하면 또한 없을 것이다. 그러면서도 남과 같이 글들을 쓰고 혹은 남보다도 더 나은 글들을 쓰는 양으로 알고 잇다.

옛날에도 지금 같이 말공부들을 아니 하엿으리라. 대개 한문漢文이나 숭상崇尙하여 배우고 외고 하엿다. 그래도 이상한 것은 귀여운 문학적서류文學的書類를 그들의 손으로 써서 많이 남기어 주엇다.

말하자면 삼국시대三國時代의 향가鄕歌며 고려시대高麗時代의 가요歌謠, 별곡別曲이며 이조李朝에 들어 세종世宗 때 용비어천가龍飛御天歌, 월인천강지곡月印千江之曲 석보상절釋譜詳節이며 세조世祖 때 간경도감刊經都監의 여러 경전언해經典諺解며 성종成宗 때 두시언해杜詩諺解, 남명집南明集, 김강삼가해金剛三家解며 선조宣祖 때 양금신보梁琴新譜, 송강가사松江歌辭, 홍길동전洪吉童傳이며 현종顯宗 때 고산가사孤山歌辭며 숙종肅宗 때 사씨남정기謝氏南征記, 구운몽九雲夢, 춘향전春香傳이며 영조英祖 때 청구영언靑丘永言, 해동가요海東歌謠, 고금가곡古今歌曲, 일동장유가日東壯遊歌며 정조正祖 때 악장가사樂章歌詞 한중록恨中錄이며 철종哲宗 때 한양가漢陽歌며 고종高宗 때 가곡원류歌曲源流, 금옥총부金玉叢部 등이 그중 대모한 것이다.

이것을 지은 그들이 우리말 공부를 하엿다는 기록記錄은 없으나 이와 같은 장편거질長篇巨帙의 명작名作들을 남기지 안핫나. 이런 세음으로 친다면 지금 우리도 말공부 없이 명작名作을 만히 지어 후대後代에 남길 수 잇을 것 아닌가.

그러나 지금 우리는 옛날 남기어 준 그것에 대하야 오히려 불만不滿을 품고 잇다. 읽어 보고 따저 보고는 그보다 더 훌륭한 것을 맨들지 못하엿든가 하고 그들을 원망하고 푸념하기도 한두 번이 아니다.

그러고 보면 비록 천재天才가 잇다드라도 더욱 노력勞力을 안코는 아니되는 모양이다. 글을 하자면 말공부를 하여야 할까 보다.

앙엽기盎葉記를 보면 유미암柳眉岩 희춘希春은 주자대전朱子大全을 외고 송구봉宋龜峯 익필翼弼은 주자어뢰朱子語類를 외고 조중봉趙重峯 헌憲은 대전大全, 어류語類를 다 외고 김백곡金栢谷 득신得臣 백이전伯夷傳을 일억 일만 삼천一億一萬三千 번을 읽엇다 하니 그 공부들을 우리 말과 글에 옮겻드라면 여북 조핫을가. 그런 한문서적漢文書籍에만 그치지 말고 정음正音, 이두吏讀, 향가鄕歌, 용비어천가龍飛御天歌, 월인천강지곡月印千江之曲 등을 읽엇드라면 여북 조핫슬까.

그리고 서기명발서시부序記銘跋書詩賻 등의 천편일률千篇一律의 문집文集부치만 짓노라고 황미黃眉 백미白眉가 되지 말고 가사歌詞, 시조時調, 소설小說 등의 창작創作을 힘썻드라면 여북 조핫슬까.

모든 것이 내게 잇다 내가 부즈런히 해야 한다. 부즈런히 싸으면 싸을수록 단단하고 커진다. 공든 탑이 문허지지 안는다. 우리가 앞으로 우리 문학文學을 크게 세우고 못 세우는 것이 우리의 노력勞力을 하고 아니 하는 데 잇다. 지금 우리의 이 모양으로 만족滿足하다는 것은 아마도 망녕이다. 그런 망녕을 부리고 잇을 때가 아니다. 더욱 정신을 가다듬고 비심非尋한 노력勞力을 하여야 할 것이다.

> 흐리누거 괴어시든 어누거 좇니 읍새 전ᄎᆞ젼ᄎᆞ로 벋님의 젼ᄎᆞ로셔 설면자雪綿子ㅅ가ᄉᆡ론 ᄃᆞᆺ 범그러셔 노읍새

이 노래는 양금신보梁琴新譜에 적힌 것이다. 이 노래 이 말들이 얼마나 아름다우 잘 어며울려 잇는가 그 참된 맛을 자세仔細히 알고 보면 2, 3일二三日 고기 맛도 잊어버릴는지 모른다. 그저 상말을 언문諺文으로 적어 노흔 별 뜻도 없는 것이라고 쉬히 보아서는 아니 된다. 이 노래 하나만 감상鑑賞하재도 한무릎공부를 하고 난 뒤라야 한다.

말을 떠나서 글이 잇을 수 없다. 말공부는 곧 글공부요 글공부는 곧 문학文學 공부다.

말 모르는 작가作家들

胡椒譚

말모르는作家들 (上)

(李秉岐)

『동아일보』, 1939. 6. 9.

말 모르는 작가作家들 (上)[37]

우리가 미인美人을 처음 볼 때 그의 예쁜 것만 선뜻 느끼어지리라. 그리고 더 자세仔細히 보고 그 어느 군데든지 흠점이 있는 걸 찾아낼 때에는 가석可惜하나마 온전한 미인美人으로는 여기지 안흐리라. 가령 그 코가 비틀어졌다든가 눈이 좀 샐쭉하다든가 그 얼굴에 손톱 자옥이라도 있다든가 머리가 담북이 났다든가 손가락 하나라도 병신이 되었다든가 하는 흠점이 하나만 있더라도 그 하자瑕疵가 아닐 수 없다.

우리가 한 작품作品을 대할 때에도 이와 같다. 정말 훌륭한 작품作品은 볼수록 그 훌륭한 점을 깨닫게 된다. 그 구상構想은 물론, 일자일구一字一句라도 타당妥當히 쓰이었다. 일자일구一字一句가 모여 전편全篇을 이루는 것이니, 그것부터 잘 되어야 함은 당연한 일이다.

동서고금東西古今의 위대偉大한 작가作家들도 흔히 퇴고推敲를 일삼음은 역시 이 때문이었다. 그 일자一字로 말미암아 전편全篇의 생명生命을 좌우左右하기도 한다. 이걸 다못 가도賈島 같은 조탁적彫琢的 괴탄파恠誕派의 할 짓으로만 돌릴 건 아니다. 두보杜甫, 한유韓愈, 톨스토이, 테니슨 같은 이들도 다 그러하였다. 오히려 이런 기교技巧이라도 소홀疎忽히 않는 것이 그들의 위대偉大한 곳이었다.

---

37 「말 모르는 作家들 (上)」, 『동아일보』(1939. 6. 9.(『한글』 제7권 제8호, 1939. 9.)에도 「말 모르는 작가들」 수록됨.)

우리가 만일 두보杜甫나 톨스토이와 같은 작가作家가 되기를 바란다면, 그들의 작품作品이나 영예榮譽보다도 그 천품天稟과 교양敎養이 있는가를 먼저 반성反省하고야 되리라. 그저 그 찬란한 꽃과 원숙圓熟한 열매만 바라고 뿌리를 잊어서는 아니 되리라.

더구나 우리로서는 그런 작가作家가 되고자 하면 그들보다 몇몇 배倍의 고심과 노력이 있어야 할 것 아니냐. 사략경서史略經書, 어법語法, 어휘語彙도 채 모르고 있지 않으냐. 이걸 또 배울래야 배울 곳이나 있느냐. 스스로 어학語學, 문학文學 — 모든 공부를 다 겸하여 해야 할 것 아니냐.

이 근래近來 시詩, 소설小說, 수필隨筆 등等을 보면, 자못 괄목刮目할 만큼 되었다. 점점 문법文法, 문체文體가 자리가 잡히고 그 이해理解가 깊어지고 표현表現하는 바가 수월하고 자연스러워진다.

이병기李秉岐

말 모르는 작가作家들 (下)[38]

그러나 더욱 삼가할 것은 공정工程보다도 발표發表에 급급急急하려는 것이다. 미처 되잔은 초고草稿를 가지고 활자화活字化를 하엿엿대도 자기自己의 영예榮譽가 될 바가 아니오. 남에게도 유익有益함이 없을뿐더러, 만약萬若 미하微瑕라도 잇다면, 그 면모面貌를 손상損傷하는 낙인烙印이 될 것이다. 이에 그런 일이一二 예例를 들면

(ㄱ) 동천東天에 뜨는 초사흘 달을 바라보고
(ㄴ) 높즉한 부엌 문설주에 걸어앉으며

하는 것이다. 시인詩人 한 분이 새로 출판出版된 시집詩集 한 권을 가지고 자기自己의 집으로 돌아가, 겨우 반절反切이나 깨친 자기의 안해에 읽혀 보앗다. 안해는 몇몇 장을 넘기더니, 동천東天이라는 그 대문에 이르러서는 퍽 해괴한 말이 잇다 하였다. 무슨 말이 해괴하냐고 한즉 동천東天에 뜨는 초사흘 달도 잇느냐, 왜, 초사흘 달이 동천東天에서 아니 뜨고 어디서 뜨느냐 하엿다. 이런 문답問答 끝에, 시인詩人은 다 저 모양인가 하는 조롱嘲弄을 안해에게 받엇다는 이도 있으려니와, 문설주와 문지방과를 혼동混同하여 쓰는 소설가小說家도 잇다. 이건 혹시或是 오류誤謬나 착오錯

38 「말 모르는 作家들 (下)」, 『동아일보』, 1939. 6. 10.

誤이겟지마는, 어느 작품에는 이런 오착誤錯이 만코 이런 오착誤錯도 등한等閑히 여기고 잇는 건 사실이다. 또는

(1) 저 언덕에서 녹음이 손을 까분다.

(2) 붉언 앵도밭 머리 기러기 나린다.

하는 따위니, (1)은 여름날 걸어가다 한편 언덕 머리에서 녹음綠陰이 바람에 흐늑이는 양을 보고, 서투른 은유법隱喩法을 쓴 것이고, (2)는 사실事實도 아닐 걸 책상冊床머리서 상상想像으로만 다 착오錯誤된 것이다. 이래서는 일생一生을 두고 몇 천 편 몇 만 권을 저작著作한다더라도 도시都是 황당荒唐한 수작에 불과不過하다. 비록 이백李白의 유선사遊仙詞나 오승은吳承恩의 서유기西遊記 등等은 그런 신기神奇, 신괴神怪한 재료材料를 가지고 적은 것이면서도, 그 말들은 우아래 졸가리가 다코 서로 잘 어울리어 곧 그런 양으로 믿음직하다. 그런 것이야말로 창작創作에도 위대偉大한 창작이고 예술藝術이엇다. 그러나 그 말들을 믿음직하게 쓰지 못하엿다면, 누가 그걸 탐탁히 읽어 주리오. 과연 작품作品으로서 무엇보다도 먼저 말을 타당妥當히 써야 함은 더 말할 것이 없다.

이병기李秉岐

"언음첩고諺音捷考" 해설解說

"諺音捷考" 解說

李 秉 岐

"諺音捷考"는 卷上 卷下 合하여 一冊으로 된 寫本인데 그 첫머리의
"字音, 如女녀汝여尼니伊이之類, 易於混稱, 方言於가ᄀᆞ나ᄂᆞ等說, 又患無別, 今就諸書, 只收ᄀᆞᄂᆞ等語而不收가나, 收녀니而不收여이, 又於뎌뎌디지텨쳐티치, 總歸混訛, 혀與셔, 히與시, 됴與조, 듀與쥬, 로與료, 類皆相混, 亦收뎌디텨티혀히됴듀로等, 以見非此ᄀᆞᄂᆞ等則彼가나等 欲其便捷也, 然, 所考諸書, 是百年內外刊行之本, 未免有自相牴牾處則恐於最初原本, 多失其眞, 今姑從其諸本所同所參者 名之曰諺音捷考 若其或有出入處(出入者어여等也가ᄀᆞ나ᄂᆞ則皆出入), 當俟博考古書而正之, 又冀夫 覽此者之不惜砭訂, 崇禎四丙午夏五月詩谷病夫"
라는 序文과 그 表題의 "石帆諺音考"라는것을 보면 詩谷病夫라든가 石帆이라든가는 著者의 雅號인듯한데 石帆은 李朝 憲宗時 書畵家 李建弼의 號이로되 그는 아닌것 같다. 李建弼은 純祖 三十年 庚寅生인즉 崇禎四丙午 즉 憲宗十二年 丙午(一八四六)에 이르러 그의 나이 겨우 十七歲 밖에 아니 되는지라, 十七歲人처에 이런 著書를 하였으리라고는 과연 믿기 어렵다. 그러면 그 때 또 學者로서의 다른 石帆이라는이가 있었으리라 하겠다. 그 凡例略 가운데의
"ᄀᆞ與그字, 雖異而音多相通, 古之ᄀᆞ音今爲그音, 古之나ᄀᆞ내今爲나그네, 書辭之領거ᄂᆞ리書語則曰거느리, 書辭之ᄇᆞ비書語則曰바비, ᄃᆞ르以下無不皆然"
이라 함과 그 諺文源流 가운데 訓蒙字會 初終聲 八字의 讀法을

ㄱ기역 ㄴ니은 ㄷ디귿 ㄹ리을 ㅁ미음 ㅂ비읍 ㅅ시옷 ㆁ이응

이라 하고 中聲 十一字의 讀法을

나아 냐야 너어 녀여 노오 뇨요 누우 뉴유 느으 니이 ᄂᆞᄋᆞ

라 함은 그의 한 發明이고 그 引據 諸書의

訓蒙字會 折衝將軍行忠武衛副護軍崔世珍著 嘉靖丁亥我 中宗二十二年

四聲通解 二卷 通訓大夫行內贍寺副正兼承文院參校漢學敎授崔世珍著 正德丁丑我 中宗十二年

等 十餘種 書目을 이와 같이 列記함은 一진실한 學究的 態度이고 그 다음의
ᄀᆞᄂᆞᄃᆞᄅᆞᄆᆞᄇᆞᄉᆞᄋᆞᄌᆞᄎᆞᄏᆞᄐᆞᄑᆞᄒᆞ녀뎌텨혀니디티히됴듀로
等은 그 該當한 漢字의 音과 訓을 적고 古今 訓의 異同을 적고 또 出處 書名을 적은것이 二十餘張 되며 그 다음 ㄷ終聲考와 合하여 卷

『한글』 8권 9호, 1940. 12.

"언음첩고諺音捷考" 해설解說[39]

"언음첩고諺音捷考"는 권상卷上 권하卷下 합合하여 1책一冊으로 된 사본寫本인데 그 첫머리의

> "字音, 如女녀汝여尼니伊이之類, 易於混稱, 方言於가ᄀᆞ나ᄂᆞ等處, 又患無別, 今就諸書, 只收ᄀᆞᄂᆞ等語而不收가나, 收녀니而不收여이, 又於뎌져디지텨쳐티치, 極難辨別, 혀與셔, 히與시, 됴與죠, 듀與쥬, 르與루로, 鄕音相混, 亦收뎌디텨티혀히됴듀르等, 以見非此ᄀᆞᄂᆞ等則彼가나等欲其徑捷也, 然, 所考諸書, 是百年內外續刊之本, 未免有自相牴牾處則恐於最初原本, 多失其眞, 今姑從其諸本所同所多者 名之曰諺音捷考 若其或有出入處出入者뎌텨等也가
ᄀᆞ나ᄂᆞ側無出入, 當竢博考古書而正之, 又冀夫 覽此者之不惜砭訂, 務歸崇禎四丙午夏五月詩谷病夫"

라는 서문序文과 그 표제表題의 "석범언음고石帆諺音考"라는 것을 보면 시곡병부詩谷病夫라든가 석범石帆이라든가는 저자著者의 아호雅號인 듯한데 석범石帆은 이조李朝 헌종시憲宗時 서화가書畫家 이건필李建弼의 호號이로되 그는 아닌 것 같다. 이건필李建弼은 순조純祖 30년三十年 경인생庚寅生인 즉

39 「"諺音捷考" 解說」, 『한글』 8권 9호, 1940. 12.

숭정4崇禎四 병오丙午 즉 헌종憲宗 12년十二年 병오丙午(1846)에 이르러 그의 나이 겨우 십칠 세 밖에 아니 되는지라, 십칠 세十七歲ㅅ적에 이런 저서著書를 하였으리라고는 과연 믿기 어렵다. 그러면 그때 또 학자學者로서의 다른 석범石帆이라는 이가 있었으리라 하겠다. 그 범례凡例 략略 가운데의

> "ᄀᆞ與그字, 雖異而音多相通, 古之陰ᄀᆞᄂᆞᆯ今爲그늘, 古之旅나ᄀᆞ내今爲나그내, 書辭之領거ᄂᆞ리言語則曰 거느리, 書辭之鍼바ᄂᆞᆯ言語則曰바늘, ᄃᆞᄅᆞ以下無不皆然"

이라 함과 그 언문원류諺文源流 가운데 훈몽자회訓蒙字會 초종성初終聲 팔자八字의 독법讀法을

ㄱ기윽 ㄴ니은 ㄷ디읃 ㄹ리을 ㅁ미음 ㅂ비읍 ㅅ시읏 ㅇ이응

이라 하고 중성中聲 십일자十一字의 독법讀法을

나느아 냐니야 너느어 녀니여 노느오 뇨니요 누느우 뉴니유 느느으 니니이 ᄂᆞ느ᄋᆞ

라 함은 그의 한 발명發明이고 그 인거引據 제서諸書의

訓蒙字會 折衝將軍行忠武衛副護軍崔世珍著
嘉靖丁亥我 中宗二十二年

四聲通解 二卷 通訓大夫行內贍寺副正兼承文院參校漢學教授崔世珍著 正德丁丑我 中宗十二年

등等 십여종十餘種 서목書目을 이와 같이 열기列記함은 진실한 학구적學究的 태도態度이고 그 다음의

ᄀᆞᄂᆞᄃᆞᄅᆞᄆᆞᄇᆞᄉᆞᄋᆞᄌᆞᄎᆞᄏᆞᄐᆞᄑᆞᄒᆞ녀뎌텨혀니디티히됴듀르

등은 그 해당該當한 한자漢字의 음音과 훈訓을 적고 고금古今 훈訓의 이동異同을 적고 또 출처出處 서명書名을 적은 것이 이십여 장二十餘張 되며 그 다음 ㄷ종성고終聲考와 합合하여 권상卷上을 마치고 권하卷下에는 하자류下字類, 상ㅣ류上ㅣ類, 나류類, 뎌류類, 텨류類, 사, 자, 차, 제음류諸音類, 고설음고古舌音考, 보류補類 등 십여 장十餘張으로 되었다.

이리하여 종래從來 언음諺音의 혼화混話됨을 가장 신빙信憑할 제서諸書에 고증考證하여 변정辨正하였고 한자음漢字音들도 그 유래由來를 소구遡究하여 밝혀 놓았으며 가벼이 속단速斷, 독단獨斷을 하지 않고 차근차근히 따지고 찾아서 자기自己의 정견正見을 세운 것이 과연 그의 발跋의

守誠於中, 俾衆無惑, 存信於己, 可以敎人

이라 함과 다름이 없다. 이것이 순조純祖 이십사 년二十四年 유희柳僖의 명저名著 "언문지諺文誌"보다는 이십육 년 뒤에 두었으나, 그 내용內容 가치價値는 오히려 그와 높이를 다툴 만한 귀중貴重한 서적書籍이다.

국어國語 정화淨化의 당면當面 과제課題

우리 문학文學의 교양敎養을 높이자

텍스트 보기

스크랩 하기

우리文學의 敎養을 높이자

서울大學敎授 李秉岐

『경향신문』, 1947. 1. 22.

국어國語 정화淨化의 당면當面 과제課題

우리 문학文學의 교양敎養을 높이자[40]

조야곡趙冶谷의 삼관기三官記를 보면 "내 어릴때에 진 길에 다니는 이를 보면 두 쪽 나무로 위는 깎고 아래는 두 굽을 만들고 세 구녁을 뚫어 하나는 앞에 있고 돌은 뒤에 있어 끈으로 꿰고 맨발로 신으며 이르기를 평나막신이라 하고 또 굽나막신이란 것이 있어 두 쪽 나무에 가죽을 덮어 못을 돌려박고 그 굽에도 못을 박고 이는 호화로운 이가 신다가 수십數十년年 이후로는 없어졌다" 하였다.

이건 임란에 왜군이 퍼친 게다짝이다. 조야곡朝冶谷은 그 난중亂中에 장생長生한 이로 친親히 보고 적은 것이다. 그때 왜군倭軍이 서울 와 있는 동안에 이런 것만 아니라 왜어倭語까지도 많이 퍼졌다. 왜란倭亂을 만나 선조宣祖께서 임진壬辰 사월四月 삼십일三十日 서도西道로 파천播遷하시었다가 그 이듬해 시월十月 일일一日 서울로 돌아오시어 그 이튿날 도중都中에 방榜을 내걸고 민간民間의 왜어倭語를 통금通禁하였다 함은 선조실록宣祖實錄에도 쓰이었거니와 과연 왜군倭軍이 온 지 한해 남짓한 그동안에 왜말이 그렇게 된 것을 보면 지난 삼십육三十六 년年 동안 학교學校 생활生活은 일어日語 생활生活이라고 하며 마침내 조선어朝鮮語 교육敎育은 폐지廢止 또는 금지禁止하였으며 그리고 종래 한문漢文을 숭상崇尙하던 이들은 종래

40 이병기 「우리 문학文學의 교양敎養을 높이자」, 『경향신문』, 1947. 1. 22.

한어漢語를 쓰자고 하여 박제가朴齊家 같은 큰 학자學者는 그 저작著作인 북학의北學議에 『아국지근중화我國地近中華, 음성략동音聲略同, 거국인이진무본화擧國人而盡棄本話, 조선어무불가지리無不可之理』라 하고 『임진천병사출壬辰天兵四出, 민다학지民多學之, 지금유유존자至今猶有存者, 조종조교습한어祖宗朝敎習漢語, 조회설금향화(조선어)패朝會設禁鄕話(朝鮮語)牌, 영민이한어입송令民以漢語入訟, 기단위교빙통화지용이이재豈但爲交聘通話之用而已哉』라 하였다.

이와 같이 우리는 오랜 역사歷史를 이어오며 자칫하면 우리말을 잃어버릴 뻔한 적도 있었으나 그래도 씩씩하게 전하고 있는 것은 유달리 빛나는 영영 불멸하는 민족성民族性이 있기 때문이다.

그러나 한문漢文 또는 왜어倭語로 인하여 우리말을 죽이기도 하고 상채내기도 내고 더럽히기도 한 것이 많다. 우리는 오늘날 우리말부터 해방解放을 하여야 하겠으며 그러자면 왜어倭語 한문漢文 등의 때꼽자기를 씻어버리고 깨끗한 아름다운 우리말을 찾어 써야 하겠으며 그러자면 우리는 우리말의 뜻 소리 졸가리 그 느낌 등을 잘 알고 쓸만한 우리 문학文學의 교양敎養을 먼저 높여야 하겠다.(끝)

한자존폐漢字存廢에 대한 소감所感

漢字存廢에 대한 所感

가람 李秉岐

『백민』, 1947. 9.

한자존폐漢字存廢에 대한 소감所感[41]

해방解放 전前 일은 일정日政의 압박壓迫으로 말할 나위도 없지만 해방解放 후後엔 많은 작가作家가 나타나 허다許多한 소설小說, 시詩 등이 발표發表되었었다. 이같이 우리말로써 맘 놓고 자유自由스러이 쓸 수 있는 것은 우리가 다 함께 경하慶賀할 일이거니와 내가 보건대 그들의 문장文章은 거개 비슷한 것 같다. 그중에는 세련洗鍊되지 못한 글도 눈에 띠이군 한다. 즉 문장文章을 아끼지 않고 되는대로 써서 발표發表한 감感이 없지 않다. 혹독酷毒히 말하면 신문기사新聞記事처럼 냅다 갈기는 폐단이 없지 않었다.

일본日本이나 외국外國의 유명有名한 작가作家들의 글을 보면 문장文章이 훨신 발달發達하야 글이 째이어서 빈틈이 없는데 우리는 아직도 그렇게까지 문장文章이 발달發達되지 못했다. 즉 말하자면 작가作家는 자기自己의 독특獨特한 스타일을 갖어야만 한다는 말이다. 문장文章이 좋와야만 글의 맛도 있고 따라서 그 글의 예술적藝術的 생명生命이 있는 것은 두말할 것 없다.

그러므로 우리는 무엇을[42] 어떻게 쓰느냐?보다 문장文章을 어떻게 짓느냐?를 위선爲先 연구硏究해 볼 일이다. 더욱이 해방解放이 되었으니 우리를

41 「漢字存廢에 대한 所感」, 『白民』, 1947. 9.

42 원문은 '무었을'로 되어 있음.

박해迫害할 아무도 없은즉 문장작법文章作法에 유의留意하는 것이 문단文壇의 수준水準을 높일 뿐 아니라 작자作者의 독특獨特한 체體를 세우는 것이 된다. 다음 내가 말하고 싶은 것은 한자폐지漢字廢止에 대한 소감所感이다. 즉 한자漢字를 폐지廢止하는 것이 좋으냐 아니하는 것이 좋으냐 하는 문제問題로 시비是非가 구구하나 문장文章에 있어서 말끈 한자漢字를 폐지한다면 글의 맛이 없다는 말이다.

가령 「청산靑山도 절로절로 녹수綠水도 절로절로」를 「푸른산도 절로절로 푸른물도 절로절로」라고 한글로만 쓴다면 그 어데 시詩의 진미眞味가 있겠는가 「부생이 꿈이어늘 공명이 아랑곳가」 이런 경우境遇에도 한자漢字를 폐지廢止한다고 맹목적盲目的으로 덛없는 삶이라고 쓸 수는 없을 것이니, 예부터 시詩에 씨어진 대로 부생浮生이라고 함이 타당妥當할 줄로 안다. 그리고 또 한 가지 말할 것은 사전辭典을 「말광」이라든가 비행기飛行機를 「날틀」이라고 한다면 일반대중一般大衆은 그 뜻을 몰을 뿐 아니라 오히려 이상異常한 어감語感을 주는 것 같다. 납세고지서納稅告知書를 「세금받침아뢰는글」이라고 쓴다면 대중大衆은 도모지 이해理解하기는커녕 말이 길어서 부자연不自然하기 짝이 없다고 할 것이다.

아모리 그 말의 연원淵源이 중국中國 혹은 일본日本에 있다 하드라도 일반대중一般大衆이 이해理解하기 쉬운 글을 써야만 할 것이다. 고유명사固有名詞를 「홀ㅅ이름」이니, 괄호括弧를 「묶음표」니, 동사動詞를 「움직씨」니, 형용사形容詞를 「끝바꿈씨」니 하야 우리가 보통 알기 어려운 글을 쓴다면 대중大衆은 이에 흥미興味가 없을 뿐 아니라 이런 등 새로운 말을 배우기에 머리를 써야 할 것이니 이런 난해難解한 글을 조작造作함은 오히려 말을 혼란混亂케 하는 외엔 아무것도 안 된다.

나는 한자漢字를 교과서敎科書에 쓰느냐, 안 쓰느냐, 보다도 얼마나 적게 쓰는 것이 좋겠는가를 다 같이 연구研究할 일이지 한자漢字를 전폐全廢한다는 것은 지나친 일방적一方的인 견해見解라고 역인다. 우리는 외국外國의 글이라고 덮어놓고 배격排擊할 것이 아니라 조선朝鮮 때부터 입으로 글로 읽어 나려온 바를(보편화普遍化된 것을) 사용使用하는 것이 좋을 것 같다. 대중大衆이 이해理解할 수 있는 말과 글을 사용하는 것이 가장 민주적民主的이 아닐까 한다. 여하튼 우애 말한바 한글 사용使用 한자漢字 폐지廢止 급及 국어교육國語教育 등, 여러 가지 문제問題의 해결解決은 어떤 소수인少數人이 결정決定할 것이 아니라 우리 정부政府가 서서 대통령大統領이 나게 되면 국회國會에서 가부可否를 결정決定할 중대重大한 숙제宿題라고 믿는다.

(문책文責은 기자記者에게 있음)

긴급緊急한 국어문제國語問題

文化

緊急한國語問題 (一) 李秉岐

『조선일보』, 1949. 2. 11.

긴급緊急한 국어문제國語問題 (一)[43]

해방解放 후 가장 왕성하든 국어운동國語運動 — 서울 시골 어디라 할 것 없이 가갸거겨를 익히고 문패 또는 상점商店 이름 각 정거장 이름까지라도 다 우리 한글로 써 붙이고 한글 강습이 여기저기 잇던 것이 지금 와서는 어떤가. 각 정거장 이름도 한자漢字로 도로 쓰고 한글 강습은커녕 한문서당漢文書堂이 더욱 왕성하여젓으며 아직도 뾰족이 남은 상로 속에는 계룡산鷄龍山 정씨도읍鄭氏都邑을 꿈꾸고 잇는 분이 꽤 많다.

한문漢文이 한글로 바뀌는 시대는 우리 국민國民의 학식學識과 사상思想과 문화文化가 더 나아간 것이라 하겠다. 금목수화토金木水火土인 오행五行과 갑을병정甲乙丙丁 자축인묘子丑寅卯인 천간지지天干地支와 같은 것이 오늘날 우리의 새로운 문명文明의 진로進路를 얼마나 저지阻止하고 잇는가. 물론 거기에도 일리一理야 있겠다 하지마는 지수화풍地水火風을 떠들던 희랍希臘 시대와는 판연히 다른 오늘날 구미歐米의 문화文化가 온 세계世界를 정복征服하고 있지 않은가. 우리는 다만 회삭현망晦朔弦望의 달빛만 보고 음력陰曆이 양력陽曆보다 맞는다는 건 마치 지구地球의 인력설引力說만 알고 상대성 원리相對性原理는 모르는 것과 다름이 없다.

벌써 올창이 시대는 지냈다. 우물 안 개구리 시대도 아니다. 우리가

43 「緊急한 國語問題 (一)」, 『조선일보』, 1949. 2. 11.

지난 30三十여 년 웨 일인日人에게 학대虐待를 당하였던가 하면 우리가 종래의 이른바 예의禮義, 도덕道德, 양반兩班, 한문漢文이 일인日人보다 못해서 그런 것이 아니고 일직 구미歐米의 새로운 문화文化를 수입輸入지 못하여 새로운 문화인文化人이 되지 못하기 때문이었다. 그렇게 징글징글한 학대虐待를 받고 해방解放된 오늘날에도 겨우 오행五行 육갑六甲 또는 정감록사상鄭鑑錄思想에 질곡 되고 새로운 전개展開되는 세계世界로는 걸어 나갈 줄을 모르고 있는가.

우리 한글이 생기기 전에 그 부자연不自然하고 불합리不合理한 한문漢文을 가지고 우리의 말을 적었던 것이다. 그 때문에 우리의 옛날 생활生活이 얼마나 거북하였으며 문화文化가 얼마나 침체沈滯되었던가. 이를 크게 걱정하신 세종대왕世宗大王께서 한글을 맨드신 바 한글은 지금 세계문자世界文字 가운데 가장 잘된 글이라 함은 외국外國 학자學者들도 모두 칭찬하는 바이다. 한문漢文만을 글로 아는 이는 상식常識이 없는 이랄 수밖에 없다. 한문漢文은 문자학文字學으로 의논하면 오랜 미개未開 시대에 써 오던 상형문자象形文字의 변체變體로서 개화開化한 시대에 쓰는 우리 하늘과 같은 음운문자音韻文字에 비比하면 훨신 뒤떠러진 것이었다. 그러나 우리가 그동안 많이 한문漢文을 써 오던 버릇으로 갑자기 없앨 수는 없으나 우리는 앞으로 내 글인 한글로서 모든 것을 적고 써야 하겠다.

긴급緊急한 국어문제國語問題 (二)[44]

요마적 어느 공문公文이나 어느 고시告示를 보면 되도록 한글로 쓰려고 애들은 썼으나 철자綴字와 어법語法의 틀린 것이 퍽 많다.

시키를 쉹이,
부치를 붙이,
이것을 이겼,
합니다를 함니다,
읽으니를 잌으니

와 같은 당치 않은 받침을 붙이기도 한다. 이건 우리글에 유의留意가 부족한 탓이다. 우리글을 한문漢文이나 영어英語를 배우듯이 하였으면 그보다 퍽 쉽게 알어질 것이다. 그저 반절反切이나 알어 가지고 되는대로 쓰자던 생각을 버리고 우리글도 글답게 배우고 익혀야 할 것 아닌가. 한글 또는 한글 철자법綴字法이 어렵다 운운云云하는 이를 보면 흔히 한글 공부를 하지도 않은 이었다. 덮어놓고 어렵다 함은 말이 되지 않은 수작이다. 무슨 공부던지 지극히 해 본 뒤에라야 그 어려움을 아는 것이다. 정말 어려움을 아는 이는 그 공정工程이 높은 이었다. 또 철도鐵道에서 발행發行

44 「緊急한 國語問題 (二)」, 『조선일보』, 1949. 2. 12.

하는 차표車票들을 보면

서울부터 부산釜山까지
목포木浦부터 서울까지

라 하여 일어日語 그것을 직역直譯하였다. 우리 어법語法으로는

서울서 부산釜山
목포木浦서 서울

이라고 하여야 한다. 웨 일부러 자수字數를 더하여 왜어倭語의 직역直譯을 쓸가. 이는 조고만 일 같어도 실상은 큰 착오錯誤다. 우리 국어國語의 교육敎育이 아직 그리 보급普及되지 못한 이때 어語[45]나 왜어倭語 영英 투의 어법語法이 통행通行됨은 용혹무괴한 일이되 우리의 좋은 어법語法을 궁구窮究하지 않고 서투른 외래外來 어법語法을 쓴다는 건 우리 국민國民으로서 국어國語를 덜 사랑하는 것 아닌가. 외래外來 어법語法으로도 쓸 만한 건 써야겠지만 보다 더 좋은 우리 어법語法을 버리고 외래外來 어법語法을 쓰잘 것은 없다. 외래어外來語에도 왜어倭語 같은 건 우리의 골치를 태우고 넌더리내던 것 아닌가. 거리나 찻속에도 지금도 왜어倭語를 쓰는 이가 있기는 하나 그런 이를 볼 때 우리는 어떠한 느낌을 일으키는가. 그런 이는 지금뿐 아니라 옛날 임진왜란壬辰倭亂 때에도 있었다. 선조 이십육년 계사 시월 실록조實錄條에는

45 한 글자가 빠진 듯함.

도중都中에 방榜을 내걸고 민간民間의 왜어倭語를 통금痛禁하였다.

는 기록記錄이 적혔다. 임진壬辰서 계사년癸巳年 시월十月까지는 겨우 일년 남짓한데도 민간民間에 왜어倭語가 퍼져 그렇게 통금痛禁하였는데 근近 사십년간四十年間 왜어倭語 교육敎育을 받은 지금 우리로서야 우리말보다도 왜어倭語 쓰기가 더 임의로울는지 모르겠으나 통금痛禁을 않드라도 우리 국민國民은 자숙自肅하여 국어國語를 애용愛用하고 우리끼리 왜어倭語나 기타 외국어外國語는 쓰지 말아야 하겠다. 신라말엽新羅末葉의 유명有名한 도육導育이라는 중은 중국中國에까지 초빙招聘되어 여러 해 여러 대찰代察로 다니며 강연講筵을 하되 꼭 우리말만 썼다. 신라新羅가 천년千年을 누림은 그 국민國民에 이런 이가 있기 때문이었다.

긴급緊急한 국어문제國語問題 (三)[46]

우리말은 우리 민족성民族性의 제일第一인 것이라. 우리 민족民族은 우리 말로 말미암아 자꾸 발전하고 자꾸 번성할 것이다. 왜정倭政 때 그들이 우리말을 없이고 왜어倭語를 가르켜 줌에 전력全力을 다함은 드디어 우리 민족성民族性을 없이고 영구永久히 그들의 노예奴隷를 맨드자던 것이다. 그들로는 현명賢明한 정책政策일는지 모르되 우리 민족民族으로서는 거의 멸망滅亡을 당할 번하였다. 그런데 그 당시當時 우리 동포同胞로도 그들에게 아부阿附 협력協力하여 우리 민족民族의 멸망滅亡을 촉진促進하든 이가 있었다. 우리 가정家庭에서는 왜복倭服만 입고 왜어倭語만 쓰고 있다 하고 라듸오 또는 신문新聞으로 선전宣傳하며 조선민족사상朝鮮民族思想을 다 버리고 어서 일본민족日本民族이 되라 그렇지 않으면 모다 멸족滅族을 당當하리라 하는 공갈恐喝과 협박脅迫이 여북 심하지 않었던가. 그런 일을 생각하면 지금이라도 우리는 이가 갈리고 치가 떨린다.

우리가 우리말은 잘 배우고 외국外國말로 배우는 건 우리 생활生活을 더 윤택潤澤케 하자는 것이다. 만일 우리말을 모르고 외국어外國語만 안다면 우리 국민國民이 아니다. 우리의 보통국민普通國民으로서 외국外國말을 능통能通하다고 자랑삼는 이가 있다면 그는 그야말로 얼빠진 국민

46「緊急한 國語問題 (三)」, 『조선일보』, 1949. 2. 15.

國民이다.

한문漢文은 본시 중국中國의 문자文字이지만 우리가 중中 오래 써 옴으로 인하여 아주 우리말로 된 것이 많다. 그러므로 한자漢字 그것은 다른 외국外國 글과는 달리 볼 수가 있다. 우리 말글이 두루 잘 쓰이게 되기 전에는 아직 얼마쯤 한자漢字를 아니 쓸 수도 없다. 이는 한 시세時勢요 민도民度다. 진행進行하는 방법方法이 잘못되고 보면 문맹文盲을 없이려다가 도리어 문맹文盲을 더 맨들가 한다.

지금 국민학교國民學校 중학교中學校에서의 국어교육國語敎育은 어떠한가. 그 교재敎材를 착실히 연구硏究를 하려고들은 하나 알뜰한 지도指導를 받지 못하여 이리저리 헤매고 배우는 이들도 이를 잘 깨치지 못하고 재미를 붙이지 못하는 모양이다.

동창이 밝엇느냐 노고지리 우지진다
소치는 아이는 상긔 아니 일엇느냐
재 넘어 사래 긴 밭을 언제 갈려 하느니

이 노래를 읽으면 누구나 다 알 것 같으나 실상은 그렇지 않다. 우선

"동창이 밝엇느냐"

부터가 문제問題다. 어떻게 설명說明해야 할 것인가. 어떤 이는 이상야릇하게 해석解釋하기도 하리로되 이런 문투文套는 우리 고전古典의 시문時文을 많이 읽어보면 그 유類가 더러 있다. 즉 "동창이 밝었느냐" 는 "동창이 아니 밝았느냐"의 "아니"가 생략省略된 것이다. 그리고 이글 전체全體의

말은 권농勸農하는 농로農老의 봄 새벽에 하는 한 잔소리다. 그러나 새롭고 싱싱한 작품作品이다. 이는 봄새 농촌農村의 경정景情으로만 볼 것이 아니라 인생人生 소년少年의 권학勸學함을 이르기도 한 것이라고 하겠다. 이런 단가短歌라고 그 의미意味를 잘 알자면 과연 쉬운 일이 아니었다. 한무릅공부를 하지 않고는 될 수 없다. 이 근대近代의 홍연천洪淵泉은 한문학漢文學 대가大家인데 나이 근近 사십四十 해서야 비로소 당송팔대가唐宋八大家의 증공曾鞏의 글맛을 알았다 하고 신자하申紫霞는 대표적代表的 한시인漢詩人이로되 사십이 세四十二歲에야 자기自己의 재질才質이 당시唐詩는 따를 수 없음을 알고 이전以前 당시唐詩를 모방하여 짓던 시詩는 다 불사르고 송시宋詩 그중 소동파蘇東坡 시체詩體를 배워 가지고 특이特異한 시풍詩風을 이루었다 한다.

약간若干 시詩 몇 수首나 소설小說 몇 편編(그것도 정말 되었는지 알 수 업다)쯤을 지어 발표發表하고는 다시는 더할 나위 없이 스스로 대가연大家然하고 타락墮落하는 건 퍽 가엽슨 일이 아닌가. 바야흐로 우리 국가國家와 정부政府는 수립樹立되었다. 그러나 이럴수록 우리 국민國民은 각기各其 제 업무業務를 힘써 우리의 행복幸福스러운 생활生活을 도모圖謀하여야 할 것이다. 농부農夫는 농촌農村에서 상인商人은 상점商店에서 교원敎員은 교단敎壇에서 학자學者는 서재書齋에서 보다 더 건실健實히 힘써야 할 것이다. 백묵白墨을 던지고 묘당廟堂에 뛰어들을 천재天才도 없는 건 아니로되 누구나 사슴을 잡겠다고 광야廣野에 덤빌 건 아니다. 우리는 아직 그 파도波濤에 떨리던 가슴을 진정치 못하고 있다. 또 보다 더 험악險惡한 파도波濤가 닥쳐올가 하여 안정安定할 항구港口를 바라고 있다. 그러나 오늘 일은 오늘 할 수밖에 없다. 최선최대最善最大한 노력努力을 하고 보자.

우리의 국어문제國語問題가 과연果然 하찮은 것이 아니다. 국민國民의 정신精神은 국어國語에 내포內包되어 있다. 나는 이런 의미意味로 국어운동國語運動은 무엇보다도 우리 건국建國 초初에 가장 크고 긴급緊急한 일이라고 생각는다.

(끝)

삼관여록三官餘錄

— 한자漢字 음독音讀

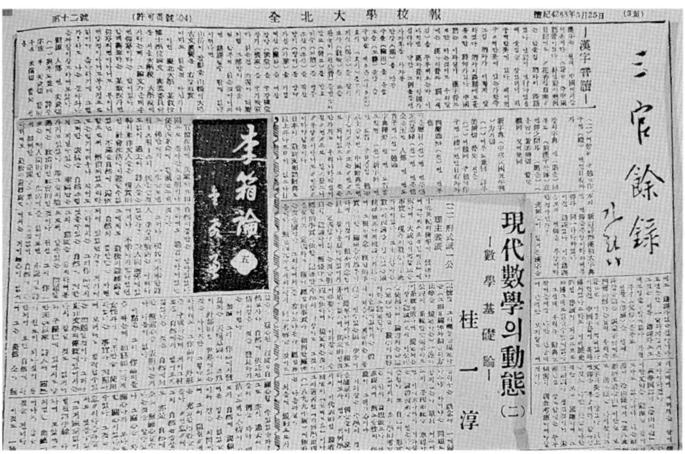

全北大學校報

三官餘錄

—漢字音讀—

現代數學의 動態 (二)

—數學基礎論—

桂 一 淳

『전북대학교보』, 1955. 5. 25.

삼관여록三官餘錄

— 한자漢字 음독音讀[47]

한자漢字는 원래 중국中國에서 들어온지라 그 음音은 즉 중국어음中國語音이었다. 박연암朴燕岩의 열하일기熱河日記에도 "화향접자래花香蝶自來"는 한 술집 주酒파의 담화談話였다. 연암燕岩이 연행燕行하였을 때 술집을 찾았더니 퍽 궁벽한 곳에 있다. 왜 이런 궁벽한 곳에 있는가 한즉 그 집 주酒파가 이렇게 말하였다. 주酒파의 담화談話에도 훌륭한 시구詩句가 있다. 중국어中國語는 이와 같이 한자음漢字音으로만 하는 것이고 우리말에는 한자漢字의 음音과 훈訓(새김)을 두루 써오는바, 요즈음엔 한자음漢字音의 착오錯誤가 심하다. 약간 그 예例를 들면,

사자후獅子吼를 사자공
만강滿腔을 만공
수출輸出을 유출
도습蹈襲을 답습
구담瞿曇을 앵운
효시嚆矢를 고시
게시揭示를 갈시
교사敎唆를 교준

47 「漢字音讀」, 『全北大學校報』, 1954. 6. 22.

판공비辦公費를 변공비

발효醱酵를 발교

뇌주酹酒를 쟁주

조산釣山을 작산

방이旁㐌를 방타

가섭迦葉을 가엽

예산豫算을 여산

강당講堂을 구당構堂

상가喪家를 구가

라 읽는 건 육서六書의 해성諧聲처럼 그 부방部榜의 음音을 따라 함부로 읽은 것이니 과연 착오錯誤할 수밖에 없다.

이렇다면

산악山岳이 잠영潛影을 산학山鶴이 대명大鳴

고문진보古文眞寶를 우右장진보珍寶

이라고 읽을 것 아닌가!

이번 경북대학慶北大學 모교수某教授 박사위논문博士位論文 심사위원회審査委員會를 서울대학교大學校 대학원大學院에서 하는데 그 논문論文 가운데 송면앙정俛仰亭이라는 말이 있다. 함께 심사審査하는 모 교수某教授가 면앙정俛仰亭의 면俛은 면이 아니고 부이니 면앙정이 아니고 부앙정으로 읽어야 옳다 하기에 그럴까? 하고 나는 돌아와 다음과 같이 상고하여 보았다.

사원(辭源) 人部 俛 夫武切

(一) 興俯頫並同 詳俯字注 俯(夫武切 音府蹮韻)(米演切音免 銑韻)

(二) 여勉同 구免역作구면(禮) 면언日有자자

강희자전康熙字典 면(集운) 同부류(前漢구착傳) 在면仰之開耳 (集운) (운會) 並美辨切 音면 義同 又여俛同

신자전(新字典)(中華民國元年刊) 方거切

(一) 여부됴並同 詳부美辨切 音免 선운

(二) 여勉同 구免역作구면 (禮) 면언日有자자

사성통해(四聲通解)(선) 면부也

삼운성휘(三韻聲彙)(선) 면부也

정음통석(正音通釋)(선) 면부也

전운옥편(全韻玉篇) 人部 면 면됴首구 면 (선) 勉通

자전석요(字典釋要) 면 면 됴(首) 굽으릴 면 (선)

신자전(新字典) 면 면 됴수(首) 구브을일 勉通

이상以上을 보면 중국中國 사전辭典엔 면 자字음이 “부” 또는 “면”으로 되어 있으나 그 뜻은 한 가지고 우리나라에선 이걸 “면”으로 읽어 왔으니 “부앙”이 아니고 “면앙”이라야 할 것이다.

일본日本의 최신지나어사전最新支那語辭典도 이상以上과 다름이 없으나 일본日本의 신정상해한화대자전新訂詳解漢和大字典엔 면앙仰을 부앙이라 하여 부앙仰과 동일同一하다 하였다.

이건 착오錯誤였다. 이런 착오錯誤를 보고 면앙俛仰을 부앙이라 한 것 아닌가?

선배先輩들이 읽어온 한자음漢字音에도 착오錯誤가 없는 건 아니다. 오랫동안 일정一定하게 읽어온 그것은 비록 착오錯誤라도 그대로 읽을 수밖에 없다. 가령

> 부모(父母)를 부모,
> 인쇄(印刷)을 인쇄

와 같은 류類는 훈몽자회訓蒙字會에도 사성통해四聲通解와는 달리 우리 속음俗音으로 이렇게 적혀 있다. 이런 건 중국자음中國字音이 혹 와전訛傳되었다드라도 이미 역사적歷史的인 음독音讀이 되었으므로 와전訛傳 그대로 읽을 수밖에 없다.

그런데 우리가 사전辭典을 찾아볼 때엔 다만 한 군데며 한 책만 보지 말고 여러 군데며 여러 책을 찾아보아야 하겠다.

고등국어高等國語의 『냉산冷山 혼魂』이란 문구文句를 사원辭源을 찾어보아도 없다. 하나 나는 사원辭源의 냉산조冷山條에서 『김인류체홍호어냉산金人流遞洪浩於冷山』이란 걸 보고 홍호조洪浩條를 다시 찾아 그 문자文字의 뜻을 알았다. 이상以上 면앙俛仰을 부앙이라 함과 같은 것도 다만 한 군데나 한 책만 보고 속단速斷하여 그런 착오錯誤가 생긴 것이니, 미심未審한 걸 상고함에는 두루 정밀精密히 조사調査 고려考慮하여야 할 것이다.

우리 문화文化의
성조聖祖이신 세종대왕世宗大王

우리 문화文化의 성조聖祖이신 세종대왕世宗大王[48]

가람

우리나라는 반만년 역사를 가진 세계에 드문 독특한 나라로서 우리 민족성이

1, 공정-의협
2, 명석-창조

한 만큼 아무리 무강武强 한 실력實力을 가졌다드라도 굳게 국방國防이나 하였을 뿐이고 무단히 남의 나라를 침략하거나 침략을 일삼거나 하지는 아니하였고 그 태어난 명석성明晳性을 발휘하여 간간으로 창조한 것이 많았다. 문헌과 고적古蹟이 전하지 않는 건 몰라도 삼국 이후로만 보드라도 진한辰韓의 금琴(가야금)과 고구려의 궁弓이며 현금玄琴이며 분모며 그 벽화며 □의선인□衣先人이며 피뢰와 백제의 농정農政이며 죽물竹物 지물紙物이며 기타其他 공예와 신라의 종鍾이며 조각이며 건축이며 회화繪畫며

48 「우리 文化의 聖祖이신 世宗大王」, 『三南日報』, 1955. 10. 10.

음악音樂이며 화백和白이며 화랑제도와 고려의 판각이며 활자며 자기며 종이와 근조의 한글이며 거북선이며 분원사기며 목공 등 이런 문화로서 세계 어느 나라에 못지않게 우수하였다.

세종께서는 근조近朝 이씨李氏의 제4세 대왕으로서 그 문무의 공덕이 근조 오백 년에만이 아니라 만고 동서의 어느 제왕보다도 더 거룩하신 한 성자시었다.

옥좌에 걸어앉으시어 만기萬機를 총찰總察하며 □□도 치治하여 외정 내치의 교무交武 백도百度를 지어 만세萬世의 기업基業으로 굳게 세우시며 틈만 있으면 손에 책을 놓지 않어 고금을 통하여 사리를 달하고 천문 음악 공예 활자 □지□池 및 초헌軺軒까지 발명하시어 우리 생활에 필요한 건 적으나 크나 궁구하시지 않은 게 없어 이어 태평성대를 이루려 그 지극하신 성의는 더 말할 것도 없으려니와 보다도 더 놀라우신 건 우리 민족국가의 영구 찬란한 문화 가운데 가장 빛나는 한글을 만들어 주신 것이었다.

우에 말함과 같은 훌륭한 우리 문화가 비록 있었다드라도 이런 걸 우리말로 맞게 적을 글이 없었다면 어찌 될 것인가? 한글 이전에 이두吏讀도 비록 근사는 하였으나 그려도 불편 불만이 있었으므로 이런 걸 더 개혁하여 지은 것이 한글이었다. 한글은 세계 글자 가운데 으뜸이려니와 우리말을 적는 데는 가장 맞고 바른 글이었다.

근조 이전 이두로 적은 우리 국어문학도 많았으나 그건 □어문학□語文學보단 좀 나을가 하는 느낌이 있을 뿐이고 한글이 생긴 뒤 한글로 된 우리 말글 및 문학은 다시 할 나위 없는 그것이었다. 이런 의미로서는 그전이 두루 적히는 어문학을 과연 정당히 해석하기 전에는 차라리 한글 이후 한글로 적힌 어문학이 오히려 정확한 것이라고 나는 생각는다. 과연 세종대왕께서 비로소 우리말에 가장 맞은 글을 만들어주셨다 할 수밖에 없다.

미국의 링컨 에디슨의 공덕에 비하여 과거의 어느 성자보다도 그 실사實事 실實적이 우리 눈앞에 똑똑히 두드러진 성자가 또한 우리 세종대왕이 아니시었던가 하는 바이다. 이런 성격과 공덕도 그저 신앙으로나 영웅으로만 숭배하자는 것이 아니고 저기 교양이 있는 사람 자기로서의 바른 비판은 하고서야 바야흐로 될 수 있는 것이었다. 나는 우리의 세종대왕이라 하여 결코 두남을 두어 하는 말이 아니다. 고금 세계의 성현 제왕 위인들의 전기를 읽어보드라도 우리 세종대왕과 같으신 이가 몇 분이나 있었던가? 임란 때 이충무공께서 또한 이러하신 인물이었다. 근조 오백 년 중 현인 위인도 많았지만 세종대왕과 이충무공은 온 세계에 자랑할 거룩한 인물이었음은 과연 틀림이 없었다. 우리나라의 존영과 □□이 크면 커질수록 우리 역사적 이러하신 성자들도 더욱 크나큰 광휘를 온 우주에 드리우실 것 아닌가. 나는 이 한글날을 당하여 이런 느낌으로서 우리는 우리의 거룩한 조국의 역사를 더욱 빛내는 것도 현재의 우리며 장래의 우리가 더욱 잘 분투 노력하여 딴은 세종대왕이나 이충무공보다도 더 큰 업적을 쌓아야 함을 뜻하고 애쓰고 힘써야 하겠다 하는 바이다.

한글과 한글날

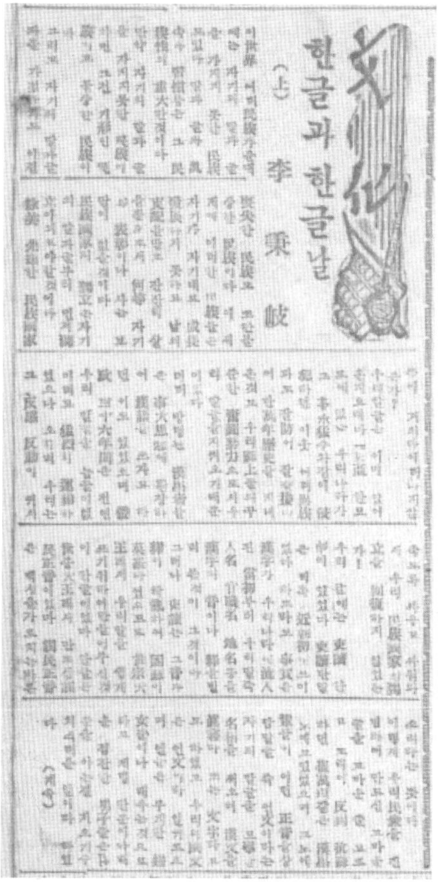

한글과 한글날 (上)

李秉岐

『전북일보』, 1955. 10.11.

한글과 한글날 (上)[49]

이 세계世界 여러 민족民族 가운데에는 자기의 말과 글을 가지지 못한 민족民族도 있다. 말과 글과 풍속風俗 습관習慣 등은 그 민족성民族性의 중대重大한 것이다. 만약 자기의 말과 글을 가지지 못한 민족民族이라면 기형인 민족民族이고 불상한 민족民族이다.

그리고 자기의 말과 글과를 가졌다가도 이걸 상실喪失한 민족民族도 또한 불상한 민족이다. 이 세계에 이러한 민족들은 자기가 자기대로 성장成長 발전發展하지 못하고 남의 지배支配를 받고 잔잔히 살을 뿐으로서 하등何等 자기의 발전發展이나 사는 보람이 없을 것이다.

민족국가民族國家의 독립獨立은 자기의 말과 글부터 먼저 독립獨立이 되고야 할 것이다.

구미歐美의 선진先進한 민족국가民族國家들이 거의 다 이러하지 않은가?

우리 말글은 이미 있어 온 지 오래다 「동아東亞 한모르에 있는 우리나라가 그 홍수 맹수와 같이 침범侵犯하던 이웃 여러 이민족異民族과도 잘 방어防禦 잘 교접交接하여 반만년半萬年 역사歷史를 지녀 온 것도 우리 조상祖上들의 꾸준한 분투노력奮鬪努力으로서 우리 말글을 지켜 오기 때문이었다.

49 「한글과 한글날 (상)」, 『전북일보』, 1955. 10. 11.

더러 망령된 한학자漢學者들은 사대사상事大思想에 환장하여 한어漢語를 쓰자고 하던 이도 있었으며 왜정倭政이 36년간三十六年間은 전연 우리 말글을 놈들이 없이려고 맹렬猛烈히 운동運動하였으나 오히려 우리는 그 반감反感 반동反動이 커서 죽도록 싸우고 싸워 와서 우리 민족국가民族國家의 독립獨立을 회복回復하지 않았는가!

우리글에는 이두吏讀, 한글이 있었다. 이두吏讀란 말은 비록 근조近朝 초初에 쓰이었다 하드라도 사실事實은 한자漢字가 우리나라에 유입流入된 당초當初부터 우리말 즉 인명人名 관직명官職名 지명地名 등을 한자漢字의 음音이나 석釋을 빌려 쓴 것이 그것이다.

그러나 이두吏讀는 음音과 석釋이 착란錯亂하여 곤란困難이 막심莫甚하였으므로 세종대왕世宗大王께서 우리말을 쉽게 쓰기 위하여 만들어 주신 것이 한글이었다. 한글은 세종대왕께서 만드신 훈민정음訓民正音이었다. 훈민정음訓民正音은 백성을 가르치는 바른 소리라는 뜻이다.

이렇게 우리 민중民衆을 진념하여 만드신 고마운 글을 고마운 줄 모르고 도리어 반대反對 항소抗訴하던 최만리崔萬理 같은 한학漢學의 노예도 있었으며 그 노예배輩들이 이런 정음正音을 상담 말글 즉 언문諺文이라는 자기의 말글을 모욕侮辱한 명칭名稱을 써 오며 한문漢文을 진서眞書라 또는 문자文字라고도 하였고, 우리의 국문國文은 언문諺文이라 일커르으며 언문은 무지한 부녀婦女들이나 배우는 것으로 하고 제법 한문이나 배운 점잔한 남자男子들은 언문을 하는 걸 저으기 수치스러운 일이라 하였다.

한글과 한글날 (下)[50]

이러던 언문諺文을 우리가 우리의 독립운동獨立運動하며 우리말글을 연구하고 선전宣傳도 하고 언문諺文을 「한글」이라 개칭改稱하였다.

「한글」 글 가운데 가장 으뜸 제일인 글이란 뜻이다. 왜정倭政 때 놈들은 한글을 「한구르」, 「한구르」 하며 이게 한국글이라는 뜻이라 하고 몹시 핍박逼迫하기도 하였다.

그런데 세종대왕世宗大王의 어제훈민정음御製訓民正音은 세종世宗 25년二十五年 12월十二月에 완성完成되었으나 반포頒布되기는 29년二十九年 9월九月이었다. 이 반포頒布 기념일記念日을 한글어학회語學會서 작정作定하는데 부득이 그해 9월九月 그믐인 29일二十九日 양력陽曆으로 환산換算하여 10월十月 29일二十九日로 하여 지내왔었다가 지금 16년十六年 전前에 훈민정음訓民正音 원본原本이 발견發見되어 그 말미末尾 정인지 근서謹書의 "정통십일년구월상한正統十一年九月上澣"이란 걸 보고 시월구일十月九日로 제정制定한 것이었다.

정통십일년正統十一年 구월상한九月上澣은 세종대왕世宗大王 28년二十八年 병인 9월九月 초순初旬 즉 초10일간初十一間이매 9일九日쯤 하여 이날을 "한글날"이라 하였다.

---

50 「한글과 한글날 (하)」, 『전북일보』, 1955. 10. 12.

이날은 한글 반포頒布를 기념紀念하는 날이다. 우리 민족문화民族文化의 가장 큰 기념紀念날이다. 우리는 이 한글로 하여 살았으며 커졌다. 우리 국민國民의 혼魂은 이 한글에 담겨있다. 한글은 다시 없는 우리의 보배로서 한글이 발전發展될수록 우리의 생활生活이 발전發展될 것이다.

한글은 온 세계 글 가운데 가장 잘된 글이었다.

익히기 쉽고 쓰기 쉽고 읽기 쉬운 글이다. 사오년래四五年來 여기 뜻을 두신 분들의 꾸준한 지극한 노력努力으로 한글은 바르게 정리整理되고 보급普及되었다.

한글의 어법語法이며 문법文法도 크게 수립樹立되고 자꾸자꾸 진전進展하고 있다. 우리는 이날을 맞아 첫째 세종대왕世宗大王께 그 담 여기 순사殉死 또는 노력努力하시는 그 여러분께 깊은 감사感謝를 드리며 우리 국민國民은 한글로 산다는 것을 더욱 명심銘心하여야 하겠다. <끝>

조선어 시간朝鮮語 時間

조선어 시간朝鮮語 時間 ①
— 당주 윤 생원[51]
— 반절공부

이 호부터 이병기李秉岐 先生께서 조선어시간朝鮮語時間을 마터 가지시고 호마다 자미잇는 글도 실고 그 해설解說도 실겟습니다. 이李 선생先生께서는 지금 시내市內 휘문중학徽文中學에서 가르치고 계십니다.

우리 마을에 당주 윤 생원이라는 이가 잇섯습니다. 그의 이름짜는 그도 모르려니와 남들도 알 이가 없고 다만 당주라는 그의 자子인지 호號인지를 가지고 행세行世할 뿐이라 그를 부를 때에는 누구나 — 어른이나 아이나 다 당주 윤 생원이라 하던 것입니다.

그는 얼굴이 대추처럼 붉고 콧날이 서고 눈이 작고 이마는 넓고 하권이 빨고 이마 우에는 털이 한 모숨 하야케 세어 정박이 센 윤 생원이라고도 부르던 것입니다

그는 늙도록 아들딸 하나 두지 못하고 단 내외 비둙이처럼 서로 의지하고 살엇습니다. 봄부터 가을까지 농사가 바쁠 때는 모르지마는 겨울과 가튼 한가로운 때를 당하면 유달리 고적함을 깨달어 이집 저집으로 일과日課를 삼어 마슬을 단엿습니다. 마슬을 가서도 한편에 우두커니 안저 담

---

51 「당주 윤생원」, 『조선일보』, 1939. 4. 23.

배나 빼끔금빼끔 피우고 남의 이야기나 듯고 할 뿐이요 자기로서는 이야기 한마디를 옮기지 못하엿습니다. 그러나 그는 정직하고 진실하여 사람들이 그를 다 밋고 공경하엿습니다.

그는 자기의 땅은 업서도 남의 논을 부지런히 지어 입고 먹을 것은 걱정이 업고 여러 해를 두고 동네일을 마터 보아 보릿말이나 엇기도 하엿습니다.

그러나 그는 글을 몰라 퍽 갑갑한 때가 만헛습니다. 그래서 그도 글을 배우고 시퍼고 남들도 권하여 그 나히 오십이 넘엇슬 때 비로소 반절反切을 배우기 시작하엿습니다.

나는 그때 여남 살쯤 되어 서당書堂에 단일 적입니다. 그가 서당에 와서 반절을 펴 노코 그 하얀 머리를 끄덕이며 「가 갸 거 겨」하고 읽던 일이 우스엇습니다. 읽다가 모르면 나에게도 물어 배우던 것입니다. 그는 배우자는 욕심에 부끄러운 것도 잇고 날마다 부지런히 읽엇습니다.

그러케 한 반년半年을 하야 반절을 깨처 문서도 잘 가리고 이야기책도 잘 보앗습니다. 그 뒤로는 이야기책 잘 보기로 뽑혀 단이기도 하고 틈만 잇스면 춘향전, 심청전, 구운몽 가튼 책들을 보며 아무 고적함도 모르고 질겁게 지냈습니다.

조선어 시간朝鮮語 時間 ②
— 참새[52]

돌연이 산양개는 백화白樺나무 아래로 줄다름질을 처 간다. 올치 또 무엇이 생겻구나 하고 똥그러케 떠 보는 「투르게-넵흐」의 눈동자 속에 비친 것은 뜻박에 으르렁거리고 달려드는 산양개 때문에 몸을 떨고 잇는 가련한 한 마리 참새 새끼이엇다. 그가 분주히 개를 말리려 할 그 순간瞬間 이번에는 또 머리 우에 엉성하게 뻐더나간 나무가지로부터 마치 급한 탄환 모양으로 개 아페 돌연이 떠러지는 것이 잇있다. 『어미 참새로구나.』 생각할 새도 업시 그 검은 그림자는 절망絶望에 온몸을 떨면서 두려운 강적强敵을 항하여 죽을 기운을 다하여 몸부림을 하고 잇다.

그것은 실로 무엇이라 할 수도 업는 엄숙비장嚴肅悲壯한 한순간에 생긴 일이엇다. 『놀라운 일이다. 어미 참새는 제 새끼를 사랑하는 맘에서 저럿틋 죽엄의 무서움도 가리지 안는 것이구나』 하고 생각하면서 그 개를 도루 불러드리는 그의 눈에는 그 순간에 눈물이 돌고 잇섯다.

이 글은 글을 잘하기로 세계에 유명한 아라사 사람 「투르게넵흐」라는 이가 지은 엽인일기獵人日記에서 번역한 것입니다.

---

52 「참새」, 『조선일보』, 1939. 4. 30.

▲ 돌연변이는 별안간과 가튼 말.

▲ 백화나무는 자작나무. 우리 조선에도 산에나 섬에 잇스며 책판을 사기는 데 만히 쓰이는 나무

▲ 산양개는 산양할 때 데리고 다니는 개, 산양은 옛말로는 산행山行인데 산에 가서 짐승을 잡는 것

▲ 「투르게-넵흐」는 아라사 소설가小說家(1818-1883)

▲ 순간은 잠싯동안.

▲ 탄환彈丸은 철환鐵丸

▲ 절망은 바랄 것이 업슴

▲ 강적은 무서운 적

▲ 엄숙비장은 놀라운 슬픔.

이는 그의 날카로운 붓으로 재치스럽게 적은 글입니다. 그는 그 광경을 자기가 보고 적으면서도 다른 사람이 본 것처럼 적엇습니다. 이건 묘사描寫의 한 법을 쓴 것입니다. 소설小說 가튼 글을 슬 때에는 이런 묘사법描寫法을 만히 쓰는 것입니다.

만일 우리가 이런 광경을 보았다면 이렇게 적을 수 잇겟습니까. 이 글 가운데 그 무슨 뜻이 가장 감동됩니까. 잘 읽어 보시오.

조선어朝鮮語 공부 ③
— 봄노래[53]

동창이 밝엇느냐 노고지리 우지진다
소치는 아이 놈은 상기 아니 일엇느냐
재 넘어 사래 긴 바틀 언제 갈려 하느니

이 노래는 이백여 년 전 남구만南九萬이라 하시는 이가 지엇습니다. 조선어독본에서 이 노래를 배우신 이도 잇스리다마는 다시 풀어보고 그 뜻을 가지고 지어도 봅시다.

△ 동창東窓은 동편에 잇는 창문.

△ 노고지리는 종달새. 또는 종지리새 깝죽새 무당새라고도 하고 한짜漢字로는 고천자告天子, 규천자叫天子, 운작雲雀이라 하는 새.

△ 우지진다는 지절거린다는 말.

△ 소치는 아이놈은 소를 먹이는 애놈, 머슴애 놈.

△ 상기는 아직까지.

△ 사래 긴 밧은 밧이랑이 길게 된 밧.

53 「봄노래」, 『조선일보』, 1939. 5. 7.

한창 봄이 되엇다.

훈훈한 바람은 불고 나즌 퍽 길어지고 앞뒷들에는 새 움들이 무럭무럭 자라고 버들 비츤 유난히 연연하고 해는 일르게도 먼 산머리로 떠오르고 종달새들은 예서제서 수다스러이 지절거린다.

머슴애 놈은 곤한 잠을 못 이겨 아직도 한밤인 양하고 늘어진 기지개를 쓰고 누워 잇다. 닭의 싱에서는 닭들이 꼬꼬꼬꼬 하고 외양간에서는 소가 우머우머 하고 주인 늙은이는 잔기침과 잔소리를 하고 잇다. 점점 농가農家에는 할 일이 만타.

조선어朝鮮語 공부 ④
— 경모궁景慕宮의 어릴 때[54]

— 한중록恨中錄의 일절一節

경모궁景慕宮께오서 나오시며 예질睿質이 기의비범岐嶷非凡하오시기 특이特異하오신지라. 궁중宮中의 기록記錄하야 전하는 말을 보니 나오신 지 백일百日 안에 기이奇異한 일이 만사오시고 사삭四朔에 거오시고 육삭六朔에 영묘英廟 부르오심을 응대應對하오시고 칠삭七朔에 동서남북東西南北을 가르치시고 이 세二歲에 글 배호오서 육십여 자六十餘字 성자成字하오시고 삼세三歲에 다식을 들이니 수복壽福 자 박은 것은 잡사오시고 팔괘八卦 박은 것은 따로 놋자오시고 잡삽지 아니 하오시거늘 뫼신 이 잡사오소서 권한대 팔괘八卦니 아니 잡사오실 것이라 하오시고 그 후 태호복히씨太昊伏羲氏 그린 책을 노피 들라 하오서 절하오시고 천자千字를 배흐오시다가 사치 치侈 자 가으멸 부富에 이르러 사치자를 집사오시고 입사온 바 의대를 가르치오시며 이것이 사치라 하오시고 영묘英廟 유시幼時의 어허오시든 감토의 칠보七寶 얽히인 것이 잇서 쓰오시게 하니 이도 사치라 하오시고 아니 쓰오시고 주세周歲에 입어겨오시는 의대를 입으시게 하랴 하니 사치하야 남부끄러워 슬타 하오시니 참 유년幼年의 긔이하오신 일이오시

54 「景慕宮 어릴때-恨中錄의 一節-」, 『조선일보』, 1939. 5. 14.

니 뫼신 이 시험試驗하야 명주와 무명을 노코 어느 것이 사치오 어느 것이 사치 아니오니잇가 한이 명주란 것은 사치라 하오시고 무명으란 사치 아니라 하오시니 또 하시는 양을 보오랴 어느 것을 의대하여 입사오시면 좃사오시리잇가 하온즉 무명을 가르치오시며 이것을 입어야 조흐리라 하오시니 이 일로 보아도 탁월卓越하시던 줄을 거의 알지라.

ㅇ경모궁景慕宮은 지금 대학병원大學病院 터에 잇든 집인데 일백오십구 년 전에 정조대왕正祖大王께서 그 아버님 되시는 사도세자思悼世子를 위하여 지으신 집으로 사도세자를 이르는 말.

ㅇ한중록恨中祿은 사도세자의 빈嬪이 되시는 혜경궁 홍씨蕙慶宮洪氏께서 사도세자와 당신의 한평생 일을 친히 적으신 책.

ㅇ예질睿質은 임금의 아드님이신 왕세자王世子의 기질.

ㅇ기의비범岐嶷非凡은 남보다 뛰어나는 것.

ㅇ특이特異는 퍽으나 다른 것

ㅇ궁중宮中은 나랏 집안

ㅇ기이奇異는 이상한 것.

ㅇ사삭四朔은 넉 달.

ㅇ영묘英廟는 사도세자思悼世子의 아버님 되시는 임금.

ㅇ응대應對는 대답함.

ㅇ다식은 과일의 한 가진데 수복부귀壽福富貴와 가튼 글자를 박음.

ㅇ팔괘八卦는 복희씨伏羲氏라는 이가 맨들엇다는 글자.

ㅇ태호복희씨太昊伏羲氏는 중국中國 고대古代의 거룩한 임금.

ㅇ칠보七寶는 금, 은, 유리, 보석 등의 일곱 가지 보배로 맨든 것.

ㅇ주세周歲는 돌 해.

ㅇ탁월卓越은 놀라운 것.

ㅇ의대는 임금의 의복衣服.

ㅇ거오시고는 걸음을 거시는 것.

ㅇ어허 오시든은 쓰오시든.

이 글은 백여년 전의 쓰든 말을 가지고 쓴 글이오 그 말들은 님금님께 쓰든 가장 노픈 말이오 그때 어린이들은 그러케 배우든 것입니다. 잘 읽어 보시오. 재미스럽지 안습니까.

조선어朝鮮語 공부 ⑤
— 곡조문哭鳥文[55]

나는 사람이오
너는 새라
새가 죽는데 사람이 우는 것은 의義가 아니로되.
네가 나로 말미암아 죽엇으니 우노라

이 곡조문哭鳥文은 송순宋純이란 어른이 아홉 살 때, 새 한 마리를 잡아 가지고 놀다가 죽이고 지은 글입니다. 글이란 이런 것입니다. 이러케 쉬운 말 쉬운 뜻으로 누구나 다 알아보게 지으면 용한 것입니다. 그리고도 그 할 말을 다하지 안하엿습니까. 과연 새가 죽는데 사람이 울어야 할 의 즉 의리義理야 잇겟습니까마는, 자유自由롭게 살던 새를 자기自己가 잡아 가지고 놀다가 죽이엇으니, 그 정情으로는 울 수박게 업지 안습니까. 이 글은 짧아도 그 정은 길고 넘칩니다. 명문名文이란 것은 이런 글을 두고 이는 말입니다.

송순宋純의 호號는 기촌企村 또는 면앙정俛仰亭이오 사백사십육 년 전 성종成宗 이십사 년 전라도全羅道 담양潭陽이라는 곳에서 나핫습니다. 천생

55 「곡조문」, 『조선일보』, 1939. 5. 21.

재분才分이 뛰어나고 어려서부터 공부도 잘하고 커서는 서울 가서 벼슬도 만히 지내고 늙어서는 고향으로 돌아와 경치景致가 조흔 곳에 면앙정이라는 정자를 짓고 이 정자에서 눕고 일고 하며 친구들이나 더불고 놀고 때로 거문고나 타고 노래나 짓고 하엿습니다. 수壽도 구십을 하고 자손子孫들도 만코 나라의 대우待遇도 융숭히 바닷는바, 이 어른의 가장 놀라운 것은 우리말로 노래를 용하게 지은 것입니다. 우리의 자랑할 만한 큰 시인詩人이엇습니다. 이 때문에 나라에서 상賞도 밧고 세상에서는 존숭을 하여옵니다.

조선어朝鮮語 공부 ⑥
— 동요童謠[56]

저 건너 장 서방네 집 지붕 우에
언진 콩ㅅ가지가 깐 콩ㅅ가지냐
안 깐 콩ㅅ가지냐

이는 어린이들이 처음 말 배울 때 발음發音을 연습練習하는 것입니다. 말을 더듬든지 급히 하든지 하면 『깐콩ㅅ가지냐 안깐 콩ㅅ가지냐』가 『깡콩ㅅ가지냐 앙깐 콩ㅅ가지냐』로 발음이 됩니다. 여러분 읽어보시오 어떠케 발음이 되시는가.

저 건너 희끗한 게 무엇이냐.
늙은이, 늙은이는 구부니라
구부면 길마가지(안장 양쪽 마고리, 鞍橋)
길마가지는 네 궁기(四孔)
네 궁기는 검으니라
검으면 가마귀,
가마귀는 너푼(너푼거린단 말)

56 「童謠」, 『조선일보』, 1939. 5. 28.

너푼이면 무당(巫)
무당은 두들기니라,
두들기면 대장(대장장이 야장冶匠)
대장이는 잡느니라
잡으면 가재(鰲),
가재는 궁기에 드느니라
궁기에 들면 배암(蛇),
배암은 무니라
물면 범(虎).
범은 뛰니라
뛰면 벼룩
벼룩은 붉으니라
붉으면 대추(大棗),
대추는 다니라
달면 엿
엿은 이(齒)에 붙느니라.

이는 어린이들끼리 서로 뭇고 대답하여 여네 웃말의 뜻을 풀며 그 발음과 가튼 딴말을 끄내어 주어 성기는 것입니다. 이것도 연습해 보시오.

이런 동요를 더 만히 차저 적어도 보고 읽혀도 보고 모르는 말이 잇스면 물어도 보시오. 자미스럽게 공부가 되리다.

조선어朝鮮語 공부 ⑦
— 감고당感古堂[57]

창호와 사벽을 바르지 아니시며 너른 동산과 집의 풀을 매지 아니하매 길가치 무성하여 인적이 고요하니 리매망량과 허다 잡물이 날 곳 저물면 사람 다니듯 하니 궁인들이 무서워 움즉이지 못하더니 하로는 난대업는 큰 개 하나히 들어오니 모양이 심히 추한지라 궁인이 쪼치되 또 들어오고 가지 아니 하거늘 휘 갈아사대 그 개 출처 업시 들어와 쪼치되 가지 아니하니 괴이한지라 바려두라 하시니 궁인이 밥을 먹여 두엇더니 십여일 후에 샛기 세흘 나으니 가장 크고 모진지라 그 뒤는 날이 저물어 망량의 블과 리매의 자최 잇슨즉 개 너히 함끠 소래하여 지즈니 잡귀 급히 달아나 종적을 감초고 인하여 리매망량이 업서 궁중이 편안한지라

○감고당은 지금 안국정安國町 덕성유치원德成幼稚園 여페 잇는 큰 기와집. 이백삼십 년 전에 숙종대왕肅宗大王의 비妃인 인형왕후仁顯王后가 남의 모해謀害를 당하여 폐비廢妃가 되어 이 집에서 육 년을 나시엇고 그 뒤 그 아 드님 되시는 영종대왕英宗大王께서 이 집을 감고당感古堂이라 하시엇슴.

○창호는 窓戶 창과 문.

57 「感古堂」, 『조선일보』, 1939. 6. 4.

ㅇ사벽은 四壁, 네 벽,

ㅇ동산은 뒤안.

ㅇ길가치는 키가 퍽 높은 것.

ㅇ무성은 茂盛, 퍽 자란 것.

ㅇ인적은 人跡, 사람의 자취.

ㅇ리매망량은 魑魅魍魎, 귀신과 독갑이 따위.

ㅇ허다잡물은 許多雜物, 이것저것

ㅇ난대업는은 어대서 온 지 알 수 업는 것.

ㅇ궁인은 宮人, 내인, 궁속에서 부리는 여자.

ㅇ휘는 后, 왕비王妃, 임금의 아내.

ㅇ갈아사대는 말한다는 말을 존칭尊稱한 것.

ㅇ출처는 出處, 나온 곳.

ㅇ괴이는 怪異, 이상한 것.

ㅇ세흘은 셋을.

ㅇ망량의 불은 독갑이불.

ㅇ리매의 자최는 귀신의 자최.

ㅇ잡귀는 雜鬼, 여러 귀신.

ㅇ종적은 蹤跡, 자최.

ㅇ인하여는 그래서와 가튼 뜻.

ㅇ궁중은 宮中, 궁 속.

이 글은 인현성모전仁顯聖母傳에 잇는 한 대문입니다. 인현성모께서 폐비廢妃가 되시어 감고당에 나와 계실 때 그 고적한 광경을 적은 것입니다. 지극하신 부귀를 누리고 몃 백 명 궁인들을 거느리고 대궐 속에 번화로이 게시다가 뜻박게 남의 해를 입어 그 자리를 버리시고 독갑이 떼나 장을 치는 감고당으로 나오시어 두어 궁인을 다리고 계시니 여복 고적하시리

오. 문과 벽도 아니 바르고 풀도 아니 매엇스니 귀신들이 나제도 나옴즉 하리다. 우연히 개 한 마리가 들어와 샛기를 나아가지고 때로 지즈며 그 고적함을 덜한 것이 이상도 한 일입니다.

『의』와 『에』의 쓰이는 법[58]

우리말 가운데 『의』와 『에』와 가튼 말을 『토』라 합니다. 토를 쓰는 법이 다 다른바, 『의』와 『에』를 쓰는 법을 모르고 그걸 서로 혼동混同하여 쓰는 이도 업지 안흡니다. 가령

나는 나에 집의 잇다.
너는 남에 덕의 산다.

하는 따위니 이 말의 『의』와 『에』를 바르게 고치면

나는 나의 집에 잇다.
너는 남의 덕에 산다.

라고 하여야 합니다. 그런데 『의』의 쓰이는 법은 대개 여섯 가지가 잇으니

1. 나의 집, 봄의 꼿, 남의 것
과 가튼 것은 명사名詞와 명사의 사이에 쓰인 것이며

58 「『의』와 『에』의 쓰이는 법」, 『조선일보』 1939. 7. 2.

2. 나의 사랑하는 동무, 봄의 붉는 꽃

과 가튼 것은 명사와 동사動詞나 형용사形容詞 사이에 쓰인 것이며

3. 나의 집을 내 집, 너의 것을 네 것

이라 함과 가튼 것은 『의』의 소리가 그 웃소리에 겹친 것이며

4. 닭의 알을 닭알

이라 함과 가튼 것은 『의』의 소리가 그 아랫소리에 겹친 것이다.

5. 산의 새를 산ㅅ새, 우레의 소리를 우레ㅅ소리

라 함과 가튼 것은 『의』의 소리가 『ㅅ』로 바꾸인 것이며

6. 우리의 집을 우리 집, 조선의 땅을 조선 땅

이라 함과 가튼 것은 『의』의 소리가 아주 줄어진 것입니다.

그리고 『에』의 쓰이는 법은 이러합니다.

그날 밤에 다시 보자
그때 그곳에 잇섯다.
동東에 번쩍 서西에 번쩍 한다.
그 우에 그것이 잇다.
그 말이 한글책에 잇느리라.
밥에 떡에 만히 먹었다.

이와 같이 『에』 시간時間, 처소處所, 방향方向, 위치位置, 물건物件으로 된 명사名詞 밑에 쓰이고 또는 『과, 와, 을, 를』 토처럼 쓰이기도 합니다.

속담俗談[59]

예천 쇠발 고이

예천은 경상북도慶尙北道 예천군醴泉郡을 이름인데 옛날 이 골에는 한 어리석은 이가 살앗습니다. 이 어리석은 이가 한번은 소 등에다 짐을 실고 가던바 짐 한쪽이 더 무거워 자꾸 기울어지는 것을 보고는 그 짐을 고칠 줄은 모르고 그 기울어지는 때마다 그편 쇠발을 돌맹이로 괴엇다 합니다.

이는 미련한 짓을 하는 이를 보고 이르는 말입니다.

남의 다리 긁기

어느 따뜻한 봄날 해는 길어지고 몸은 노글노글 풀어질 듯한 날 한 시골양반이 나나리보따리를 질머지고 길을 나서 걸어가다가 날이 저물매 한 주막에 들엇습니다. 저녁 밥상을 물리고 나서 담배를 좀 피우고는

59 「속담俗談」, 『조선일보』, 1939. 7. 9.

어찌나 피곤하엿든지 겨우 갓, 망건, 두루마기나 벗고 두러누어 곤한 잠을 들엇습니다. 한잠을 자고 나서는 이뭉자몽 하는 중 다리가 퍽 가려웟던 모양입니다. 그래서 자기의 다리를 긁는다는 것이 그 엽의 자는 행인行人의 다리를 긁엇습니다. 암만 긁어도 시원치 안흐므로 북북 긁엇습니다. 그 때문에 그 행인은 놀래어 잠을 깨어가지고 시비를 하엿다 합니다.

이는 제가 제정신을 차리지 못하는 이를 두고 이르는 말입니다.

여산 백지다

여산은 전라북도全羅北道 여산礪山입니다. 지금은 익산군益山郡의 한 면面이지마는 옛날에는 유수한 골이엇습니다. 백지는 『백지白紙』인데 『여산』서 나는 백지는 다른 골에서 나는 백지보다도 퍽 얇앗던 모양입니다.

이는 너무나 얇은 짓을 하는 이를 보고는 이르는 말입니다.

조선어朝鮮語 공부 ⑧[60]

여름 저녁 서늘한 때를 가리어 규측적으로 힘껏 실력을 양성하지 아니하면 안 됩니다.

(가) 개정된 소학교 국어독본國語讀本은 상당히 어려우니 외우고 읽고 쓰고 의미意味 내용內容을 기피 연구하여 충분한 실력을 갓도록 합시다. 다만 숙제를 위하여 형식적으로 참고서參考書 가튼 것을 그대로 벳기면 공부가 다 된 줄만 알면 아무 효력이 업슬 것입니다.

(나) 산술算術을 일 자칫 잘못하면 한 달이 실히 되는 여름 방학을 그냥 집에서 낫잠이나 자고 또는 병이나 알코 그러케 고냥 저냥 보내 버리기가 체격 쉽습니다.

그러니까 이 여름 방학을 잘 보내고 잘못 보내기는 우선 맨 처음 첫날부터 습관 부치기에 달린 것입니다.

맨 처음의 첫날! 이날부터 여러분은 차근차근히 예산을 세워 노코서 그건 학교에 나갈 때와 조금도 다름업시 규칙 잇는 생활을 시작해야만 됩니다.

---

60 「朝鮮語공부」, 『조선일보』, 1939. 7. 16.

「조선어공부」도 다른 공부와 가치 그 공부하는 방식이나 태도가 별로 다른 게 업습니다. 다음에 몃 가지 생각나는 대로 적어 보겟습니다.

1. 속담俗談을 모으자!

이 속담 가치 재미잇는 것은 또 업슬 것입니다. 그전 벌써 오래전 옛날부터 우리들의 하라버지나 또는 하라버지의 하라버지 대로부터 전하여 나려오는 이 속담을 모하 보십시오.

얼핏 생각이 안 나면 어른들한테 여쭈어 보십시오. 그래서 조그만 잡기장이나 혹은 공책에다 차곡차곡 써 두십시요. 우리가 스스로 나서서 흙속에 파무처 잇는 우리말을 차자낸다는 것이 얼마나 알미니 뜻기픈 일이겟습니까?

2. 사투리(方言)를 모흐자!

어느 지방이든지 사투리가 업는 곳은 업습니다. 서울도 사투리가 여간 만흔 것이 아닙니다. 가령 '똔'을 '둔'이다 하든지 '몰라요'를 '물라요'라 하는 것은 이것은 모두 서울만이 가지고 잇는 소위 '서울 사투리'인 것입니다.

여름 방학이 되어 고향에 돌아가서 한여름을 보내게 될 때 다만 「조선어공부」 때문만 아니라 여러분의 고향을 더 잘 알기 위해서라도 이 사투리를 모하 보십시요. 그리고 교과서에 잇는 표준말과 비교해 보든지 또는 선생님에게 여쭈어 보십시요. 정말 재미잇는 '사투리'가 만흘 것입니다.

3. 노래를 지어보자!

산이나 물이나 무엇이든지 좃습니다. 나무나 풀이나 무엇이던지 좃습니다.

웅장한 산을 보앗슬 때 맑은 물을 만낫슬 때 또는 어여뿐 꼬치나 나무를 대할 때에 여러분은 새록새록의 느낌이 만흘 것입니다. 그 느끼는 것을 그대로 솔직하게 꾸미지 말고 글을 지어 보십시요. 노래도 조코 작문도 좃습니다. 아무것으.......

기타

우리글 표기예表記例의 몇몇

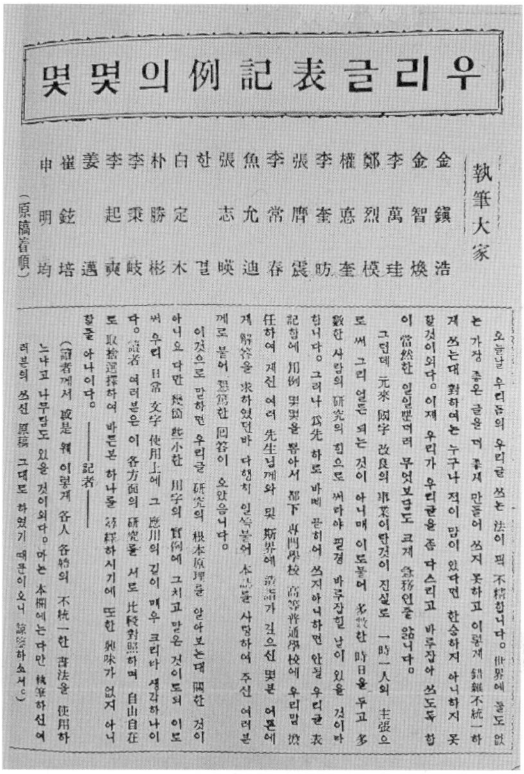

우리글表記例의몇몇

執筆大家

金鎭浩 金智煥 李萬珪 鄭烈模 權悳奎 李奎昉 張膺震 李常春 魚允迪 張志暎 한결 白定木 朴勝彬 李秉岐 李起爽 姜邁 崔鉉培 申明均

(原稿着順)

오늘날 우리들의 우리글 쓰는 法이 퍽 不精합니다。世界에 둘도 없는 가장 좋은 글을 더 좋게 만들어 쓰지 못하고 이렇게 錯雜不統一하게 쓰는대 對하여는 누구나 적이 맘이 있다면 한숨하지 아니하지 못할것이외다。이제 우리가 우리글을 좀 다스리고 바루잡아 쓰도록 함이 當然한 일일뿐더러 무엇보다도 크게 急務인줄 앎니다。

그런데 元來 國字 改良의 事業이란것이 진실로 一時 一人의 主張으로써 그리 얼른 되는 것이 아니매 이로붙어 多數한 사람의 研究의 힘으로 써라야 필경 바루잡힐 날이 있을 것이라 합니다。그러나 爲先 하로 바삐 끝히어 쓰지아니하면 안될 우리글 表記함에 用例 몇몇을 뽑아서 都下 專門學校 高等普通學校에 우리말 擔任하여 계신 여러 先生님께와 및 斯界에 造詣가 깊으신 몇분 어룬에게 解答을 求하였던바 다행치 일쯕붙어 本誌를 사랑하여 주신 여러분께로 붙어 懇篤한 回答이 오았읍니다。

이것으로 말하면 우리글 研究의 根本原理를 알아보는대 關한 것이 아니오 다만 極窄 些小한 用字의 實例에 그치고 말은 것이로되 이로써 우리 日常 文字 使用上에 그 應用의 깊이 매우 크리라 생각하나이다。讀者 여러분은 이 各方面의 研究를 서로 比較對照하며 自由自在로 取捨選擇하여 바른본 하나를 詮釋하시기에 또한 興味가 없지 아니할줄 아나이다。 ──記者──

(讀者께서 或是 왜 이렇게 各人 各條의 不統一한 書法을 使用하느냐고 나무람도 있을 것이외다。마는 本欄에는 다만 執筆하신 여러분의 쓰신 原稿 그대로 하였기 때문이오니 諒察하소서。)

『동광』 9호, 1927. 1.

우리글 표기예表記例의 몇몇[61]

집필대가執筆大家

김진호金鎭浩 김지환金智煥 이만규李萬珪 정열모鄭烈模 권덕규權悳奎
이규방李奎昉 장응진張應震 이상춘李常春 어윤적魚允迪 장지영張志暎
한결 백정본白定本 박승빈朴勝彬 이병기李秉岐 이기석李起奭
강매姜邁 최현배崔鉉培 신명균申明均
원고착순原稿着順

오늘날 우리들의 우리 글 쓰는 법이 퍽 부정不精합니다. 세계에 둘도 없는 가장 좋은 글을 더 좋게 만들어 쓰지 못하고 이렇게 착잡불통일錯雜不統一하게 쓰는 대 대하여는 누구나 적이 맘이 있다면 한숨 하지 아니하지 못할 것이외다. 이제 우리가 우리글을 좀 다스리고 바루잡아 쓰도록 함이 당연當然한 일일뿐더러 무엇보담도 크게 급무急務인 줄 앎니다.

그런데 원래 국자國字 개량改良의 사업이란 것이 진실로 일시일인一時一人

61 「우리글 表記例의 몇몇」, 『東光』 제9호, 1927. 1.

의 주장主張으로써 그리 얼른 되는 것이 아니매 이로붙어 다수多數한 시일時日을 두고 다수한 사람의 연구의 힘으로써라야 필경 바루잡힐 날이 있을 것이라 함니다. 그러나 위선爲先 하로 바삐 곧히어 쓰지 아니하면 안 될 우리 글 표기表記함에 용례 몇몇을 뽑아서 도하都下 전문학교 고등보통학교에 우리말 담임擔任하여 게신 여러 선생님께와 및 사계斯界에 조예造詣가 깊으신 몇 분 어른에게 해답을 구하였던바 다행히 일쓱붙어 본지本誌를 사랑하여 주신 여러분께로 붙어 간독懇篤한 회답回答이 오았읍니다.

이것으로 말하면 우리 글 연구의 근본根本 원리原理를 알아보는 대 관한 것이 아니요 다만 기개幾箇 사소些小한 용자用字의 실례實例에 그치고 말은 것이로되 이로써 우리 일상문자日常 文字 사용상使用上에 그 응용應用의 길이 매우 크리라 생각하나이다. 독자 여러분은 이 각各 방면方面의 연구를 서로 비교比較 대조對照하며 자유자재自由自在로 취사선택取捨選擇하여 바른 본 하나를 심역尋繹하시기에 또한 흥미가 없지 아니할 줄 아나이다.

-기자記者-

(독자께서 혹시 웨 이렇게 각인각체各人各體의 불통일不統一한 서법書法을 사용하느냐고 나무람도 있을 것이외다. 마는 본란本欄에는 다만 집필하신 여러분의 쓰신 원고原稿 그대로 하였기 때문이오니 양해諒解하소서.)

문제問題

1. 모음 중(母音中) ㆍ자字를 폐용(廢用) 여부(與否)?

예例하면 「ᄃᆞᆯ」, 「ᄆᆞᄋᆞᆷ」을 「달」, 「마음」으로 씀이 어떨가 함.

2. 된시옷이라 일컷는 ㅺ, ㅼ, ㅽ, ㅾ 등(等)을 ㄲ, ㄸ, ㅃ, ㅉ의 병서체(並書體)로 씀이 여하(如何)?

예例하면 「ᄭᅮᆷ」, 「ᄯᅢ」, 「ᄲᅮᆯ」, 「ᄶᅡᆨ」, 등(等)을 「꿈」, 「때」, 「뿔」, 「짝」으로 씀이 어떨가 함.

3. ㄷ, ㅅ, ㅈ, ㅊ, ㅌ 항(行)에 ㅑ, ㅕ, ㅛ, ㅠ 등의 복모음(複母音)을 합용하는 등자(等字)를 쓰지 아니할 여부(與否)?

예例하면 「뎌긔」(彼處), 「죠션」(朝鮮), 「텬샹」(天上) 등을 「저긔」, 「조선」, 「천상」으로 씀이 어떨가 함.

4. 말의 두자(頭字)가 ㄴ 항(行)으로 될 때 ㅇ로 개용(改用)하게 할 여부(與否)?

예例하면 「녀름」(夏), 「니르」(至) 등을 「여름」, 「이르」로 씀이 어떨가 함.

5. 받힘은 ㄱ, ㄴ, ㄷ, ㄹ, ㅁ, ㅂ, ㅅ, ㅇ 이외에 ㄷ, ㅈ, ㅊ, ㅋ, ㅌ, ㅎ 등도 다 사용하여야 할 여부(與否)?

예例하면 「받」(受), 「찾」(尋), 「좇」(從), 「같」(如), 「높」(高), 「좋」(好), 「앉」(坐) 「옳」(可) 「핥」(舐) 「읊」(詠) 등자(等字)를 씀이 어떨가 함.

6. 「드러가」(入去), 「거러가」(步行), 「버서」(脫)라도 쓰고 「들어가」, 「걸어가」, 「벗어」라도 쓰니 어느 것을 標準?

7. 「되여서」(爲), 「막혀서」(防), 「그려서」(畵)라도 쓰고 「되어서」, 「막히

어서」, 「그리어서」라도 쓰니 어느 것을 표준標準?

8. 「더우니」(暑) 「지으니」(作), 「우니」(鳴)라도 쓰고 「덥으니」, 「짓으니」, 「울니」라도 쓰니 어느 것을 표준標準?

9. 우리말을 한자로 된 말짜지라도 다 국음(國音)을 표준標準하여 씀이 여하(如何)?

예例하면 「십월」(十月), 「녀ᄌᆞ」(女子), 「리쳔」(利川) 등을 우리말로 쓸 때에 「시월」 「여자」 「이천」으로 씀이 어떨가 함.

10. 아레와 같은 말은 3종(種) 이상으로 쓰니 어느 것을 표준標準?

한울(天), 하늘, 하날

일음(名), 이름, 일홈

아희(兒), 아이, 아해

휘문고등보통학교교론徽文高等普通學校敎論 이병기李秉岐

1. 모음母音 가운데 ㆍ자字는 이전 버릇으로 「알에 ㅏ」라 하여 부를 것 같으면 이미 「우의 아」가 있으니 쓸 것이 없고 만일 「이으」의 거듭소리라 하면 제 소리대로 찾어 쓸 대가 더러 있으나 아즉 이것을 널리 알릴 수가 없으며 만일 이것을 「이으」의 거듭소리도 아니고 ㅏ자字 밨의 몯은 모음母音을 통용通用하는 자字라 할 것 같으면 닝큼 악퀴를 질 수 없어 우리말을 좀처럼 정리整理할 수 없을 것이니 찰아리 아니 쓸 수 밨에 없다.

2. 된시옷이라 닐컷는 ㅺ ㅼ ㅽ ㅾ들은 워낙 훈민정음訓民正音 규칙規則

에도 없는 것을 그 뒤에 그릇하여 써 온 것인즉 맞당이 정음正音 용례用例를 좇아 ㄲ, ㄸ, ㅃ, ㅉ의 병서체並書體를 쓸 것이다.

3. 말의 두자頭字가 ㄴ 항行으로 될 때에는 그 소리가 다 제 소리를 못 내는 것이 아니라 다만 ㅣ의 우에서 처음 날 때에 소리가 줄음이 있으니 「니름」을 「이름」이라 하며 또한 「냠냠」을 「얌얌」·「녜」를 「예」라 하는 따위다. 그런데 이것도 흙이 첫소리는 분간하기 어려우니 무슨 말 밑에 붙여 낡어 보면 「닌」가 「인」가를 잘 알 것이다.

4. ㄷ, ㅅ, ㅈ, ㅊ, ㅌ 항行에 ㅕ, ㅑ, ㅛ, ㅠ를 합용合用할 때에 ㄷ, ㅌ 들과는 별別로 쓸데가 없지마는 ㅅ는 「하시엇다」를 「하셧다」로 ㅈ는 「늘어지었다」를 「늘어졌다」로 ㅊ는 「깨치었다」를 「깨쳤다」로 하자면 아니 쓸 수 없다.

5. 정음正音 규례規例에 니른바 내종乃終소리는 다시 첫소리를 쓴다 하는 것을 좇아 몯은 자음子音을 몯아 받힘으로 쓸수 있으니 ㄷ ㅈ ㅊ ㅌ ㅍ ㅎ들도 받힘으로 하여 제 소리를 찾어 써야 할 것이다.

6. 우리말을 함부로 쓸 것 같으면 모르되 진실로 법 있게 쓰자면 무론 단어單語의 종류種類를 낳어 가령 동사動詞는 동사動詞, 부사助詞는 부사助詞로 따져 써야 할 것이니 땋아서 「드러가」, 「거러가」, 「버서」 따위를 「들어가」, 「걸어가」, 「벗어」라 써야 할 것이다.

7. 「막히어서」, 「그리어서」를 「막혀서」, 「그려서」로 쓰는 것은 다만

그 소리가 어세語勢로 말미암아 겹쳐질 뿐이요 법에는 억으러질 것이 없으나 「되여서」는 쓸데 없는 ㅣ 소리가 더하여 ㅕ로 되었으니 그건 「되어서」로 씀이 맞당하다.

8. 「더우니」, 「지으니」, 「우니」, 「덥으니」, 「짓으니」, 「울으니」 들은 각기 쓰는 경우境遇가 닱아 불규칙不規則하기는 하나 어느 것을 꼭 표준標準이라 하여 작정할 수는 없다.

9. 「녀자」, 「리천」을 「여자」, 「이천」으로 부르는 이유理由는 우에 말한 바어니와 ㄴ이 첫소리로 ㅣ 우에서만 죽는 것이니 이걸 표준標準할 수 없으며 「十月」을 「시월」이라 하는 것만은 특수特殊한 것이니 그대로 아니 쓸 수 없다.

10. 「한울」은 「한울」로 「일음」은 「니름」으로, 「아희」는 「아이」로 표준어標準語를 정定함이 좋을 듯합니다. 말하자면 「한울」의 「한」은 「크다」라는 뜻이요. 「울」은 「울」이라는 뜻이니 뜻도 좋을뿐더러 소리도 좋아서 일반적一般的으로 많이 부르는 까닭이며 「니름」, 「아이」는 「일음」, 「일흠」, 「아희」, 「아해」보다 현대적現代的 문법적文法的이다. 곳 고어古語에서 많이 쓰이든 「ㅎ」 따위가 현대어現代語에서는 흖이 줄어지고 아니 쓰이는 일례一例다.

—끝—

한글 정리整理에 대한 제가諸家의 의견意見

한글整理에對한 諸家의意見 (十六)

李秉岐

史

李光洙 作

李象範 畫

『동아일보』, 1928. 11. 20.

한글 정리整理에 대한 제가諸家의 의견意見 (十六)[62]

이병기李秉岐

설문(『동아일보』 1928. 11. 28.에서)

현금現今 조선朝鮮에서 관용慣用되는 조선어철자법朝鮮語綴字法은 각가各家가 각견各見을 가저서 통일統一되지 못한 현황現況에 잇습니다. 때마츰 학무당국學務當局에서 교과서敎科書의 철자법綴字法 개정改定이 문제問題되어 잇슴으로 본사本社에서 사계권위제씨斯界權威諸氏에게 조선어철자법朝鮮語綴字法에 관關한 의견意見을 좌기左記와 가티 제의提議하엿든 바 제씨諸氏는 이에 대對하야 의견意見을 기탄忌憚 업시 발표發表하야 주섯슴으로 이에 소개紹介합니다.

一. 한글 정리整理에 관關한 귀하貴下의 의견意見 여하如何

(1) 현재現在 사용법使用法을 존속存續할까(기其 이유理由)

(2) 개정改正이 필요必要하다면 그 원칙原則(급及 이유理由)

62 「한글整理에 대한 諸家의 意見 (十六)」, 『동아일보』, 1928. 11. 20.

二. 좌기左記 제諸 문제問題에 대한 귀하貴下의 의견意見

(1) 병서並書의 가부可否(까따빠)(이유理由)

(2) 표음表音의 가부可否(급及 이유(理由))

가. 小說을 소설로

나. 基柴를 기시로

다. 思 四를 사로

라. 天地를 천지로

마. 桃李를 도리

李某를 이모

羅紬를 나주

全羅를 전라

바. 十月을 시월

六月을 유월

載寧를 재령

會寧을 회령

사. 첫녀름 웃니

이 여름 새이

(3) 초성初聲 전부全部를 종성終聲으로 사용使用할 여부與否(급及 이유理由)

만일萬一 사용使用치 아니할 때에는

주晝 '낮에'냐 '나제'냐

전前 '압히'냐 '아피'냐

화花 '꽃이'냐 '꼬치'냐 '꽃치'냐

수受 '바드니' '밧으니'

호好 '조타' '좇타'

한글정리整理에 대하여 평소 경험한 바와 생각한 것이 무엇이 있으까마는 부재不才한 이 사람에게도 의견意見을 물으시니 마지못하여 몇 가지 대답을 합니다.

一. 요새 보통학교普通學校를 졸업卒業하고 온 이들을 한 교실教室에 모여놓고 '마음이 깃브다'라는 말 따위를 서취書取시켜 보면

마음이 깃부다.
마암이(혹은 마 옴이) 기쁘다
마으미 깁부다
마아미 깃브다.
맘이 기쁘다.
마미 깁브다.

이렇게 여닐곱 가지로 써 있읍니다. 이것이 현재現在 조선어朝鮮語 사용법使用法의 일례一例입니다. 이같이 넘우나 불규칙不規則한 것을 누가 존속存續하자겠읍니까. 이것이 또한 조선어朝鮮語 사용법使用法의 일법一法이라 하고 그냥 존속存續하자는 이가 있으면 그와는 말할 것도 없읍니다. 그럼으로 현재現在 조선어朝鮮語 사용법使用法의 개정改正의 필요必要는 더 말할 것도 없읍니다.

그런데 그 개정改正의 원칙原則에 대하여서는 이에 몇 가지를 들어 적는다 해도 넘우 막연漠然한 문제問題가 되어 자세仔細한 문법론文法論에 들어가 연구硏究를 해 보지 아니하면 모를 것임으로 말하지 아니 합니다.

二. (1) 까 따 빠 짜 들과 같이 각기 된소리를 내는 때에 가은 그 자음子

音을 병서並書하자 함은 워낙 훈민정음訓民正音의 규례規例에도 그러하고 훈민정음訓民正音 반포頒布한 뒤 발간發刊된 여러 가지 서적書籍에도 그 용례用例가 많음을 보아도 그러하려니와 음리音理로나 학습學習의 편의便宜로도 또한 그러합니다. 그 예例를 들어 말하면

「앗가」 곳 「아ᄭᅡ」는 「악가」 곳 「아까」와 「밧브」 곳 「바ᄲᅳ」는 「밥브」 곳 「바쁘」와 그 소리가 서로 좀 다르지 않습니까? 그러고 ㄷ ㅅ ㅈ 들만은 저끼리 어떻게 서로 맛나든지 서로 비슷한 된소리가 나나 이는 그 소리 내는 기관機關의 관계關係로 말미암어 혼동混同됨이요 실상 제 소리는 아닌 것 아닙니까? 그러면 제 소리도 아닌 된시옷 「ㅅ」를 붙이어 ㅺ ㅽ ㅼ ㅾ를 써 놓고 ㄲ ㅃ ㄸ ㅉ와 같이 발음發音하는 것이 잘못인 줄을 알 것 아닙니까? 그런즉 ㄲ는 ㄲ, ㅃ는 ㅃ, ㄸ는 ㄸ, ㅆ는 ㅆ, ㅉ는 ㅾ[63] — 이렇게 제 소리대로 쓰는 것이 음리音理에 맞을 것 아닙니까? 또한 이것이 배우기도 쉬울 것 아닙니까?

二. (2) 이 표음表音에 대하여는 이렇게 생각합니다. — 조선어朝鮮語에 대한 몯은 문제問題가 다 그러하려니와 그중 이 문제問題도 단순單純하게스리 속단적速斷的으로 해결解決할 수는 없는 것인가 합니다. 지금 우리가 쓰는 우리말도 우리의 역사와 같이 그 장구長久한 동안을 거쳐오며 그 시대時代 그 시대時代를 딸어 변천變遷하는 것인즉 다만 어느 시대적時代的 고정적固定的인 것으로만 쓸 수가 없읍니다. 그럼으로 특수한 경우에는 말할 것도 없지마는 비록 그 발음發音이 잘 되었든 잘못되었든 일반적一般的으로 통용通用하여 다시 곧히래야 곧힐 수도 없는 것이고 보면 그대로

63 ㅉ의 오기인 듯.

쓸 수밖에 없읍니다. 가령 자전字典에나 운고韻考에는

「父母」를 「부무」라
「印刷」를 「인솰」이라
「取扱」을 「츄삽」이라

하엿지마는 지금 이대로 하자 한들 될 수 있습니까? 이뿐입니까? 종래 자전字典 운고韻考에 적힌 음音대로 읽어 주는 자가 얼마 못 됩니다. 이에 한ㅅ자음漢ㅅ字音도 잘 정리整理하여야 합니다. 정리整理하자면 조사調査와 연구硏究를 많이 하여야 할 것입니다. 종래 한ㅅ자漢ㅅ字가 언제붙어 수입輸入된 것이며 수입輸入되든 당시當時에는 어떤 음音을 쓰든 것이며 그 뒤로 어느 시대時代와 시대마다 어떤 변천變遷이 있든 것이며 지금 와서는 어떻게 된 것임을 다 알어야 합니다. 그래서 나는 아즉 미정未定한 것이나마 이렇게나 하였으면 어떤가 하며 생각하는 것이 두어 가지 있습니다.

(ㄱ) 역사적歷史的 특수特殊한 것
(ㄴ) 일반적一般的 통용通用된 것

한글 정리整理에 대한 제가諸家의 의견意見 (十七)[64]

이병기李秉岐

역사적 특수한 것으로 말하면 고전古典은 고전대로 보존保存하자는 의미意味로서 언제든 그대로 써야 할 것입니다. 그 예를 들면

「黏蟬」을 「념제」라
「樂浪」을 「락랑」이라
「契丹」을 「거란」 혹은 「글단」이라
「冒頓」을 「묵특」 혹은 「묵돌」이라

하는 따위와 같은 것이고 일반적一般的 통용通用된 것으로 말하면 여기에 또 두 가지가 있으니 하나는 역사적歷史的으로 통용된 것과 또 하나는 습관적習慣的으로 통용通用된 것입니다. 그 예例를 들면

「學校」를 「학교」라
「人間」을 「인간」이라

64 「한글整理에 대한 諸家의 意見 (十七)」, 『동아일보』, 1928. 11. 22.

「道德」을 「도덕」이라

함과 같은 것은 전자前者의 예例인데 더 말할 것도 없으며

「邪說(샤설)」을 「사설」이라
「消愁(쇼슈)」를 「소수」라
「長程(쟝정)」을 「장정」이라
「從衆(죵즁)」을 「종중」이라
「着處(챡쳐)」를 「착처」라
「初秋(쵸츄)」를 「초추」라
「提調(뎨죠)」를 「제조」라
「天地(텬디)」를 「천지」라
「猜忌(싀긔)」를 「시기」라

하는 따위는 후자後者의 예인데 이 따위와 같이 어떻게 쓰이는지 이렇게 일정一定하게 발음되는 것도 있으며

「羅(라)씨」를 「나」씨라
「樓(루)다락」을 「누다락」이라
「盧(로)씨」를 「노씨」라

하는 따위와

「呂(려)씨」를 「여씨」라
「料理(료리)」를 「요리」라

「柳(류)씨」를 「유씨」라
「李(리)씨」를 「이씨」라

하는 따위와 같이 그 소리를 첫소리로 낼 때만은 이렇게 제소리를 변變하는 것도 있으며

「十月(십월)」을 「시월」이라
「百川(백천)」을 「배천」이라
「會寧(회령)」을 「회령」이라
「議論(의론)」을 「의논」이라

하는 따위와 같이 어떤 것은 제 소리가 좀 졸은 것도 있고 어떤 것은 제 소리가 다른 소리로 바뀐 것도 있으니 이 따위들은 그 소리를 내는 대로 쓰는 것이 좋을가 합니다. 그러고 우리말에 「첫녀름, 이여름」과 「웃니, 새이」와 같은 따위는 고런 것이 아닙니다. 그냥 「첫여름, 웃이」로 써 놓고라도 각기 제 소리를 내어 읽자면 「첫녀름, 웃니」ㅅ 소리와 비슷하게 들리는 것입니다. 이것은 연음관계連音關係로 말미암아 그 소리가 동화同化되는 까닭입니다. 다만 「여름」이나 「이」나 「첫여름」이나 「웃이」와 같이만 써 놓고 읽으면 과연 「녀름」인지 「니」인지 모르지마는 「이여름」이나 「새이」와 같이 써 놓고 읽으면 제 소리는 제 소리대로 납니다. 그럼으로 「니」나 「이」 같은 말은 어떤 자음子音 밑에서 연음관계連音關係로 동화同化될 때에나 또는 연음관계도 없이 독립獨立하여 발음發音될 때에는 어느 것이 제 소린지 모르지마는 모음母音 밑에 붙어서 발음發音될 때에는 반듯이 제 소리는 제 소리대로 나는 줄을 알 것입니다.

三. (3) 이 문제는 한글 정리整理에 대하여 가장 선결先決할 문제問題로 생각합니다. 원래 훈민정음訓民正音의 규례規例에도 있는 「종성부용초성終聲復用初聲」의 법칙法則을 부활復活시키지 않으면 한글 정리整理를 할 수 없읍니다. 지금들 인용引用하는 훈몽자회訓蒙字會[65]의 예例에 있는 초성종성통용初聲終聲通用하라는 ㄱ ㄴ ㄷ ㄹ ㅁ ㅂ ㅅ ㆁ 등 8자八字ㅅ가운데에도 ㄷ 만은 웨 종성終聲으로 아니 씁니까? 지금 다시 ㄷ 종성終聲을 아니 쓸 이유가 없는 것과 같이 ㅈ ㅎ ㅋ ㅌ ㅍ ㅊ 종성終聲들도 아니 쓸 이유가 없을 것 아닙니까? 과연 그 소리가 나는 대로 ㄱ 종성終聲 쓸 데에는 ㄱ 종성을 쓰고 ㅂ 종성終聲을 쓸 데에는 ㅂ 종성終聲을 쓴다면 ㅍ 종성 ㅊ 종성終聲인들 못 쓸 것이 있습니까? 가령

「머근」은 「먹(墨)은」으로
「바븐」은 「밥(飯)은」으로

쓸 줄을 알면서

「고든」은 「곧(處)은」으로
「나즌」은 「낮(晝)은」으로
「조흔」은 「좋(好)은」으로
「가튼」은 「같(如)은」으로
「기픈」은 「깊(深)은」으로
「조츤」은 「좇(從)은」으로

65 원문에는 '訓蒙會社'로 되어 있음.

쓸 줄을 모릅니까? 이 따위는 밀우어 보아도 넉넉이 짐작할 것이 아닙니까? 이 밖에도 문제 삼어 말할 것이 많습니다마는 그만둡니다.

한글 강습회講習會 성황盛況으로 개강開講

한글講習會
盛況으로開講

『중외일보』, 1927. 7. 25.

한글 강습회講習會 성황盛況으로 개강開講[66]

전남全南 영광靈光 청년회靑年會에서는 금번 「한글」 강습회講習會의 강사講師 이병기李秉岐 선생先生의 내왕來往을 계기契機로 하야 지난 21일二十一日 오후午後 9시九時 영광靈光 경찰서警察署 구내構內에 잇는 공육당公育堂일명一名 연무장演武場 내內에서 학술강연회學術講演會를 개최開催한바 강연講演 전부터 운집雲集하는 관중觀衆은 무려 수백 명에 달하야 근래 초유初有의 대성황大盛況을 일운 가운데 「조선어朝鮮語 급及 조선사朝鮮史에 대對하야」라는 연제演題 하下에 □□하고 조리條理 잇는 □□의 열변熱辯을 토하야 일반 관중에게 무한無限한 자극刺戟과 감동感動을 전傳하고 동 11시十一時에 무사히 종연終演하얏다더라. 【영광】

66 「한글 講習會 盛況으로 開講」, 『중외일보』, 1927. 7. 25.

한글 정리整理는 어떻게 할가 (二)

한글整理는 어떻게할가(二)

斯界專門家의 意見

張志暎

『조선일보』 1929. 5. 30.

한글 정리整理는 어떻게 할가 (二)[67]

—사계전문가斯界專門家의 의견意見

오늘날 조선朝鮮 사람으로 있어서 누구든지 한글의 쓰는 법法이 불규칙不規則하다 무통일無統一하다 하야 정리整理하여야 하겠다는 소리는 부르짖은 지 이미 오래었다. 이로부터 이 문제問題는 우리에게 확실確實히 필요必要 긴급緊急한 문제이다. 그렇다. 정리整理하여야 한다. 정리하지 않고는 그대로 쓸 수 없다. 그러나 이를 실제實際로 정리하자면 어떠한 방법方法을 취取하며 어떠한 길로 나아갈가. 이는 참으로 용이容易한 문제가 아니다. 여긔에는 벌서부터 시비是非가 많고 주장主張이 각각各各 다르다. 그리하야 정리하자 정리하자를 부르짖은 지 오랜 오늘날까지도 아즉 그 길이 나서지 아니하였다. 그러나 언제까지든지 이대로 버려두지는 못할 것이다. 요구要求는 더욱 긴절緊切하여 간다. 그리하여 우리는 이제 사계斯界 전문대가專門大家의 이에 대한 의견意見을 들어 종합하여 이 가운데에서 한 안案을 얻으려 함이다.(『조선일보』 1929. 5. 28에서).

67 「한글 정리整理는 어떻게 할가 (2)」, 『조선일보』, 1929. 5. 30.

휘문고보徽文高普 이병기李秉岐

一. 종래從來의 시옷을 병서並書로 함에 대한 가부可否에 대하여는 병서가 가可하다고 합니다.

병서並書의 예例 『까 따 빠 짜』 따위는 지금 새로이 맨든 것이 아니라 훈민정음訓民正音 반포頒布 이후의 간행刊行된 여러 가지 서적書籍에도 이러케들 쓰이어 있음을 보든지 음리音理로 보든지 학습의 편의便宜로 보든지 정리整理의 필요로 보든지 하여 모다 합리合理한 줄로 아는 것입니다.

어떤 이는 『까 따 빠 짜』의 발음은 『ᄭᅡ ᄯᅡ ᄲᅡ ᄶᅡ』와 똑같은 것이 아니니 『까 따 빠 짜』를 『ᄭᅡ ᄯᅡ ᄲᅡ ᄶᅡ』와 똑같이 쓸 수는 없다고 하여 된시옷을 그대로 쓰자 하기도 하나 『ㅅ』의 병서並書인 『ㅆ』는 『ㅅ』보다 얼마큼 되게 나는 소린 줄 알고 쓰면서 그와 똑같은 예인 『ㄱ ㄷ ㅂ ㅈ』의 병서 『ㄲ ㄸ ㅃ ㅉ』는 어찌 부인否認합니까? 이것은 사탕에 사탕을 더하면 얼마큼 더 달 줄은 알면서도 소금에 소금을 더 타면 얼마큼 더 짤 줄을 모르는 것과 같은 일입니다.

二. 초성初聲 전부全部를 종성終聲으로 사용使用함에 대한 가부에 대하여는 초성 전부를 종성으로 사용함이 가하다고 합니다.

종래의 종성終聲 사용使用법도 대개는 역사적歷史的도 아니고 합리적合理的도 아닙니다. 그저 함부로 비슷한 소리를 써 왔읍니다. 그럼으로 제 소리를 찾어 일정一定하게 아니 쓰면 도저히 정리整理될 수가 없읍니다. 제 소리를 찾어 일정하게 쓰자면 훈민정음訓民正音 규례規例에 있는 『종성부용초성終聲複用初聲』의 원칙原則에 의하여 아니 쓰면 아니 될 것입니다. 이것은 훈민정음 규례에 있다고만 하여 쓰자는 것이 아니라 음리音理로나 운법韻法으로 이러케 써야만 될 것이라 합니다.

그러나 종래從來 사용使用치 아니하든 종성을 다시 사용하면 이걸 배우지 않고 처음 보곤 어렵다 모르겠다 함도 무리無理한 것은 아니나 이걸 배우지 않고도 그저 알게 되고 그리고도 가장 합리合理하게 할 수는 없으니 배우지 못한 사람들에게는 좀 어려움이 있다드라도 한글 그것을 위하여 아주 근본적으로 개량改良을 하여야 합니다. 만일 지금의 배우지 않고도 그저 알려는 사람들을 위하야 그양 둔다면 한글 정리整理는 언제든지 아니 될 것입니다.

요마적 조선총독부朝鮮總督府에서는 이르는 철자법綴字法 개량改良 문제問題도 얼마큼 현재 사용하는 것의 결점缺點을 의식한 것이니 가장 합리한 것을 취하여 조선어朝鮮語 교과서敎科書를 곧히고 초등학교國民學校에서부터 가르처 줄 것 같으면 그만일 것입니다.

三. 한ㅅ자漢ㅅ字음의 역사적歷史的 기음記音을 표음적表音的 기음記音으로 함에 대한 가부可否에 대하여는 이러케 생각합니다.

수평(水平)-수평
테력(體力)-체력
뎡가(定價)-정가
죠씨(趙一)-조씨
쵸월(超越)-초월

이라 함과 같은 따위는 표음적表音的 기음記音(표음적表音的 기음記音이라기보다도 통속적通俗的 표음表音이라는 말이 좋을 듯)을 쓰는 것이 가可하다고 합니다마는

라주(羅州)-나주
녀자(女子)-여자

라 함과 같은 따위는 『ㄹ』이 처음 발음發音될 때만 『ㄴ』으로 변變하고 『ㄴ』이 처음 발음할 때만 제 소리가 줄어짐으로 그러케 되는 것이니 역사적歷史的 기음記音대로 두고 그러케 되는 경우를 땋어 발음만 그대로 하였으면 하겠습니다.

그러고 또

십월(十月)-시월
회녕(會寧)-회령

이라 함과 같은 따위는 일종 특수한 음표音表으로 두고 이런 경우만은 이러케 하여야 하겠습니다.

이상의 말로 하여 간단簡單히 대답을 합니다.

한글 연구가研究家 제씨諸氏의 감상感想과 제의提議

한글研究家諸氏의

感想과提議

辭典編纂에 注力하자 鄭烈模

橫書欄을 두었으면 李常春

劃時期的으로 紀念하려면 李奎昉

세분에게 치하한다 李允宰

新綴字法을 實行하라 李秉岐

知識과物質로 援助하라 李克魯

單語標準으로 띄어쓰자 崔鉉培

文筆家에의 나의希望 申明均

『동아일보』, 1930. 11. 19.

한글 연구가研究家 제씨諸氏의 감상感想과 제의提議[68]

사백여든넷재 돌을 맞으며

한글 연구가研究家 제씨諸氏에게 대對하야 『금년今年의 한글날을 당當하야 귀하貴下는 무엇을 느끼십니까. 또 무슨 의견意見을 제창提唱하시렵니까』를 설문設問하엿든 바 다음과 같은 동감同感되는 감상感想과 경청傾聽할 만한 의견意見을 각각 적어 보내 주엇다. 이제 이것을 지면紙面을 통하여 소개紹介한다.(기자記者)

68 「한글硏究家 諸氏의 感想과 提議」, 『동아일보』, 1930. 11. 19.

사전편찬辭典編纂에 주력主力하자

정열모鄭烈模

올에는 새 철자법이 일단이 국민 교육에 실시된 것만큼 이번 가갸날은 별다른 늣김을 가지게 됩니다. 이때에 나로서 한 가지 제의할 것은 우리 사전 편찬 사업을 촉진하기 위해 사회적으로 힘을 모으도록 하자는 것이올시다. 돈 있는 이는 돈으로 힘 잇는 이는 힘으로

횡서란橫書欄을 두엇으면

송고松高 이상춘李常春

사천이백육십삼세四千二百六十三歲의 어룬이 사백팔십사년四百八十四年이나 글을 읽고도 아직도 이 글을 바로 적지 못한다는 것은 참말로 낱이 뜻뜻한 일이다. 하나 한글 운동運動이 일어난 지 미만未滿 삼십년三十年에 교과서敎科書의 철법綴法이 그만큼이라도 개정改正되기까지 이른 것은 적지 아니한 성공成功이라고 나는 느낀다. 철법綴法이 개정改正된 오늘이니 언론기관言論機關의 활자活字가 이로 좇아 개정改正되엿으면 좋겟다. 경제상經濟上으로 보아서는 용이容易한 일이라고 할 수 없으나 문제問題는 시급時急한 것이라고 생각한다. 또 나는 한글의 횡철橫綴이 필요必要하다고 느낀다. 귀보貴報에 횡문란橫文欄을 두어 주면 고맙겟다.

획시기적劃時期的으로 기념紀念할 날

보고普高 이규방李奎昉

우리글은 세계世界에 그 유類가 없은 가장 이상적理想的이고 학술적學術的인 완전完全한 글이건만 오래ㅅ동안 멸시蔑視와 압박壓迫을 받어 오다가 오늘날 이만치나 발전發展된 것을 생각하면 그 얼마나 깃브겟습닛가. 금년今年은 더욱 획시기적劃時期的으로 기념紀念할 만한 해라고 하여도 좋을 듯합니다. 그것은 위선爲先 보통학교普通學校에서붙어 개정改正된 철자법綴字法이 (다소多少 불완전不完全하나마) 교수敎授되고 우리글 신문新聞에서는 점차漸次 개정改正을 더하여 부지불식간不知不識間에 대중화大衆化되어 가는 것[69]을 보면 참 반갑습니다. 한글 반포頒布 제사백팔십사주년第四百八十四週年 기념紀念을 당當하여 더욱 선성先聖의 위업偉業과 선배先輩(주시경周時經 씨氏)의 노력勞力과 또 현재 우리 십중十衆의 목탁木鐸이 되는 한글 신문新聞의 위력偉力에 대하여 감사感謝의 뜯을 표表하며 장래將來 더욱 연구硏究와 보급普及에 헌신獻身하랴 합니다.

69 원문에는 '갓'으로 되어 있음.

세 분에게 치하한다

이윤재李允宰

한글이 난지 사백팔십사년재 한글 운동을 시작한 지 삼십여 년재, 오늘날에 이르러 비로소 환한 빛을 나타내게 됨을 보겟다. 교과서에서 철자를 정리, 신문지에서 표준 글씨 실행을 준비, 각처에서 한글 강습회 개최, 이렇듯 한글이 가속도로 진보됨은 실로 초유한 현상이다. 나는 오늘에 가장 느기는 바는 세종대왕께서 이를 만드시기에 애쓰심과 주시경 선생의 이를 연구하기에 애쓰심과 조선어연구회에서 이를 실행하기에 애씀이 다 헛된 대 돌아가지 아니함을 치하하여 말지 아니한다.

신철자법新綴字法을 실행하라

이병기李秉岐

한글 기념일記念日을 위하여 이같이 물어주시니 퍽 고맙습니다. 이것에만 그치지 말고 귀사貴社에서 한글 철자법綴字法 하나라도 곳 실행實行하여 주셨으면 더욱 고맙겠읍니다. 십일월十一月 십칠일十七日

지식智識과 물질物質로 원조援助하라

이극로李克魯

표준어標準語가 서고 철자법綴字法이 통일統一된 자학字學이 성립成立되어야 비로소 한글이 제값을 가지게 될 것입니다. 그러자면 사전辭典이 나야 됩니다. 이 사전辭典은 일개一個 학자學者의 지력智力으로 되는 것이 아니라 권위權威 잇는 각各 방면方面 전문가專門家의 지식智識을 빌어야 되는데 더욱 조선어학朝鮮語學 권위자權威者의 토의討議 처리處理가 많아야 될 것입니다. 그래서 오랫동안에 많은 노력努力을 쓸 것이므로 상당히 많은 물질을 요구합니다. 그러므로 이 사업事業을 위爲하야는 지식智識과 물질物質의 원조援助가 없어서는 아니됩니다.

단어單語 표준標準으로 띠어 쓰자

연전延專 최현배崔鉉培

一, 우리 조선 민족에게 자장 기념記念할 만한 날의 하나인 한글의 생일生日을 당當하야 그 무궁無窮한 생장生長 발전發展을 비는 동시에 그 생장生長의 걸음에 질적質的으로 또 양적兩的으로 금년今年에 잇어서 특별特別히 현저顯著한 것을 축하祝賀합니다.

二. ㄱ, 조선朝鮮 사회社會에서 문필文筆을 잡은 이들이 다 이 합리적合理

的으로 생장生長하야 가는 제 나라 글자에 대對하야 상당相當한 이해理解를 가지도록 힘쓸 것이오 또 나아가아 실제에 사용하도록 — 신문新聞 잡지雜誌가 다 합리화合理化한 한글로 쓰이어 나도록 힘쓰기를 제창提唱하며

ㄴ, 단어單語 표준標準으로 글을 띄어쓰기를 제창하며(이 점에 관하야는 특히 귀지貴紙의 용의用意가 많음을 심사深謝합니다.)

ㄷ, 한글과 한말의 연구硏究 급及 발전發展을 위하야 — 민족民族의 만대萬代 문화생활文化生活에 유의의有意義한 이 고귀高貴한 사업事業을 위하야 공고鞏固한 기관機關을 설치設置할 재력財力 잇는 사업가事業家의 나오기를 절규絶叫합니다.

문필가文筆家에의 나의 희망希望

신명균申明均

조선글의 정리운동整理運動은 한 가지 한 가지 그의 실적實績이 서책書冊 교육신문敎育新聞, 잡지雜誌로 나날이 나타나 갑니다. 조선문화朝鮮文化의 장래將來를 위하야 얼마나 깃븐 일입니까. 그러나 이것이 완전完全한 지경까지 이르자면 아직도 적지 않는 시일時日과 노력努力이 들어야 하겟습니다. 본래 글과 말을 정리整理하는 주장 목적目的은 읽기에 편便하고 이해理解하기에 편便하자 함인즉 글자를 낱글자(단자單子)대로 또박또박 떼여서 읽기에 편便하도록 하여야 할 것이오. 또 말은 조선말 한문漢文 말이라도 누구든지 다 알 만한 한문漢文 말을 써서 말을 이해理解하기에는 딴 노력努

力이 들지 않도록 하여야 할 것이올시다. 이 두 가지 일은 오늘날 대중적大衆的으로 흘러나가야 할 조선문화朝鮮文化를 위하야는 가장 긴절緊切한 일인 줄 생각합니다. 이것은 특히 지도자指導者 지위地位에 게신 이와 또는 여러 사람들에게 글을 주시는 어른들은 깊이 힘써 주실 일이라고 생각하는 바이올시다.(무순無順)

한자漢字 제한制限 정도程度와 실현實現할 구체적具體的 방법方法 (一)

漢字制限程度와 實現할具体的方法 (一)

第一問 現下에 絶對必要한 漢字의 最低字數

第二問 最低字數로 制限後 實施할 方法如何

二千五百 教科書制限

委員選定 調査가必要 李秉岐氏

機關設置 一千字可量

千五百字 新聞雜誌도

聯盟組織 千百字爲好 李世楨氏

各國文盲統計 千人에對한比例如何

『동아일보』, 1931. 1. 1.

한자漢字 제한制限 정도程度와 실현實現할 구체적具體的 방법方法 (一)[70]

제1문第一問 현하現下에 절대絕對 필요必要한 한자漢字의 최저最低 자수字數

제2문第二問 최저最低 자수字數로 제한制限 후後 실시實施할 방법方法 여하如何

이천오백二千五百 교과서教科書 제한制限

진명眞明 남상찬南相瓚 씨氏

(二)(가) 보통학교 교과서에서부터 제한 실시하면 조켓다고 생각한다.

(나) 우리는 우리글로만 말할 수 잇고 일할 수 잇스니 우리는 속히 실현되도록 노력하여야 할 것이다.

70「漢字制限程度와 實現할 具體的方法 (一)」,『동아일보』, 1931. 1. 1.

위원委員 선정選定 조사調査가 필요必要

휘문徽文 이병기李秉岐 씨氏

(一) 이것은 여러 방면으로 매우 조사를 하여 보고야 하겟슴으로 아직 그 글자 수를 말하지 못한다.

(二) (ㄱ) 이것은 그 방면의 조사 위원을 두어 가지고 꼭 써야 할 한자만을 한정하야 발표하고 그 박게 다른 한자는 아니 쓰도록 할 것이오.

(ㄴ) 그러치 못하면 한문 문자라도 보통 한글로 써서 알 것(학교, 긔차, 운동 가튼 짜위)은 한자를 쓰지 말고 또는 나는 말이나 외국에서 드러오는 말 따위를 한글로만 쓰도록 할 일이다.

기관機關 설치設置 이천 자二千字 가량可量

여고女高 장응진張應震 씨氏

(一) 현재 일본에서 상용하는 한자 수는 일천구백육십이 자一千九百六十二字이오 이외에 약자가 일백오십사자一百五十四字 합계 이천일백십육 자二千一百十六字이니 창졸간 독단으로 명확한 자수를 말할 수는 업스나 약 이천 자二千字 가량이면 된 줄 안다.

(二) (가) 상용 한자 조사 긔관을 설치하야 그 자수를 정밀히 사정하고 (나) 그런 뒤 제일 먼저 교과서 편찬에 이것을 실행하고 다음 각 신문과

잡지에서 일제이 선전하며 실행할 것이오 부득이 제한 이외의 한자가 드러갈 경우에는 반드시 그 글자 바른편에 주석의 말을 첨부할 것이오 (다) 상용 한자 일람표(카-드)를 독본 뒤에 계재하며 신문잡지에서 째째로 어써한 방법으로든지 이것을 광포하야 일반 투고자에게 알게 할 일.

천오백 자千五百字 신문新聞 잡지雜誌도

이화梨花 김극배金克培

(一) 일천오백 자一千五百字

(二) 교과서에는 물론이오 일반 신문 잡지에 절대 필요한 한자漢字 이외에는 쓰지 아니하여야 될 줄 안다.

연맹조직聯盟組織 천백 자千百字 위호爲好

진명進明 이세정李世楨 씨氏

(一) 일천일백 자一千一百字

현행 보통학교 조선어 독본에 나오는 한자가 일천사백칠십팔 자一千四百七十 八字요 일본 소학교 국어독본에 나오는 한자 수가 일천삼백육십삼 자一千三 百六十三字이니 현하에 절대 필요한 최저 자수는 일천일백 자一千

一百字면 될 줄 안다.

(二) (1) 각 신문사가 한자 제한 연맹漢字制限聯盟을 조직하고 (2) 초중등 정도 학교 조선어 교과서에 한문자를 제한하도록 하고 (3) 일반 문사文士가 이 운동에 참가하며 (4) 초중등학교 교원을 이 일에 총동원이 되어야 할 줄 안다.

사쳔四千 가량可量 교과서教科書 치중置重

정신貞信 김원근金瑗根 씨氏

(一) 전운원문全韻原文 일만 삼천삼백사십 자一萬三千三百四十三字 안에서 최저 필요한 자는 사천 자四千字로 정할 것

(二) 실시 방법은 현하 국내 중고 교과도서용 한자와 재래 언문과 물명에만 제한할 것.

사계斯界의 권위權威를 망라網羅

한글 좌담회座談會 개최開催

한글날記念

斯界의 權威를 網羅

한글座談會開催

本社學藝部의 主催

横書와 可否

그 實現方法

實際的方法

에스페란토講座

朝鮮鑄字考

『동아일보』, 1931.10. 31.

한글날 기념記念 (一)

사계斯界의 권위權威를 망라網羅

한글 좌담회座談會 개최開催[71]

반포頒布 제사백팔십오회第四百八十五回를 기회機會

본사本社 학예부學藝部의 주최主催

◇ 장소場所: 본사 이층 응접실應接室

◇ 일시日時: 10월 24일 오후 4시

◇ 출석자出席者: 이윤재李允宰 신명균申明均 최현배崔鉉培 김윤경金允經 이병기李秉岐 이극로李克魯 김선기金善琪 장지영張志暎 김희상金熙祥 본사 측 주요한朱耀翰 서항석徐恒錫 김철중金鐵中

본사 학예부에서는 명 29일로써 맞는 제485회 『한글날』을 그념하기 위하야 지난 24일 조선어학계의 여러분을 초청하야 오후 4시부터 본사 2층루상에서 『한글』 좌담회를 개최하고 다음의 네 가지에 대한 의견을 들엇습니다. 이제 그 속긔록을 지상에 발표하거니와 독자 여러분도 이

71 「한글날 記念 (二) 斯界의 權威를 網羅 한글座談會開催」, 『동아일보』, 1931. 10. 30.

긔회에 학자들의 의견에 귀를 기우리어 그이들의 주장과 제안이 하로밧비 실현되게 하는 데 힘써 주시면 이번의 이 모임이 더욱 의미잇는 것이 될싸 합니다.

一. 한자漢字 제한制限의 실제實際 방법方法
一. 개정철자법改正綴字法의 보급普及 방법方法
一. 횡서橫書의 가부可否, 가可하다면 그 보급普及 방법方法
一. 조선어평이화朝鮮語平易化[72]의 실제實際 방법方法

서항석徐恒錫 밧부신 시간에 이처럼 만히 와 주서서 감사합니다. 조선문화의 어느 방영을 물론하고 아직 정리되고 완성된 것이 업지만 조선어에 잇서서는 더욱 그 정리 보급의 필요를 늣깁니다. 이런 의미에서 10월十月 29二十九일 한글 긔념일을 긔화로 여러분의 의견을 듯고저 합니다. 이상춘李常春 선생께서는 부득이한 일로 오시지는 못하면서 특히 본사에서 물은 네 가지에 대하야 일일히 편지로써 의견을 말슴하야 주서서 매우 감사하게 생각합니다.

한자漢字 제한制限의 실제적實際的 방법方法

서항석徐恒錫 한짜를 제한할 필요의 유무는 발서 문제도 안 될 줄 압니다. 그 실제적 방법에 대하야 말슴해 주십시오.

김선기金善琪 한짜는 물론 제한하는 것이 조켓습니다. 첫재 그 방법을 작

72 원문에는 '朝鮮平易化'로 되어 있음. 『동아일보』 1931년 10월 30일자와 31일자 기사에는 "朝鮮語 平易化"로 되어 있음.

정하야서 글자 수부터 확정하여야 되겟습니다. 그러는 대는 일정한 조사회調査會 가튼 것을 두어서 연구하는 것이 첩경일 줄 생각합니다.

이윤재李允宰 일본서는 지금 1960자一千九百六十字를 쓰는 모양인데 우리도 막연하게 제한이라 하지 말고 무슨 실제적 안案이 잇서야 하겟습니다.

장지영張志暎 일본日本으로 말하면 "가나"(가명假名)자 그것만으로는 독립獨立할 수 업는 까닭에 한짜를 아니 쓸 수 업겟지마는 우리 조선에 잇서서는 예수교 서적이나 소설책 가튼 것을 보아도 능히 그 뜻을 다 발표하얏습니다. 말하자면 한짜를 아니 쓰드라도 우리글로서 우리의 뜻을 다 발표할 수 잇다는 것입니다. 한짜는 특히 력사적歷史的 서적 가튼 데 필요한즉 한짜로 된 말을 빼면 부족하겟스나 한짜로 아니 쓰고 조선글로 쓰는 것이 조켓습니다. 지명地名이나 인명人名 또는 괴벽한 고유명사固有名詞에나 쓰겟스나 한짜로 아니 쓰고 음으로 써도 알아볼 수 잇스니까 한다면 글자 수보다 한문으로 아니 쓸 수 업는 말의 수를 정해서 쓰는 것이 조켓습니다.

이극로李克魯 물론 우리에게 늘 쓰이는 한짜를 조사하야 필요한 자수를 정할 필요가 잇다고 생각합니다. 우리의 목적이 한짜漢字 전폐全廢에 잇는 이상 가급적 그것을 업새야 할 것입니다. 신문을 보면 사회면社會面을 그 정신이 우리말로만 써서 일반 독자에게 알리자는 것인 모양인데 실제로는 제목題目부터 한글을 써서 그 정신을 달하지 못하는 것 갓습니다. 한짜는 우선 글 쓰는 범위에 쌀하서 제한을 하는 것이 조켓습니다. 분류해 말하면 편지 가튼 것은 모다 한글로만 쓰는 것이 일종 방법이 아닐가 생각합니다.

김희상金熙祥 결국 무슨 글자라도 써 가지고 알아보기에 편하자는 말이니ᄶᅡ 무슨 방법을 정해 가지고 한ᄶᆞ을 제한할 것이 아니라고 고유명사 부득이하면 보통명사普通名詞ᄭᅡ지만 한문으로 썻스면 어떨는지요. 광주光州와 광주廣州는 우리글로 써 가지고는 몰르니ᄭᅡ요

김윤경金允經 빗 광光 자 광주와 넓을 광廣 자 광주와 가티 보기 어려운 것은 한ᄶᆞ로 쓰자는 것이겟지요.

일본인의 한자 제한한 것을 보면 대정 12十二년 5五월 발표로 상용 한ᄶᆞ를 1천9백예순 한자로 하얏습니다. 그리고 그 범례凡例에 본표에 업는 자는 “가나”로 쓰자, 대명사 부사 조동사 등은 가나로 쓰자, 외국으로부터 들어온 말은 가나로 쓰자라고 하엿습니다. 일본말은 가나나 말이나 마찬가지입니다. 그러나 조선은 한ᄶᆞ로 된 말이 잇기 때문에 말과 글이 다른 고로 일본과는 다릅니다. 하지마는 한문ᄶᆞ를 안 쓰면 못 알아듣는 것은 전연 쓰지 말기로 하고 조선말과 일치하는 것만 한ᄶᆞ로 쓰는 것이 조켓습니다. 소위 식자간에는 한ᄶᆞ 든 말은 만히 쓰지마는 농촌 사람을 위해서는 아주 쉬운 말을 써야 하겟습니다. 그전 조선어학회에서 모엿슬 ᄯᅢ에 한자폐지설이 만히 낫는데 그ᄯᅢ 가부결可否決은 못 하고 류안留案한 일이 잇습니다마는 어쨋든 지금 와서는 한자 전폐론이 일반의 경향입니다.

서항석徐恒錫 조선말과 일치한다면 또 한자를 쓸 필요가 업지 안흘가요?

최현배崔鉉培 물론 그러켓지요. 알기 쉬운 한자만 쓰고 어려운 것은 쓰지 말자 하지마는 일변으로는 “내가 이런 어려운 글자ᄭᅡ지 안다”는 것을 자랑삼아 쓰고 시퍼하는 것이 한문 쓰는 이들의 심리일 줄

압니다. 그럼으로 차라리 한자를 전폐하자고 주장하고 그 실제 운동을 하는 것이 낫지 안흘가 합니다. 긔여히 제한을 해야 하겠다면 그에는 방법이 두 가지가 잇슬 줄 압니다.

첫재 범위範圍와 장소場所를 정해 가지고 하는 것이 잇겟고

둘쌔 일본인과 가티 한자 자체의 자수를 정해 가지고 한자를 제한하는 것도 그 한 가지 방법이겟습니다.

그러나 아모리 하여도 결국 큰 효과가 업슬 줄 압니다. 일본 가튼 곳에서는 교과서가 잇서서 제한한 한자만 그 교과서에 쓰니까 되지마는 우리는 교과서 편찬을 우리가 못하니 효과가 업슬 것입니다. 범위와 장소를 짜라 제한하자는 것은 일리가 잇지마는 아모자도 알아보기 쉽도록 신문사 가튼 곳에서 먼저 제한을 해서 쓰면 어썬 정도까지 가능하겟지만 그것 역시 신문사 자체에서 아니 하면 제삼자로써 제한시킬 방법이 업습니다. 그러으로 제한의 실제적 방안보담 폐지의 실제적 방안을 세워서 실행하는 것이 낫다고 생각합니다.

주요한朱耀翰 실제적 방면으로 효과를 보자면 제일 먼저 신문 잡지 출판업자들이 실행을 해야 하겟는데 그들이 얼는 실행을 못 하는 것은 독자들이 그것을 실혀할 가 하는 까닭입니다. 만약 독자가 알아볼 수 업다고 실혀한다면 큰일이겟스니까 그것이 실제입니다. 그에 대해서 무슨 방책을 강구해야겟는데 가령 경제면에 쓰이는 상장相場 가튼 것은 한문으로써 노앗건만 보는 사람은 그것을 일본말로 "소-바"라고 읽어버립니다. 그러니 이것을 상장이라고 취음取音을 해서 써 둔다 하면 첫재 독자가 몰라볼 것이니 이것을 먼저 해결해야 될 것이 첫재 문제입니다. 그리고 독자가 어렵다고 하든지 말든

지 조선에 잇는 신문 잡지가 일제히 동일 동시에 한자를 업새버린 다 하면 별문제가 업슬 줄 압니다.

전문적 술어를 어떠케 해야 할지가 첫재 문제이요 각 신문 잡지에서 이것을 동일 동시에 일제히 할 수 잇슬지 이 두어 가지에 대하야 실제적 방법을 찻고 십습니다. 상용한자常用漢字를 쏩는 것은 실제 문제가 안 될 줄 압니다.

김상희金祥熙 신문사를 표준할 것이 아니라 일반 조선사람을 표준하여서 제한하여야 됩니다. 조선사람의 현재에 한자가 아주 업서서는 안 되겟스니 고유명사 등에는 아즉 아니 쓸 수 업습니다. 경제 긔사 가튼 데라도 상장相場이라고 쓰지 말고 시세時勢라고 쓰면 그만이 아니겟습니까.

신명균申明均 이 문제는 한자를 제한하고 신문 잡지 출판물 등을 상대로 운동을 이르킬 것입니다. 요사이 출판물을 보드라도 시나 소설은 한문이 거의 업습니다. 예수교 서적에도 한자가 업습니다. 그리고 어써한 계단을 밟어서 전폐에 이르는 방편을 삼겟느냐는 하나에 대하야 연구를 해야 할 것입니다. 글자 제한과 말의 제한에는 차이가 잇는 것인즉 그 점도 생각해야 할 것입니다.

한자에도 제한한 것은 첫재 활자를 두지 말아야 할 것이오 우리가 하는 일이 관권을 가지고 하는 것이 아닌 무슨 구속할 힘은 업지마는 뜻이 가튼 사람끼리 모여서 작구 범위를 넓혀가며 한자를 업새 나가야 할 줄 압니다.

장지영張志暎 그러치 안습니다. 신문사로서 생각할 문제입니다. 저도 신문사에 다소 경험이 잇스니 말입니다마는 어느 때 신문에 잘못된 한문 술어가 쓰이엇섯는데 그후 독자로부터 잘못된 그대로 만히 써 옵니다. 그리고 신문사에서는 조선사람의 남녀로소를 물론하고 정치 경제에 대한 지식을 주어야 할 것인데 여자와 로동자에게는 정치면과 경제면이 아주 관게업시 되어 잇습니다. 그래서 정치면과 경제면도 한글화를 주장한 일이 잇습니다. 늙은 한학자들은 예전 소설책 가튼 것만 보고 조선 한글이 오히려 보기 어렵다 하지마는 우리글을 구절만 석석 띄워 노흐면 보기 어려울 까닭이 업습니다. 경제면 독특한 술어 그것도 그 면을 마튼 긔자들이 작정하야서 몃 신문사에서 일치하게 선한先限 당한當限 하는 것도 그대로 한글로 쓰든지 하야서 써 나가면 될 줄 압니다. 그런대 무엇보다 구절 띄워 쓰는 것이 필요합니다.

한글날 기념記念 (二)

사계斯界의 권위權威를 망라網羅

한글 좌담회座談會 개최開催[73]

반포제사백팔십오회頒布第四百八十五回를 기회機會

본사학예부本社學藝部의 주최主催

한자제한漢字制限의 실제적實際的 방법方法

김선기金善琪 우리의 어느 생활의 내용이 벌서 한짜로 규정된 것이 만흐니 자수를 제한해 가지고 한짜 업는 조선말을 찻고 맛도 부치도록 하는 것이 조켓습니다

실제적 방법으로는 조사회 가튼 것을 모아 가지고 한짜를 제한하고 제한한 이외의 주자鑄字는 업새 버려야 할 것입니다.

이윤재李允宰 이십二十 년 전과 오늘을 비교하면 한짜가 만히 줄엇습니다. 일부러 아니 하더래도 차차 자연히 줄어갈 줄 압니다. 현재 학생들의 경향을 보아도 이름 가튼 것도 혹 한글로 써 나가니 일부러

73 「한글날 記念 (二) 斯界의 權威를 網羅 한글座談會開催」, 『동아일보』, 1931. 10. 30.

제한할 필요 업시 신문에서도 되도록 적게 쓰도록 힘써 나가면 자연히 될 줄 압니다.

이병기李秉岐 일본 역시 그런 줄 압니다. 일천구백 자가 작년에는 일천오백 자로 되엇스니 금년 래년 갈스록 차차 줄어갑니다. 우리 역시 차차 그러케만 나가면 될 줄 압니다. 정치, 경제면을 일시에 그러케 쓸 수는 업겟지마는 차차 될 줄 압니다. 신문 잡지에서 만히 우리말을 써 나가면 자연히 될 줄 압니다.

주요한朱耀翰 신문잡지 출판업자들을 모아 가지고 조선어학회 가튼 데서 여론을 일으키는 것이 조흘 줄로 생각합니다. 신문 잡지 출판업자들이 일치하야 이 운동에 가담한다면 가능성이 아조 업지도 안흘 것입니다.

신명균申明均 한짜 제한의 실제 방법보다 한자 전폐의 실제 방법을 주장합니다. 이름도 한글로 못 쓸 것이 업습니다. 일본서도 선거選擧에 「가나」로 쓰고 조선서도 한글로 쓰지 안습니까. 말하자면 제한할 필요 업시 하주 폐지하기를 주장합니다.

서항석徐恒錫 한짜 철폐를 목표로 하고 할 수 잇는 대로 한짜를 적게 쓰자는데 의견이 일치하는 줄로 압니다. 그러면 다음 문제로 넘어가겟습니다.

개정철자법改正綴字法의 보급방법普及方法

서항석徐恒錫 개정철자법의 보급 방법에 대하야 간단하게 요령 잇게 말씀해 주십시요.

신명균申明均 개정된 철자법으로 속히 출판물 가튼 것을 만히 만들어 내는 것이 조흘 줄 압니다.

이윤재李允宰 교육敎育을 하여야 될 줄 압니다. 각 중등학교에서는 대개가 개정철자법을 쓰고 잇습니다. 보통학교 교과서에도 개정철자법을 썻스니 보급되기는 쉬울 줄 압니다. 예수교에서도 출판물을 개정할랴고 애를 씁니다. 나 개인의 경험으로 보아도 저술업著述業자의 부탁으로 교정을 마타 보아 준 일도 만히 잇스니 여러 방면에서 되어나가는 모양입니다.

주요한朱耀翰 철자법을 속히 간단하게 알도록 어학회 가튼 곳에서 일람표一覽表나 조견표早見表 가튼 것을 만든 것이 조켓습니다. 쓰고 시퍼도 알지 못하면 쓰지 못하는 것이니까.

그리고 어학회 가튼 데서 여론을 이르키어 아직도 개정철자법을 쓰지 안는 예수교 출판물을 한번 짜려부시는 것이 조흘 것 갓습니다.

이윤재李允宰 교육 문제가 첫재로 급한 줄 압니다. 개정철자법 보급은 결코 어려운 문제가 아닙니다. 예수교에서도 쓸랴고 애를 쓰고 잇습니다. 예수교서회나 감리교나 경성교회 가튼 곳에서도 신철자법을 쓰자는 질의까지 하엿습니다. 그리고 긔독교월보도 내가 일주일에 한번씩 가서 철자법의 교정을 봅니다.

최현배崔鉉培 개정철자법의 보급은 무르시는 귀사에 잇는 줄로 생각합니다. 귀사에서 먼저 철자법을 쓰신다면 이것이 가장 갓갑고 유효한 보급 방법일 줄 생각합니다.

장지영張志暎 개정철자법 보급은 근년 몃 해 동안 굉장히 되엇습니다. 제일 선두에서 귀사가 만히 애를 써 나가는 줄 압니다. 사설, 횡설수

설에서 그러케 쓰고 학예면에서 만히 그러케 씁디다. 또 지난 여름 「브나로드」 운동에도 만히 보급되엿슬 줄 압니다. 그러케 나가면 멀지 안흔 장래에 될 줄 압니다. 예수교서회에서도 신철자법으로 된 자전字典만 잇스면 쓰겟다고들 합디다. 일반이 만히 도아주면 될 줄 압니다.

주요한朱耀翰 개정철자법을 빨리 알 수 잇도록 무슨 표 가튼 것을 만들어 신문 긔자 잡지 긔자 일반 문사들에게 배부하야 이대로 쓰라고 주문을 하면 그 보급이 훨신 빨러질 것입니다.

이윤재李允宰 그것은 원리原理와 방법으로 하야 나지 말의 수數대로 한다면 결국 사전辭典이 되고 말 것입니다.

신명균申明均 표를 만든다는 것은 용이한 문제가 아닙니다. 실상 그 어원語源이 제일 어려운 것인데 신문 긔자나 긔타 문사들이 먼저 이 어원을 알아야 할 일인 줄 압니다.

이윤재李允宰 조선도 문사들이 좀 더 깨엇스면 조켓소. 그들이 잠들을 자고 잇스니 걱정이오. 영국은 『쉑스피어』, 이태리는 『짠테』 가튼 큰 문호를 깨여서 정리된 자긔국문을 쓰기 때문에 그로부터 일반 사람에게 보급되엇답니다. 조선도 문사들이 깨어야 하겟소.

주요한朱耀翰 실상 문사가 글을 쓰지마는 그 글자를 잘 쓰고 못 쓰는 것은 그 문사의 서긔나 인쇄소 교정 보는 사람에게 달렷습니다. 그들이 고치는 것이니까 …… 조선도 문사에게보담 인쇄소 방면에 어학회에서 운동을 이르키는 것이 조흘 것입니다.

일동一同 확실히 효력잇는 방법일 것이요.

신명균申明均 각 방면에서 절규하고 잇스니까 그것은 신문사에서 솔선해야 할 것입니다.

이윤재李允宰 문사들은 알랴고들 하지 안흐니 걱정이요. 강습회 가튼 것을 여러도 문사들은 오지 안흐니 될 까닭이 잇소.

주요한朱耀翰 잡지나 출판업자들의 책임이 만흐니 어학회에서도 따라다니면서 문제를 이르키는 것이 조흘 것입니다.

이극로李克魯 여러 가지 방법이 잇지마는 근본 문제는 교양 문제요 지도자 문제입니다. 첫재 지도자가 얼마 안 되니 아프로는 사범교육을 만히 시켜야 할 것입니다. 저는 언제든지 지도자 부족을 통감합니다. 서울이나 그박게 여러 곳에 강습소 가튼 것을 여러서 지도자가 만히 나도록 하는 것이 조흘 것입니다.

서항석徐恒錫 그러자면 우선 철자법을 통일하여야지오. 여러 선생님들이 쓰시는 철자법도 모다들 다른 것이 잇습듸다. 다가티 일정하게 써주엇스면 조켓다고 생각합니다.

신명균申明均 그 어학회에서도 긔초안은 되어 잇스니까 차차 통일안을 작성하겟습니다.

서항석徐恒錫 그러면 다음 문제로 갑시다.

한글날 기념記念 (三)

사계斯界의 권위權威를 망라網羅

한글 좌담회座談會 개최開催[74]

반포제사백팔십오회頒布第四百八十五回를 기회機會

본사학예부本社學藝部의 주최主催

횡서橫書의 가부可否, 가可하다면 그 실현實現 방법方法

서항석徐恒錫 다음 문제에 대해서 말씀해주십시오.

주요한朱耀翰 그냥 횡으로 쓰자는 말씀입닛가.

이윤재李允宰 알파벳트 식으로 말이겟지요

신명균申明均 조선글 문제를 근본적으로 해결하자면 횡서 아니고는 안 될 줄로 압니다. 조선서도 『에스페란토』를 쓰느냐 조선글을 횡서로 쓰느냐 하는 두 가지에 그칠 줄 압니다.

74 「斯界의 權威를 網羅 한글座談會開催」, 『동아일보』. 1931. 10. 31.

주요한朱耀翰 그대로 하면 어쩔가요.

이병기李秉岐 일본 사람을 보니까 활동사진 가튼 데도 이왕에는 횡으로 쓰드니 지금 와서는 종으로 씁니다. 보기가 종이 쉬운지 모르겟습니다.

이극로李克魯 생리상 관계로 보아 횡서가 필요할 것입니다. 횡서만 하면 한짜는 자연히 전페되어서 해결될 것입니다.

이병기李秉岐 횡서의 실제적 방법에 잇서서는 실상 한자 전체보담 더 어려운 문제일 줄 압니다. 조상 때부터 종서로 관습이 되어 오는 것이라 여간 어려운 문제가 아닐 줄 압니다. 적어도 십 년 이상의 노력이 업서서는 안 되겟지요.

주요한朱耀翰 그러케 오래 걸릴가요.

이윤재李允宰 요사이 중학생들도 만히 씁니다.

장지영張志暎 횡서 문제만 해결되면 한자 문제와 철자 문제가 자연 해결될 줄 압니다. 그 실현 방법은 신문과 잡지에 횡서란橫書欄을 만들어 론문도 작구 발표하고 여론을 만히 이르키는 것이 조흘 줄 압니다. 그러나 이것은 결국 실행이 매우 곤란할 터이닛가 일종의 리상 문제일 것입니다.

서항석徐恒錫 오래 전부터 생각을 하고 잇습니다. 내용이 재미잇는 시詩 가튼 것을 실어 가면 차차 보급될가 하얏습니다. 그러나 자체字體가 완정되지 아니하야서 아즉 실시치 못합니다만 자체만 되면 조곰식 해 볼가 합니다.

주요한朱耀翰 횡서난을 둔다면 활자를 큰 것으로 써야 조흘 것입니다.

신명균申明均 그전 신문관新文舘에서 발행하든 『아이들 보이』에서 시험해 본 일도 잇습니다.

이윤재李允宰 자체를 원자原子에 다르게 하면 대단히 어려울 줄 압니다. 요사이 쓰는 그대로 신문에 좀 해 보는 것이 조흘 줄 압니다.

장지영張志暎 지금 쓰는 그 모양으로 하여서는 안 될 줄 압니다. 좀 올라가고 내려가게 하여야지.

이윤재李允宰 될 수 잇는 대로는 서양 글자와 다르게 하여야지 로마 글자 모양으로 쓰는 것은 아주 반대입니다

장지영張志暎 중국 글자도 가로 쓴 것이 퍽 모양이 조하요. 토로 쓴 것은 아주 보기 좃습듸다.

이윤재李允宰 자체를 위선 작정하여야 됩니다. 차차 고칠지언정 미리 완전하게 만들랴면 언제 될는지 모릅니다. 아모러케나 위선 신문사에서 실행해 보시지요.

서항석徐恒錫 결국은 잡지나 신문 일부분을 먼저 리용할 수박게 업겟지요.

이윤재李允宰 동아일보에서 먼저 실시하기를 바랍니다.

조선어朝鮮語 평이화平易化의 실제적實際的 방법方法

서항석徐恒錫 조선어의 평이화라는 것에는 철자법을 쉽게 하자는 것도 한 부분 겻들기는 하겟습니다마는 이 조목의 본뜻은 될 수 잇는 대로 누구나 다 알아들을 수 잇는 말을 서로 가다 쓰도록 하는 데는 어떤 방법을 써야 하겟느냐 하는 것입니다. 가령 어려운 한문자 가튼 것을 안 쓰도록 하자면 조흔 방법이 업겟느냐 하는 것입니다.

신명균申明均 조선말에 현재나 장래로 보아서 이것은 참 중대한 문제입니다.

이윤재李允宰 신문을 보면 『립추의 여지』니 『사면초가』니 『인산인해』 가튼 것을 쓰는데 이것은 결국 조선말을 어렵게 만드는 것밧게 안 됩니다.

신명균申明均 말을 어렵게 만드는 곳은 실상 신문 잡지입니다. 우리가 오래동안 한문을 숭상하야 그 해독을 만히 바든 것과 가티 얼마 아니 가서 말이 어려워 상당한 해독을 밧게 될 것입니다.

주요한朱耀翰 한자를 페지해 버리면 자연히 말이 쉬어질 것입니다. 한자를 그대로 두고 말을 쉽게 하자는 것은 역리逆理입니다. 여하간 한자를 페지해 버리면 립추의 여지 가튼 것은 차차 업서지고 그 대신 이것에 적당한 조선말이 생길 것입니다.

아프로도 외국말이 작구 들어와서 조선말로 되는 것이 만흘 터이니 이에 상당한 대책이 잇서야 할 것입니다. 근본 방책으로 조선어학회 가튼 곳에서 여론을 에르키어 한자를 전페시키지 아니하면 안 될 것입니다.

신명균申明均 말을 평이하게 만든 것에는 문사의 공로가 만습니다. 신문 긔자들은 무책임하게도 어려운 말을 만히 씁니다. 다 남이 알아볼는지도 몰르는 문자를 한글로 직역하여 내어노흐니 걱정입니다. 신문 긔자들이 소설과 가티만 쓴다면 퍽 조흘 터인데 밧분 시간에 생각나는 대로 써 버리니ᄶᅡ 자미없는 일이 만습니다.

장지영張志暎 한자 문제가 큰 문제입니다. 예전에는 그래도 고전문자古典文字를 쓰더니 요사이 와서는 일본말이니 한문을 그대로 취음만 해서 쓰니ᄶᅡ 무슨 말인지 알아볼 수가 없는 것이 만습니다.

주요한朱耀翰 한문을 쓰기 시작하야 어려운 글자를 써버릇하면 작구 그보담 더 어려운 글자를 쓰고 십허지니싸 딱한 일입니다

최현배崔鉉培 조선말을 쉽게 하는 실제적 방법에는 세 가지가 잇슬 줄 압니다.

첫재 한자에 대해서는 일본과 가티 제한론을 하지 말고 조선서는 목적을 명시하야 아조 페지를 하도록 로력할 것.

둘재 신문 긔자나 잡지 긔자들이 모다 말을 쉽게 만들어 쓸 것.

셋재 교육용어教育用語를 조선말로 쓸 것.

그런데 이 셋재 문제가 크게 중요한 것인 줄 압니다. 우리가 신문이나 잡지에 서 말을 배우는 것이 아니라 학교에서 배우는 것인데 선생에게서 쉬운 말을 듯고 친절한 글로 적어 노흔 책을 늘 본다면 말을 쉽게도 할 수가 잇고 조선말에 대한 색리도 잡히겟는데 남의 말로 배우고 남의 글로 적어 노흔 책을 보기 때문에 조선말에 대한 긔초가 서지 안습니다.

김윤경金允經 일반 문화가 향상되어야 할 줄 압니다. 우리가 우리 글로 과학과 문학을 모다 적을 수 잇도록 문화가 향상되어야 할 것입니다. 남들이 가저다 주는 문화를 수동적受動的으로 바다드리니 잘 안되는 것입니다.

이극로李克魯 신문 한 장을 노코 보드라도 고상한 학술을 번역하는 데 되도록 외국어를 만히 써서 우리말을 죽입니다. 사회면이란 데서 좀 쉽게 썻다는 것이 일반이 다 볼 수 없스니 이 신문을 누구를 위해서 맨드는 것일가요? 아프로는 우리 말을 만히 쓰기를 바랍니다.

신명균申明均 어학회에서도 만흔 짐을 지고 갑니다. 긔본적 자전을 맨들

것은 물론 들어와 잇는 일본말을 조선말로 번역을 해야 하겟는데 그것은 일본말과 조선말을 대조하는 자전을 맨드는 것이 조흘 줄 압니다.

최현배崔鉉培 유지가 돈 만 원이나 내어 노흐면 퍽 조흔 결과가 잇슬 것이다. 그 돈을 가지고 자전도 맨들고 남의 광고도 쉬운 말로 거저 해 주고 가는 사람 오는 사람에게 쉬운 글을 적은 조희 한 장씩이라도 나누어 주엇스면 얼마나 일하기가 쉽겟습니까.

이윤재李允宰 결국에는 돈에 가고 마는구려.

신명균申明均 우리가 여러 말을 만히 하얏는데 여러 가지 조건을 동아일보사에서 솔선하야 실행해 주시면 고맙겟습니다.

서항석徐恒錫 더 의견이 업스시면 이것까지로 폐회합니다.

고어집

고어집

古語集 (19--, 서울대 중앙도서관 소장, 필사본, 가람 육필 노오트)

여기부터 영인본입니다. 544쪽부터 확인해 주세요.

—119—

No.

—118—

玄 가믈 현

海 바다 해 (바다 해)

乃 (이에 내)

伏 굿블 복 (엎드릴 복)

效 본볼 효 (본받을 효)

常 샹녜 샹 (떳떳 상)

臨 디슬 림 (임할 임)

顚 어더딜 뎐

因 지즐 인 (인할 인)

兄 몬 형

靜 고요할 흐올 정

夫 짓아비 부 (지아비 부)

益 더을 익 (더할 익)

取 아올 취 (가질 취)

使 브릴 스 (하여금 사)

定 일뎡 뎡 (정할 정)

—117—

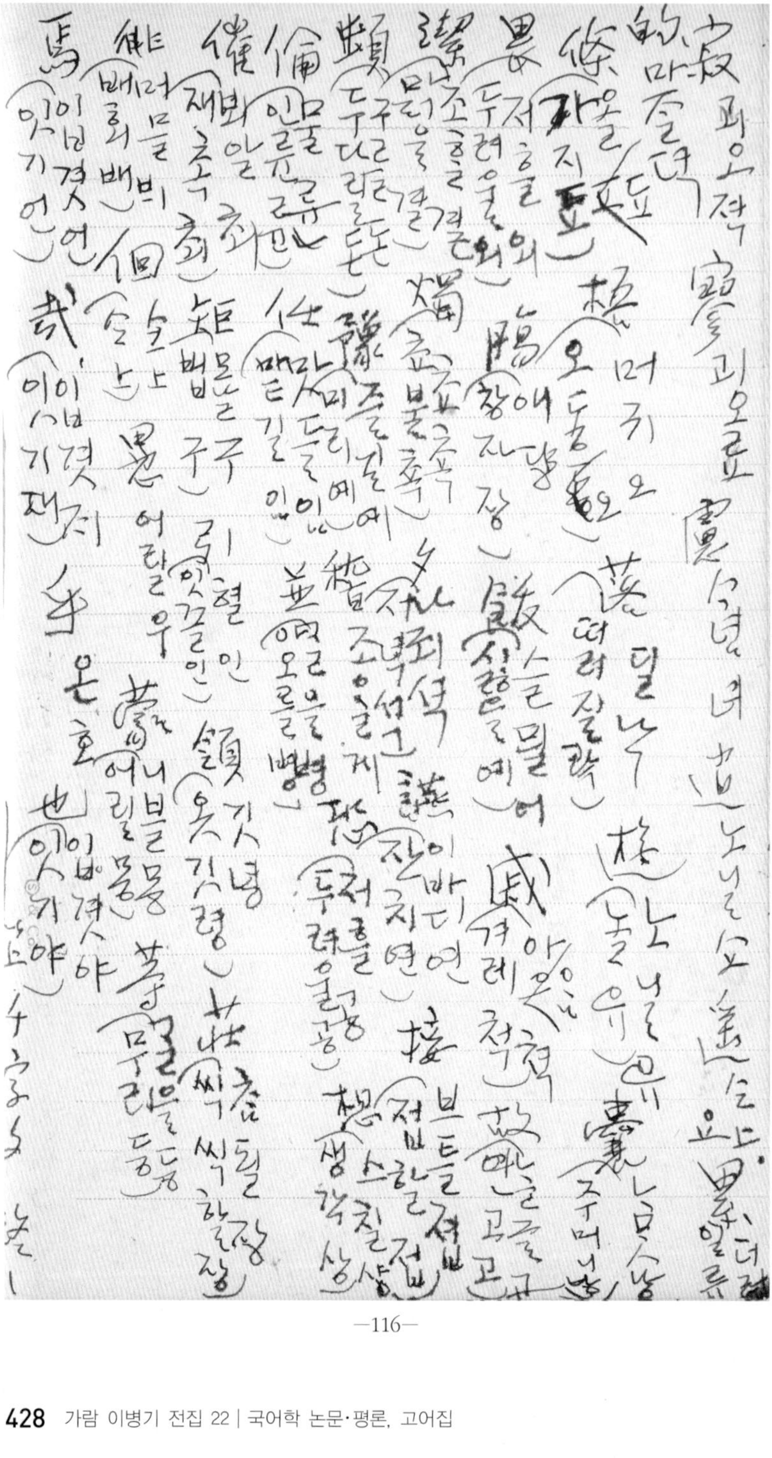

—116—

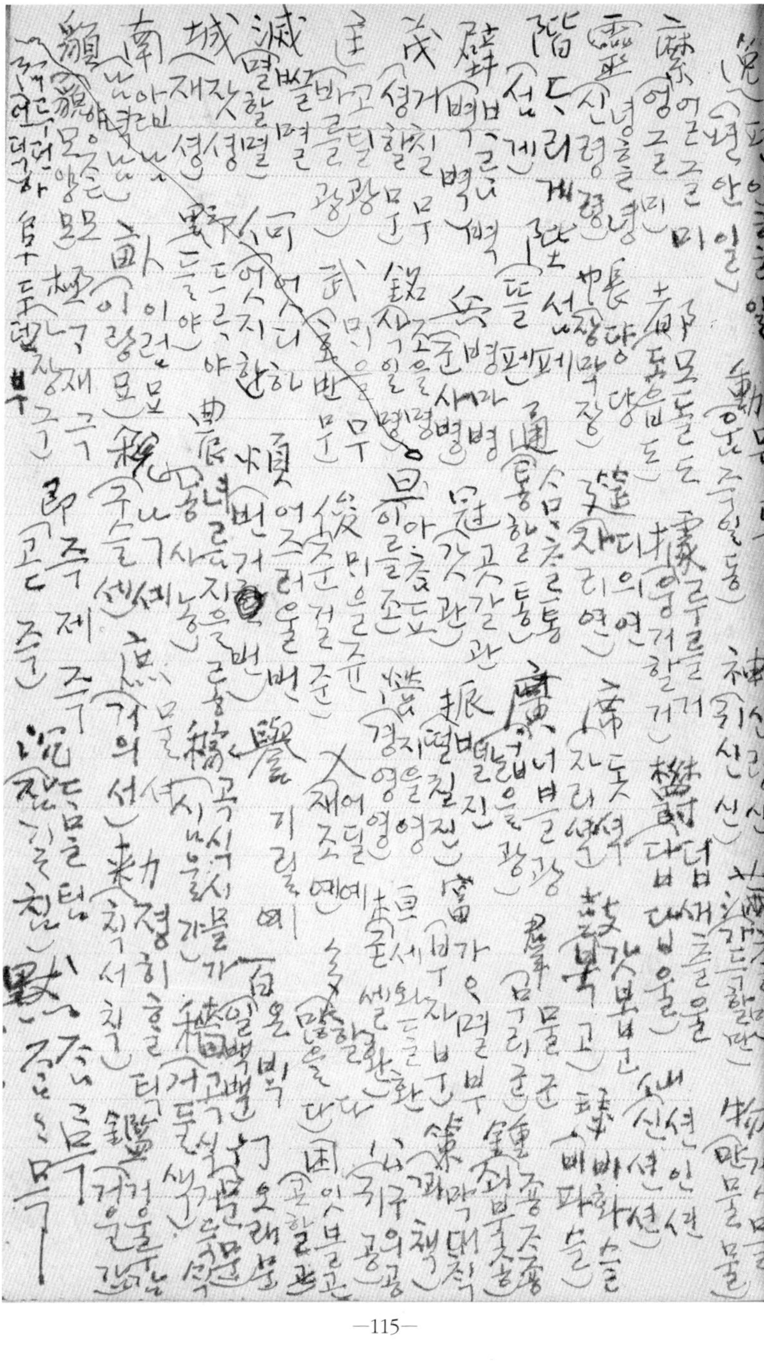

—115—

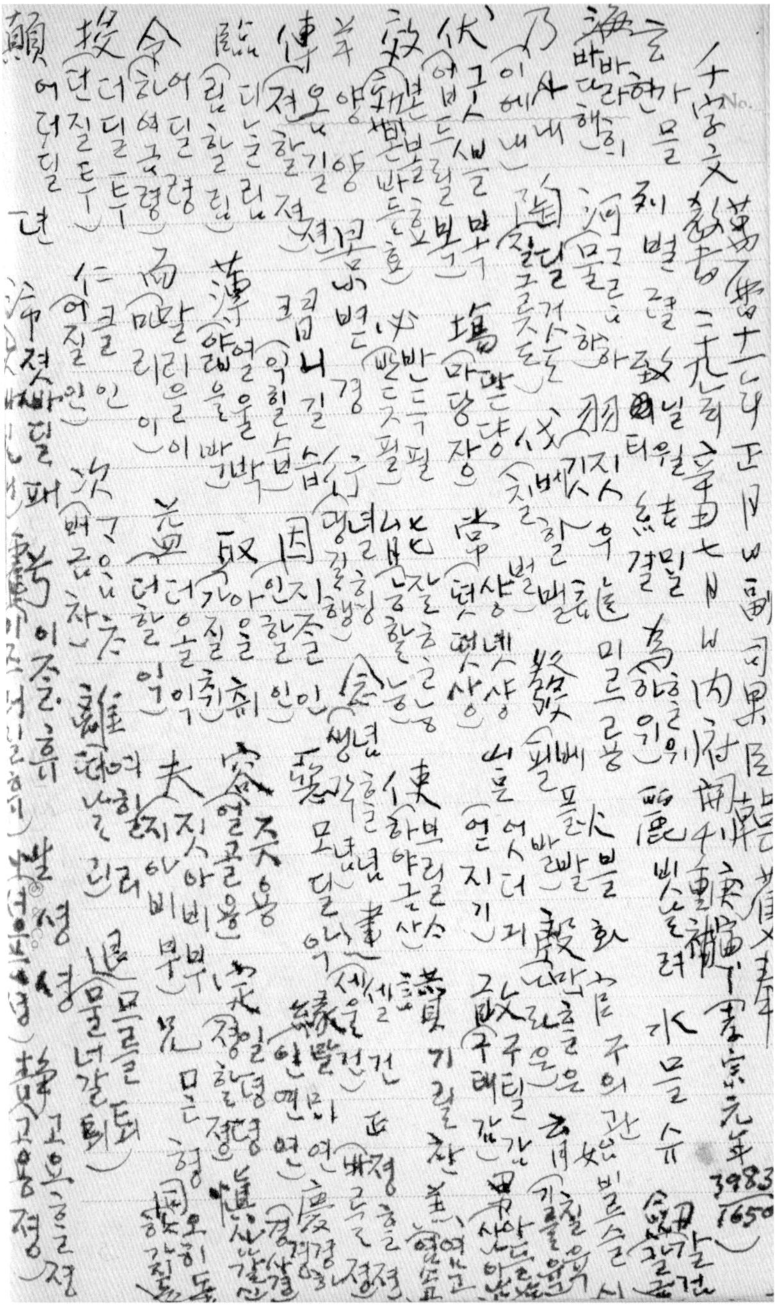

—114—

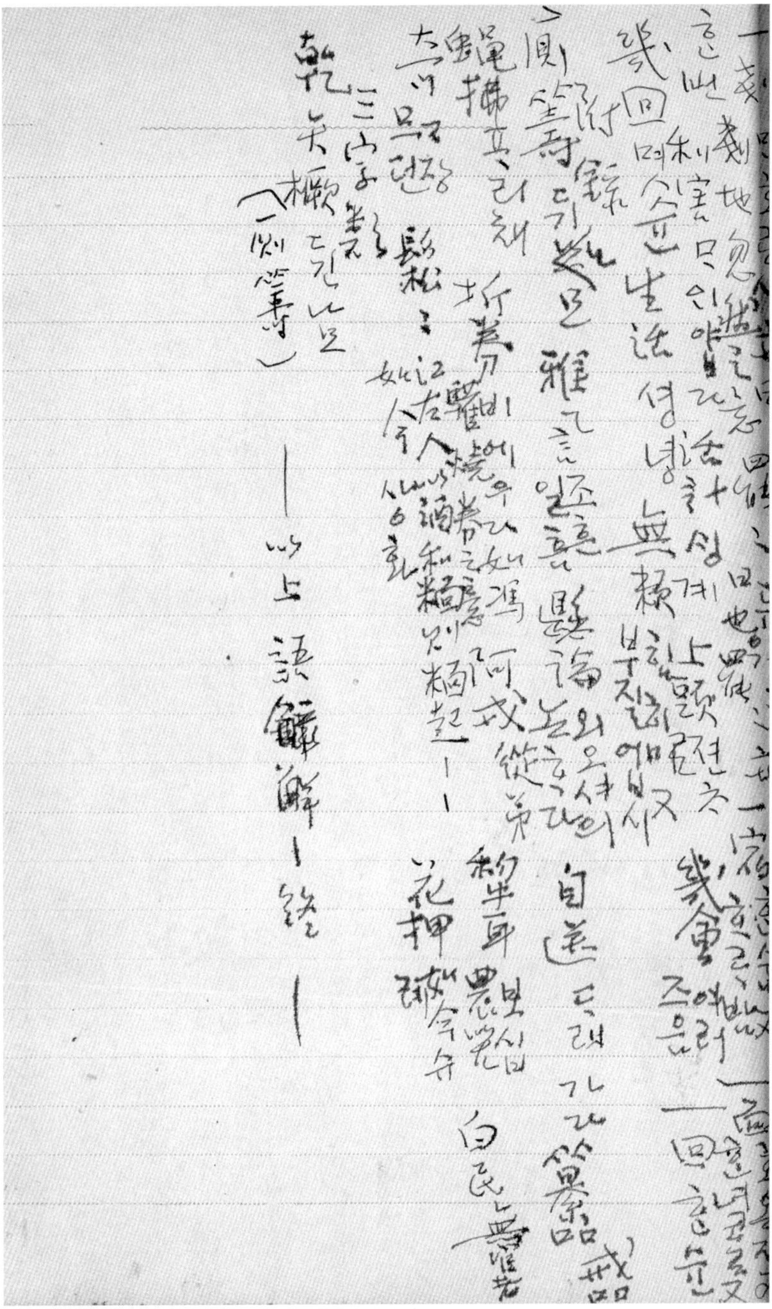

—113—

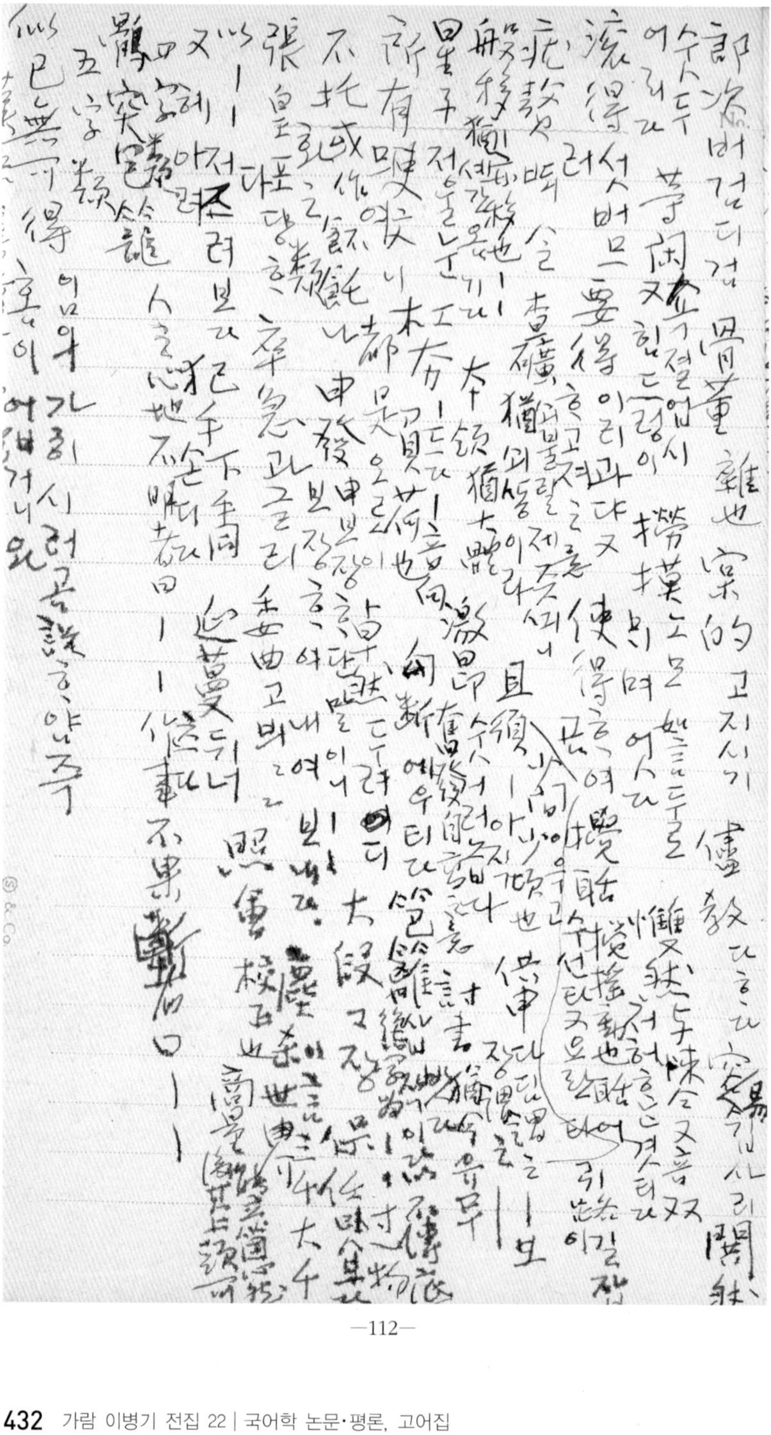

—112—

[illegible]

—111—

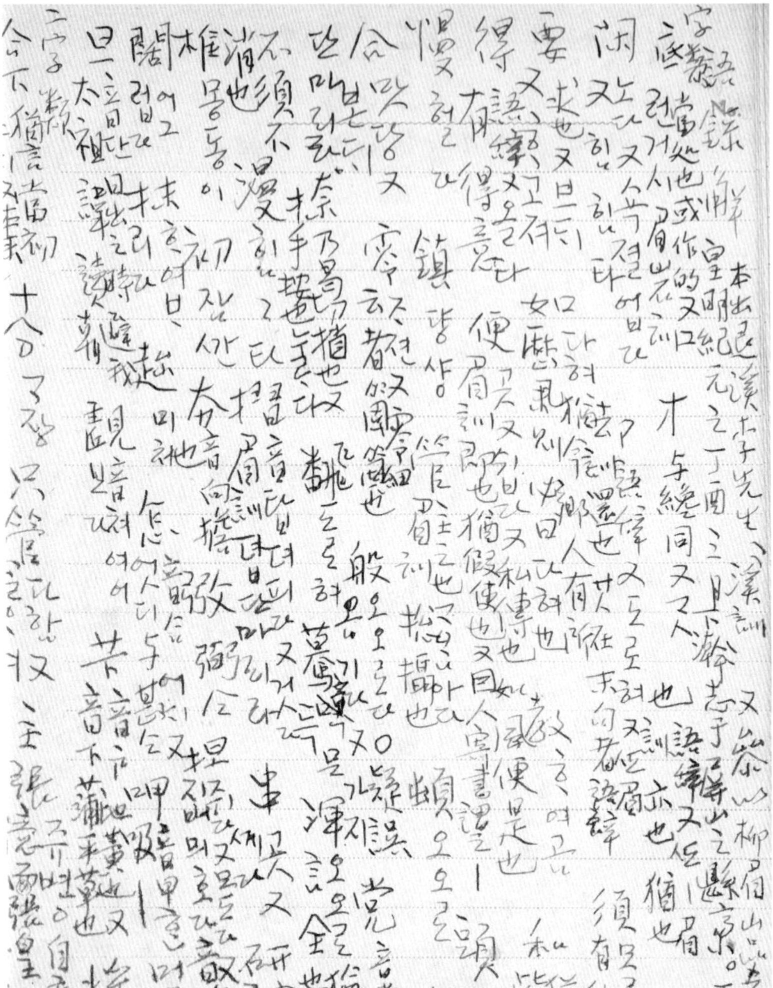

—110—

디의 度
맛 多
[illegible]
連 [illegible] 오마
낫 錯
듣나다 況卽
거블 鋤
엇데 爭
구지저할 訕謗
날왼 뒤 아니 不起
건나 渡
낫 面
자치 止
알오져 호 欲는
퍼 宣
빗 針
裂 [illegible] 裂

不知煩惱卽
菩提ㄴ 들ㅣ
煩惱ㅣ 곧 菩提
느늘 아디 몯고ㅣ
盧生死 호나다ㅣ
生死를 아쳗나다
沉湎 不生不滅
누호 涅槃
괴외히 寂
[illegible]
[illegible] 野路
앒ㅍ 前에
지 倚
므슷일 何事
다딜 撞
바리 주머니 鉢袋
[illegible]

상녜 常
훤호 坦하
[illegible]
한아비와 아비 祖父로
므던홍 내 世閒 나호
즌길 泥塗
[illegible]
슬호 悲
[illegible]
[illegible]
[illegible]
모로기 [illegible]
깃그 喜
[illegible]

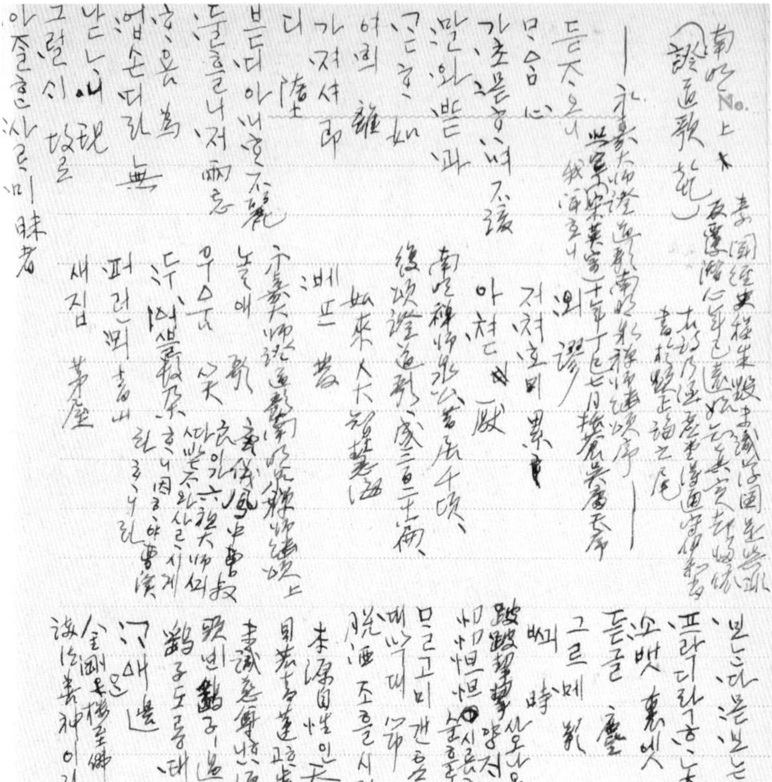

—108—

古衣裳

○長、지치다지게야 날길를 고쳐드러

○언치노화 짓즐타고 鄭松江

○이몸이 精衛鳥 같탄 할지 빠자잇나
하노라 徐益

○쏙다리、쑥다리ㄴ 金光煜

○새앙은 죽괴여동산에 鳥啲 같듯한
며칠

○謝謝오시고 (허허 ―)

○思郞 思郞

○漢、東、天下야 ―기망 天下야

—107—

—106—

더부남의고셔 求恩與
입쓴말호다 說大話
죠흔일호다 作善事
가쟝인쳬호다 裝家公
싸고호다 裝高低
지가여븐다 沒分曉
상여셔꼿채다 纏
진줏 故意兒
일그릇호다 幹壞了
살음쥬어리다 索落人
것츠로낫가리오다 遮飾臉
모몰호다 沒着臉
안는쳬호다 充知道
안즐셩업다 沒坐性
견딜셩업다 沒耐性
손재조잇다 有手藝

쟝닉사샹업다 不長進
입졍사오납다 不戒口
應口捷對
미거호다 孩子氣
계집ㅅ이드다 做帝頭
소식굿쁜다 探信息
계집 回頭人
혼인젼과부된 望門寡
새오는말 醋話兒
말마이잔다 兩頭瞞
못보는듸 背地裡
두로 一地裡
풍편의소문 風裡信
모로미말다 不消了
이나작 絶前此
샹업시덤벙이다
업불으다 強壓住

붓그럽다、不怕羞
지아니다 住個
이사가다 住個
이흠다 遠個子
얼런덧 趁空兒的
듣돈다
그르박다 底兒
샤들리다 着了鬼
신통호체호다 冒鬼
살린장이간다 伺候鬼
빗싸지는 賴債的
고공이 作活的
부졀업시 沒來由
字類
두로빼오다 擺着擁來
구실에 代
빠스다아니고로
헌것트니 燒布

살음ㅅ굿는듸싼말 山高水低
市價不定 街市鬼市
얼굴은복을조차온다 貌隨福轉
우러러한울로 仰面唾天
춘반 黑裡
호리몽둥혼 糊裡
곳곤사고곤다 旋買旋賣
늙긔녀셔
어렵프시안다
먹머기안다
흰듸일홈내리다
집의두고굴면
호는승승
내쳐를어버받다
걸리긴듸업다
얼굴은쳔유로가다

No.

부치다 粘上
붙다 着
불나든든 乾破
[illegible]
호다 [illegible]
왼것 [illegible]
남쪽으로 곳 [illegible]
곱은것 [illegible]
흰것 [illegible]
빗그다 斜了
치우치다 偏了
[illegible]
[illegible]
든든호다 [illegible]
덕근걸을 [illegible]
물오누다 軟爛

적다 [illegible]
바드다 [illegible]
던어내다 掏出
살몃하다 [illegible]
나다 慌了
겁내다 [illegible]
숫처셔다 打動
너희둘 [illegible]
날마다 每
빗서 비와 자시 [illegible]
진실로 端的
[illegible]
[illegible]
[illegible]
[illegible]
쇼식전호다 遠信
[illegible]

[illegible]

—104—

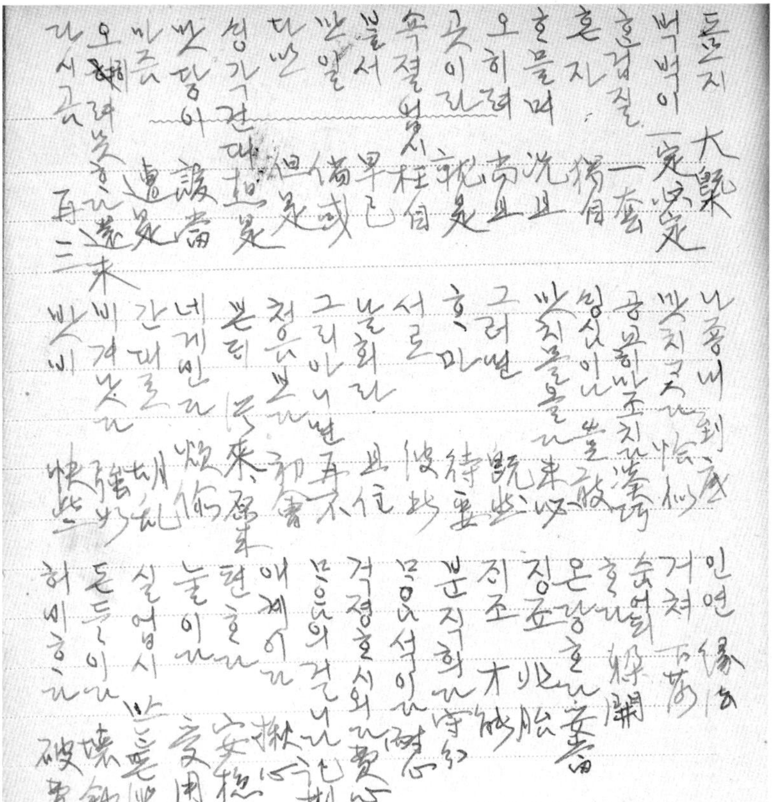

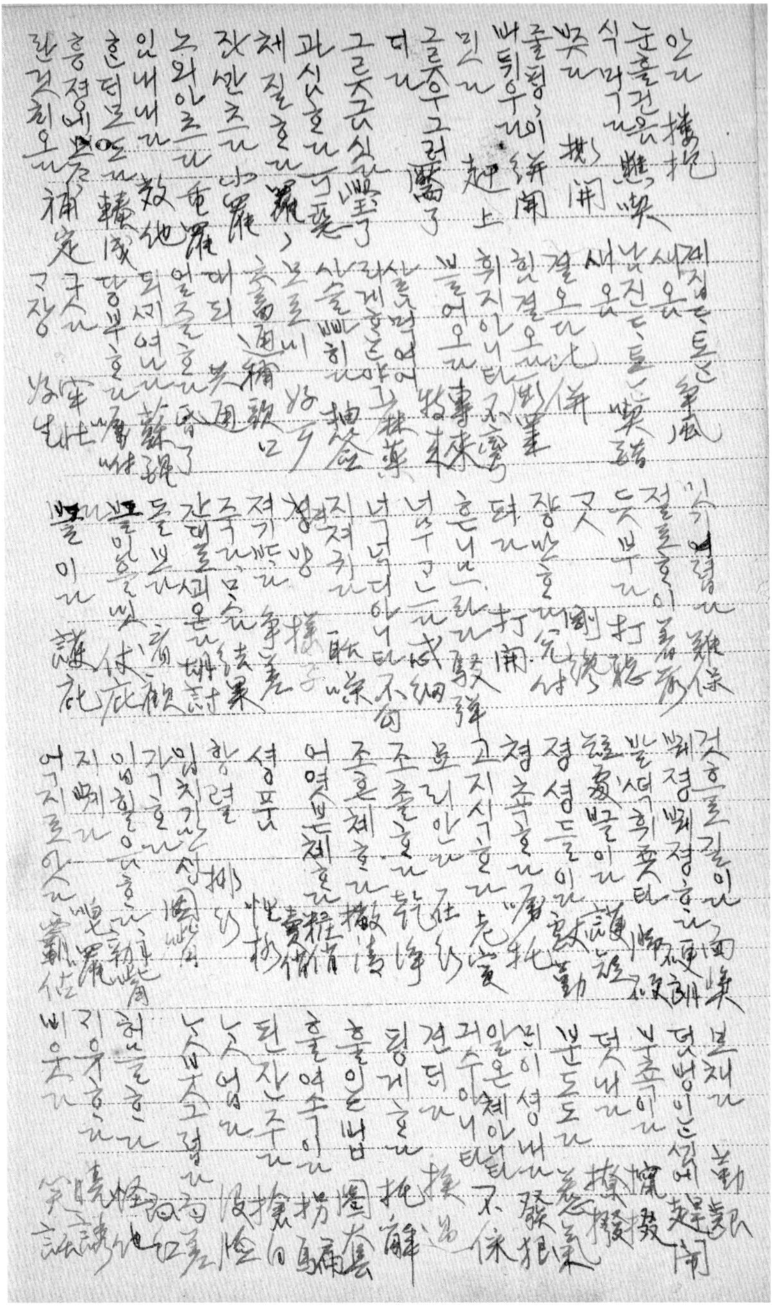

—102—

瑣說 二字數

구실ᄒᆞ여보ᄂᆞ
머믓거리ᄂᆞ 躊躇
막조ᄅᆞᄂᆞ
부러 故
덜ᄂᆞ다
잡ᄇᆞᆯ아나ᄂᆞ
뉘웃ᄂᆞ 懊悔
인이히보채ᄂᆞ
날조로ᄂᆞ
날을저힌ᄂᆞ
약과빠ᄂᆞ
이리더리현ᄉᆞᄒᆞᄂᆞ
한숨거리ᄂᆞ
두졍ᄒᆞᄂᆞ
비ᄂᆞ

조장ᄒᆞᄂᆞ
즐기ᄂᆞ 快
도희ᄃᆡᄂᆞ
곱ᄒᆞᄂᆞ
古怪ᄒᆞᄂᆞ
슈순ᄒᆞᄂᆞ
꾀더웃ᄒᆞᄂᆞ
우래볼로닥
나서ᄂᆞ
나ᄉᆞ나ᄂᆞ
살활ᄂᆞ
욕먹ᄂᆞ
익ᄀᆞᆺᄂᆞ
힐외발ᄒᆞ
장발ᄒᆞᄂᆞ
부란두ᄂᆞ

보솨뵈ᄂᆞ
곱ᄂᆞ
얼굴ᄀᆞᆺ
선거ᄒᆞᄂᆞ
자랑ᄒᆞᄂᆞ
다시ᄒᆞ다
바치ᄂᆞ
바아다ᄂᆞ
혜내ᄂᆞ
밍세ᄒᆞᄂᆞ
뎐히ᄀᆞᆺ
포고ᄀᆞᆺ
빠려ᄂᆞ
괴오ᄂᆞ
버뒤오ᄂᆞ
뜨당흐ᄂᆞ
기도ᄒᆞᄂᆞ

간대로ᄒᆞᄂᆞ
노홉여ᄌᆞᆨᄒᆞᄂᆞ
세제ᄂᆞ
손ᄉᆞᆸ파리ᄂᆞ
등졀리ᄃᆡ
부졀업시
부졀업시
빈믈에
살오ᄆᆞ
살ᄀᆞᆺ모ᄂᆞ
져던ᄃᆞ
간대로
뻐ᄀᆞᆯ로
뼈져기ᄂᆞ
리유

빠ᄅᆞ다
친티ᄂᆞ
뎐트ᄂᆞ
비ᄌᆞ
겹ᄒᆞᄂᆞ
수디ᄂᆞ
빗느ᄂᆞ
의지ᄂᆞ
허망ᄒᆞ
살ᄂᆞ
살ᄂᆞ
살ᄂᆞ
두로빠ᄂᆞ

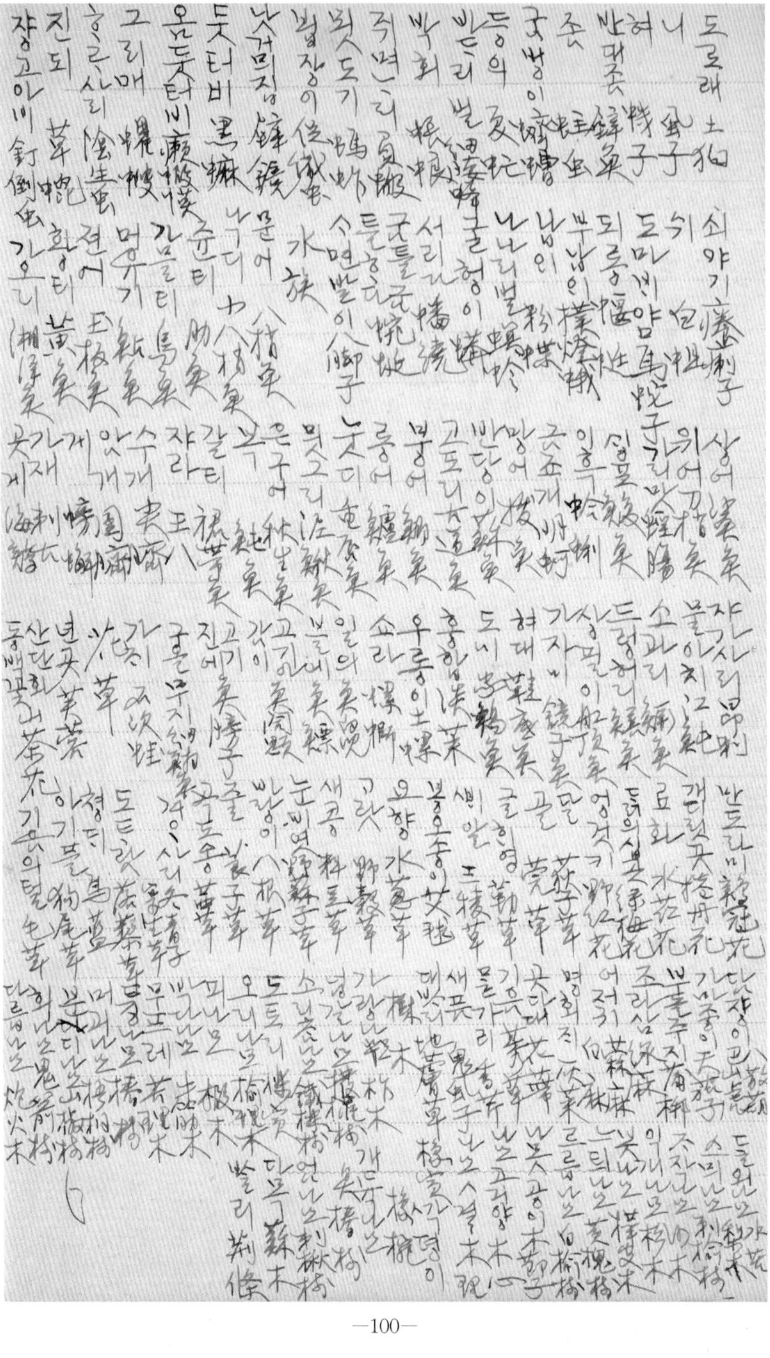

—100—

울것다 鷄鳴
누른조의 黃鳥
흰조의 鵲 靑
것스럽플 硬皮
속겹물 軟皮
며느리톱 距
가마오지 水鶴
빼구새 布穀
브랄갈이 [illegible]鳥
칼짓 翅大翎
너븐짓 翅次翎
소옴치짓 毛羽
짓퉁 翎管
놀애털 衣翅
털숭그리다 鬆開毛
훈울은 一支翅
쥭지세고 振翅飛
서섭울는 搽地飛

지스다 換毛
조아먹다 啄喫
놀즘생의 巢窩
[illegible] 走獸
고라말 黃馬
절다물 赤馬
빅설아물 白馬
설아물 銀褐馬
쇼티셩마 玉頂馬
가라물 黑馬
부루물 紅紗馬
구블자할 豹[illegible]馬
거헐말 粉嘴馬
잠불물 白陰馬
총이물 靑馬
조류마 棗騮馬
굴헝물 栗色馬
쇼족빅 四明馬

자쇼족빅 五明馬
가리운물 海騮馬
월라물 花馬
골희눈물 環眼馬
쇤래블튼물 繡膊馬
공골마 土黃馬
츄마물 灰馬
털총이 靑驄馬
눌란눈물 銀鬃馬
아질개물 兒馬
악대물 騸馬
악물 騍馬
표물 銀[illegible]
코뼈물 [illegible]
비로오는물 [illegible]
저는물 瘸馬
가탈하는물 [illegible]的馬
것는물 [illegible]馬
새가탈 細點的
거티는물 撒蹄的

압거티는물 前失馬
들피딘물 [illegible]瘦馬
굼마리는물 撒[illegible]馬
뻗는물 [illegible]馬
츠는물 [illegible]馬
살눕는물 咬人馬
아귀센물 口硬馬
아귀물근물 口軟馬
쁘믈 懶馬
셩쉰물 [illegible]馬
눈먼물 瞎馬
슬진물 [illegible]馬
여윈물 瘦馬
헐믓는물 瘡[illegible]馬
덜낭인물 [illegible]
빳지는물 [illegible]
모이드는물 [illegible]
물부리 馬[illegible]
물초리 馬尾子
한쇼 犍牛
억대쇼 犍牛

암쇼 牸牛
쇠야지 犢兒
어롱쇼 花牛
재노리 快騾
쁘는노리 懶騾
더펄개 獅子狗
어롱개 花狗
악대양 羯羊
소옫티양 [illegible]羊
얼롱괴 花猫
큐괴 [illegible]猫
거믄괴 黑猫
센괴 白猫
지괴 灰猫
두더쥐 [illegible]鼠
약대 駱駝
고니 [illegible]
엇노로 獐子
넉우리 山獺
시라소 土豹
오소리 貛子

여우 狐狸
불여우 沙狐狸
삵 野猫
납 猢猻
승냥 豺狗
담비 [illegible]
플애 [illegible]子
간잡 [illegible]
쇼용이 [illegible]
후일족 [illegible]
꼬리 [illegible]
쇠벽 [illegible]
[illegible]
갈외 [illegible]猫
골왕이 水[illegible]
지차리 [illegible]
놀여기 [illegible]
키더기 [illegible]
구더기 [illegible]
거위 [illegible]
자자 [illegible]

술윗통이 釧
온에 끼는 쇠 車釧
술위통구무안 車鐧
희 빼는 쇠 轄
술윗살 輻條
술윗쇠야기 轄子
술윗ᄂᆞᆯ 멍에 大鞅
술윗술에 저 小鞅
근멍에 套
멜 줄 撒繩
ᄉᆞᆯ올 줄 扣索
목집게 [illegible]
발외 杷犂
옷진 棒頭

技戲

실흔ᄒᆞ다 捧挍
노롯ᄒᆞ다 雜戲
당방올티다 打毬
뎌기ᄎᆞ다 踢毽子
바ᄀᆞᆷ이티다 放空中
쌍불쥐다 拿錢

돈던디다 賭錢
공긔노다 耍指兒
산디 鼇山
븟산디 [illegible]山
개아 [illegible]棚
광대 鬼臉兒
고ᄀᆞᆯ대 [illegible]
나ᄇᆞᆯ다 耍棒
근두질ᄒᆞ다 跟陡
줄얼는ᄒᆞ다 踩軟索
솟대노롯 上竿
방올놀리다 耍鈴
어름치다 滑[illegible]
추산ᄒᆞ다 [illegible]
그릐 鞦韆
희죽 [illegible]
폴매 撇石
패치다 打拐
승이 骰子
골흥 [illegible]
飛禽
벌레 [illegible]鷄

불아은둘이 [illegible]鷄
구수돌이 花鷄
회왁들이 哈八鷄
두거머리 蓬頭鷄
들의안 鶏
들의산닭 [illegible]
거유 鵝
힘웅청 海青
주지내 黃鷹子
되롱태 [illegible]兒
비두매 [illegible]
익더귀 兎鶻
대ᄉᆞ두라기 老鷹
튀곤 白黃鷹
착진 白角鷹
보라매 秋鷹
걸괴 花鷂
피힐 [illegible]
공둥 [illegible]
낭가순 [illegible]
매단당고 [illegible]

새지ᄉ 翎兒
매안는 토오 [illegible]
매새리 五指兒
수리 皂鷹
새매 鷂子
한새 老鸛
두루미 老鸛
가마오디 水老鴉
가마괴 老鴉
소로기 鶻
뎌구리 啄木官
명막이 [illegible]
뵈ᄉᆞ오리 [illegible]鴨子
비올히 [illegible]鴨子
곤이 天鵝
사도새 淘河
춘새 麻雀
뫼라기 [illegible]
보이새 [illegible]
외새 [illegible]
공새 茶鳥

마와기 紅鶴
더뒤 [illegible]
도요새 水札子
너스 [illegible]
부형이 鴟子
개가마디 [illegible]
종다리 [illegible]
수종다리 [illegible]
빗종다리 [illegible]
골며기 [illegible]
오가리 青[illegible]
고지새 [illegible]
종고씨 [illegible]
할미새 [illegible]
옷바비 [illegible]
뭇ᄉᆞ둘기 [illegible]
부기 [illegible]
뱁새 [illegible]
숙곡이 [illegible]
혼안 [illegible]
뎍부리 [illegible]

—98—

배양이 壓車
돌것 旋棒
물레 紡車
삼모리 麻纓兒
실모리 線纓兒
교의 椅子
답장 脚踏
좌조 坐凳兒
사오리 杌凳
방상 兀子
도상 馬床
상마되 馬兀子
거적 草墊
얼에빗 梳子
빈츼빗 密篦子
설면츼빗 梳篦子
빗솔 梳盧子

부체 扇子
쥐덫 木貓子
덫 套車子
삼태 糞斗
들셧 檯把
아니쇠 鍋撑子
조지手 把子
그다지 搜朳
집광이 楞杖
장 竪
힝단 開披
설합 抽替
각기소리 千眼廚
농지 亮子
결무친농지 糠燈
광솔 松明
등그이 癢搔
대륜도 羅鍋

세답줄 曬縄
한골 錫
돌대 盃子
지레 花
불광 千斤
무디 蒲
생녕 鍬子
우비 皮
새뚫내 工
전메오다 透
조이다 鑲嵌
광치다 起火
봄의스다 磨光
횡우다 鏽了
등울 擲弓
살오리 鞍

어치 鞍子
돌애 鞊
골개 韉
밀치 鞦
갓거리 搭鞍
바굴레 籠頭
가미 額頭
혀 嚼環
마함 水
쥬리울 鐙
압솟동 前鞦
뒷솟동 後鞦
빗대 肚帶
쳔보 軟鞍
안갑 鞍籠
등피 鞯
간다개 纓頭

구슬망 網盖兒
안롱 鞍籠
채 鞭子
채스딕 鞭穗
채열 鞭梢
견마 控馬
어울 跚
삼녕 護膝
다갈 脚
듀락 鞍
허쇠 折
소견 鞍
소부리 鞍花
길마 鞍
舟
큰빈 海船
놀빈 撥船
마상이 槽船

베 (?)
단 鐵
단 金
치 (?)
사화 猫子
빗대 舵
빗슷대 桅
빗노 撑
빗고물 船
빗다 船
프래 (?)
프조미 (?)
플 篷
씨이 (?)
사공 梢工
車
술위 車
술위빗디 車軸
술위 車
됴 輓

울 再生草
돌랑리 小根菜
평지 蔓菁菜
[illegible]
헤너런가마 荷葉鍋
노고 鑼鍋
차탕관 茶鐥
술 銅匙子
저 筯
숏소라 銅盆
세수소라 洗臉盆
다야 盂子
엉유아리 鉢盂
쌀 [illegible]
봉ㅇ [illegible]
죵조 鍾子
나모뎝시 木楪子
사뎝시 磁楪子

술준 酒樽子
쥬병 酒鱉
호병 酒壺
쥬젼ᄌ 銅銚
잔 盞兒
반 盤子
상 桌子
독 [illegible]
항 [illegible]
소용 油瓶
화로 火床
화ᄌ [illegible]
섯쇠 鐵撑
젹쇠 [illegible]
섯자 [illegible]
나모쥬게 木杓
쇠쥬게 銅杓
힝ᄌ 抹布

조리 笊籬
얼멍이 [illegible]
깁체 羅兒
드레 水斗
딜드레 [illegible]
ᄌ매 [illegible]
들 井
죡박 [illegible]
술고ᄌ 酒[illegible]
쥬발 [illegible]
시로 [illegible]
실겅 [illegible]
농 [illegible]
합 盒兒
시루 [illegible]
젹곳 [illegible]
휘귀 [illegible]

평목 [illegible]
사아ᄌ [illegible]
키 [illegible]
빗자 [illegible]
빗비 [illegible]
누리채 [illegible]
도간 [illegible]
상쥬 [illegible]
채롱 [illegible]
채광조 [illegible]
섯리 [illegible]
고리 [illegible]
뎔감 [illegible]
자른 [illegible]
보 [illegible]
메 [illegible]
매 [illegible]
젼빤 [illegible]

가외 [illegible]
인도 [illegible]
당리 [illegible]
방마치 [illegible]
홍두개 [illegible]
방츄 [illegible]
니봉 [illegible]
안석 [illegible]
요 [illegible]
젼 [illegible]
딥직 [illegible]
돗 [illegible]
삿 [illegible]
방하 [illegible]
방핫고 [illegible]
방핫개 [illegible]
방핫확 [illegible]

신 [illegible]
도개 [illegible]
관솔 [illegible]
식지 [illegible]
칼 [illegible]
칼마 [illegible]
작도 [illegible]
고도쇠 [illegible]
작도벗팅 [illegible]
자괴 [illegible]
살 [illegible]
되 [illegible]
먹고ᄌ [illegible]
집게 [illegible]
장도리 [illegible]
힝괴 [illegible]
글게 [illegible]
부쇠 火鐮

니ㄱ인쇠 熟鐵
쇠생 生鐵
밀 黃蠟
주공 紫膠
갖늠 [illegible]
[illegible] [illegible]
누에씨 蠶種
실혀다 [illegible]
실리다 絡絲
본도기 蠶蛹子
실비다 捻線
실조슨다 紡線
실나은다 練絲
(纖)
실승은다 造絲
실모라다 [illegible]
실믜듬 [illegible]
어리 [illegible]
부다 [illegible]

잉아 綜線
몰속 [illegible]
베가리 [illegible]
사츠대 [illegible]
도토마리 [illegible]
쇠꼬리 [illegible]
[illegible]
상사온비단 [illegible]
금차할비단 金黃
다홍비단 大紅
소홍비단 小紅
분홍비단 水紅
곡도숑비단 [illegible]
드틀비단 [illegible]
야토록비단 鴉綠
희무루비단 墨綠
걸은야청비단 黑靑
연난비단 月白
흰노 白羅
무로 帽紗
조우사 縐紗

누은뵈 洗白布
자토리 零布
풀솜 綿子
[illegible]
[illegible]
[illegible]
[illegible]
[illegible]
裁
옷마ᄅ다 裁衣
옷길 [illegible]
옷우ᄒ [illegible]
옷아래ᄒ [illegible]
무 [illegible]
쟈락 [illegible]
깃 [illegible]
동정 [illegible]
깃바대 [illegible]
소매 袖子
소매부리 [illegible]

동동 小袖
[illegible]
[illegible]
[illegible]
[illegible]
[illegible]

—95—

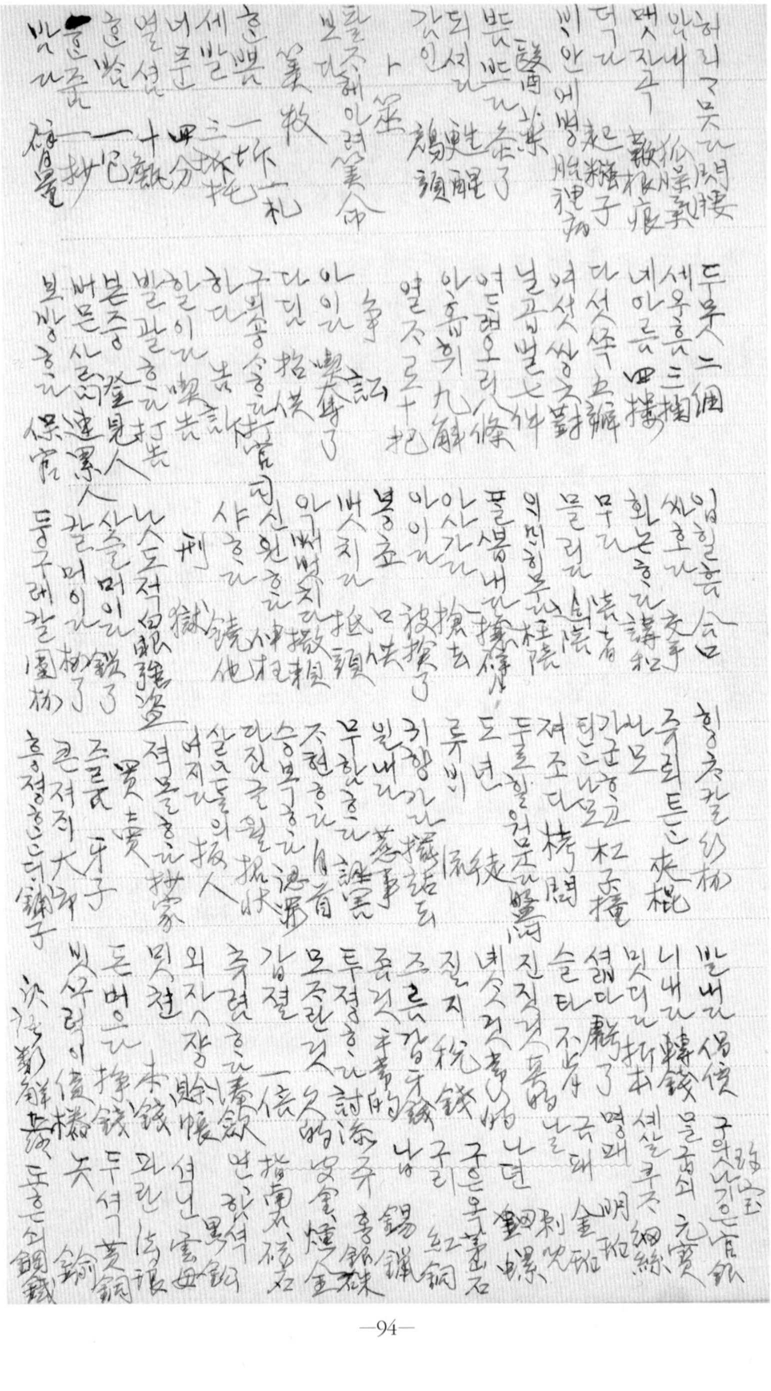

—94—

고조목술 錮麵酒
믈고기 魚
놀리고기 獐肉
돗희고기 猪肉
쇠양 牛肚子
물즐믜 [illegible]腸
연훈고기 軟肉
설교 香餻
미시석 乾餻
인절미 糯餻
상화 饅頭
상화깅 粉羹
의면 粉湯
미시 麥麵
산당화소 [illegible]
상화 [illegible]
고기소녀흔상화 肉包

뻔시 匾食
과즐 油果子
우무 海凍
타락 駝酪
운볼 酥
식혜 醯醢
참길음 香油
들길음 蘇油
뻔무 油[illegible]
골장 麯醬
고장 醬油
들리 [illegible]
젼쵸 小椒
고소 花椒
구수다 香
숑경다 [illegible]
누리다 [illegible]
맵다 辣

노린내 臊氣
누린내 羶氣
고라지기 生[illegible]
쉬스다 下[illegible]
흙 안먹다 [illegible]
간대로먹다 胡[illegible]
날보기조 木樨子
숫 煤炭
닝과 [illegible]
果실리 [illegible]
곳감 柿餅
가얌 榛子
믈빗 香水梨
문갑 [illegible]
복숑화 [illegible]
복숑와 毛桃
벋기 山桃

멋 李子
줄온오얏 [illegible]
권장이 [illegible]
어룽이 [illegible]
ᄠᅳ물 泔水
곡마지 [illegible]
親
아춘아들 姪
아춘ᄯᆞᆯ 姪女
보진 丈夫
졋어미 奶奶
졋어비 奶公
지시골 [illegible]
아바니 [illegible]
이바디 宴
너리다 送
너패랄 打攪

疾病
눈즈ᄋ믈 [illegible]
ᄃᆞ라치 生[illegible]
곳블 鼻[illegible]
조희 [illegible]
믈 근물 水[illegible]
블근물 [illegible]
갈순돗블 [illegible]
고곰 [illegible]
허리쁜쁜 [illegible]
고되머리 [illegible]
브릅난 [illegible]
더덩이 [illegible]
골롬 [illegible]
블 븟ᄂᆞᆫ [illegible]
ᄡᅳᆯ알 [illegible]
헌허믈 [illegible]
얼우러기 [illegible]
버즘 [illegible]
두두러기 [illegible]
ᄯᅩᄯᅩ아기 [illegible]

ᄒᆞᆼ역 出痘
되야기 [illegible]
ᄂᆞ올알 [illegible]
거일 [illegible]
자라난 [illegible]
갈질 [illegible]
병자 [illegible]
미치다 [illegible]
얼굴 [illegible]
덕 [illegible]
니 [illegible]
싱 [illegible]
손 [illegible]
진 [illegible]
ᄉᆞ다 [illegible]
관롱 [illegible]
역질 [illegible]
숑 [illegible]

샤마괴 魘子
무샤마괴 黃子
큰물 大便
젹은물 小便
윤슈 腎水
송곳니 月牙
덧니 重牙
어금니 腮牙
엄니 虎牙 齙牙
젓니 妳牙
니사이 牙縫
보조개 笑印
우물개
뉵가락 贅指
잔허리 軟腰
준굴이 腰眼
궁둥이 [illegible]
볼기짝 [illegible]

발자곡 脚印
몸씨 身分
孕產
죵흔세답 月布
아리깃 褯子
삿기 尿褯子
氣息
트림 [illegible]
쟈치옴 [illegible]
하픠옴 呵欠
준저리 寒噤
픽이질 打[illegible]
션몸듣다 [illegible]心
아니곱다 [illegible]心
샤리틀다 [illegible]
그래쥴빗다 [illegible]
입다시다 [illegible]
목메다 [illegible]了

목소다 [illegible]了
애쓰다 淘氣
애두럽다 氣不忿
담ᄒ다 [illegible]
ᄒ숨디다 長嘆
셜웨라 [illegible]
셜워알다 [illegible]
소리 [illegible]
무옴에노흐다 [illegible]
굴두더리다 [illegible]
감소왈ᄒ다 [illegible]
저프다 怕
눈즈빡즈빡ᄒ다 [illegible]
ᄒ다 [illegible]
넌벙이다 [illegible]
니야기 古話
도연 [illegible]
부질업슨 [illegible]
젼갈ᄒ다 [illegible]
말짓다 [illegible]

말다수리다 強嘴
둥어리다 [illegible]
번승ᄒ다 [illegible]
셕주놀다 [illegible]
ᄂ숏곳ᄒ다 [illegible]
무료보다 [illegible]
動靜
눈흘기다 [illegible]
눈주다 [illegible]
입주다 [illegible]
헤ᄉ우다 [illegible]
입버릇 [illegible]
드ᄉ기ᄒ다 [illegible]
거기ᄒ다 [illegible]
존쇼대 [illegible]
슈의 [illegible]
오늠 [illegible]
나블리 [illegible]

본보내다 [illegible]
민신회 [illegible]
민면리 [illegible]
새절 [illegible]
셰숀다 [illegible]
[illegible]
딧뵈셕 孝帶
[illegible] 脈
호유, 베잇스매 [illegible]
한ᄉ 飾
부뎐 [illegible]
더그레 [illegible]
덜럭 [illegible]
단옷 [illegible]
비개옷 [illegible]
이ᄉ옷 [illegible]
ᄉ딘빗ᄉ기쟉산 [illegible]
뒤빗기옷 [illegible]
셥얼ᄉ옷 [illegible]

핫옷 [illegible]子
갓옷 皮[illegible]
둔즈 [illegible]子
동곳 [illegible]子
옷옷 [illegible]子
토수 [illegible]子
수울 [illegible]子
믈이 粉子
윤리 [illegible]
다리 假髮
두 [illegible]
슴 [illegible]
지어 [illegible]
셔긴 [illegible]
징강 [illegible]
무술 [illegible]
믜온술 [illegible]
디믈기 [illegible]
조믈리술안 [illegible]

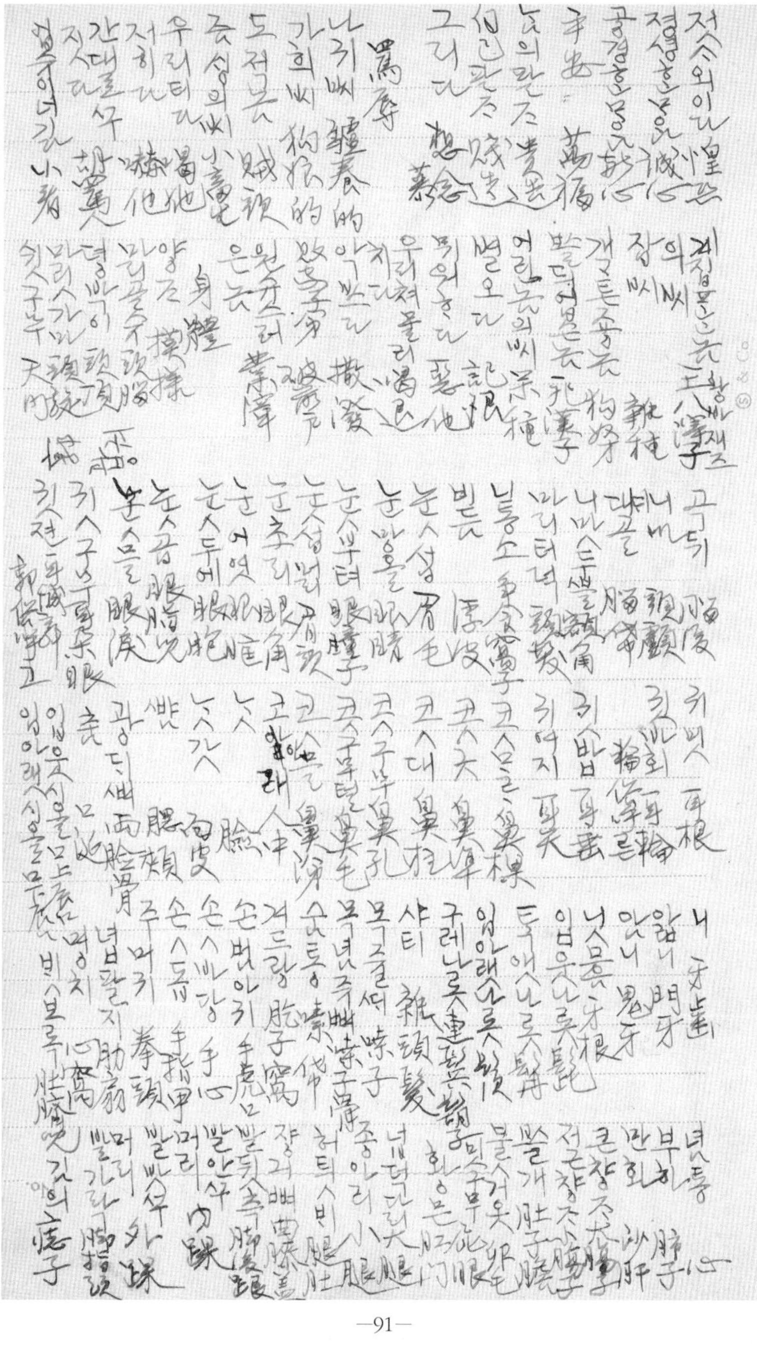

—91—

섭섭ᄒᆞᆫ놈 [illegible]漢子
날치도든살ᄂᆞᆫ 飛[illegible]子
박수 端公
무당 師婆子
태주 童[illegible]哥
재보는살ᄂᆞᆫ 相士
물에부작ᄒᆞᄂᆞᆫ이 [illegible]水的
드섭ᄒᆞᆫ이 [illegible]的
경ᄉᆞ 山人
[illegible]夫 太[illegible]人
연고ᄒᆞᆫ이 [illegible]利的
즈셥ᄒᆞᆫ살ᄂᆞᆫ 細詳人
고미식ᄒᆞᆫ이 老實的
조심ᄒᆞᄂᆞᆫ이 勤謹的
쳐ᄲᅧᆫᄒᆞᄂᆞᆫ이 說[illegible]的
젼주ᄒᆞᆫ이 輕動的
게우론놈 邋遢的

거즛말ᄒᆞ고 謊[illegible]的
섭ᄒᆞᆫ이 偉人的
둔ᄒᆞᆫ살ᄂᆞᆫ 莊[illegible]
향은 孤[illegible]的
못쓸놈
걸ᄉᆞ말ᄒᆞᄂᆞᆫ 撒謊的
아당ᄒᆞᄂᆞᆫ이 諂佞的
졀셩업고공이 乖覺的
고로은놈
마오ᄒᆞᆫ이 乜斜的
셩악ᄒᆞᆫ이 閑強的
모리뫈든놈 癆漢子
난장이 [illegible]漢子
킈젹은놈 長[illegible]
킈큰놈
민머리 禿子
술찐살ᄂᆞᆫ 胖子
여윈살ᄂᆞᆫ 瘦子
눈흘긘놈 斜眼的

눈먼놈 瞎子(?)
淸盲 瞟子
벙어리 啞子
더두어리 [illegible]巴子
ᄂᆞᆫ놈 [illegible]鼻子
코머근놈 [illegible]鼻子
곱부코 糟鼻子
나ᄲᅳ든놈 [illegible]牙子
엇텅이 [illegible]子
곱당이 疤子
등구븐놈 [illegible]腰子
부리긴놈 歪嘴子
전는놈 [illegible]子
미친놈 風漢子
고자웅ᄒᆞᄂᆞᆫ이 太監
셩녕바치 匠人
풍뉴바치 樂工
花娘 養漢的

ᄆᆞᆺ나희 表子
계집업은놈 曠夫
돈거든主人 掌櫃的
거어지 叫化子
븟삿ᄂᆞᆫ놈 肯善人
종인ᄂᆞᆫ이 有記性的
너즐할ᄒᆞᆫ이 [illegible]的
고집ᄒᆞᆫ살ᄂᆞᆫ 執拗的人
조혓ᄒᆞᆫ살ᄂᆞᆫ 小美人
부ᄃᆡᆺ치기 [illegible]的人
향야ᄒᆞᆫ살ᄂᆞᆫ 村俗的人
되은놈 [illegible]
주ᄆᆡᆼ 酒鬼
조ᄆᆞᆫᄒᆞᄂᆞᆫ이 嘴不牢的
물은 莊頭
세ᄡᅳᆫ이 [illegible]人
나장이 泥水匠

령ᄒᆞᆫ이 有[illegible]
얼온이 [illegible]子
텬샹보기 [illegible]
왜ᄀᆞᆫ이 [illegible]
발ᄒᆞᆫ조안이 [illegible]
안ᄌᆞᆼ조와 [illegible]
반병어리 [illegible]
매부디코 [illegible]
광대 要子
詩話 태ᄉᆞᆼ인 [illegible]
멀롱 [illegible]
싣기 [illegible]
德이싀대 [illegible]
싱싱인 [illegible]
어ᄃᆡ션ᄃᆡ [illegible]

—90—

소니활 弩弓
한주활 彈弓
줄살 繫絲箭
통아 箭[illegible]
관혁 箭把子
궁소 弓胎
환도야은 刀[illegible]手
창끗 兩刃刀
오구창 鈎槍
발은쇠 鐵蒺藜
물매 木棒
거마창 欄當木
(四) 漁
산영하다 打圍
산장이 獵戶
밋[illegible] 誘子
그믈톳 網脚兒

그물버긋 網戳兒
낙시 釣鈎
고기닥회되는 魚叉子
반도 撞網
매것다 [illegible]
챠ㅇ 挾子
챵교동 挾子嘴
번므레 [illegible]網
통그물 袖網
어살 魚梁
통바리 魚[illegible]
후릴그믈 圍網
반도 撈網
[illegible]
살술 [illegible]
살술 [illegible]
삭갈 脚錢
발삭 手錢

글월ㅅ간갈 [illegible]錢
[illegible] 興[illegible]
[illegible] 寺觀
덜 寺院
좌선하는 [illegible]禪堂
法堂 佛殿
밥먹는집 齋堂
갑붑드는누 鼓樓
쇠붑드는누 鍾樓
중 和尙
승 尼姑
[illegible]
상재 沙彌
거사 善[illegible]
종회 紙[illegible]
동냥하다 抄化
구걸하다 [illegible]
모시하다 布施
공덕하다 [illegible]施

굴와부다 [illegible]海螺
바라티다 打鐃鈸
멍굴 [illegible]堂
명도 神鏡
중의마대 錫杖
중잘방 方丈
[illegible] [illegible]
정승 閣老
열운 [illegible]
노연 [illegible]
가시 [illegible]
한해 [illegible]
첩 小[illegible]子
서리 [illegible]
불구중 [illegible]
통인이 [illegible]
종 [illegible]
낙장 [illegible]

군뢰 [illegible]
괴두스령 [illegible]
[illegible] 軍牢
百姓 [illegible]
軍士 [illegible]
아희놈 小廝
이바디하다 [illegible]
계집 丫頭
마누라 太太
숫처 [illegible]
숫지말 [illegible]
군수 [illegible]
모직이 [illegible]
人品
선비 秀才
용한사람 好人
어린사람 [illegible]人

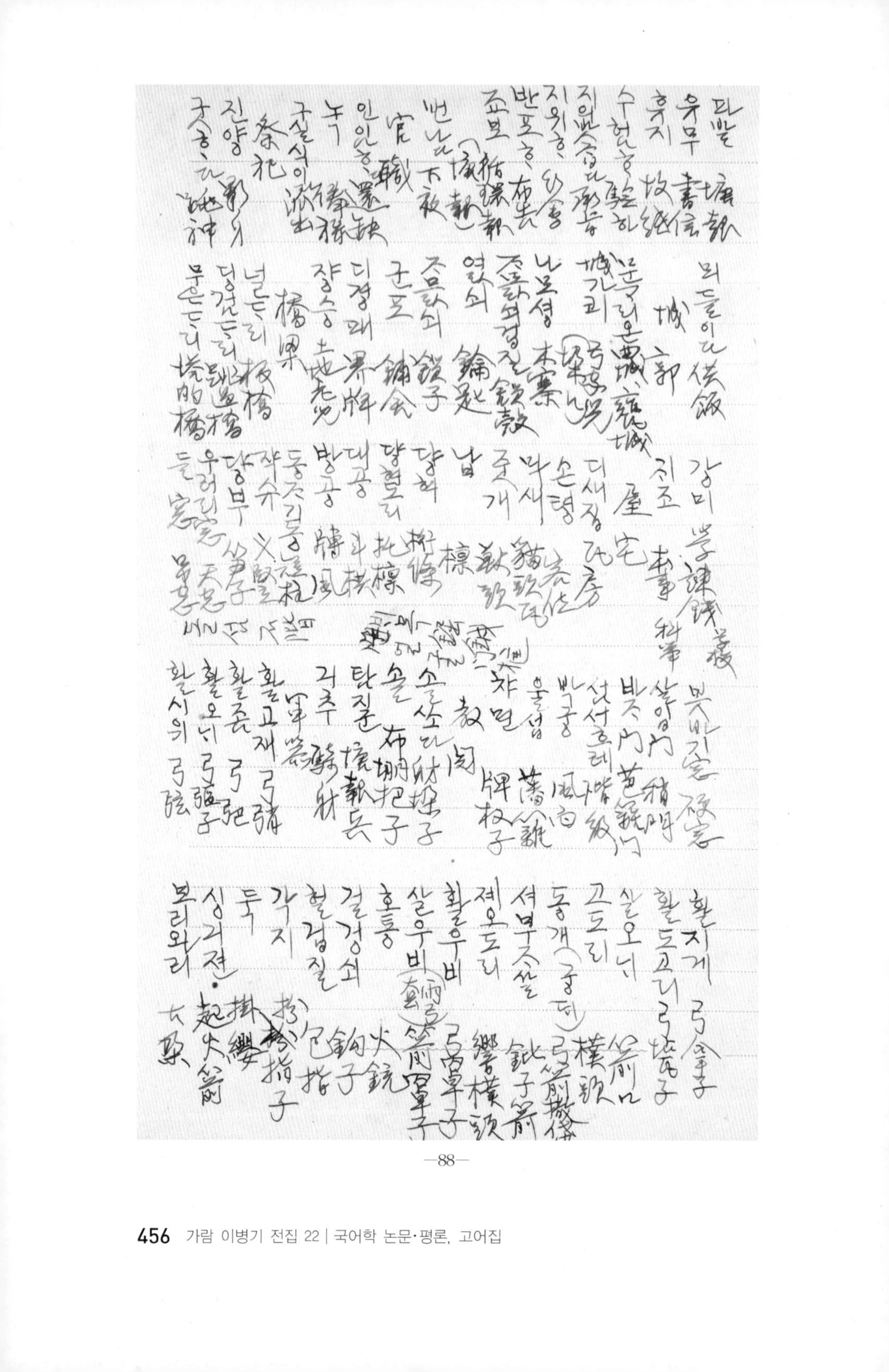

파발 擺撥
유무 書信
후지 故紙
수헌
지원
지위
반포 頒布
조보 朝報
번나
官職
인인
녹
구실
祭祀
진양
굿

되들이
城 郭
문루
성가퀴
나무셩
조롱
엿쇠
줌쇠
군모
디졍
장승
널다리
징검다리
무든다리

강미
지조
디새
손당
부사
오개
납
당
대공
방공
동자기둥
작수
당부
우리
들

빗바지
살앙
바라지
산서
박공
울섭
차면
소슬
솔짐
탄추
귀
활고재
활존
활오니
활시위

활지게
활도고리
살오니
고도리
동개
서부조살
제오도리
활우비
살우비
호롱
걸경쇠
헐겁질
가지
두
싱거전
보리와리

—88—

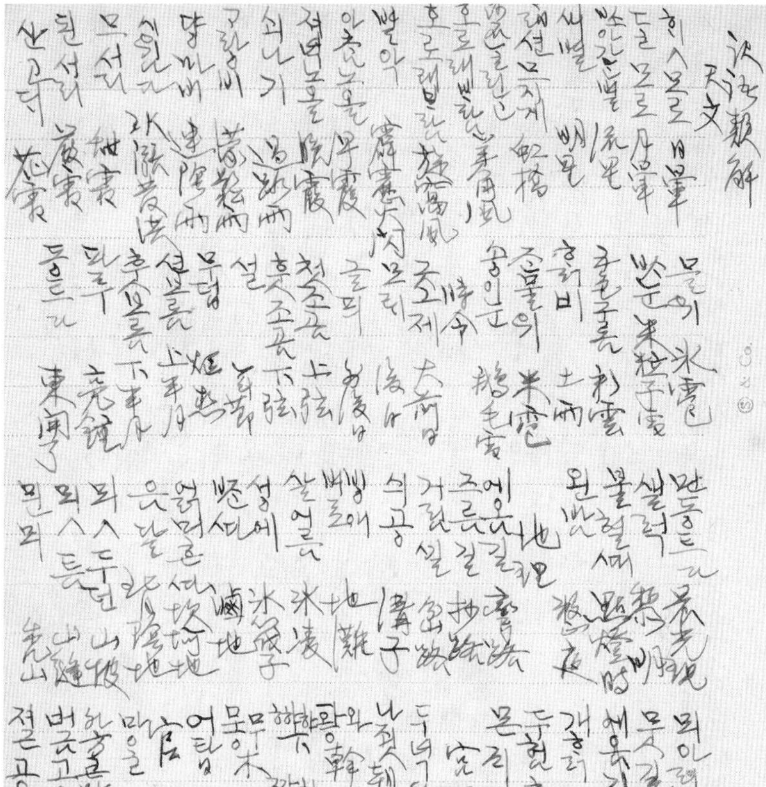

諺語類解

天文

히ㅅ모로 日暈

돌모로 月暈

별똥 流星

새별 明星

—87—

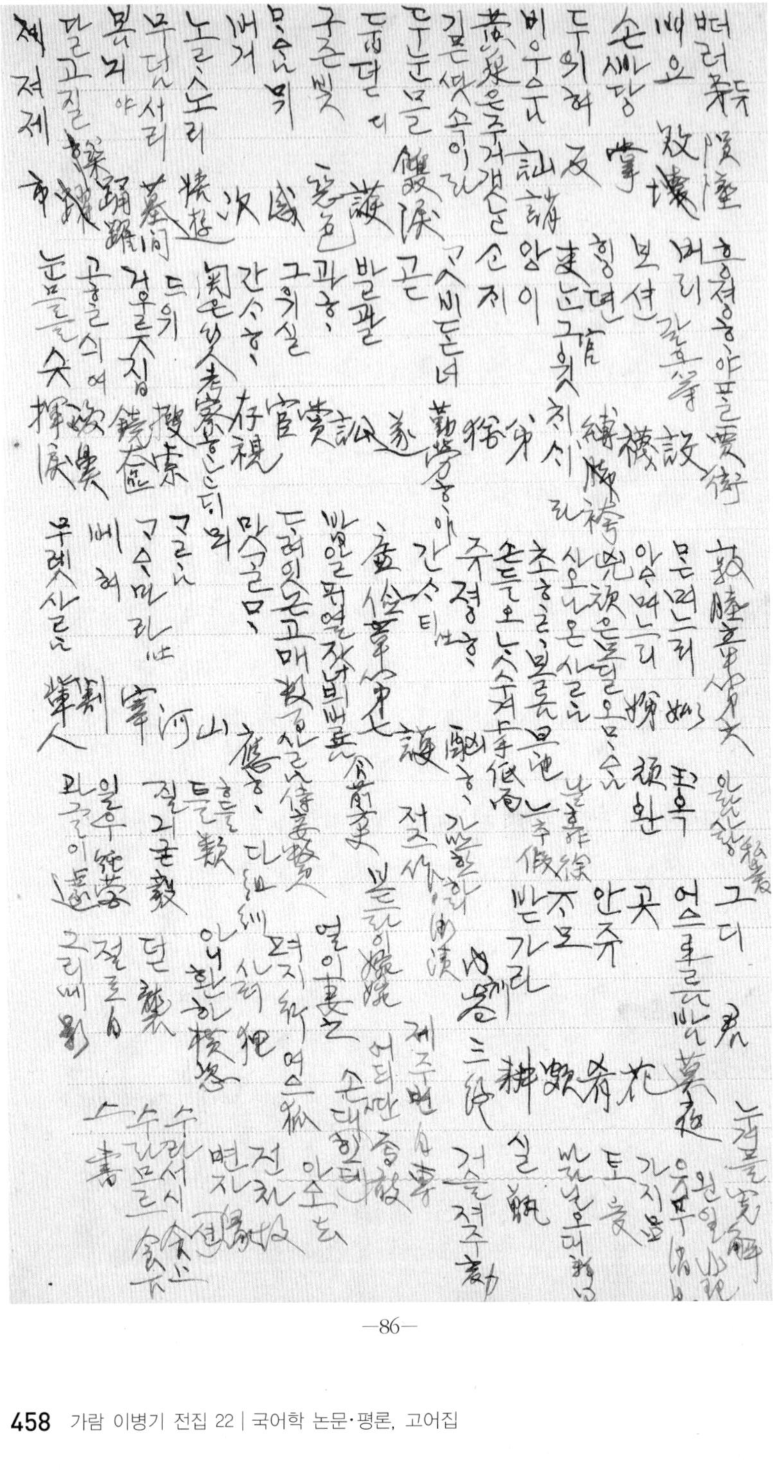

—86—

ᄣᆞ롱 短分
조가개ᄣᅡ 樽
ᄃᆞᆯ며ᄡᅳ믈 甘苦
ᄠᅩᆫ란 及
繡縫은 깁보탈
시리
거의 殆
죠고맛허믈 小過
모ᄉᆞ 最
덧으 會
흣宴로 苟
구준지죄 全材
죠히다ᄒᆞ시니 精義
울ᄂᆞ저 輸
므스그ᄅᆞ 何
나ᄅᆞ시옷다 ᄣᅡ
집ᄂᆞᄂᆞ라괘 곤ᄯᅳ디안ᄂᆞᆫ

져그 急微
ᄢᅢ는ᄣᅡ 表
도최 ᄋᆞᆼᄡᅡ
工ᄒᆞᆫ 글시 技巧
酖은 毒ᄒᆞᆫ 새니 그짓
로 飮食에스서 먹그면 산
라 ᄒᆞ미 죽ᄂᆞ니라
울티 이ᄊᆞ얏 讖哉
열 阝스
저차지 沃 祭沃
아래 岸
그ᄃᆡ로 與甫
돈녀 按涉
므ᄉᆞ히 何力
차반 膳蓄
세ᄉᆞ옴 上進
조티아니ᄒᆞ 鑼潔
깃ᄉᆞ와ᄒᆞ더라
웃든 本

잇우고 旣而
올히ᄒᆞᄃᆞ 然ᄒᆞᄃᆞ
낫토아내 表章
닐리게ᄒᆞᄃᆞ 讀之矣
늘근활 故弓
나기 志
몰ᄋᆞ시고ᄣᅡ 製
쇼 標
므던히너기ᄋᆞ야 寬
묵 荒
남여 縟
허 契
고ᄅᆞᆫ 易
깃ᄇᆞ 喜
그리ᄋᆞ외 追慕
이ᄎᆞᆫ나조 朝夕
븨 謁
ᄉᆞ랑ᄒᆞ 思

간대로 妄
사오나온옷 惡衣
낫가온옷 卑衣
ᄠᅳᆮ기운 志氣
食은 상녯집
살ᄂᆞᆫ이라
뫼ᄉᆞᆸ믈 野蔬
더위비 暑雨
나타나
연매나ᄒᆞᆫ 幾何
얼운 長
奔은 奔走 여ᄉᆞ시
제갈시라
錢은 숨너기 兩
시ᄉᆞᆸ부서 洗沐
가랍나기 采
세 椽

연장 器
쳔량 資有
女儀章 卩
大凡ᄒᆞᆫ디
어위크 寬
조ᄅᆞ존ᄒᆞᆫ 裕
唯ᄂᆞᆫ 맛ᄋᆞᆯ모미 男 샹ᄂᆞᆯ실
俞ᄂᆞᆫ 맛ᄋᆞᆯ모미조ᄎᆞ 女
홀시라
갓 革
ᄉᆞᄃᆡ 盤
菹
대ᄀᆞᆯ 莞
낫보ᄀᆞᆯ 蓮
빈해고
엇데 寧

—85—

주재 身勝
바사 解
굴와셔 [illegible]立
머므러 逡巡
곤 [illegible]
마리[illegible] 辭
病탈 疾
눈쓴다 [illegible]
흐슨디 數忽
훈은 爲
빠드랍 危
누외여 後
기튼 遺
공장훈 [illegible]
아슨 宗族
머구려훈 [illegible]
마리이 禁
막으려

소재 訣
마초인 [illegible]
살은 [illegible]
이트는 明
도훈시니 [illegible]
[illegible]는 무당을 [illegible]
브러 神이 바닷솔
몰[illegible]을 빌실라
得더 몯훈시니 [illegible]
지향훈 [illegible]
곤 自
조개 조와 [illegible]
그치 絶
손소스샤 手書
메우미 充
보디 몯훈이다 [illegible]
[illegible]은 남금 夫슨
이 바 [illegible]
막려 느 거스 [illegible]
바티 [illegible]

셜이 비소 와 哀請
열호로 十으로
[illegible]초 인 [illegible]
고스 [illegible]
[illegible] 삽고 [illegible]
마조시니 [illegible]
내 [illegible] 괄로 [illegible]
여러모히 十餘年
호오 아스 모스니 孤
[illegible] 호오 이 [illegible]
브롤 [illegible]
길이 소랑훈 永懷
나지 바미 風夜
모스니 [illegible]
나 곳다니 發
여히여 分
빗씨 우믄 술위 [illegible]
네 필 一[illegible]
리 [illegible] 술위 메인 [illegible]

훈 분온 一[illegible]
[illegible] 皇[illegible] 入
이오 [illegible]이 [illegible]
조초 살니 御[illegible]
본중이 [illegible]
조개 블러 [illegible]
[illegible] 훈 [illegible]
젼 幼
子와 과로 子[illegible]로
뻐히 別
詩와 書와 물 [illegible]
안 퍼기 [illegible]
기리 [illegible]
[illegible] 가난훈 [illegible]
맛나 [illegible]
골 [illegible]
[illegible] 긋 [illegible]
퓡우 焚香
맛 다샤 니 [illegible]

글 [illegible]
거사 [illegible] 살자 분 시 오
[illegible] 은 티 고 알 울 시 라
아쳐 로 [illegible]
그 디 [illegible] 마리
훈 리 로 쇵 다 [illegible]
軍士 [illegible]
드 려 [illegible]
져 주 니 [illegible]
공 이 디 몯 훈 不[illegible]
마 치 [illegible]
이 라 주 재 [illegible]
다 시 [illegible] 由
몬 누 의 님 姊
文[illegible] 沐[illegible] 두 어 설
文[illegible] 沐[illegible] 投
버 거 오 繼
못 와 [illegible] 괘

—84—

오란 頹廢애 드녀
딘들히 리란
블져 므라
나모ᄉ
구ᄉ브 風夜
쥬뻔브 筆
본주홍、
뽄지안다 ᄂ
새오
구든 ᄒ [illegible]
大 가지 [illegible]
구슬
모ᄉᆫ 노힌
모스글
듄ᄂ
애와티
ᄂᆞᄉ가오
對答ᄒ
브터
ᄒ란ᄉ

一日 藉 答 畢 恨 量 何 縱 環 齊 [illegible]

주뻔ᄒ、 書
난진어려 난진어더
거지본 난진의 집블 제집
산술 신 난진 어루늘 도라가
다ᄒ니、니라
이마즈 參配
스이 除
므렛새 脫傷
기프 幽
安靜ᄒ、 閑
一定ᄒ、 貞
모ᄉ니 조흥 靜
威儀는 거동이 식ᄒ
고단 빠단주
十드 剛
부드러오 柔
일히 狼
질약ᄒ、 匡
녀느 他
어위크 寬
조ᄂ조ᄂ 호 裕
여희 離

횟돌 周旋
므던히 너기 葉牒
빵ᄉ대히 호 縱姿
아라스다오 婚
가빈야오 乾
괴이양즈 窈窕
올오 壽
온가짓일 萬事
배리 ᄂ
偏ᄂ 믈리 두루 편단
양웃 偏
기울ᄒ、 頗
당다히 當
종이 婢
고미 樓
호오아 獨
안돌기 牝
잘돗 牡
숙싱 畜
公 홍번 두외 公
산오나오 敝
飮食을 ᄲᅡ고려
누나줄 시오 玩은 놀일 시오

放는 수랑홀시
훈쁴 闊
그스기 安
아기선을
몬오라비 敏
영노ᄒ、 理
구순안라ᄒ、 勅
좋올호 리걸ᄒ、
난 占卜 애ᄉ 마리 勝
구ᄇᆡ 나히
갓 라 술 괘ᄉ스이 七
늘 굽 자
굴 근 김 大
뇌 갑 고오 綺
긴 宮은 五
才人은 後宮
연주오되 奏
누런 안개 黃
조소 ᄋᆞ 완 ᄊᆞ슬
향내 나는 플 香
종 [illegible]

동 ᄉᆞ오미 동오실
印 ᄉ 긴 綬
安 위오 안잣는 네ᄆᆞ 온
白 越은 플로 ᄂᆞᆫ호
힌 뵈
起居注는 實錄
아ᄉ、 미 御 外 威은 어미녁
호 ᄀᆞᆺᄀᆞᆺ 構
竹 帛은 대와 기ᄇᆡ
엽서 대와 기ᄊᆞᆷ
쉬 帛이라 ᄒ、
몬 ᄌᆞ온 더
구츄 미
여희 위시 食
落 湯 은 넘글 면
양주 殘
괴롱 人
빈혜 賤
도을로 밍ᄀᆞ 굴 틔

거더안솔 撤去
거상 衰
겨집종 婢
부븨 丸
와다호 貼
이다스로 坐呈
걸여셥 坎坷
모ᄎᆞ 終
齊衰 느ᄂᆞᆫ 장삼오나온
뫼오ᄒᆞᄂᆞ 나기스러오온
옷이라
블ᄒᆞ 곤밥 疏食
든술 醴酒
머그리 먹은이
소밥 素食
혀 救
지조만 良才
듣래섀워 放
[illegible]의 放[illegible]

而嘗 而對
엇 구짓
ᄒᆞ야ᄇᆞ리 叙
그듸 卿
ᄒᆞᄉᆞ리 술와
보야ᄒᆞ로 方
四方ᄂᆞᆫ 四方ᄉ 고시니
나랏 [illegible] ᄒᆞ로나난
히여 令
ᄒᆞ나이다 ᄒᆞ이다
믌고기 魚
물고기 肉
[illegible]ᄒᆞᆫ 차반 珍羞
廚ᄂᆞᆫ 차반 밍ᄀᆞᄂᆞᆫ 뎌
술더이 臑酒
生蛤 東蟹
두조쌀 二溢米
알ᄂᆞᆫ도이
보육 [illegible]
젓 [illegible]
대롱가온더 筒中
너교

밀 臘
이프
옷보 [illegible]
버블더이 衣袱
아ᄆᆞ라토아닝ᄒᆞ야
더러운 미햇살
아ᄉᆞ매ᄉᆞ손 親實
魁ᄒᆞᆫ 勞ᄒᆞ
남우 連
송장술위 輀車
골토미어려운 [illegible]
어린사ᄅᆞᆷ 愚夫
오라 久
아시트러 贏德
젼ᄀᆞᆺ
다ᄆᆞᆺ
더위잡 扶
叅촘ᄒᆞᆫ 叅ᄒᆞ란
[illegible]ᄂᆞᆫ 겨지비 나ᄂᆞᆫ 진어럴을
妾은 나ᄂᆞᆫ 진어럴을 실라실
이에
[illegible] 便安히 모ᄅᆞᆷᄒᆞᆫ 얄져

어두
날은 가ᄃᆞ리보더
아나ᄒᆞ논양
憾ᄒᆞᄂᆞᆫ애ᄂᆞᆫ
그우실
미양
볽거양우론
닥주게다가 스리
旅ᄂᆞᆫ ᄒᆞᆯ 시라
묻가라
祖은 엇개녤서오
머리 ᄲᅡ딜시라
저슬
ᄡᅳ데ᄉᆞ일 情事
晉 伸 弟三
紳末ᄂᆞᆫ 그려기 ᄃᆞ려골
ᄒᆞᆫ 伸레라
閑名 겨지븨 난미
월훈은 무를
紳吉은 도ᄋᆞᆫ 남시라 ᄂᆞᆫ
리시라
婚姻은
婚娶 보랄 ᄒᆞᆯ 시니라

指 婚姻을 날
指ᄒᆞᆯ 시라
廚 祠堂
命은 사회 지ᄉᆞ 마리
라
삸가
골
精微히
그려기
블러기개
쳔량
되다 대
듕
性 식 ᄒᆞ신
과 ᄒᆞ
사회
[illegible]
므던히 너기
그지
리운
조신
遊ᄂᆞᆫ 안ᄃᆞᆯ
제술이 반ᄃᆞ기 [illegible] 시라 [illegible]

—82—

고마ᄒᆞ시던바 敎學
ᄌᆞ올아이ᄒᆞ시던바 所執
ᄉᆡᆫ고 事
쟝ᄎᆞ 將
므ᄅᆞ저리 微
그ᄅᆞᆺᄒᆞ다 違
자시ᄢᅥ저샹 믈ᄯᅩ 寂寥
젼太로 故
가히 犬
날러 至
ᄯᅥ너 ᄯᅩ ᄒᆞᄋᆞᆯ며 差 一執
나ᄒᆞ시 生
두ᄉᆞ다 愛
ᄡᅳᆫ德 悖德
ᄡᅳᆫ樸 悖
고쟝ᄒᆞ 致
衾ᄒᆞ실적그란 衾지
三牲 쇼양돈
며느리 婦
면ᄂᆞᆫ듯외리 婦婦
일져므리 夙夜

티믄 倚
구지저 笞詈
東녁ᄆᆞᄋᆞᆯ 東隣
거슬ᄡᅳᆫ 悖逆
반ᄃᆞ기 當
곡진히 曲
힘ᄡᅳᆯ 力
브료미 指使
ᄀᆞ장 甚
ᄀᆞᄉᆞᆸ 勞勤
비골ᄒᆞ실ᄯᅩ 긔 餒
밧ᄉᆞ디 解
맛ᄀᆞᆯ망ᄋᆞ롬ᄂᆞᆫ 션ᄉᆞ 雍
두려디돌 周旋
며모ᄀᆞᆺ거도로매
구브며 펴며 揖遊
ᄒᆞᆫᄂᆞᆯ이트림 歲
한숨디ᄒᆞ 噫
조ᄎᆡ욤 嚔

기춘 咳
하외욤 欠
기지게 伸
ᄒᆞᆫ녁발이쳐드되 跛
지여 倚
빗기보 睇視
조널이 敢
춘ᄇᆞᆫ 唾
고프 涕
던니 ᄯᅩ 襲
보라오 ᄯᅩ 裘
고마온일 事
메왓 袒裼
거두드 撅
더러온옷 褻衣
니불 ᄯᅩ 衾
춘괴고와 ᄯᅩ 룰 ᄯᅩ 漱浣
짓믈 ᄯᅩ 골아 和灰
샘롬 ᄯᅩ 澣
ᄯᅥ다 綻裂

반ᄂᆞᆯ애실소아갑ᄂᆞᆫ뮤 補綴
져므니 少
기드리 ᄯᅩ 待
남곳다아니 不敢
머리빗 櫛
븐뇌다 ᄯᅩ 翔
고비화 琴瑟
가시용 ᄯᅩ 衰
낫믜욤 ᄆᆞ 緣
이바디 宴
녀ᄂᆞᆺ일 事
젼혀 專
어엿ᄡᅳ 哀
죵 婢
물子息
싀아비 舅
싀어미 姑
몬며느리 冢婦
트레일ᄃᆞᆯᄒᆞᆯ 每事

작간 ᄢᅥᆫ며느리 介婦
마자ᄀᆡ래다 敎
골와녀 並
굴근일 大事
져근일 小事
기티 貽
ᄉᆞ렴ᄒᆞ 思
ᄉᆞ랑ᄒᆞ 思
가ᄉᆡ야 更
ᄀᆞᄌᆞ비 具
어비ᄉᆡ 親
隱은 ᄀᆞᄉᆞ기 諫ᄒᆞᆯ시오
犯은 ᄀᆞ장 諫ᄒᆞᆯ시라
新衰ᄂᆞᆫ 기스러 아니ᄒᆞᆫ 옷
거적 苫
ᄒᆞ러무적 枕塊
經은 삼으로 ᄆᆡᆼᄀᆞᆫ 머리
허리에 ᄯᅴ나니라
다ᄆᆞᆺ
묘 袴紫

—81—

거즛말 妄語
수이너기 易之
굳븐남그로 밍 [illegible]
ᄀᆞ론 굴곳 [illegible]
올ᄋᆞᆯ 倒手 렬
불도ᄀ 肘 듀
빗과 안패 表裏
쉬헌ᄒᆞ 坦然
샹녜 常
뵈와ᄉᆞ블 奉
여ᄉᆞ워 伺
嚴 ᄒᆞ언
무 책ᄉᆞ 詭
두위더러이 翻污
거도 收
데어 燗
ᄀᆞ올 모ᄉᆞᆯ 營
ᄀᆞ쟈기ᄒᆞ며 齊

ᄉᆞ인、 賃 원
깃 丟
말ᄉᆞ미 드러 規
직ᄒᆞ 寧
출 히 踐
븥 더 交
사괴 디 就
나아갓 [illegible]
빈얀 쇠야기 蛇蝎
저흘 畏
미요 더 疾
안ᄂᆞᆯ 흥녀 銘
銘 戒 [illegible]
힝뎍 行
도타오며 篤
조심ᄒᆞ 敬
삼가 [illegible]
곳가 冠
볼 ᄲᅳ 뒤요 물 [illegible]

조ᄀᆞ 조ᄂᆞ기ᄒᆞ 妄諱
삷ᄂᆞᆫ 다ᄒᆞᆯ 處
구디 잡ᄇᆞ며 固
그랑 호물 [illegible]
무거이 마ᄉᆞᆯ므며 重
차리 者
양치 [illegible]
놀 새ᄉᆞᄋᆞᆫ [illegible]
샹녜 [illegible]
받드ᄀ [illegible]
ᄀᆞ리ᄉᆞ레지 [illegible]
납굽여 들비 [illegible]
졈글어 [illegible] 七 八
가ᄉᆞ며 [illegible] 富
바ᄉᆞ고 易
ᄒᆞ야ᄇᆞ리며 壞
못 亡
ᄒᆞ므리 失
[illegible]

젹ᄀᆞᆫ [illegible]
두ᄀᆞᆯ 글 ᄒᆞ여 解 頤
아쳘 惡
조마 저저 浸漬
수우르 [illegible]
맛ᄃᆞ려 [illegible]
뉘우 츠 미 悔
믁 우실 [illegible]
업더디 [illegible]
더리ᄉᆞᆯ 훈 [illegible]
맛당 宜
샹녜 常
외 責
졉 怒
알ᄑᆞ 前
믈러 두류 退
얼구 시러 可
두수며 [illegible]
써 지 디여 陷

孝親章 第二
세번 곰 ᄒᆞ [illegible]
[illegible] 下 라
ᄒᆞ시 이 다 [illegible]
깃거ᄒᆞ [illegible]
나 조 히 [illegible]
모뎌 [illegible]
시 르 [illegible]
녀 [illegible]
드 뒤 요 [illegible]
슈 라 [illegible]
시 그 며 [illegible]
므 르 시 [illegible]
갓 ᄒᆞ 샨 [illegible]
섭 나 [illegible]
ᄒᆞ 리 히 다 [illegible]
養 ᄒᆞ 숩 더 시 니 [illegible]
ᄒᆞᆫ 번 반 ᄌᆞ ᄒᆞ 야 시 든 [illegible]
이 대 니 스 며 [illegible]
불 오 며 [illegible]

업시울ᄯᅡ 傲
므던히너길ᄯᅡ 慢
시름ᄒᆞ다 憂
便安 안
길오미ᄯᅡ 長
노ᄂᆞ호미ᄯᅡ 從
라온이온 樂
조ᄋᆞᆯ아이호다 狎
저ᄒᆞᆷ 畏
긔완이 惡
두ᄉᆡ 愛
믜요 憎
사ᄒᆞᆯ드되ᄯᅡ 積
ᄒᆞ트 故
오래 遂
디러셔ᄯᅡ 臨
ᄃᆞ토배ᄯᅡ 狠

이긔 勝
눈호매 分
해가좀ᄯᅡ 多
마기오미 質
올ᄒᆞᆼ여도 直而
알ᄑᆡ며셔 [illegible]
몬저 先
그지업시마시 流歡
생리 逆
숨 飲
사조 [illegible]
시쌔 [illegible]
입논ᄉᆞ 容
굿ᄀᆞᄒᆞᆫᄯᅡ 密
엇오ᄯᅡ 竊
겨틔 旁
어셰ᄒᆞᆫ양 狎
녜아논살미ᄯᅡ 習技
놀ᄉᆞ왼 [illegible] 戲色

[illegible]

—79—

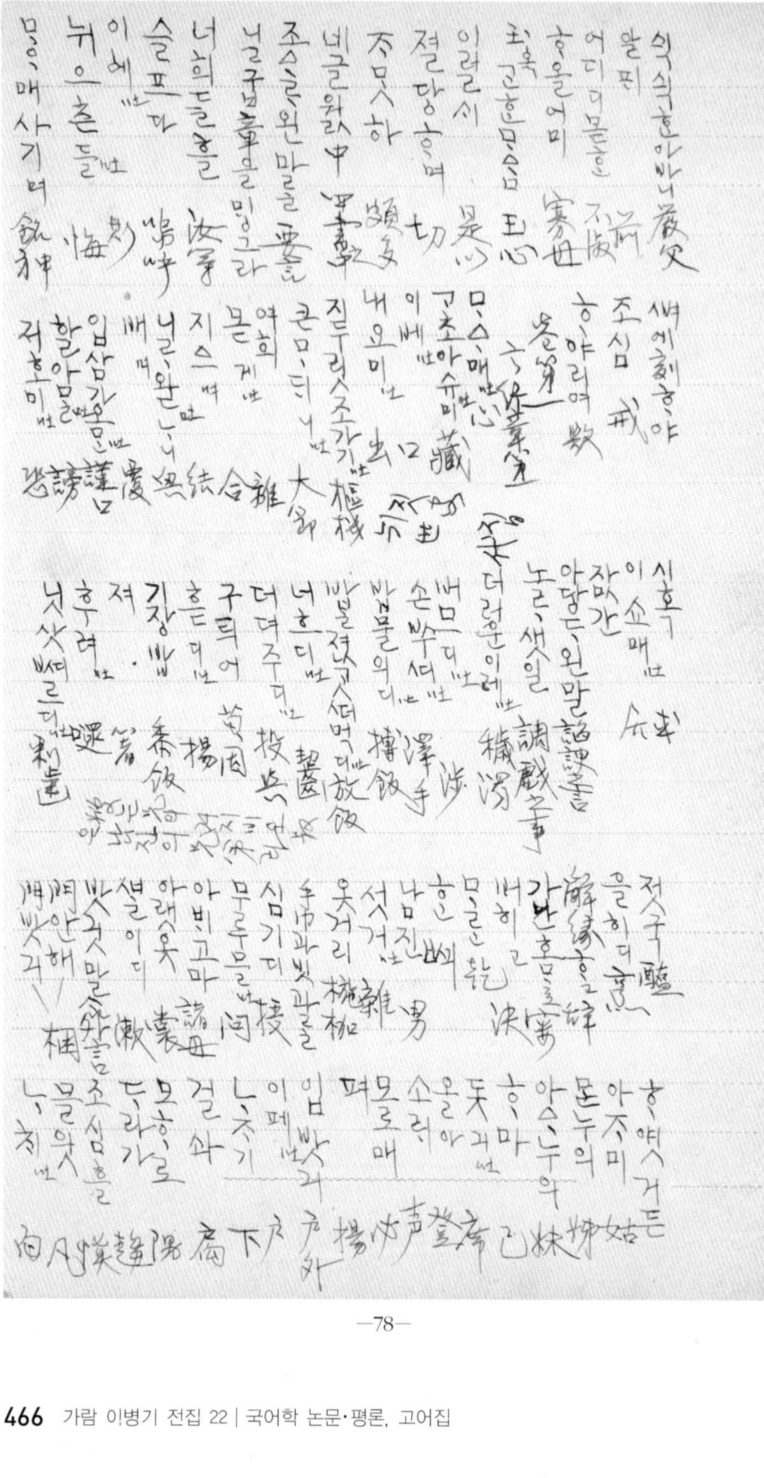

—78—

內訓 三卷三冊

昭惠王后撰 印本 德宗의 妃 韓氏의 撰, 韓氏는 國忠이 風敎하야 歷代 后妃中 其 敎가 어엿븐 妃嬪을 爲하야 內

成化乙未之序 訓七卷 篇을 述하야 規範을 하니 곳이라 昭惠王后 韓氏는 清州人 左議

成宗 ... 以 韓確의 女로 世祖 丁丑에 誕生하야 世祖 乙亥에 粹嬪 冊하고 成宗을 生

宗 辛卯 德宗 追崇時 妃로 追封하니 春秋 六十八歲에 薨하다

序

하ᄂᆞᆯ ᄯᅡㅎ 天地

囊 흐령 검은 囊

트、 며

다ᄉᆞ던 稟

다ᄉᆞ던 ᄒᆞ온 毫

머주머 合

아비와 아ᄃᆞᆯ 親 친

호미 이시며

남진과 겨집 괘골

희요미 이시며

되과 ᄃᆞᆯ과 외달오

미어 ᄉᆞ뒤

ᄲᅡᆨ 艾

이쇼ᄆᆞᆫ 有

얼운 長

아희 幼

ᄇᆡ다 朋友

묻 닷골 修身

다ᄒᆞ디 몯ᄒᆞ매 잇

ᄂᆞᆫ、니

해 이스、니 多在

님금 셤기 事君

남진 셤교미 事夫

뉘 孰

우숨 笑

하리 譏

니르 러

맛드논 아ᄉᆞᆯ몯 ᄒᆞᆫ 가 ...

희호 쳔논 살란 ᄒᆞᆫ

모란 주기 더니 紂

곱블 炭

숫블 火

엿 고

짓 조 우 (어언고) 加

터 나、王 이 다 아니

ᄆᆞᆫ드、

도죽거 盜賊

ᄀᆞ장 우스니

니허 받ᄌᆞᆸ고、藥은 ㅣ

ᄲᅡᆺ 거셔

부프러 오로、

브터 나노소 이다고

나갯 더니 (나가ᄉᆞ더니)

ᄀᆞ마니

놀애 춤 잘 ᄒᆞᄂᆞᆫ 이

블러 招

어엿비 너기시더니 寵愛

양지 態度

ᄒᆞᄂᆞ、히 다、 爲 위

일죽

글월 알 書

ᄆᆞ매 선ᄃᆞᆯ히 너기 ᄆᆞᄋᆞᆷ

아니ᄒᆞᆫ 아니 ᄒᆞ노라 未嘗不

일로 브터 보건댄 由此觀之

다ᄉᆞ릴 어즈러움 治亂

어딜 며 사오나오매 明闇

남진 夫主

겨집 婦人

브툰 繫

ᄀᆞᄅᆞ치 敎

大抵 ᄒᆞᆫ디

ᄆᆞᄉᆞᆷ 心

ᄀᆞᆫ 뒤 노니며 縱

ᄠᅳ들 志

니저 抗

예 사

ᄒᆞᆫ 갓

질삼 紡績

굴그며 ᄀᆞᄂᆞ로ᄆᆞᆯ 粗細

ᄃᆞᆯ히 너기

노포ᄆᆞᆯ 崇

애와티ᄂᆞ니 恨

ᄒᆞᄅᆞᆺ 아ᄎᆞᄆᆡ 一朝

ᄃᆞ외면 爲

곳갈 스이 冠

담애 ᄉᆞ로라 션디 랑 墻

말ᄉᆞᆷ 語

에루 可

니르、 샤뒤 曰

큰 뫼 ᄒᆞᆯ ᄭᅧ 挾泰山

北녁 바ᄅᆞᆯ 北海

건너 ᄆᆞᆯ 超

가지 것구믈 折枝

어려 이ᄅᆞᆯ 베 아니 ᄒᆞ나

堯 요 舜 순 과ᄂᆞᆫ

—76—

杜詩~解 卷十七

이워ᄒᆞ、迷、ㅣ [illegible]

고ᄃᆞᆯ파 ᄒᆞ야、ㅣ 神

회로리ᄇᆞᄅᆞᆷ 廻風

긴 ᄀᆞᄅᆞᆷ 長江

하ᄂᆞᆯ과。ᄯᅡ과。ᄅᆞᆯ 天地

모ᄅᆞ、 [illegible]

굴오 敲

버려 에 籍

도로혀 却

세 ᄇᆞᆯ[illegible] [illegible]

바랏ᄆᆞ [illegible] 비 瓜

닷 가온ᄃᆞ 쁟 [illegible]

온 톱 距

지내ᄂᆞᆫ 거노 [illegible]

新[illegible]와 [illegible]와 [illegible]

불리와 발톱괘 觜距

헤연ᄃᆞ러 令 ᄒᆞ여

ᄢᅴ여나 擬、不得ㅣ

일회 [illegible] 여 와 ㅣ

그저 吐 [illegible]

비겨수라 倚、ㅣ 山岡

벌 [illegible] 드리 ᄅᆞᆯ에 [illegible]

조각 機、識 ㅣ

더위와 치위를 炎涼

여러블 重重 언ᄃᆞ리 [illegible]

重히 녀기ᄂᆞ니 [illegible]

듣지 장새롭도다 [illegible]

대자 五尺

달아리 [illegible]

비닐흔 腥膻 비린

줄살 [illegible]

누러호머 [illegible]

다와 다옴을 [illegible]

—73—

、옷ᄀ외 衣裳

、막대 杖

、ᄒᆞᆫ ᄢᅢ 同時 十八終

32

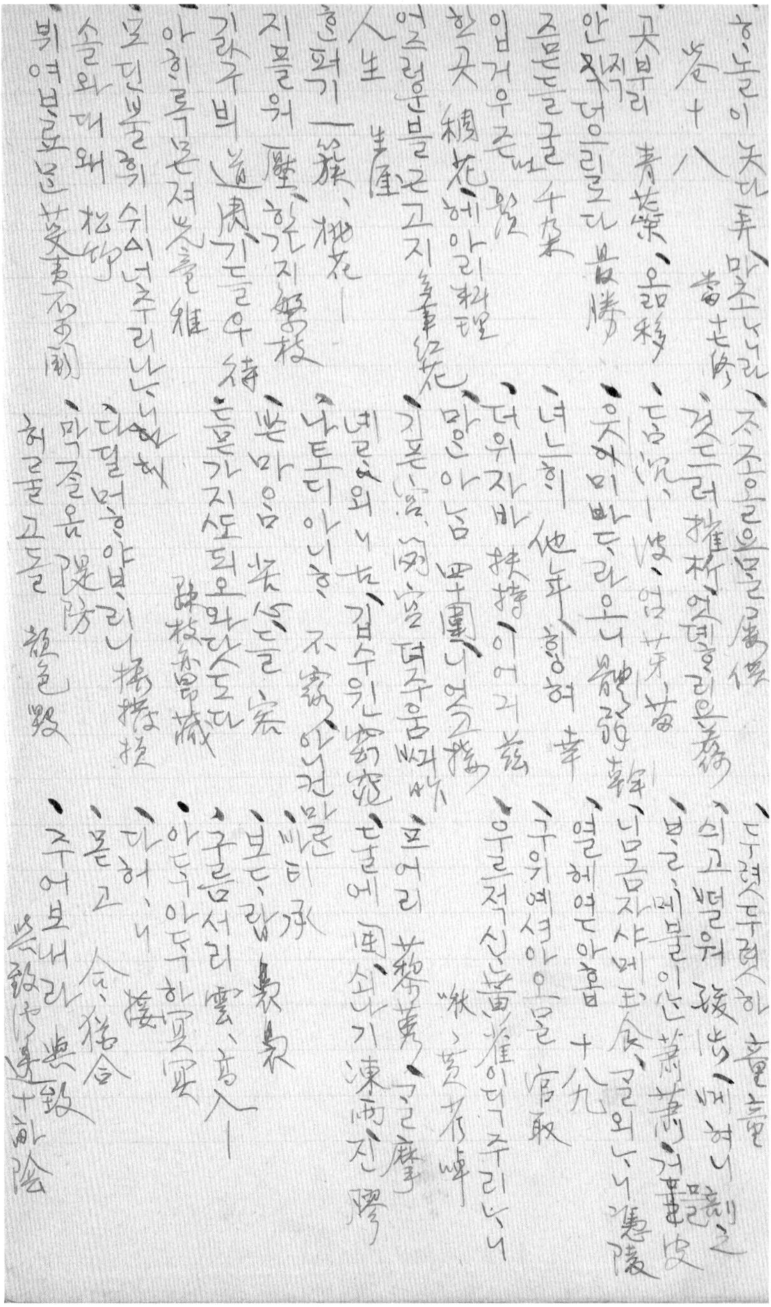

—70—

杜詩解 卷七續

이워ᄒᆞᆫ 憔悴
곧괘 強, 神
회로리ᄇᆞᄅᆞᆷ 迴風
긴ᄀᆞᄅᆞᆷ 長江
ᄒᆞᆫᄂᆞᆯ콰ᄯᅡ콰ᄅᆞᆯ 天地
므르- 辟易
골오
버러에 韜蔽
도로혀 却
세ᄇᆞ랏굼 三窟
바王비 仙
닶가온ᄠᅳᆮ 幽道
온ᄀᆞᆺ
자거ᄂᆞᆯ 宿
ᄲᅡᄅᆞᆷ 빌ᄃᆡ
[illegible] 와 [illegible] 와

굴ᄒᆞᆫᄆᆞ욤 [illegible]
마ᄅᆞ히 辭
듣우든워티 穿
위요 繞
희여드러 合, 合ᄒᆞ여
ᄲᅧ여나 擢, 不得
부리와 ᄇᆞᄅᆞᆷ괘
일회 綠 와
그저괴 吐, 當
비거수라 倚, 山閣
별 [illegible] 에 [illegible]
조각 機, 織
더위와 치위ᄅᆞᆯ 寒
여러블 重重 어드리 何處
듣지ᄀᆞ장 새롭도다
대자ᄎᆞ지
다ᄅᆞ아리 ᄉᆞ

ᄢᅵ닌ᄒᆞᆫ 腥臊 비린
줄살 [illegible]
누려호미 [illegible]
다와다옴 逼, 船
당당이 沈
아비와 아ᄃᆞᆯ왜 父子
수이 ᄂᆞ니 [illegible]
수우미
흔 [illegible]
부유물 [illegible]
빗올히 花鴨
[illegible] 來
버럿도다 [illegible]
ᄒᆞᆫ가ᄇᆞᆸ되엿도소니 [illegible] 徒
세워ᄅᆞᆯ ᄉᆡᆼ 絃
섯디 아니ᄒᆞᆫ 不雜
ᄀᆞ리티ᄂᆞᆫ 번개

ᄀᆞ애ᄉᆞ온 거리 [illegible] 鄉
여슷 六
갓 [illegible]
머흘오니 [illegible]
져기보 必, 識 말미
ᄐᆞ 受, ᄂᆞᆯ카이 利
박ᄉᆞ목 腕, 블리와
녀가 行, 갓 [illegible]
믈리조츠 却, ᄠᅡ 摘
회소도라가 迴, 편티 [illegible]
늘근 老夫, 收
ᄇᆞ탐직ᄒᆞᆫ [illegible]
뵈ᄢᅵᆼ이 俊
픗블희 草根
[illegible] 管
지ᄲᅵ깃 [illegible]

31

—69—

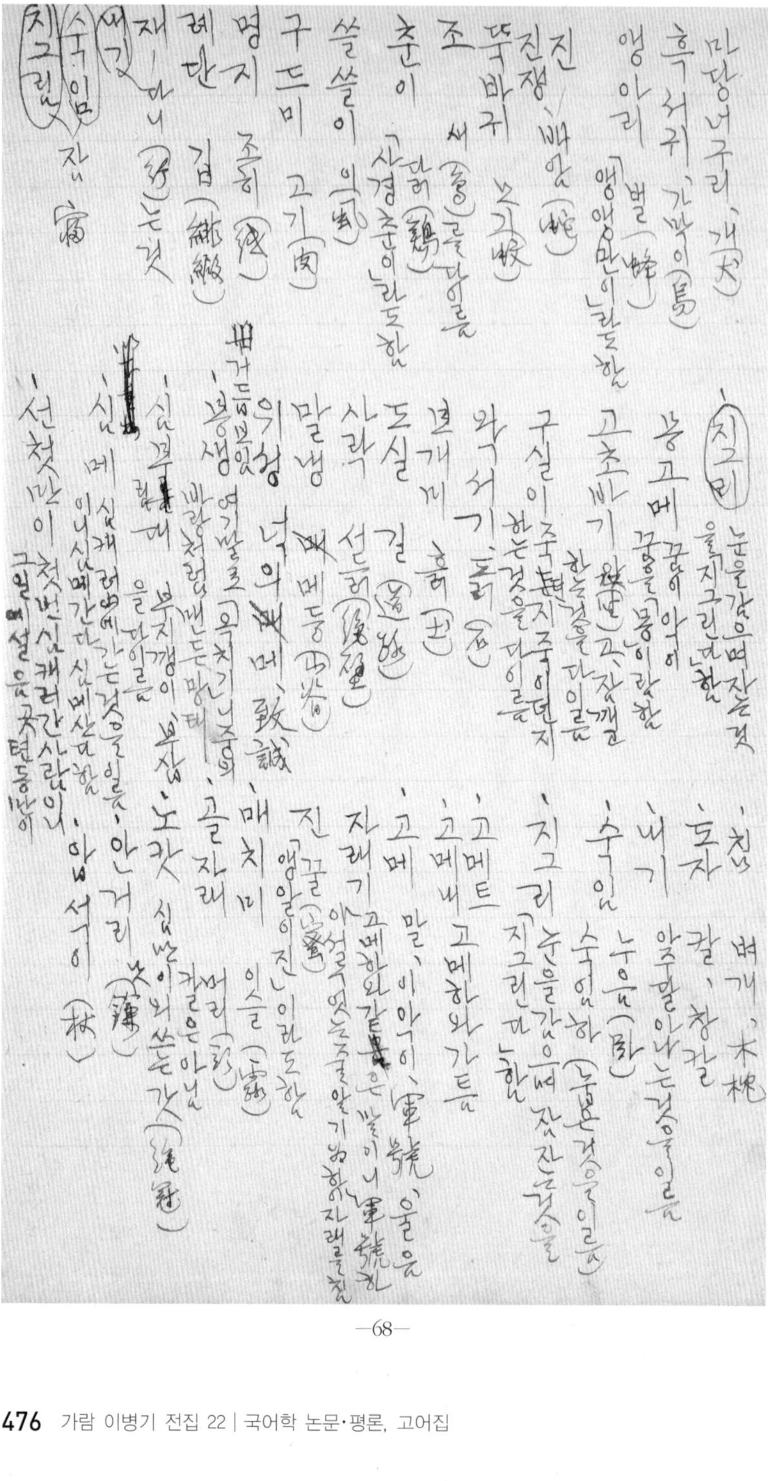
마당너구리, 개(犬)
흑서귀, 가막이(烏)
앵아리 벌(蜂) 앵앵만이 나랄듯한
진 배암(蛇)
진장
뚝바귀 ㅅ기(蚊)
조 새(鳥)를 닦일듯
춘이 닭(鷄) 사경춘이 나랄듯한
쓸쓸이 이(虱)
구드미 고기(肉)
명지 조희(紙)
폐단 깁(緋緞)
재다니 [illegible] 는것
내기
숙임 잠(寢)
치그린
치그리 눈을감으며 잠든것을 지그린다한
뭉고메 꿍꿍아이 꿍을 뭉니랄한
고초바기 [illegible] 고, 잠깨 한는것을 닦이일듯
구실이 죽는지 죽이던지 하는것을 닦이일듯
와서기 돌(石)
보개미 흙(土)
도실 길(道路)
사락 선리 [illegible]
말냉 메둥 [illegible]
위청 낙의 매, 鼓
거드미 뭉생 여기발로 욕치기나 죽의 빠람처럼 맨드는 망태
십꾸룸 부지갱이 부삽, 노갓을 닦일듯
십메 십개려에 간는것을 일음, 안거리 [illegible]
선 첫만이 첫번 십개러간 사람이니, 암석이 [illegible]
침 벼개, 木枕
노자 칼, 창칼
내기 앞주말아나는것을 일음
숙임 숙업한 누음(臥)
치그리 지그린다한 눈을감으며 자는것을 일음
고메트
고메내 고메한와 가튼
고메 말, 이아이, 軍號, 울음
자래기 고메한와 같은 [illegible]
진꿀 [illegible]
매치미 이슬 [illegible]
골자래 머리 [illegible] 칼은아님
노갓 십쌍이외 쓰는 갓 [illegible]

—68—

불거미 숯(木炭) 정자라도 함

진과리 관솔(松脂枝)

너추리, 박아지 나무박도 같이 부름

질ㅅ독, 단지, 항아리

울림대, 술(匙) 곳 숟가락

메 저(箸) 곳 저가락

마대 집행이(杖) 「팽이날」도 함

드디미(디디미) 신발

친 봉생 신복렴대

연초 담배(烟草) 연은 길게 부름

연초대 담배대(烟竹)

도자 낫(鎌)

갈자탱이 안걸이라도 함

잣메 도채(斧)

자래 나무(木) 떨나무(薪)

백자래 를 다 이름

백자자래 잣나무

젓자래 젓나무

송자래 솔나무

참나무자래 참나무(橡)

국자래 뻔드나무

초산이 풀(草)

송백 松葉

걸탄이 멀구(山葡萄)

달맹 달애

듭새 버섯(茸)

국(菊)도 이같이 부름

농구 나무비고 풀깍고 버섯따는 것을 다 이같이 부름

청진잡이, 땀(汗)

냉 추이(寒) 냉한(추운것)을 이름

수리대 소준(小便)

되나지 찌, 똥(大便)

되나지간 뒤간(便所)

도리 해(太陽)

월갱 달(月)

종종이 별(星)

줄멩이 비(雨)

매치미 설레 바람(風) 그저 「몽」이라도 함

덥행 한늘(天), 구름(雲)을 팡말는, 우에빨 항승

웅어지 소(牛) 송어지(犢)

마생 말(馬)

말돗(猪) 말이라도 함

꿀굴이 쿨말(猪)과 같음 쿨쿨이라도 함

봉 매(鷹)

대춘만이 범(虎)

능손 곰(熊), 넙덴만이 또는 넙덴이라도 함

]0.

—67—

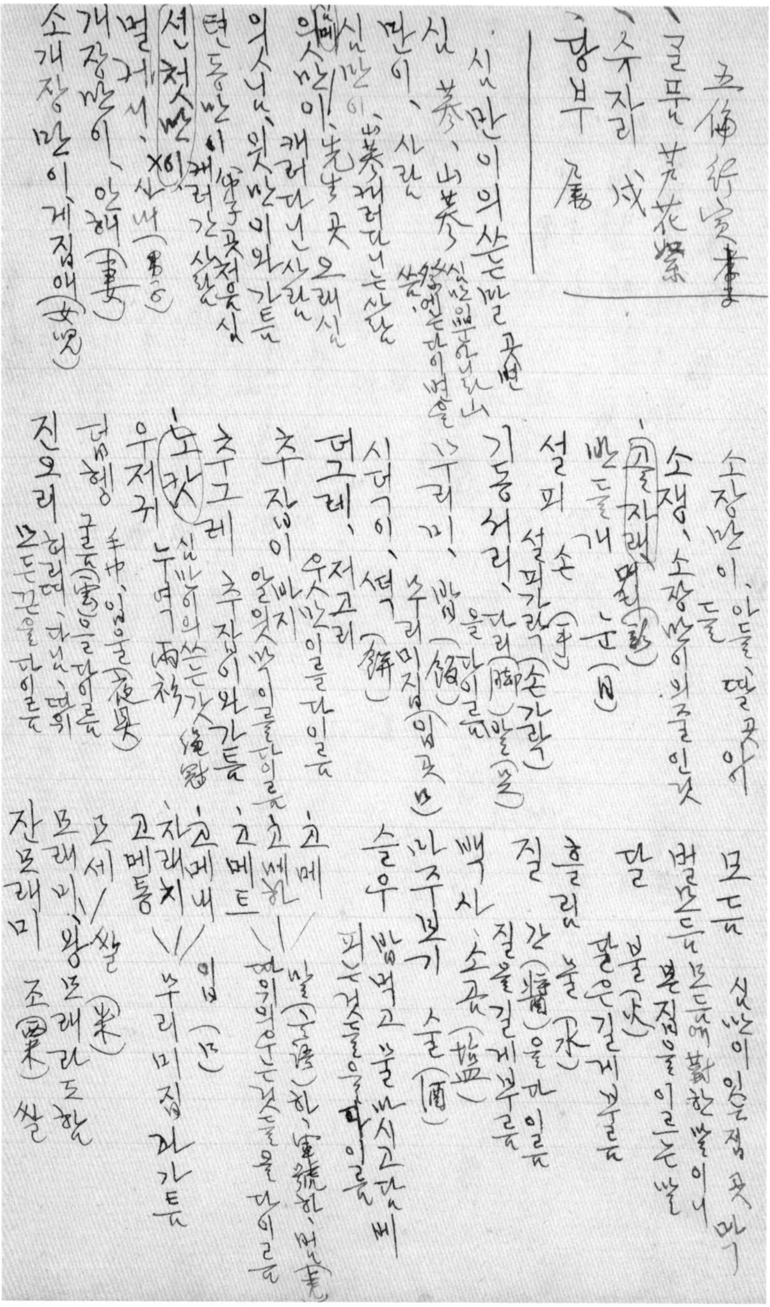

—66—

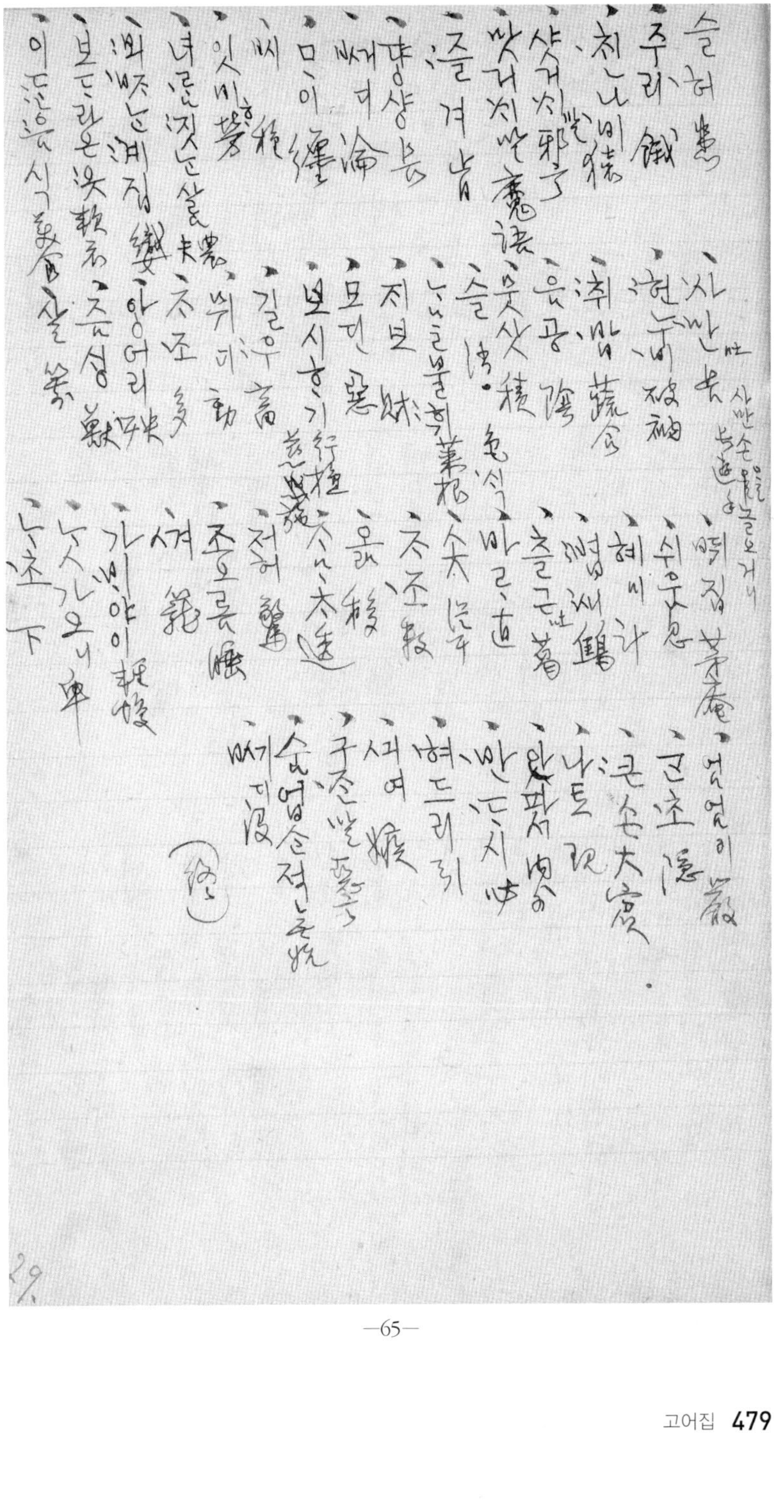

—65—

、머그 情
、ᄆᆞᅀᆞᆷ 心
、ᄆᆞᄎᆞᆫ내 終
、믈러나니 精進
、오라 久
、바ᄒᆡ 田
、ᄃᆞ외 作
、믈애리 諸
、사모시 爲
、해 多
、뵈 寶
、ᄆᆞᅀᆞᆷ 心
、ᄇᆞ리 捨
、앗겨 慳
、布施
、뫼ᄉ 岳
、그ᄐᆞᆫ 崖

三毒 탐심 진심 [illegible] 貪心 瞋心 [illegible]
四蛇 地水火風
五欲 色声香味觸

、힘ᄒᆞᆯ 사ᄅᆞᆷ이 行者
、깃기ᄉᆞᆸ 接
、ᄇᆡ골ᄑ 飢
、나모여름 木果
、간당 腸
、메오ᄇ 鞋
、목ᄆᆞᄅᆞᆫ 渴
、그ᄎᆞᆫ 息
、보ᄃᆞ라온 柔
、니버 著
、디ᄃᆡᆫ 守
、목숨 命
、ᄆᆞᄎᆞᆷ 終
、흥 妙
、굼그 穴

、정ᄒᆞᆫ 者
、우루ᄢᅵ 勝
、언메 何
、여희 離
、ᄢᅳ믈 羅
、자ᄌᆞ 安
、고ᄌᆞᆫ도 冑
、슬픈실은 悲憂
、처조 才
、ᄀᆞᆫᄒᆞ야 如
、지혜 慧
、ᄡᆞᆯ 米
、ᄧᅵ 蒸
、ᄇᆡ환 學
、ᄆᆞᄌᆞ 畏
、술위 車

、두ᄢᅴ 兩輪
、놀개 羽翼
、진실로 應
、붓그럼 恥
、쇼ᄅᆡ 벌레 虎
、더러운 穢
、아쳐러 [illegible]
、슬희 辭
、미여 憎
、ᄇᆞ리 棄
、어딘 ᄃᆞ리 善梯
、것거 折
、거부븨 龜
、벗 脫
、븐 [illegible]
、빈 空

、뎌ᄡᅥ 消
、덧덧ᄒᆞᆫ 常
、ᄎᆞᄆᆞ 忍
、슈고 苦
、젼ᄎᆞ 故
、ᄢᅵ티 割
、디녀 持
、즈름길 逕路
、싀옴 海
、치혀 [illegible]
、슬허오니 [illegible]
、어리니 愚
、므슴 何
、미대 善
、허므리 過失

—64—

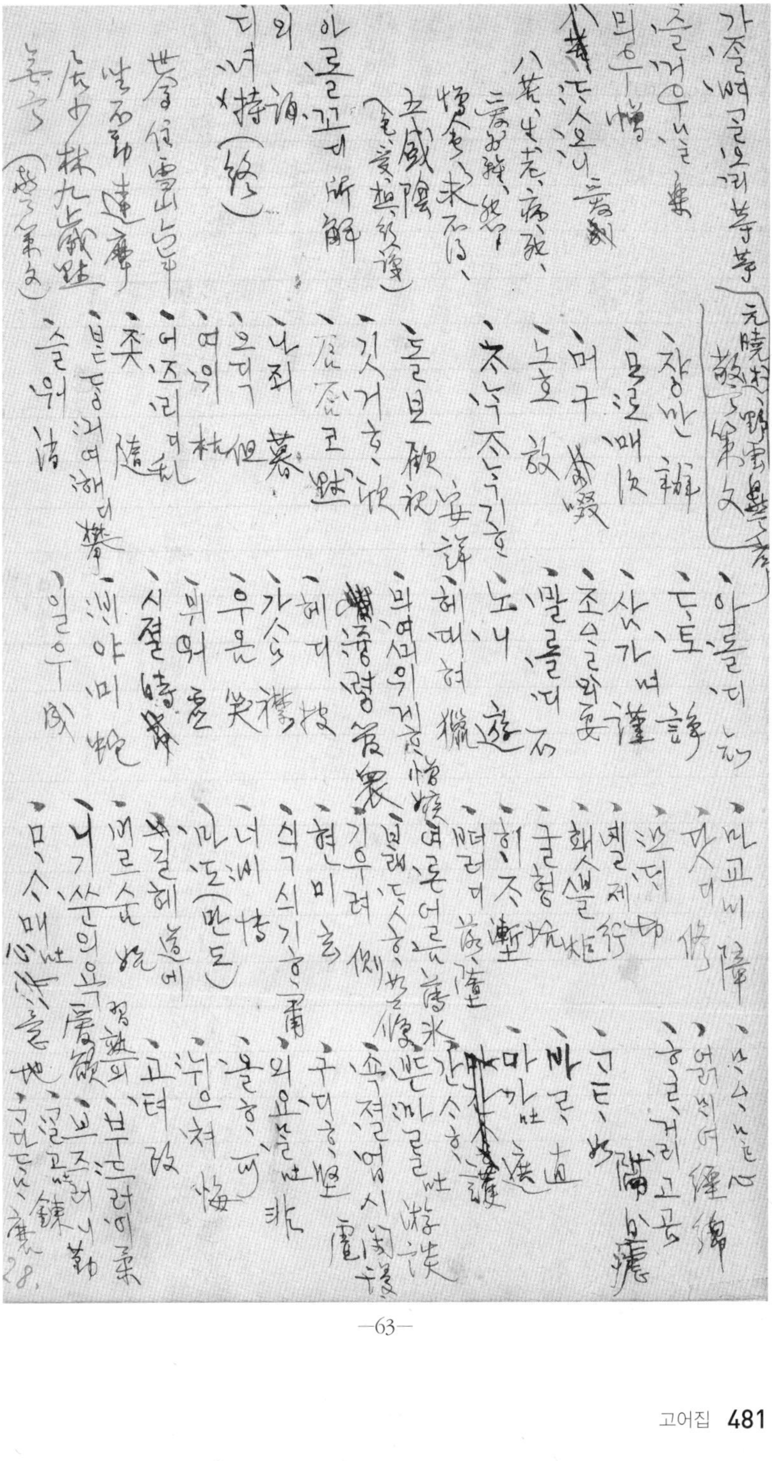

—63—

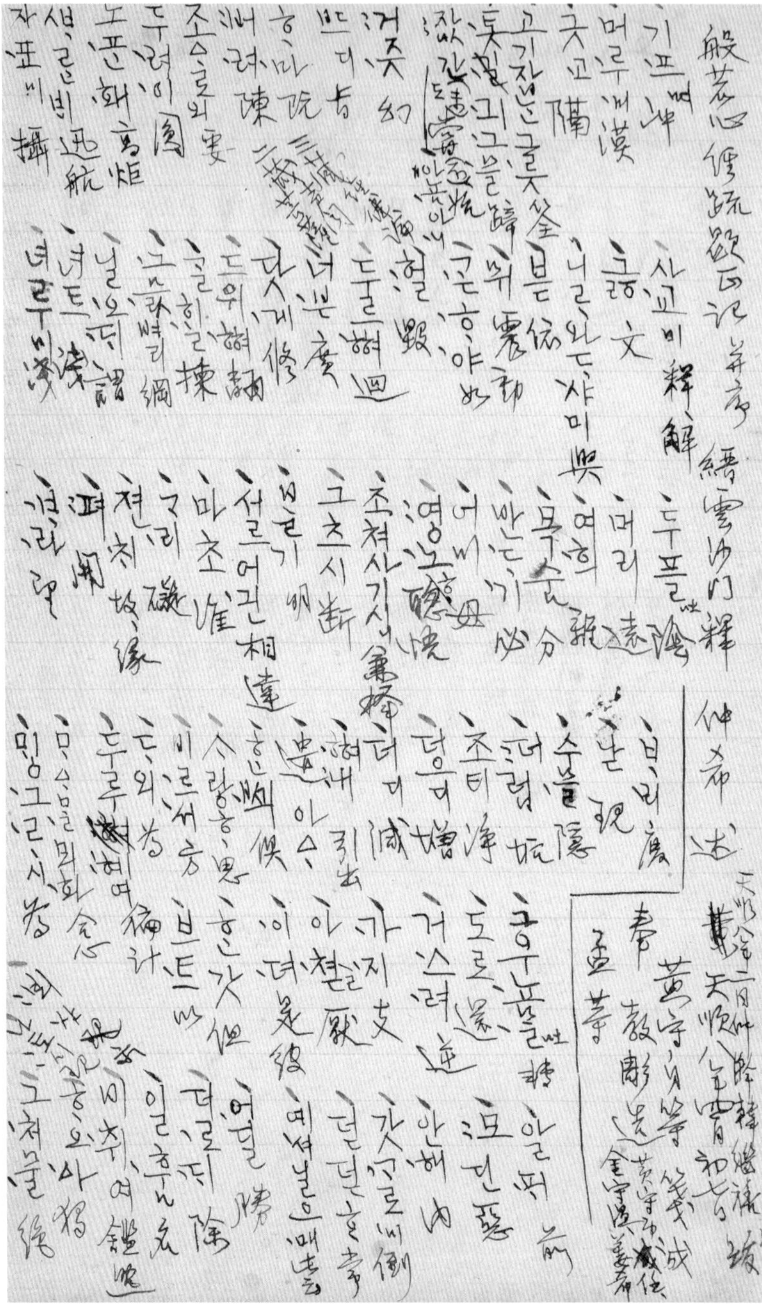

—62—

兵學指南 卷一、卷二、丁未新刊 壯營藏板

本教校正 御將軍 宣傳官 前司僕寺 判官 李儒□

북 鼓
므릿 凡
드 驢
압읍 角
거리세기 拘
보로미 浪
보야불로 方
증 金鉦
쎄운 播
근한 喊
현길 串
현변 串
므호기 合
나발 喇叭
우히 上
나모부의 椎
블깃 旗
진 營

펴 開
느즈림 緩
궁흐기 暗
고쥰 捉
닐 起
파슈 把子
새벽 그매 選
나히 年
모단 植
처오 充
ᄎ례 第
빗기 橫
모도미 聚
싸호미 戰
굴헝 壑
모롱이 드는 轉角
돌래여 請
혀 ...

어귀 口
즈레 徑
머물 留
몬저 先
현 步
세오 立
개양이 蟻
말 蔡
메플 張
우덕이 堆
도적 敵
에워 圍
주어 吐 奔
드라 ...
쉬 歇
미리 預
새매 曉
피곤 疲

슈고 勞
하 多
마티 中
우버 竄
메블니 縋
에우 遠
두던 岸
구디 窖
지저괴 喧嘩
섯기 混
현거름 若干步
블근지 ...
불주 伏
아스미 奪
서괴 交
오롯 寧

(終)

27

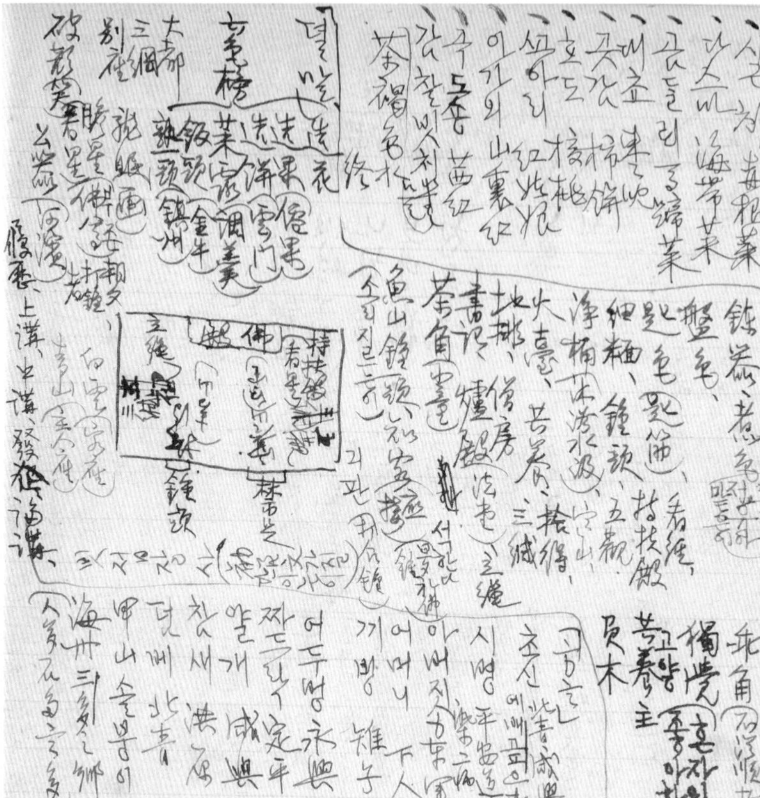

—60—

기ᄅ바 鞍子
구레 籠頭
고돌개 鞦皮
가슴거리 攀胷
돌애ᄅ [illegible]
등ᄌᄅ 鐙
길마가지 鞍橋子
둥울 鴈翅板
등뢰 [illegible]折皮
오랑 肚帶
허쇠 折鉄 저서
주락 [illegible]頭
바구레 籠頭
혁 批手 처자
밋ᄉ바기 包裹
단ᄒᆞᆫ 주비 編韁
쥬리울 纏韁
조차비 兜頦
바한ᄂ 鬧ᄂ
셩연치 替汗
채셕 馬鞭子

간지개 欄杆繩
[illegible] 弓활
오너 疙瘩子
고재 弰兒
도고리 弓把尾
활시위 弓弦
셔보ᄌ 鈚子
거리살 虎爪
노각도리 鹿角樸頭
셩오도리 響樸頭
艾葉箭
柳葉箭
迷針箭
마ᄂᆞᆫ대 桃皮箭
솔살 骨鈚箭
노고 鑼鍋
혜너러진 가마 荷葉鍋
두귀가진 가마 兩耳鍋
차당관 茶罐
흔실솥 太[illegible]

져븐사발 小椀
주발 銅椀
조리 [illegible]楪子
나모져시 木楪子
칠ᄒᆞᆫ져시 漆楪子
블근칠ᄒᆞᆫ술 紅漆匙子
거믄칠ᄒᆞᆫ술 黑漆匙子
놋술 銅匙子
국떠ᄂᆞᆫ술 湯匙
블근칠ᄒᆞᆫ져 紅漆快子
놋져 銅快子
합 盒子
병 瓶子
주합 [illegible]壺
귀ᄃᆞᆫ병 執壺
목긴병 膝瓶
광병 小口瓶
이리쇠 三脚
시로 甑兒
흔반 大盤

져ᄀᆞᆫ반 小盤子
[illegible]매 [illegible]壺
오강 夜壺
술위박회 車輞
살이 輻條
술위도리 車軸
술위통부리에 쇠 車釧
테메여박은 쇠 車鐧
술위통애 휘치아니 [illegible]
게서조치로 ᄲᆞᆫ 車[illegible]
술위앏의 [illegible] 車頭
술위두괴ᄂᆞᆫ 나무 車梯
술위두멍ᄭᅩᆫ 車廂
술위채 車轅
집지은술위 樓子車
짐싯ᄂᆞᆫ술위 庫車
나귀새메ᄂᆞᆫ술위 驢騾大車
상회 鋑頭
블고셕 鏈子 餑餑
혀ᄉ우우 [illegible]
ᄲᅡᆨ 蒲[illegible]
쉬ᄉ우우 [illegible]

26,

어룽는말 花馬
두스는말 駝馬
고라니는 土黃馬
쇠노래브튼말 繡騣馬
간자는 破臉馬
스족빅의는 四明馬
가라간자스족빅이는 五明馬
櫻花잔블느른 桃花馬
털청총이는 青白馬
코쩐물 鷂白昇馬
후일조쪽 孤歸馬
안는 騍馬
삿기빈말 懷駒馬
골회눈말 環眼馬
망아지 馬駒子
구래는말 劣馬
쳔쳔이 慢慢的
즈누즈누 慢行的
성뽈느른 急性馬
가달흐는말 點的馬

세가달흐는말 細點的馬
쓴말 鈍馬
놀나는 眼生馬
굽ᄀᆞ린는말 攢蹄的馬
앏러친는말 前失的馬
아주센는말 打碌馬
마귀브른말 打鞁馬
멋쓰는말 戀群馬
잘걷는말 快走馬
사른느는이 咬人的
들ᄎᆞ느니 撂人的
뒤ᄎᆞ느니 單蹄撂的
여위 瘦的
흔덜렁이는 老老的
곰지식 老实
흉셩 交易
져ᄌᆞ 集市
이수양 遼國羝羊
아질게양 臊胡羊
아대양 羯羊
염소삿기 羖羝羔兒

비단 疋段緞
셔우식 魚白
지스는우식 蒼白
빈 月白
天靑、草綠、油綠
元靑、鴉靑、粉紅
柳靑
연초록 鸚哥綠
연마도록 墨綠
연송화식 南松
짓튼송화식 北松
짓튼초록 官綠
압두록 鴨綠
연 粉紅、(金銀紅)
桃紅、真紅
다홍 大紅
매듯빗 鷹背
灰色、醬色
주지 真紫
침향빗 沉香色

연누른빗 閃黃
지튼누른빗 鵝黃
朱黃、柳黃
팟빗 艾褐
오른챠할빗 蜜褐
엿튼빗 淺的色
鷹背문
스란문 膝襴
벽오문、界地雲
寶相花緞 寶相花雲
八寶문 八寶
벌이미화ᄯᆞ르는문 蜂赶梅
四季花문、四季花
仙子른문 骨朶雲
셔번련문 西番蓮
모란문 牧丹
六雲문 六雲
八雲문 八雲
海馬문 海馬
스믜문 暗花

—58—

早讀

가

乙 重刊老乞大諺解上

이제 如今

又 纔

이러므로 故所以

어엿비 可憐

새배 晨

사술 簽

싸혀 抽

엇져 揀 打

도로 還是

듣ᄠᆞ기 寫 做

나죄 晚

ᄀᆞ 除

알 會得

힘ᄡ 用心

ᄀᆞ장 狠

ᄆᆞ래 後日

그저 只是

져ᄠᅥ 偏

아히들 小廝們

벗지어 同伴

이러면 這麽着

빗갑시 布價

ᄉᆞᄃᆞ 都

이믜 既是

그러면 那麽着

져기 些少

맛치 恰合

곳 就是 便是

브리오지 아니ᄒᆞᆫ 不

깁 綃子 羅

소옴 綿花

깁 紬子

베엿필 布六疋

힘힘ᄒᆞᆫ 말 閑話

오래 보지 못ᄒᆞ엿더니

ᄒᆞᆫ 묶 一綑

ᄒᆞᆫ골 主顧

작도 鍘刀

ᄀᆞᄂᆞᆫ 細細的

ᄒᆞᆫ지위 一會

깃 氣

보람 標

설ᄒᆞᆫ 新鮮的

부 炒

ᄉᆞᆷ기 煮

블ᄯᅵᆺ지 燒火

너기 熟

고명 料

뒤저어 攪動

숫거 淡

초 刺

ᄯᅡᄂᆞᆫ 切

ᄒᆞ이 都是

ᄃᆞ니ᄃᆞ니 作伴

ᄇᆞ려 館

ᄒᆞ슬 草

마가 把

집지즑 草薦

조심 小心

ᄃᆞ애 轆轤

줄드레 繩桶

돌귀유 石槽

광주리 筐

호자락 衣襟

막대 棒

더브 常

ᄉᆞ지 罵

고ᄅᆞᆫ 餓

가ᄆᆞ로 胡亂

날호여 慢慢的

구의 官府

통관 罐

드레

사ᄂᆞᆯ

져시

지ᄋᆞ 纏

지위 會

솔

손조 自

삿 席

여러 領

낫뵈 笊篱

重刊老乞大諺解下

이 수ᄆᆞᆯ 這些馬

블친 ᄆᆞᆯ 騸馬

졀다 ᄆᆞᆯ 赤馬

공골 ᄆᆞᆯ 黃馬

오류 ᄆᆞᆯ 栗色馬

구렁 ᄆᆞᆯ 栗色馬

가리온 ᄆᆞᆯ 黑鬃馬

셜아 ᄆᆞᆯ 白馬

가라 ᄆᆞᆯ 黑馬

총이 ᄆᆞᆯ 青馬

츄ᄆᆞᆯ 灰馬

—57—

科名 樹名 漢日名

木蘭科 함박꽃나무 オホヤマレンゲ

薔薇科 마가목 (ナナカマド類)

仝 벗나무 (テウセンコザクラ サクラ類)

仝 귀룽나무 (エゾウハミヅザクラ)

荳科 자귀나무 (合歡木、ネムノキ類)

仝 주엽나무 (皂莢、サイカチ類)

仝 다릅나무 (カライヌエンジユ)

仝 회화나무 (エンジユ)

仝 니세아가시아나무 (ニセアカシヤ)

芸香科 황경피나무 (キハダ、黃蘗木)

苦木科 소태나무 (ニガキ)

仝 가쥭나무 (樗、シンジユ)

楝科 참쥭나무 (椿、チヤンチン)

大戟科 굴거리나무 (ユヅリハ類)

仝 [illegible]나무 (シラキ)

漆樹科 붉나무 (五倍子木、ヌルデ)

仝 옷나무 (漆木、ウルシ)

科名 樹名 漢日名

槭樹科 단풍나무 (ウスゲカヘデ)

仝 신나무 (カヘデ類)

仝 고리신나무 カヘデ

無患子科 모관쥬나무 (ムクロジ、無患子木)

葡萄科 왕머루 (テウセンヤマブダウ)

田麻科 피나무 (シナノキ類)

五加科 음나무 (ハリギリ)

山茱萸科 틀미나무 (ヤマボウシ)

仝 층층나무 (テウセンミヅキ)

齊墩果科 [illegible]나무 (ハクウンボク)

仝 노각나무 (エゴノキ)

木犀科 무푸레나무 (テウセントネリコ)

仝 들미나무 (ヤチダモ)

玄蔘科 오동나무 (キリ シナギリ)

忍冬科 말오줌나무 (ニハトコ)

以上

—56—

朝鮮主要森林樹木名稱表(朝鮮林務提要에서)

科名 樹名 漢日名

銀杏科 은행나무(銀杏 イテフ)

一位科 주목(朱木 イチヰ)

仝 비자나무(榧 カヤ)

松科 잇갈나무(テウセンカラマツ類)

仝 소나무(松 アカマツ類)

仝 곰솔

仝 잣나무(海松 テウセンマツ)

仝 눈잣나무(ハヒマツ)

仝 가문비(タウヒ類)

仝 전나무(樅 テウセンモミ)

仝 분비(タウシラベ)

仝 누아주나무(ネズミサシ)

仝 향나무 香木(ビャクシン)

禾本科 시위대(ヤダケ)

仝 오죽(マダケ)

仝 솜대(ハチク)

科名 樹名 漢日名

胡桃科 가래나무(楸木 マンシウグルミ)

仝 호도나무(胡桃 テウセングルミ)

仝 굴피나무(化香樹 ノブノキ)

楊柳科 사시나무(白楊 テウセンヤマナラシ)

仝 백양목(白楊 テウセンドロノキ)

仝 양버들(モミヂフエヤマナラシ ポプラ類)

仝 양버들(ピラミッドヤマナラシ ポプラ類)

仝 고리버들(楊、コリヤナギ)

樺木科 나도밤나무(サハシバ シデ類)

仝 서나무(アカシデ)

仝 개암나무(榛、ツノハシバミ類)

仝 가얌나무(ツノハシバミ)

仝 박달나무(檀木 オノオレカンバ)

仝 자작나무(シラカンバ)

仝 사스래나무(カンバ類)

仝 오리나무(ヤマハンノキ)

科名 樹名 漢日名

殼斗科 졸참나무(コナラ類)

仝 떡갈나무(カシハ)

仝 참나무(ナラガシハ クヌギ)

仝 갈참나무(アベマキ)

仝 가시나무(アラガシ)

仝 참가시나무(ウラジロガシ アカガシ)

仝 저비나무(ヒキ類)

仝 밤나무(栗 クリ類)

楊州栗、平壤栗、毛栗、咸從栗

楡科 느릅나무(テウセンアキニレ ハルニレ)

仝 떡느릅나무(コブニレ)

仝 난티나무(オヒョウニレ)

仝 포구나무(榎 エノキ類)

仝 무조나무(ムクエノキ)

仝 느티나무(槐、ケヤキ)

桑科 뽕나무(桑、クハ)

仝 닥나무(楮、カジノキ)

—55—

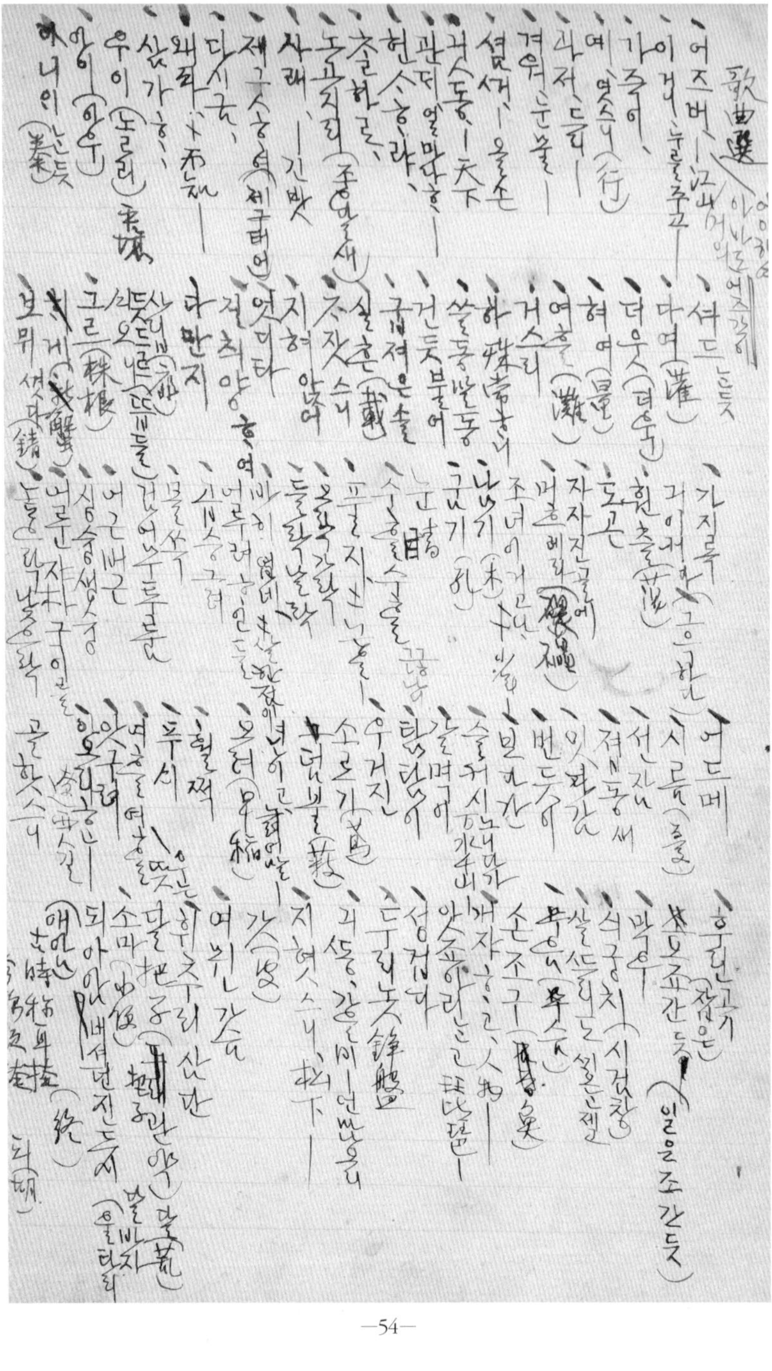

—54—

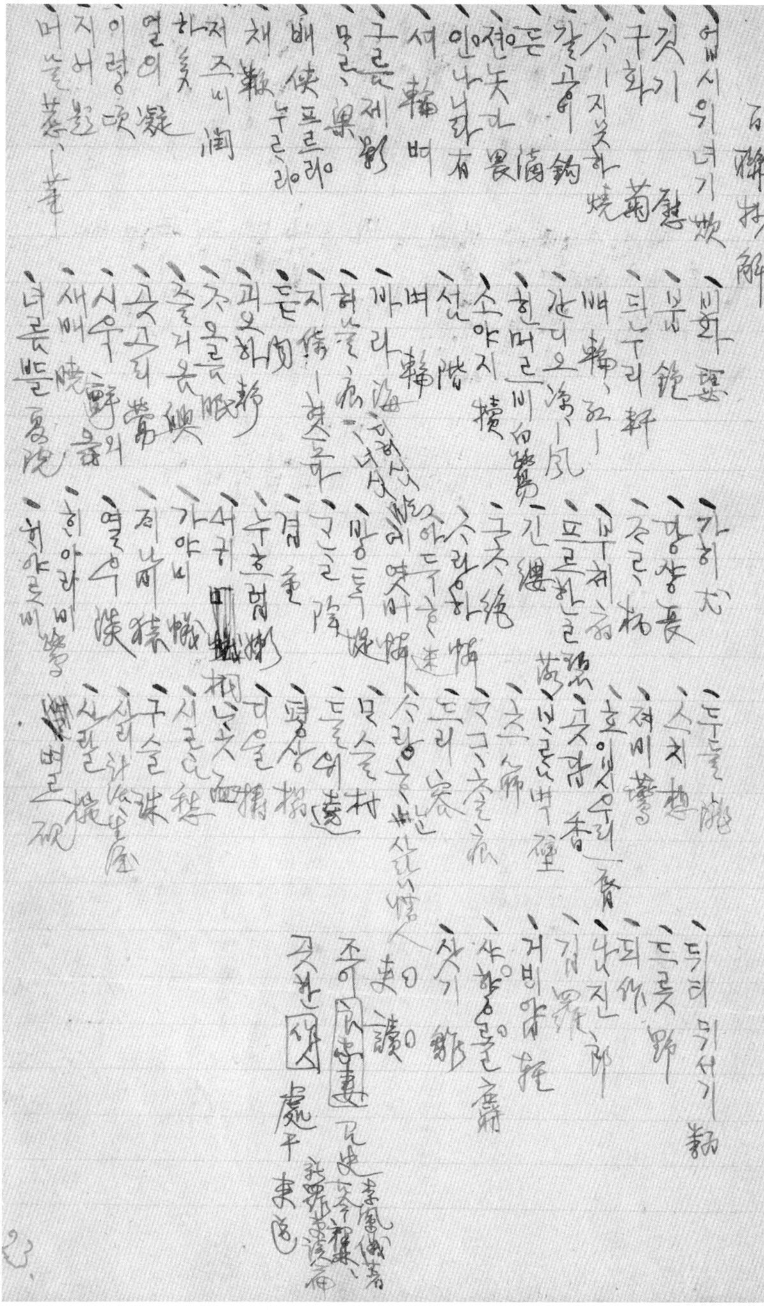

—53—

도로 反
어려운 定
쉬븐 易
마줄 昧
믄득 忽
구즌 惡
조노조노 纏之
디녀 持
나스 취 驗之
혼 무저기 片
미햇 野
혜아리 思量
져즈리 上床
베바트 吐
혜 할씨 嗜
누른 擕
밍그라 作
다른다른 單之
굿눌롬 遁擣

곳고지 精彩
빼다 沉
걸 滯
西녁그로
권 大
길녀간 權節
모뎌
몸가비얍고
모숨몰굴씨
녀 行
곳 息
크 大 葉着
맛드룸 嗜着
브르거러
더러빙
혼 저스론 作
쇼히 俗子
조각
고ᄋ 隱
말솜 語
쓰러브리

그지난 細
더른 誼
설 相
뜨스굴 甚
막다히 棒
이루어른 媢
누러브리 埋沒
하나한 쌔다 許多
거려 抗
소뽐 誤
고드며 빗글씨 縱橫
俱須
俱須石白
新羅 俘帥
俘毁走
名는 日本書記에서
쓰

그자식을 키워가지.
고무스득 뉘를 보
려고
뉘 孝, 德, 世,

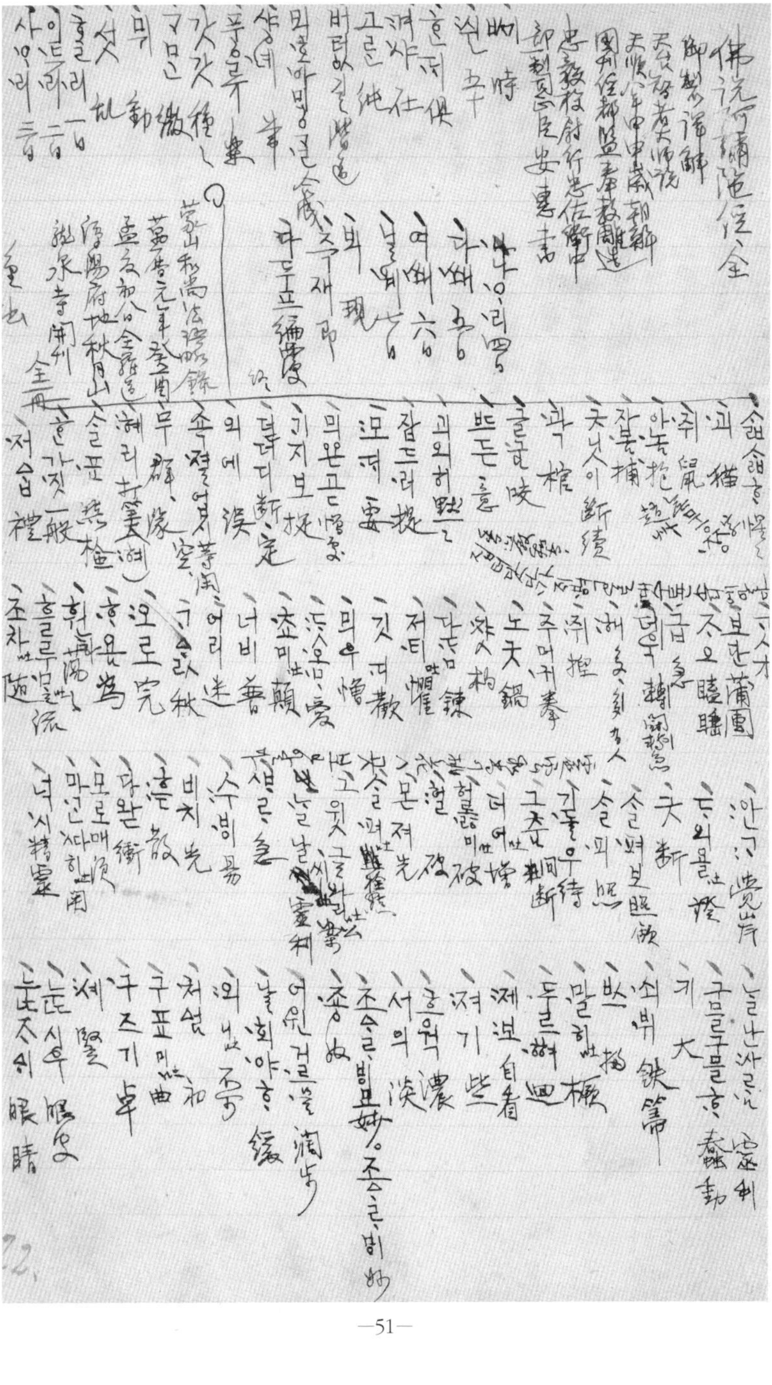

—51—

No.

—50—

ᄃᆞᆯ ᄇᆞᆰ고 ᄇᆞᄅᆞᆷ ᄆᆞᆯᄀᆞᆫ ○○ 새 건 ᄒᆡᆺ 바ᄆᆡ 月白風淸去年夜 — 南明上三十三頁

大·땡千쳔沙상界갱·이·ᄅᆞᆯ브·터 ᄉᆡᆼ도·ᇇ 大千沙界從茲起 — 仝上七十四頁

大·땡洋양바·ᄅᆞᆳ미·틔 블·근 드·그·리 ᄂᆡ·나·다 大洋海底紅塵起 — 仝上七十九頁

月印千江之曲

게엽ᄇᆞᆫ 남진(丈夫) — 게엽스러운 남편

楞嚴經諺解 第七冊의 게엽(雄)

숩풀 — 숩풀

무릅쓴 — 무릅쓰다

엽서 — 어서

자브름 — 잠 — 慶北方言

中殿 마마

大妃(中殿의 어머니)

王大妃(先王의 妃)

大王大妃(先先王의 妃)

王子妃는 嬪마, 누리라고 함

公主자가

君夫人자가

夫人자가

翁主자가

順和宮자가

부이 내인(불 때는 것, 불 켜는 것) 현지나인(燈燭을 맨드는 것)

새앙내인(諺文·醫藥 仕지밀내인 伺候) 諸宮 問安을 맡는 것

색쟝스럽다(無可愛)

빗쌀, 빗시(宮外人)

소고의(殿 마마 웃옷)

소고의 시방(당소고의(唐衣), 소고의를 짓는 것)

굴의대 방(치마, 단속곳, 上빛보의 아래)

속속것(본것에서 짓는 것)

세洗手(손 씻는 것)

대洗手 놋조오리

淸璟殿 대례에는 中宮殿 마마 소고를

[illegible] 內人이며

그 간

後卽(出世)

—48—

숫방 (수ㅅ방) 고얏방 (뼈개에 잣을 얹어는것)
이는 고야라 함
(뼈개ㅅ노 마구리, 땅어리 기를 다하는것)

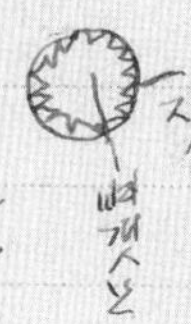

뒤ㅅ나모 (厠籌 廁木) 또는 요목이라 한데
上보며 나게는 쓰지 않고
內ㅅ들 데려는 쓰는 뿐

벋드나무로 유ㅅ쪽 같이 때든것인데 쪼갠 것
열개씩 왕골 같은 줄로 잡아 맨 것. 한번 뒤 본
씻으시는 것. 이로者에 制識서 삶은 편에 찐 조희로 뒤지를
하였음

수라진 하신다 (수라 잡수신다) 팟수라 (팟밥) 흰수라 (흰밥)
鑑 잣신다. 보시는 곳
鑑 뵙는다 — 뵙는다 (내가 가서 뵈는 것)
알외ㅂ는다. — 기별 內人들끼리 하는 말 (內人조라 上) 인데 조아이든 의 行봉 (...)에게 하는데 기별하오
조사 行봉 (入內人조은 上)

현듬 (불 켠 것)
칩소납서ㅅ다 (起寢하오셨다)

조조반 (재리(조반))
조반수라 (朝飯)
아춤수라 (晝飯)
낫것 (별다른 음식, 국수, 떡 등)
저녁수라 (夕飯)
밤참 — 밤참 또 야참 이라 함

지미 (먼저 맛보는 것), 수라 外에는 보는 지미 함
차 (보리숭늉)
탕제는 공사청 內侍가 飯사실 대 는것

황경 (聖躬 ... 의 ...)
温突 (上殿 ... 中殿 계신 방 ... 씨는 방이라고만 함)

수간 (앞에서 뒤에 잘 지키 드린 것) 人(侍)
밧간 (뒤ㅅ누시 잡리 드린 곳)
반자 (內人의 침실)
[illegible]

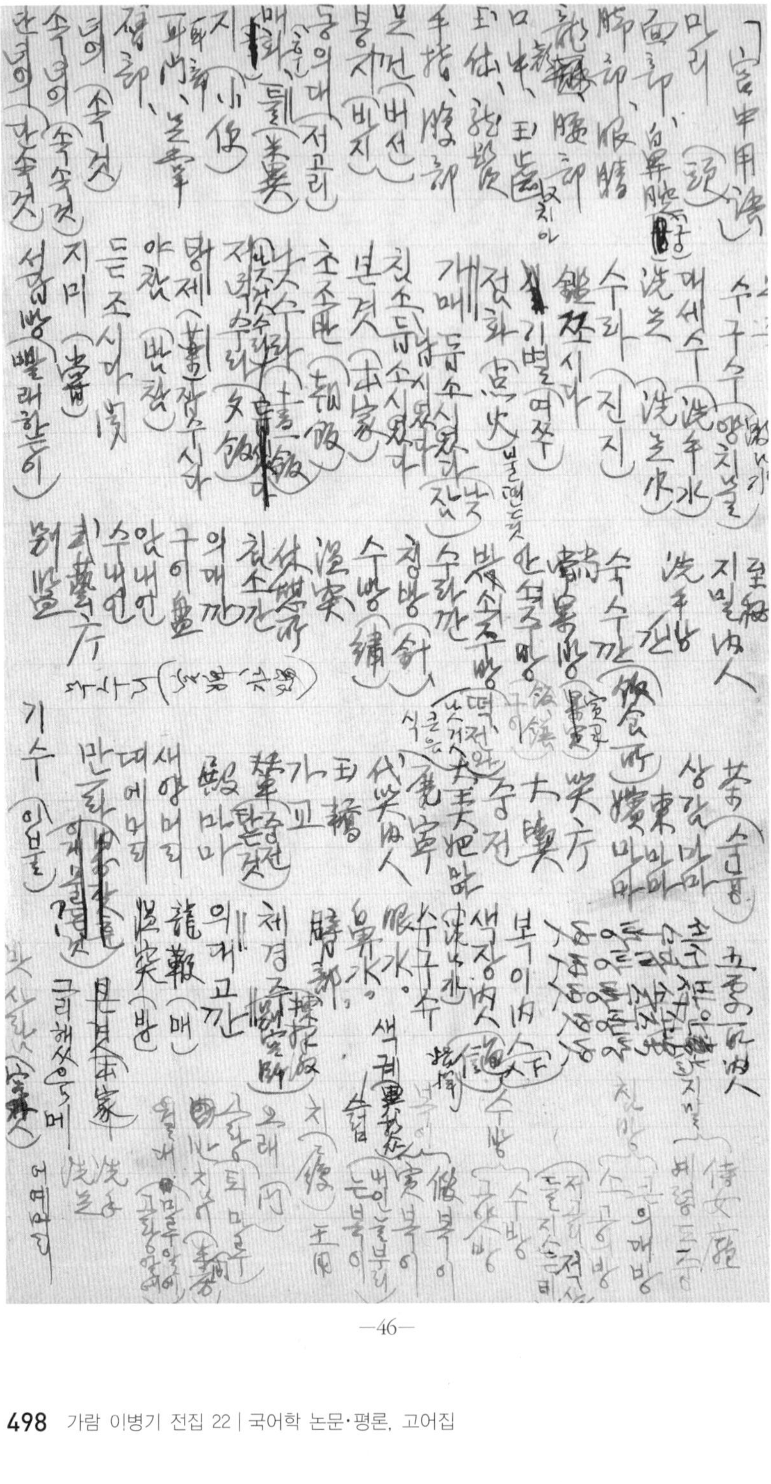
「宮中用語」

—46—

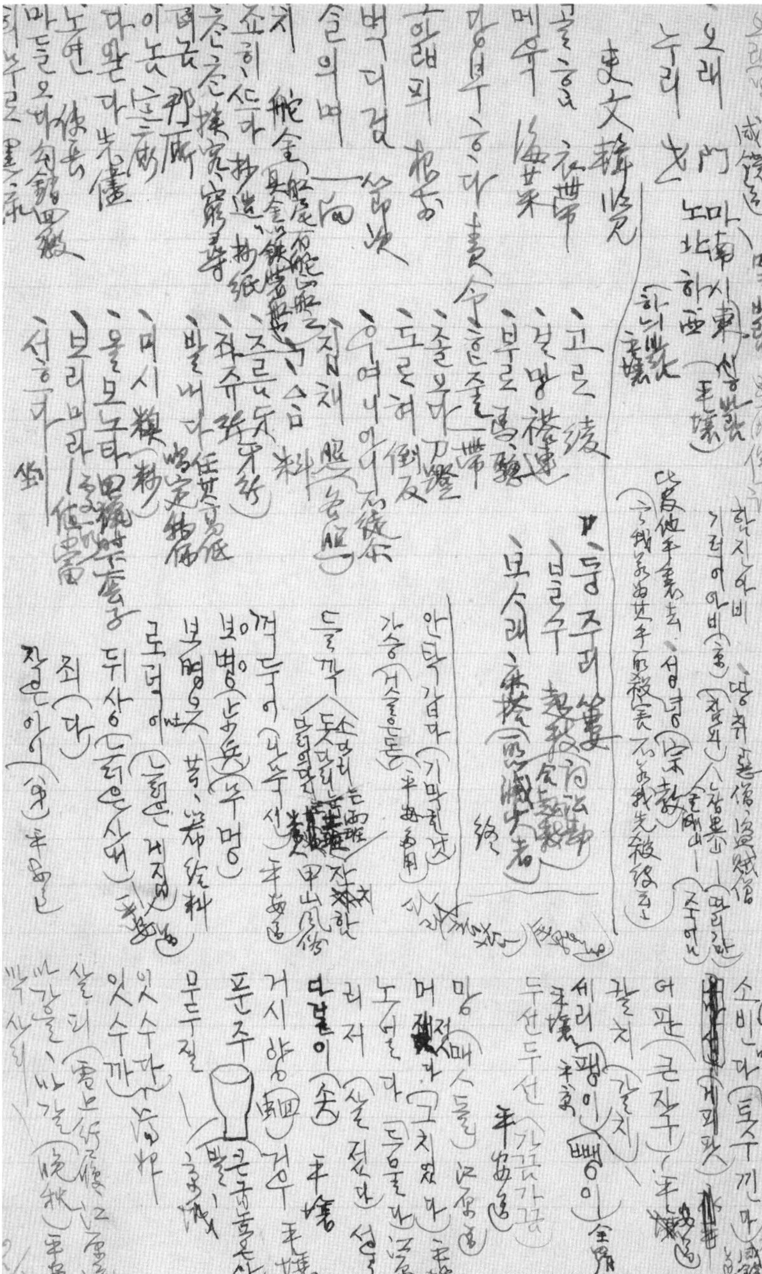

—45—

諺錄(東言解)

몬、드지 物件 조작 空便 閑漫、한다뭐 一會 一遍

旦더 合當 맛당 동모 火計 상화 驗樽

숨섭 伶俐 괴ㅅ흔、閑佚 호패 面牌

今員ㅅ 了然 사뭇 술절업 閑 전처리 武大

우던흔사람 平人 장상 鎮 노마 六族

헛헛흔 悠々、閑漫 다만다가 攢 놀노박이 生搆

헛것 脫空 고대 當 줄게 鏈子 全鉋子

좀진죄 伎倆 모막 抵巷 소래 銅晃

저주어 盤問 오오로 換湊 全 흡지옷 燕襟

순박질 迷藏 발、直 국이 老升

번전주래로 周羅 한갓 直 구은 唐子

하이 莫當 더우 越 세비 秀英

고지식기 實的 진실로 본대 会下

엇가지 言様 거들 월 合案

헌드런히 等閑 가장 高性

길잡이 引路、引導 내종 下稍

소이여 則、箇 주변 手張

처은 天初

耶律楚材曰 興一利不如除一害

生一事不如省一事

天鑑所照 奸萬何隱、波蕩賊院

天秤所懸 輕重誰逃、奸邪怪妄

—44—

현고들 叢處

운무러 살시니 陶穴經鄭難

현나라 선들 義日

현몌신들 알리 初民時

몬져ᄉᆞ고 사 先勞

귀아니 빈 다시라 寧不省

언ᄂᆞᆫ 숲 봉ᄋᆞ리 何論

여리 ᄂᆞ니 抗隍

ᄒᆞ며 일리러니 無路及罷戱

主防ᄒᆞᆫ 하리 簧防灣漕

니ᄉᆞ 사도 雖繼

ᄒᆞᄂᆞᆫ 한 아ᄅᆞᆫ 쇼 付王叢妹

卷十

20.

—43—

쁜믈라 몯나니 莫測不出 마소료리라 信誠을 仁政修施, 이바며 여머리를 좇소보리 當宴施允

여름 果 이븐 남기 枯樹 閱宴을 브려오니 因為以拳 偕九

부러 짓 效 셰 닛을 改 長壽 閱宴을 브려오니 因為以拳 偕九

든 주불 싸리 所閱 皇帝이 꼬 보밴 集大虎 軍馬 후 보니이다 後騎士

한비 大雨 溫後 한쇼 巨牛 天下定흘 지르샤 이 西是天下指定之徵

주나 이다 난 주시 어시니 熏 擊 느지르 샤 祥

아니 뮌 서 不動搖 搖 로 마소 四牛 새벼리 太白

무수 한 리라 欲搖 搖 潛用妖星 므던 이시니 西合 集鳥飛 실흔 몬 업스샤더 心害

학 용 나무 爲叶 한 소리 잇고니 漢 村之 折 뭐 오시니 動

도 웝 거니 稱 美 嘆 恨 한 흔 비 오니 不 濃 天 항 안 할 어 늘 沂 潛

한 수 방 間 비 배 안 니 른 번 母 後 혜

매 寧 봔 주 봉 제 侍 宴 알 와

솔 봉 니 稱 御 하 수 방 偏 邪 외 오 주 건 침 擅 殺

삶 사 남 之 밥 솔 었 방 偏 止 올 한 탄 한 사 深 獎

설 메 소 皆 所 居 同 맛 는 오 솔 院 之 衣 두 쇼 셔 런 을 淸 土

두 ᄉᆞ 실 씨 意 두 ᄉᆞ 사 字 수 메 셔 드 르 시 고 潛 身 以 聽

혀 근 선 비 小 儒

—42—

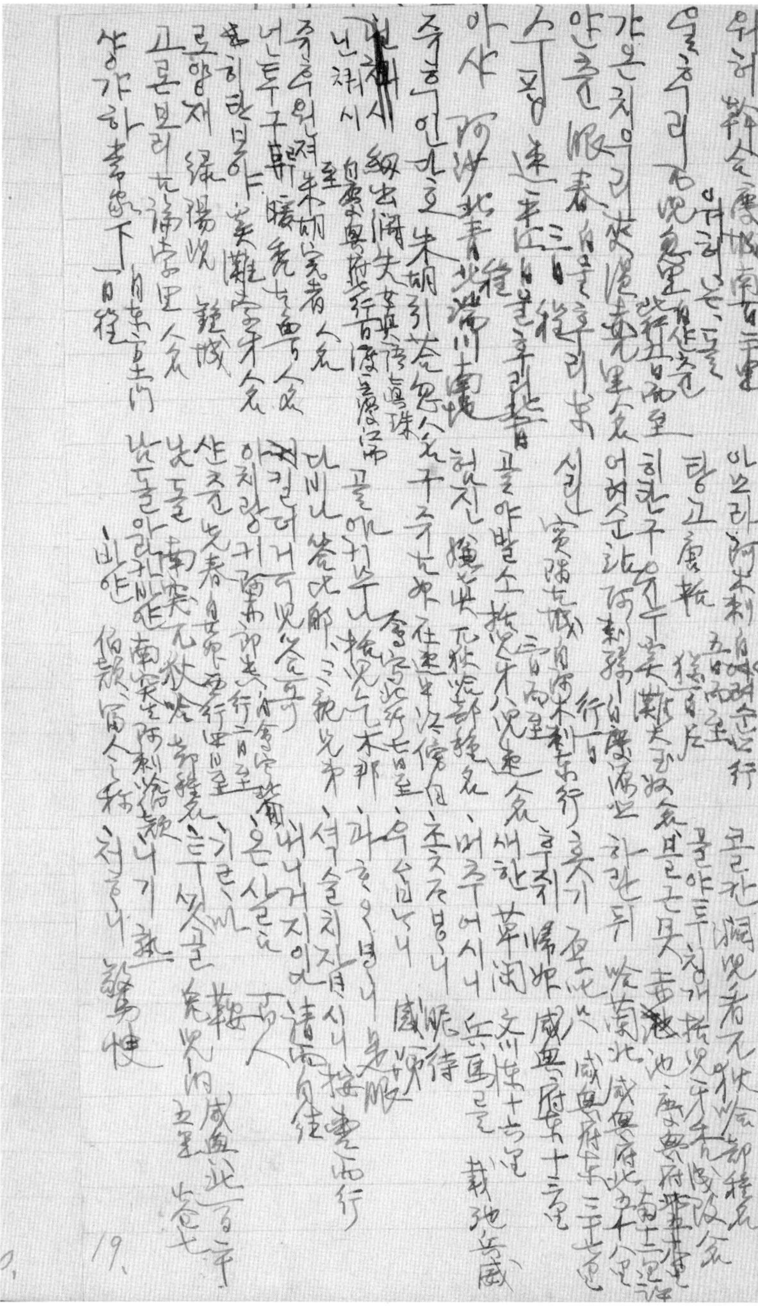

—41—

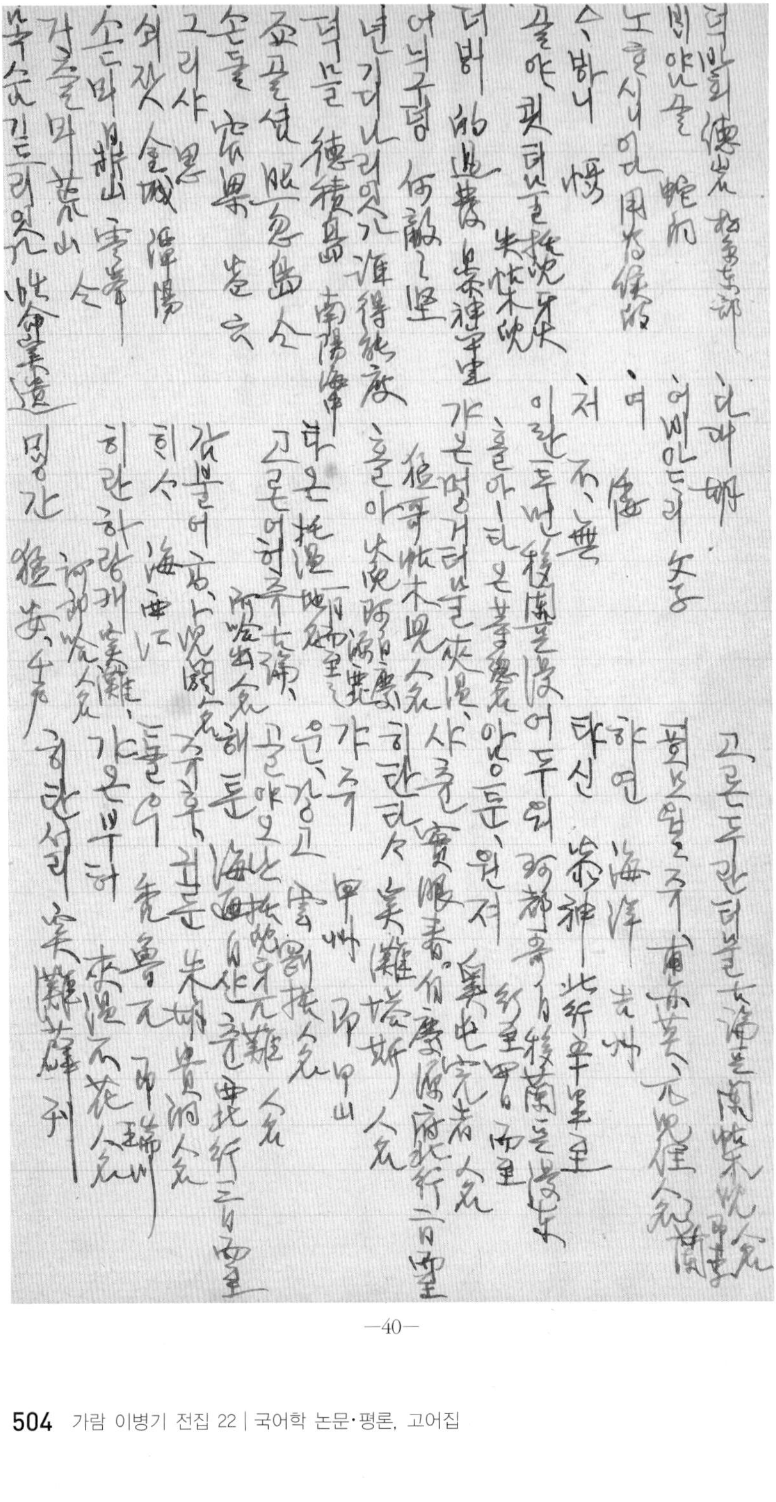

—40—

현버늘던들 雖則唐鋪
일우리잇가 何浴
달비 蜜狗 似狐而尖色
대밭 竹田 瑞興面
삿대수 箭竹藪 金郊西三十里許
따논닷물 院墻洞 安邊
든바퀴 洛波渡 漣川
부휭바회 鳳凰山 오도장우
물혼자히 乘馬
셔볼가벼ᄅ 京耗
스ᄀ벌랑 軍馬 鄕馬
ᄒ봉 안뜰리조치사 從月陽
ᄒ봉 아나아가사 陽乎保通
輕緣揚譜
후럴 빈 忽而洪原
다대 풀 韓韃洞 洪原南
수릭위나ᄞ 車輪令 咸興東北

닷새상골 蒼栢谷 咸興東
모른밧골 會音洞
소두듥 松原 咸興東
운뎐社 雲田社
디여 隨而
길버서 避道而
흔부 一人
ᄒ봉아니 獨
새단 墮溺之
여런홀ᄅ 沃潭之地
ᄀ터 凝
몰뫼 馬山 定平今處
외셤 孤島 安邊 隋州東
東인나거시든 我東而祖
새와이 草黃嶺 咸興西
섯헌 薩列乎嶺 咸興江界西
우코러물 境 兀魯 [illegible]

아문 也頓渭原 西越江二十里
ᄒ두 洋溢
칫신봉니 悅服
ᄒ밧 院
아ᄉ사 取
쯕애山 淸山 洪原北
ᄂ흘 鹿草
그려아인ᄉ봉가 差待重識
바오리 毬
나머터시니 連擊
엇더시니 橫防
닌지 排至
디뢰 持護 [illegible]
위견훗 叱耳
ᄒ호치니기 隋尾 五枝名
어ᄞ기 橫防
휘쏘라하건만ᄂ 佯謀者矣

—39—

한ᄃᆞ리 鶴橋 羅城東門 俗稱東大門
션ᄯᅵ 善竹
[illegible] 岩房
ᄒᆞ러고개 泥峴 在京中部
가린여흘 岐灘 中和
ᄒᆞ러셩 泥城 慈州
고시며슬 高時帖木人
오도리 斡朶里 東
오동 慶興東三十里
두만 豆漫江
女眞語 萬爲豆漫 以衆水至此合流 故名之也
휘잣 美閑城 [illegible]
우라치 吹螺赤 俗稱吹角人
울헤션 威化島

가막골 加莫洞 川
곰ᄂᆞ山 北去音山 陽德
머루ᄂᆞᄅᆞ 麻屯津 [illegible]
두루江 禿魯江 江界
안림고ㅈ 暗林串 [illegible]
소재 牛峴 海州
동산고ㅈ 冬山串 康翎西
어옹개 圍仍浦 康翎西
블근셤 赤島 慶興東六十里
동량뒤 東良北
윤화 阿木河
수주 隨州 [illegible]
동건 童巾 [illegible] 江
휘ㅅ가 回叱家
오랑캐 兀良哈
우디거 兀狄哈
남군 [illegible]
치ㄹ로 [illegible]
[illegible]

ᄃᆞᆯ매시나 誘他
셔ᄫᅳᆯ 使者
셴하나비 諸老人
셴할미 諸老姬
년글주리여 [illegible] 錫
누비중 百衲師
더 [illegible]
알ᄋᆞᆫ [illegible]
당뫼 堂山 定平
피모로 椵山 洪原
잣곶 城串 咸興
하란 [illegible] 吉州
흥권 洪肯 洪原
ᄌᆞᆺ가ᄉᆡ 荊棘
한리ᄅᆞᆯ 이ᄋᆞ 빈ᄂᆞᄅᆞᆯ [illegible]
굴발로 [illegible]
가ᄉᆡᆫ겨사매 [illegible]
ᄆᆞᆺ고시나 [illegible]
일컫ᄌᆞᄫᆞ니 [illegible]

—38—

龍飛御天歌

발래가나 于海戍達
帝ㅅ울 여르시니 肇造丕基하더
섯헤예 가사 興慶
글의 于優不禮
우ᇈ 陶穴
싸ᄂᆞᆫ 실ᄅᆞᆯ 써 將覺
이괴 ᄂᆞ
즌게가 재연 不나 豈奴對之揚
몬 公、舍 卷一
긴리이 방 羨從
뵈랍엄이나 迎候
해모도나 爰臻
호니롯 호시니르(도)
날로 더을써 日深日熾
先考ᄠᅳᆮ 定生此ᄠᅳᆮ 卷之 黍志 卷二
말ᄊᆞᄆᆞᆯ 술ᄫᅡ 獻言

、늘애르ᆡ르 、誚歌
、알외시니 雖報之衆
、올ᄆᆞᆫ 나이다 是從是遷
、저ᄒᆞᆨ사 畏
、살ᄡᅢ 드리 이신 是念
알피 前
、ᄣᅢ 뭇소리 昌勝女善
、내넝ᄀᆞᆷ 므리 昌勝女臨
、다시언 말ᄅᆞᆫ 尤
、ᄂᆞ치잇가 其敢留止、卷三
、고ᄂᆞᆫ 熊津 公州
단개 鎭浦 錦川
가ᄅᆞᆫ동 津 加斤洞津 宮越邊
달내 達川 忠州
、쇠벼ᄅᆞ、 淵遷 今
、ᄡᅵ애 梨浦 驪興 今

、한여홀 大灘、楊根
、ᄇᆞ얌개 蛇浦 今
잇뵈所 伊布所、歸
、안반여홀 按板灘、加平
、션돌 立石 楊根
두미津 渡迷津 廣州
광ᄂᆞᄅᆞ 廣津 今
삼밧개 三田渡 今
、구무ᄣᅡ회 孔岩 陽川
오도잣 烏島城
、한ᄃᆞᆯ 白達 瓊瀾渡 開城
、살여흘 箭灘 平山
、돗여흘 猪灘 江陰
죠롱개 助邑浦 白川
깅ᄌᆞ개 金浦
함개 含浦 昌原
지혀골 澤洞 抱川
、쇠재 鐵峴

17

—37—

막덜려 衝 、노리 瘵

섰조기 怔忡 、마른 末

어렴풋한 朦朧 、저주ㅂ 癖

선굴흔 가개 涼棚 、저주다 作

잇새 勞

몸따화 髮着中

잘여범빈 麻痺

우기쥐 掌掌

못한상흔 內傷

곰 濃

흘근다히 端

생을ㅅ 遺蓋

세ㅁ지금 鮮紅

잣기 空

누ㅂ날기 風起

주ㅁ망울 被

가웅그리 掌

졸순 袖袋

—36—

馬經諺解 李曙 譯

버거 次
곧 直
블근 紅
너나 黑黃
구버ᄉᆞᆫ 圓
처디 垂
이 者
오로 全
힌드렁ᄒᆞᆫ 열 閑事
ᄃᆞᆺ 先
믄득믄득 累
얼굴 狀, 形狀
닐ᄋᆞᆫ 說
즈처 泄瀉ᄒᆞ
들엇 感染ᄒᆞ
곳새블 比勞後
알 痛알ᄑᆞ
번비 把
비ᄅᆞ 疥

ᄠᆞ음은 疸
어러 瘼 麻痺
사근 佛 枯骨 열븐 肥
네ᄭᆞᆺ 四季月
치, 질 羽
남ᄭᆞ리 爪條
다모 診
과ᄀᆞᆯ은 卒驟
춘 거믄 袖袋
범브씨 法
블ᄋᆞ르 乞
습 暖
헐헐기 疲倦
저허 恐
하 多
번이 痛
헐근헐근ᄒᆞᆫ 氣抽
사기 化
닐녀누으락 起臥

立穀
잇 後時
번ᄉᆞᄒᆞ (切ᄒᆞ)
빅서곰라 以和
디위 倒
ᄢᅳ르집어내 挺出
놀회야 徐徐
낫조 夕
이남 있, 노ᄒᆞ남 있
쥐날 子日
쇼날 丑日
염소날 未日
범날 寅日
납날 申日
톳기날 卯日
ᄃᆞᆰ날 酉日
룡날 辰日
개날 戌日
ᄇᆡ얌날 巳日

돋날 亥日
ᄆᆞᆯ날 午日
조금라보논 弦望
즈음ᄃᆡ 隔
ᄲᅥᆯ 積
부루 䏶
섀ᄅᆞᆺᄒᆞᆫ 尖
ᄀᆞᄉᆞᆫ 合著
다리ᄅᆞᆯ 저추기 跛脚
목 기ᄅᆞᆫ, 項緊
흰 침을로 ᄂᆞ주라 向針鍼之
가지 般
살오 膞
빗솨 跑
사리 卷
가도혀 ᄀᆞ 卷
뒤축 跟
나동고리 弟
라ᄒᆞ 咬
세소슴 三沸

정화수 井花水
프러 調
버들멀 瘡
마치 恰
졍바기 頂
ᄀᆞ플 膜
게오 吐
ᄇᆞᄉᆞ 焦
초리 瓦
ᄒᆞᆫ자ᄇᆞᆫ 一握
전칠 粘
주재ᄒᆞᆫ 時
누니 起臥
이튼날 次日
모ᄉᆡᆼ이 駒
즈의 滓
오철 (黑ᄒᆞ)
염과 瘡
다외도
대동 竹管

'86. 6. 1.

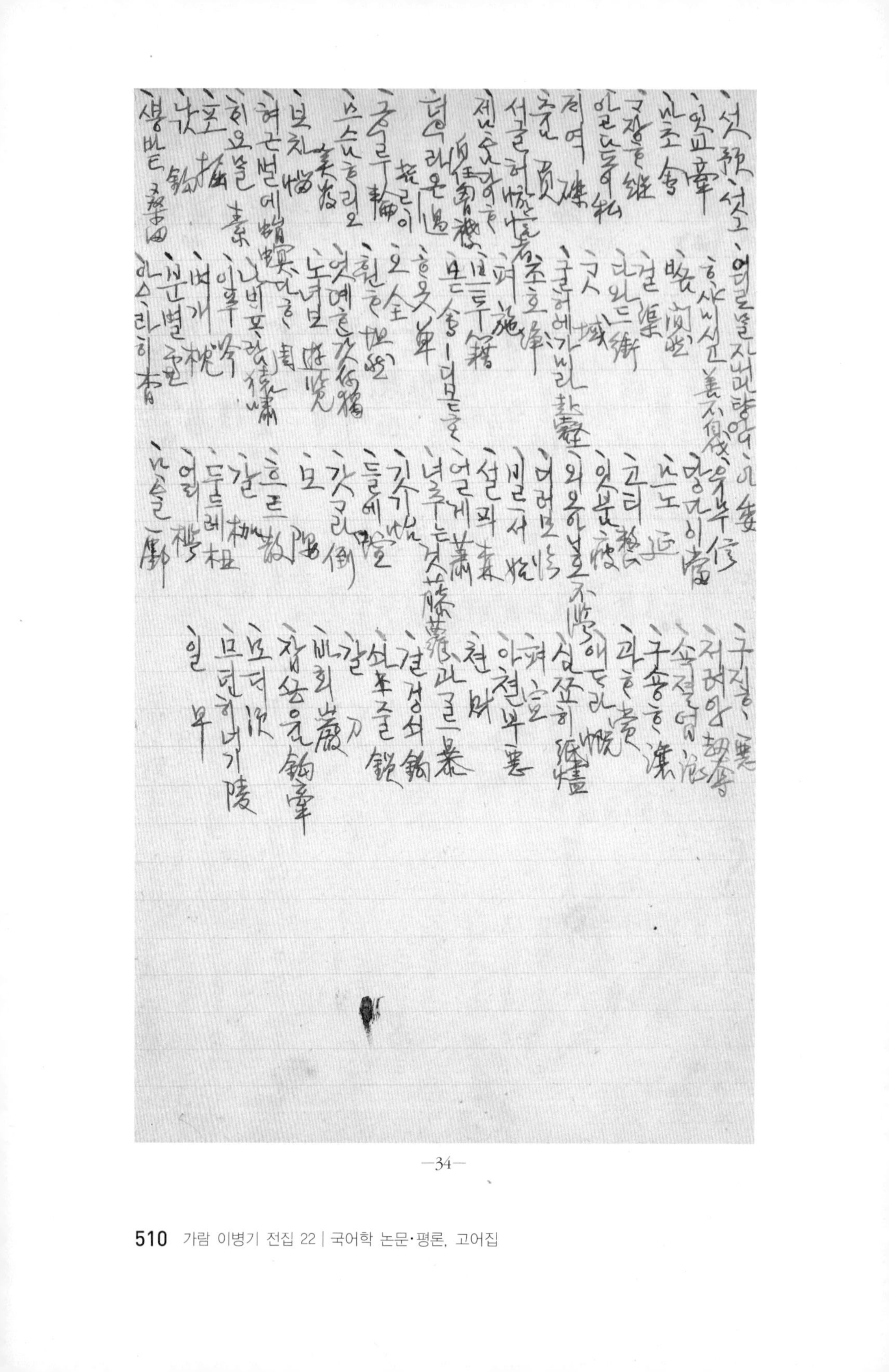

—34—

어수키優
느즈기淫而
구티여汲
빗부[illegible]
힐휘雜而
굴(更경)
사기釋
무러나로라든신徽起
알了
시스蕩
마기澄
해는牧
양지戀
질뜨로濾
吹고滅
구긺重
디여사[illegible]謝
아즐히昏

일윤은辭
처블[illegible]
글로橫
호녈로一往
잡紛
펀던常
의嗚呼
쓰紙(쓰)
난題
링그者
년비他
달은(말든)
변두호[illegible]
결沒
마머杖
귀근져吐
거츠난쟈[illegible]
호로기[illegible]
츠여[illegible]
吹[illegible]

거[illegible]
숫스기[illegible]車輪
술위[illegible]
호[illegible]
해귀[illegible]
어울合
한스奮
흰조[illegible]
마조[illegible]
얼굴[illegible]
부리[illegible]
빗[illegible]
믿[illegible]
그믐[illegible]
가시[illegible]
벋[illegible]
저품[illegible]
하쳔[illegible]
면소[illegible]
놀[illegible]
吹修

츠[illegible]
즈우즈느니호[illegible]
깃디아니호[illegible]
말[illegible]
무루이累德
글희[illegible]
거[illegible]
ㄱ주[illegible]
초려[illegible]
몬져[illegible]
쳔량財
츠[illegible]
모디節
글희解
졀로[illegible]
즈개[illegible]
혜온[illegible]
호갓[illegible]
녀르[illegible]
ᄂᆞ리ᄂᆞ가[illegible]

[illegible]
실[illegible]
노[illegible]
파[illegible]
못[illegible]
놀[illegible]
몬[illegible]
사[illegible]
츠[illegible]
[illegible]
나리[illegible]
고로[illegible]
[illegible]
구흥[illegible]
비으[illegible]
엇[illegible]
[illegible]曲
글[illegible]

禪家永嘉集 信眉譯

그듸 端ㅅ
ᄆᆞᄅᆞᆫ 乜 살더러
ᄒᆞ오사 獨
ᄃᆞ리 階
두르혀 返
숨오 悅
네뉘 宿世
조ᄒᆞᆫ 潔
조ᄒᆞᆫ 해 樓景
훤ᄒᆞᆫ 朗
나 아롬 生
앗ᄋᆞ 祛
드틀 塵
ᄡᆞ라 包
싀싁ᄒᆞᆫ 嚴
브ᄎᆞ 扇
굳ᄃᆞᆫ 硬 듬 爪

[illegible]

—32—

므던마롭 달라 坦忘

도도한보 主張

향으ᆞ 品

늘 勝

호저즐 作用

빠리 包

뒷 有

이대 善 ✕

하난한 許多

호물은호 純一

어즈럽 雜

빼다 沉

4,

—31—

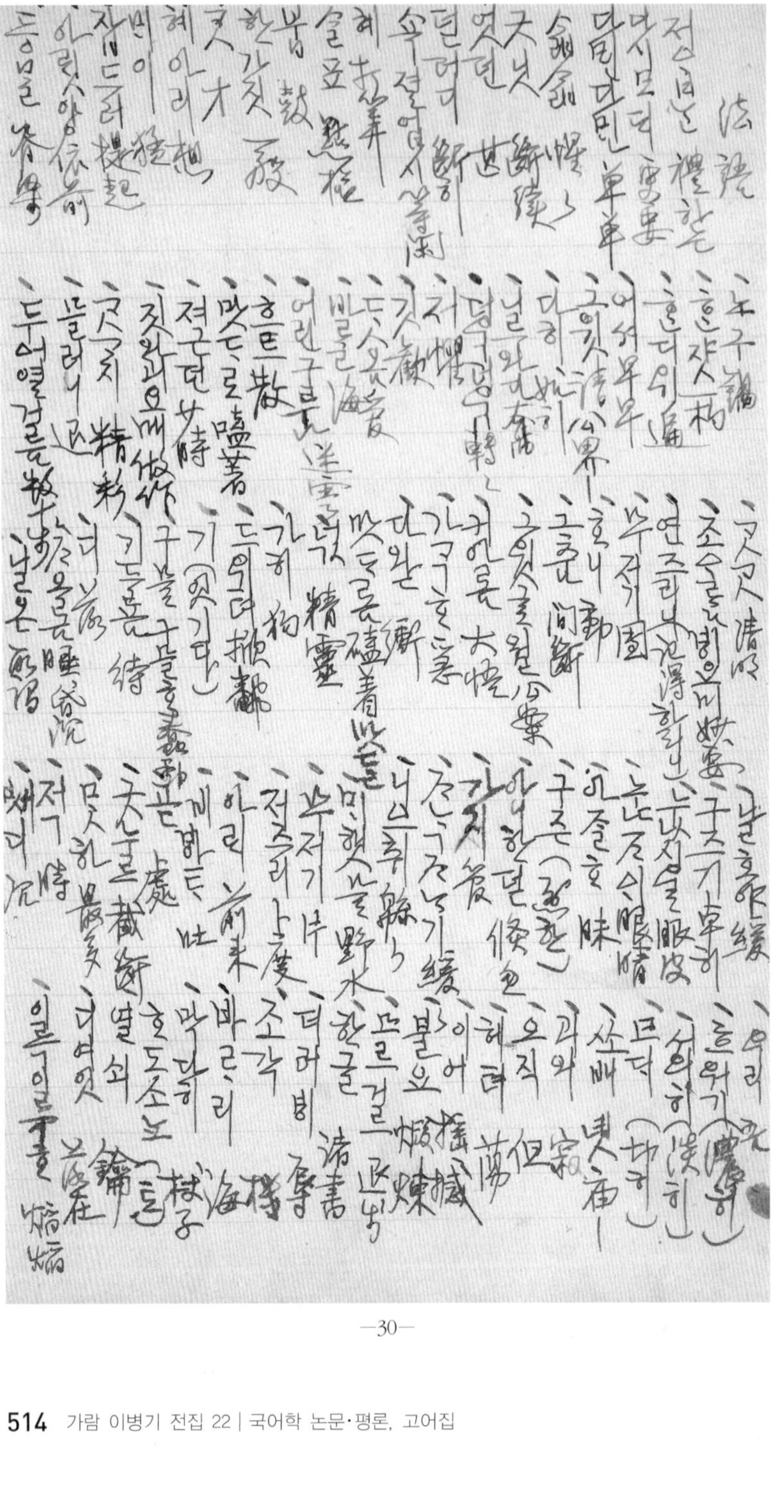

—30—

첫스믈 ᄯᅳᆫ(思[illegible])
불倫 很戾
맛ᄎᆞᆫ 畢
나ᄃᆞᆫ 거던
거리 岐
기수 解
다ᄃᆞ보 研
섯ᄉᆞ 交
걱리ᄊᆡ 滯
드ᄅᆞ 野
굳기 空虛
자ᄢᅦ 收攝
맛 終
물니ᄎᆞᆫ 殘
절ᄐᆞ 憎
갈ᄊᆞ의 彎
ᄌᆞ개 自
쌀왕 藻
으리ᄲᅵ 佳
어대어ᄅᆞᆫ 靈性
어ᄅᆞᆫ 求樂
허여 쌀 制止

그친ᄒᆞᆫ 抑
일ᄒᆞᆫ 눈 表 抑
마장 維
드위기 金
서 絶
즐수 所有
가줌 [illegible]
초 潛 ?
간수 漢
흰입쌀 [illegible]
인는(善한)
엇소와(候하야)
여수외
안ᄂᆞ더 [illegible]
보치어즈리 惱亂
써초ᄶᅵ 按
머리 [illegible]
두ᄒᆞ려 周旋
불써ᄅᆞ
구지라 議
피슈 [illegible]
한ᄅᆞᆯ 있어ᄅᆞᆯ [illegible]

쌀도 쌀 藏
굴ᄃᆞ 藏
열 [illegible]
ᄞᅦ미 [illegible]
숨 中
내 [illegible]
낟 論
조 [illegible]
가글 [illegible]
하리 陳
오히 [illegible]
스 [illegible]
네가 [illegible]
디차 [illegible]
쁠이 [illegible]
뿌 用
며리 [illegible]
도라 [illegible]
본ᄉᆞ 見
구ᄂᆞ 異
한ᄃᆞ [illegible]

갈 [illegible]
할 [illegible]
너보 [illegible]
위와 [illegible]
기ᄂᆞᆫ [illegible]
쳐ᄉᆞᆫ [illegible]
거ᄅᆞᆷ [illegible]
[illegible]
잇 [illegible]
ᄇᆞᆯ 僅
어우 [illegible]
거ᄉᆞ [illegible]
[illegible]
마 重
빗 [illegible]
미리 [illegible]
서자 [illegible]
시 [illegible]
그 代
마 [illegible]
ᄉᆞ 適

[illegible] 終

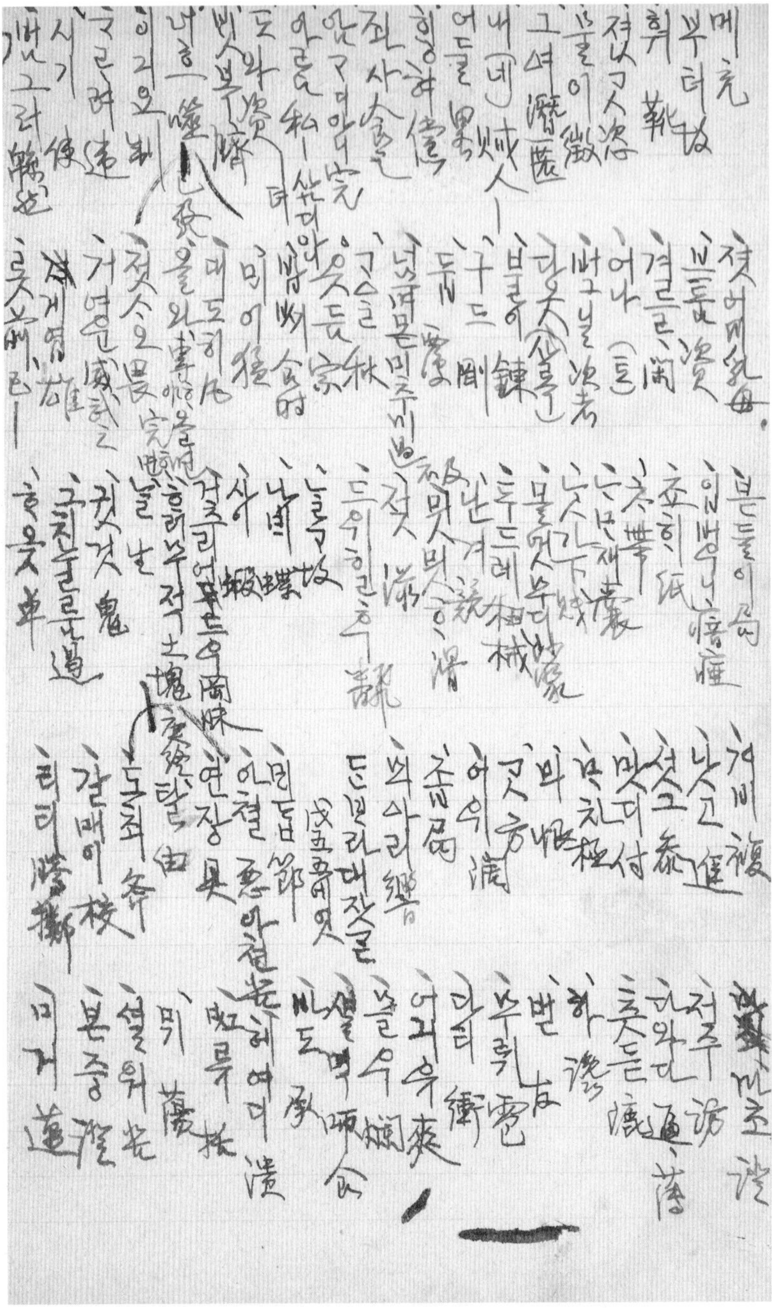

—28—

허믈 瑕疵
믜온 憎
애와텨 悱憤
놀ᄂᆞᆫ 새ᄆᆞᆯ 鼓
ᄃᆞᆫ(别로)
ᄉᆞ랑
니기 習
나그내 旅
ᄒᆞᆫ 諸
ᄒᆞ야ᄇᆞ리 壞
옷(고) 識
아ᄅᆞᆷ(다온)
ᄇᆡ호리 設
ᄀᆞᄅᆞ 解釋
ᄃᆡ시로
두ᇫ 著
ᄇᆞᆺ시 脫
화ᄉᆞᆯ(휘ᄃᆞᆯ)
아바거니(試해)

갓글 倒
ᄌᆞ올ᄋᆞᆯ 睡
ᄃᆡ혀 卷
닫다 ᄃᆞ론 論
붑 鼓
고ᄅᆞᆫ 瘡
고초아 觀
뎡바기 頂
ᄂᆞ뇌 誦
ᄃᆡ이즈 擊
브스 灌
구울 轉
횟ᄃᆞᆯ 輪廻
ᄇᆡ기 傳
멀톄 麁
과ᄀᆞᆯ이 暴
블어 ᄂᆞᆫ 遍
견주 提
뮈ᄋᆞᆫ 動
ᄆᆞᄋᆞᆷ 心
ᄒᆞᆫ 불와 足

ᄒᆞᆫ 오리 一条
외오 너기 嫌
ᄂᆞᆫ 겻나리 鋒
가ᄉᆞ루 偏
갈ᄒᆞ야 分散
ᄒᆞᆫ 처ᄃᆞᆫ 一滴
가시 棘
ᄂᆞᆺ 由
남ᄇᆞ리디 零
ᄆᆞᆺ ᄃᆞ론 會
싱기 援
혜 慮
아쳘 厭
이ᄀᆡ 堪
나ᄉᆞ 賢
ᄃᆞ다(닫다)
ᄒᆞᆫ 은
ᄂᆞ디 輕
알폼 痛
두르 旋

맛 逢
치 者
얼 說
ᄂᆞᆯ 我
양이 分
양 狀
ᄒᆞ야 妨
ᄌᆡ재
ᄆᆞᄅᆞᆫ 代
엿 窺
ᄃᆡ 새
나ᄂᆞᆫ 遣
ᄆᆞᄎᆞᆷ
쳐ᄇᆡᆨ 礫
와 아(도)
ᄃᆡ리 染
뫼
ᄒᆞᆫ 친 ᄒᆞᆯ러리
ᄀᆞᄉᆞᆯ 愛
가ᄉᆞ면 富

기ᄂᆞᆫ
온(도)
ᄀᆞᆯ ᄒᆞᆫ
ᄇᆡᆺ
시러 淨
ᄆᆞᆺ고 換
을ᄋᆞ아
방ᄒᆞᆺ고
너ᄂᆞᆫ 勝
더으
ᄃᆞᆯ
ᄃᆞᄃᆞ
ᄃᆞ다
ᄃᆞ래
ᄋᆞᄂᆞᆫ
ᄒᆞᄂᆞᆫ 開
된소리

12.

—27—

、보드라 脆
、낭ᄉᆞ 籠
、고ᄉᆞ기 幽密
、이여온 搖
、번드기 宛然
、고ᄋᆞᆫ 限
、ᄆᆞᄎᆞ매 終
、곳퇴 幻
、나다(는) 出
、ᄀᆞ라 辨
、골ᄒᆞ 典
、드려 鏡
、겸굴 搖하(야)
、이어(이오) 緣
、다위 緣心
、ᄒᆞ야든(면) 指
、드위힐 展轉
、마줄하 味
、굴며 影
、버ᄉᆞᆯ 紓 ○

、갈오(거두)
、프성귀 草芥
、드로되 涉
、휘힐 廓然
、ᄢᅳ츳 斷絕
、오ᄆᆞ 縮
、ᄆᆞᄌᆞᄒᆞ 齊
、머굼 含
、ᄒᆞ마 容
、결 渠
、ᄂᆞᆯ지 陰
、ᄇᆞᆯ 鋒
、거츠 妄 ○
、그리 慕
、노ᄆᆞ 融
、너기 想
、휘ᄎᆞᆯ히 宛然
、ᄀᆞᆺ 絕
、ᄆᆞᆯ포 疊
、논人 識
、ᄂᆞᆷ녀ᄒᆞ 浮

、나다 現
、도렫ᄒᆞ 圓
、더품 泡
、눈ᄌᆞᅀᆞ 睛
、ᄇᆞᄎᆞ 摩
、ᄲᅥ흘 澀
、믯믯ᄒᆞ 滑
、빙애 崖
、블오 踢
、ᄉᆞ자리 酸 澀
、ᄉᆡ 酸
、ᄀᆞᆯ 謝
、거츠라 妄
、나란 난ᄒᆞ
、ᄂᆞᆯ 現 더아나
、이 成 다ᄆᆞᆫ
、ᄒᆞᆫ옷 單
、고 巢
、ᄯᅥᆫ
、어울은、여희옴 會離
、두려이(圓滿히)

、비와ᄆᆞᆯ
、거츤 혜믈 妄度
、ᄂᆞ믈(去ᄒᆞ)
、날나(刹)
、포(風)
、터어 毛
、범므 涉
、드위 翻覆
、ᄃᆞᄆᆞ 沉 淪
、미므서 方便
、ᄀᆞᆺ브라 伏
、ᄆᆞᄎᆞᆯ 稍
、희 白
、ᄇᆞᆫ글 瑩
、돌 等
、말겻고 諍
、첫리 演
、갈ᄆᆞ 藏
、노외 復
、ᄀᆞᄎᆞᆯ 寂
、구틔여 強

、ᄀᆞᆫ달 前
、프라ᄇᆞ리
、시노나와 勞
、ᄎᆞᆷ오 絞
、ᄆᆞᅀᆞ아래 最下
、두듥 阜
、그지 言
、구ᄂᆞ블어 蠢
、ᄃᆞᅀᆞ오미 愛
、ᄃᆞᆺ노 듯아
、ᄃᆞᄉᆞ
、ᄂᆞᆯ웨 盲
、몯 聚
、블ᄒᆞ 弱
、ᄒᆞᆫᄃᆡ 同
、솔갑 慧
、어리 愚
、ᄒᆞᆫ적 純一
、것스 拒
、ᄲᅡᆺ가 河

—26—

楞嚴諺解

잘카낭한 驕
ᄀᆞᄌᆞ 備
엳믜여한(堅穿한)
이롬미여(寵高히)
마기 勞問
아라 宿 嘛
호먼 若 謝 도로—
반ᄃᆞ기 必
모양을(망을)
클 致
마긔와 驗 證
날어나로와 도 발起
존(統한)
이ᄇᆡ 善妙 休寧
쑬데 累
쿨 科
저히 怖케한
식식기 嚴

맛당직ᄒᆞ오 堪
두려이블ᄂᆞᆫ 圓明
훤이 合 洞達
合合알 了
줄 由
차반 飯 羞
엳슨 날 諸
보리 陰
저픈 威嚴畏
애ᄃᆞ라 恨
쫠헙(麁한)
섯브ᄃᆞ 交
굿 患
간대로(妄히)
뭇ᄂᆞᆫ 問
기즘 薛
블동기 攀
흿 在 有
입 戶

안즈 坐
오셔 고전 살—
마초아 보 驗
호활개—支 四肢
편 敵
거붑 龜
보로매 須
고골 科
으뇨ᄂᆞᆫ 輪轉
ᄂᆞ외 更
ᄐᆞ 受
잇비(勞히)
솔랑 思 惟
외요 失
애ᄃᆞ나 慨
주 惠
몰로 迷
가 代
해 多
조ᄉᆞ, 근, 완이(安ᄂᆞᆫ)

맛 修
츽절업 浸
겨시 有
것 權
주머귀 拳
므스(므슷) 므스—
글도
ᄃᆞ 故 이런 ᄃᆞᆯ
견주 例
저기 稍
물리 退
ᄡᆞ는 際
ᄆᆞ니 故
그저ᄇᆡ 泪 故, 故人(亂)
추(고)구피시—주굴
저가한 累
이론다 皆
외오아
엄이
깃 獨

앒 前
맏머리 髮
년ㄴ 他
드틀 塵
싣겨 (시견)
와ᄅᆞ (菩薩) 菩薩 —
흔, 듣다 ㅡ 늘
사뭇말 妄語
주쟝 (昴)
허튀 脚
누비 衲衣
항것 主 (상전 主帥)
버니 縈纏
스재 尙, 猶
ᄉᆡᆷ 밑ᄃᆞ 源
기ᄃᆞᆼ 柱
말밤마 鏃 鏃
모ᄅᆞᆫ 莊, 舍 (主) 邱에

가히 狗
귀밀 馬麥
드리 階
ᄉᆞ栗 (신치아는)
보ᄅᆞᆫ 憐
ᄉᆞ다 嚴
겻 ᄂᆞᆫ (겨)
믈 (보닌) 地獄 —

—24—

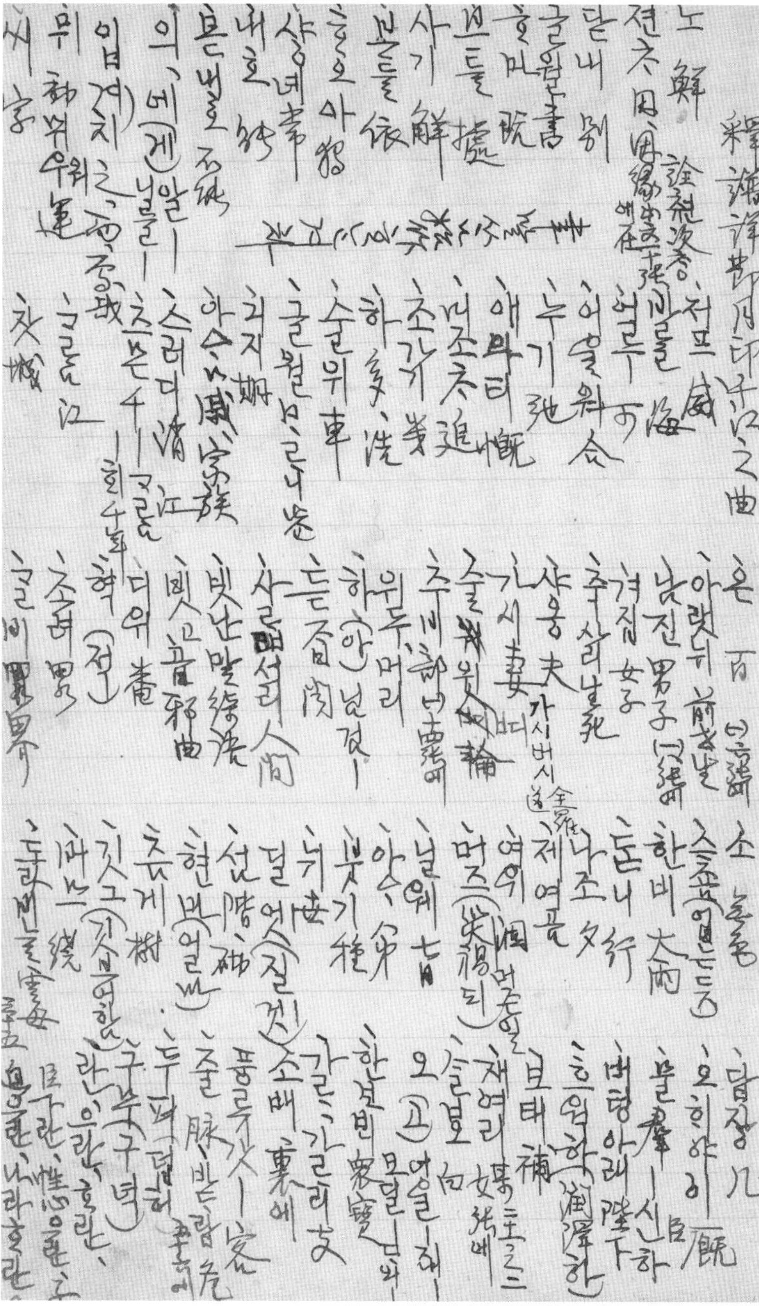

釋譜詳節月印千江之曲

—23—

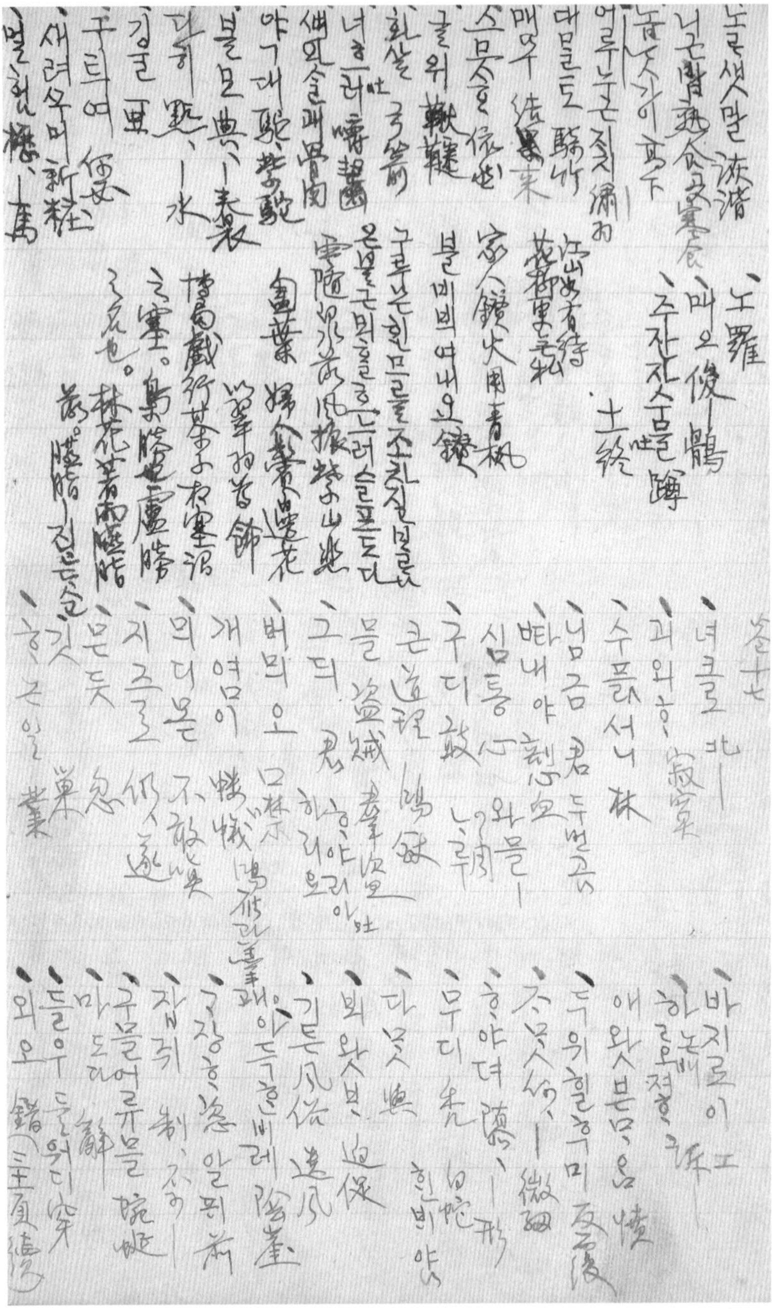

—22—

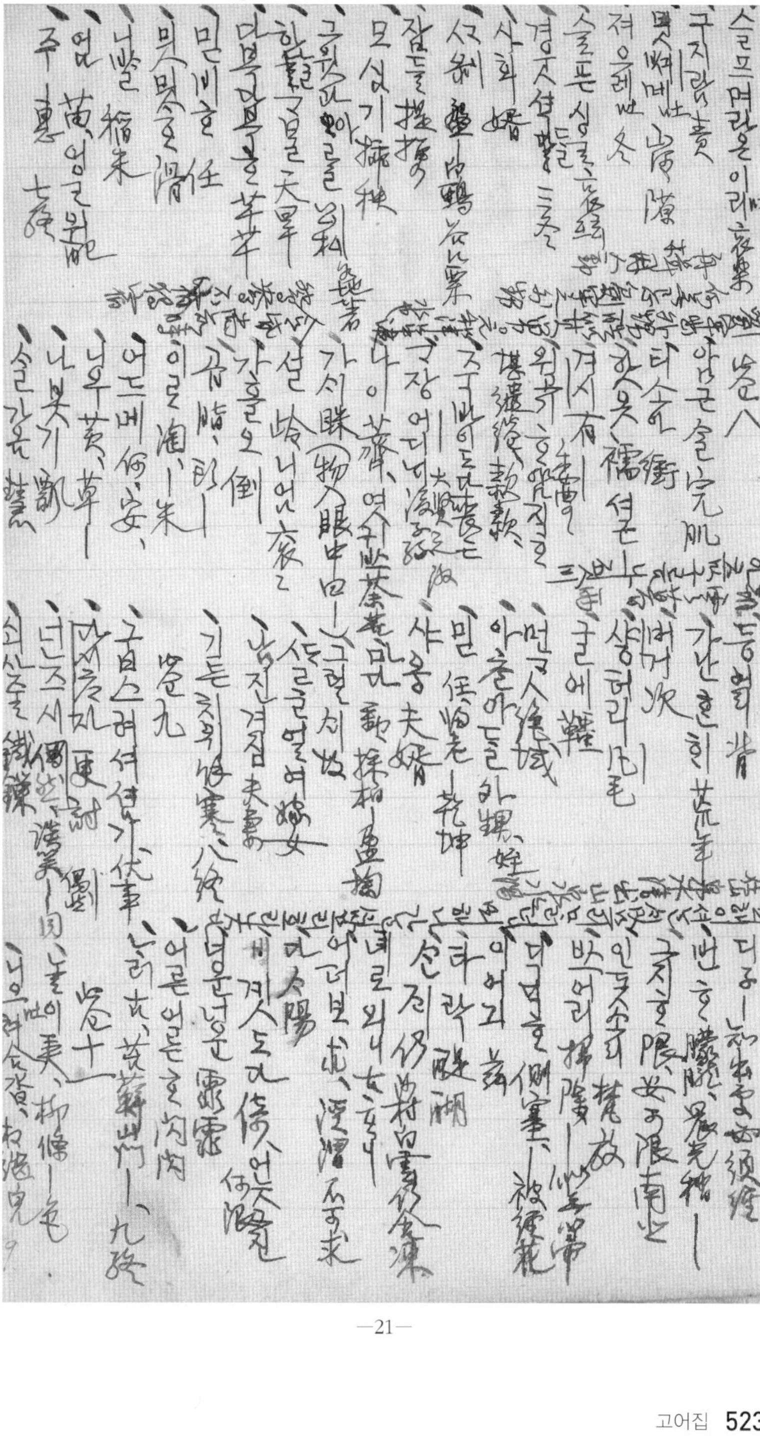

—21—

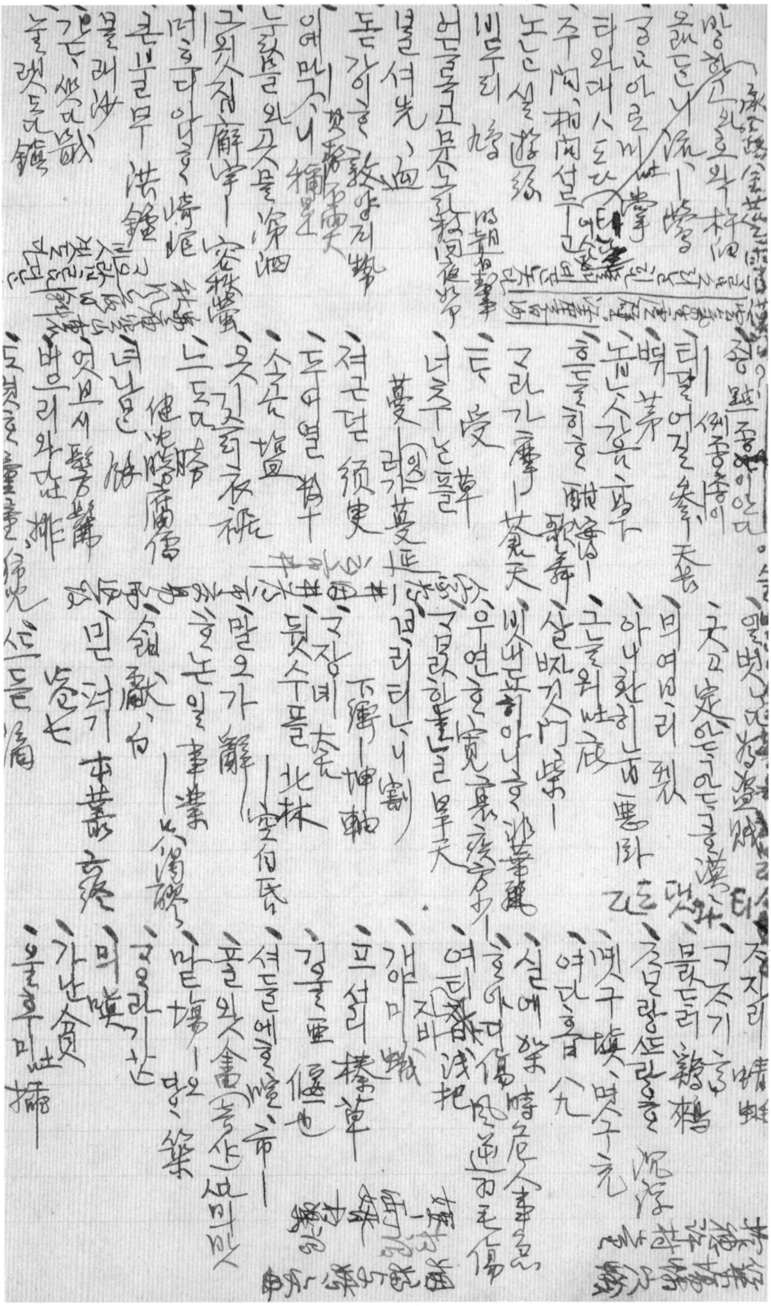

—20—

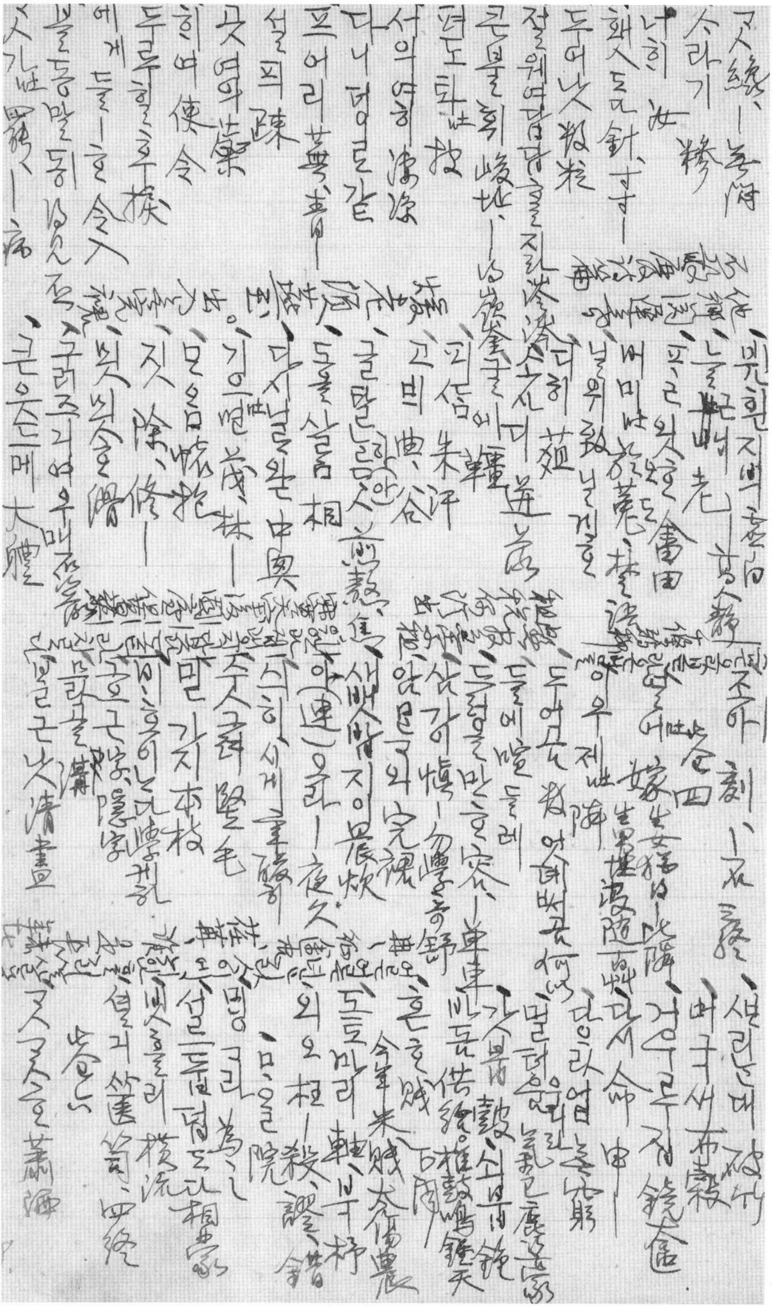

—19—

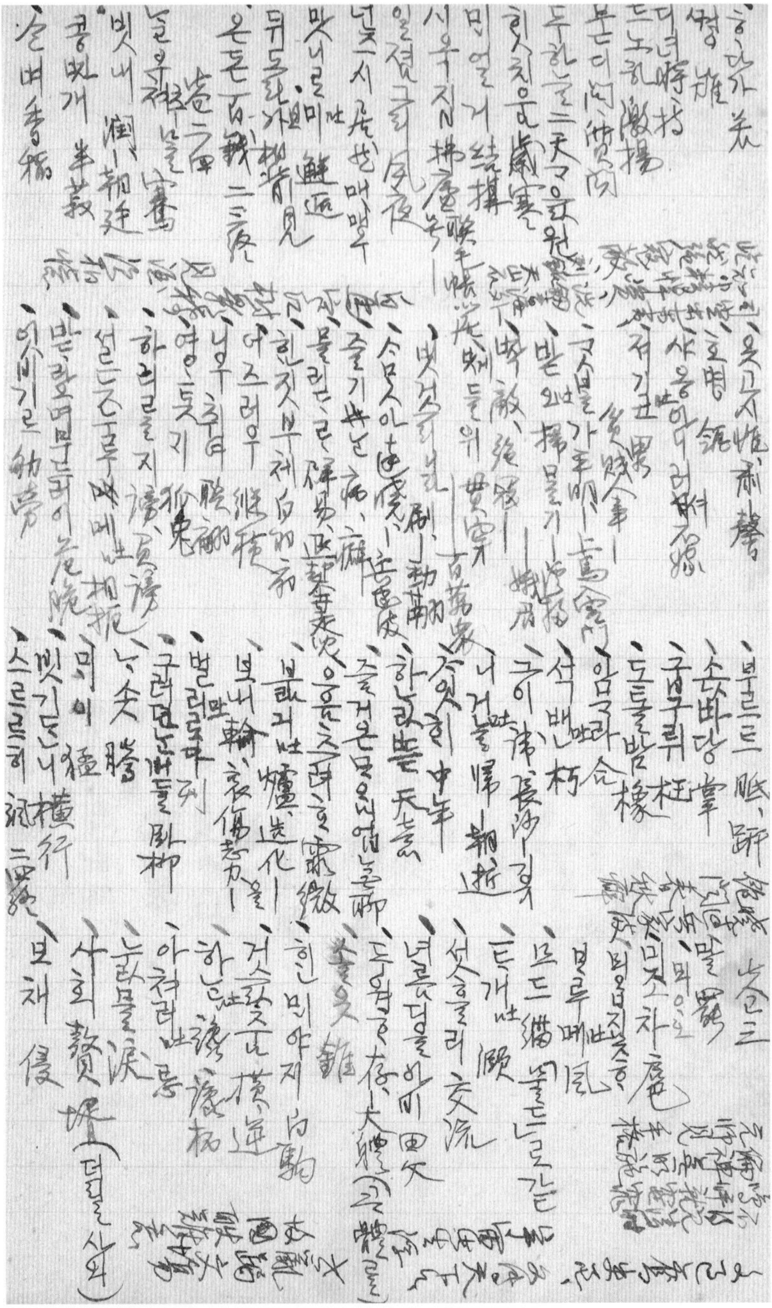

—18—

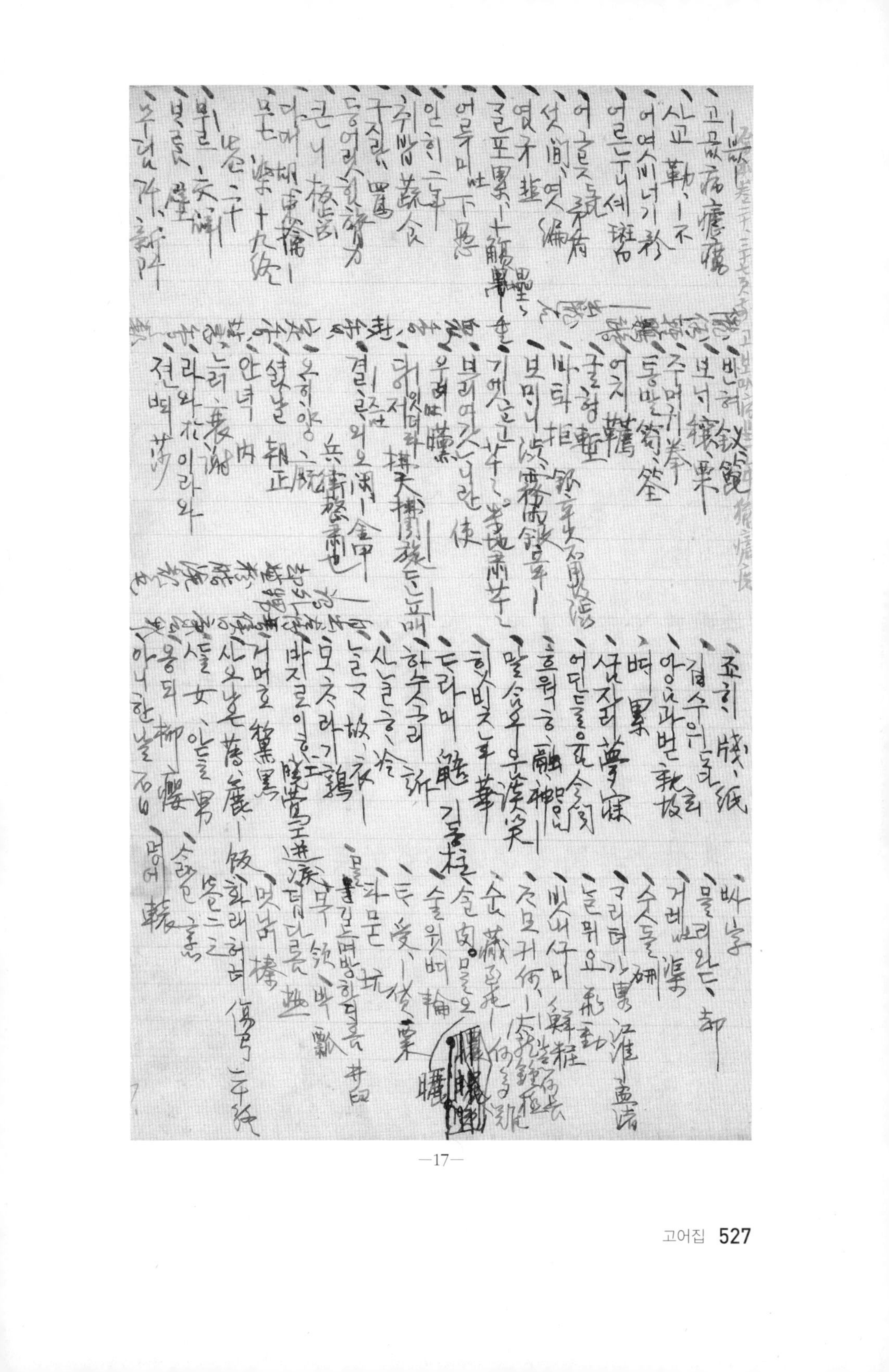

[illegible]

—17—

쉽사리 容易
조오롬 [illegible]
티바맛 [illegible]
먼마 絶塞
얼거 封斷
대공 拱
더위 [illegible]
놀려 鎭
주주로 [illegible]
호놀이 惱
두물 叢
적저기 [illegible]
얼갈온 淺
모든 株
더퍼리 [illegible]
묘한소리 風流, [illegible]
독시 [illegible]
산 [illegible]

바독장 [illegible]
어슬한 迷, 恍惚
사흘 [illegible]
고려 理, 舟楫
보신 [illegible]
울리 [illegible]
흐놀 [illegible]
일새 [illegible]
비취 侵, 月
머므러 次, 水門
고됴 正, 乾坤, 主君
물어 崩, 摧, 물허리디
스놋다 銷, 消
질드려 馴
혜 美
나비 蛺蝶
밀 [illegible]
지엣도다 [illegible]

설라 [illegible]
베프 發
아줄흔 [illegible]
그시 公
아줄아줄 [illegible]
수두레운 [illegible]
술폰 실 소리 [illegible]
千古
티위잡 [illegible]
자랏마 [illegible]
허허 [illegible]
十分 十九
마와 [illegible]
빌소 [illegible]
허무 [illegible]
녀드녀 行
어그르 [illegible]
흔 [illegible] 洪[illegible]

지서리 [illegible]
한갓 [illegible] 天倫
절웬 [illegible]
도최 [illegible]
애 [illegible]
오란기 傳
솔 [illegible]
늘기이러 老
언니건 마른 求, [illegible]
고온 실은 美人
저흐 도서 [illegible]
줌 把
건나 주매 [illegible] 世
쉬여 [illegible]
표흔 연의 갓옷 [illegible]
하다가 [illegible]
갈대로 [illegible]
본마존 실은 [illegible]
넘은 넘은 히 [illegible]

—16—

不溫蓮華興

병ᄋ러 去、吐 병ᄋ러왓ᄉ옷ᄒ、 병ᄋ러와 다 離 병ᄋ러 엿는ᄃᄉ 呼 병ᄋ러와 도 미츄

어므문 구름 家寶

몬져 先

세여 픔 冬

ᄒᆞᆫ 가지 一物

ᄆᆞᄅᆞ녹 融

옷ᄀ외 衣裳

蚊、려 劃

도ᄅ 部 天地劃箒曲

번드기 分明

됴ᄒᆞᆫ 氣運 香氣

ᄉᆞᆷ 十二 十六終

쌀 뫼 衆山 陰

돕 貧 뫼오노

ᄉ랑ᄒ 愛 愛夫山

ㆍ드리 梯

ㆍ두ᄉ거 濃、佳氣 -

ㆍ손、露 -

ㆍ불휘 根

ㆍ녀나 他

ㆍᄀ올 秋

ㆍ흥졍ᄒ 估、商

ㆍ어마님 我夫人

ㆍ쌋쌋ᄒ 嶔岑

ㆍᄀᄂᆞᆯ 陰

ㆍᄇ터 折、彈

ㆍ무듸 禿

ㆍ띠 衣

ㆍ꼭ᄀ、고吐 緣

ㆍ뭇 湫

ㆍ믈허리티 摧 믈어디

ㆍ소ᄂᆞᆯ 달화보 揮美

ㆍ두터비 蝦蟆

ㆍ너출 蔓

ㆍ비완 吐

ㆍ려믄 吐 少

ㆍᄇᄉ레시 新 披

ㆍ연저 吐 領

ㆍ석ᄀᆯ이 錯磨

ㆍ머구리 서리 鼉

ㆍ굼기 吐 窟

ㆍ갓 吐 倒 갓ᄀ로

ㆍ보ᄋᆞ 碎 烟碎

ㆍᄆ지게 寬

ㆍ녓이러므로 吐 故

ㆍ자래 鼈

ㆍ새 落 ᄆ리 -

ㆍ녜ᄂ、외 古 ᄂ오나 -

ㆍ셴 비면 敵 ᄂ 비면 敵

ㆍ구비 曲

ㆍ내와ᄃ 出

ㆍ히스러 吐 偃

ㆍ놀ᄂ、술로 문 노라 戲

ㆍ박차 蹴

ㆍ됴ᄒ、便

ㆍ브ᄅᆫ 비 風雨

ㆍ자ᄆᆞ 글 쓸 尺書

ㆍ골왕이 螺蚌

ㆍ그ᄅᆞᆯ의 牽 -

ㆍ빈 錢

ㆍᄇᆞᄃ 듣 落

ㆍ니마 題、台 -

ㆍ새즘싱 鳥獸

ㆍ디새 瓦

ㆍ마모ᄅ 사 瘴地

ㆍ소졉개 鑷

ㆍ거ᄉ위 蚯蚓 가마오지 鸕鷀

ㆍ뻡새 鷦鷯

ㆍ뫼화 合 ᄉ져 并呑

ㆍ두ᄇ라 길 複道 ㆍ질씨 길

ㆍ울고 吐 눈ᄉ믈로

ㆍ다ᄂ 나기 落木 十三終

ᄂ 十四

ㆍ초초ᄒ 送

—15—

이제 다 缺
도장 안 闈中
글로 解
가서야 更
여희 離, 佗離
흔글 모디 同, 同
虹蜺
하야로비 鷺鷥
벌의 鬱陶
젓의 潤
글이 排蕩
어스름 구티여 何必
싸보 未粘
돌 掛
언마 幾許
마조로, 備強敵
비치 櫓

아춤나조 朝夕
즈믄 믈어 爛
버덩 階
짓 羽
혜부치 못흐는 凜氣
閑閑無定、風
고텨 禾
버려 바리 擺
오란 비 淫雨
시름도의 惝
나모들 굴셔 榛蓁
쇠로기 鳶
밀 漲
나돌 穀 나디
쌀리 오는가 이 翠
스스시 어 滯、德 는 낫이사
彷彿 不明見

아로도의 私自私
앗 밧은 私田
아롬도이 私室
수무 나랏 隱
마가 잡 吐 河
혜여 불 素、白
난진 大夫
가서다 겨집 婦女
블곤 희 白日
입 주리 吟咏
앙우흔 寒 決
부체 扇
아야라 纔 才
허리 애여러
여무념 門
언제 早晩
뮈 뒤집

고즌 구름 斷雲
그림매 影
우케 稅、米 香稅 우케 稅稻
어버티
흔올어미 寡婦
조오논 睡
갈마 맷고 藏
쌀리 흔
고둘 너기 強擬
들 뭐 가도 窄
나죗 히 夕陽
묫 구스흔 薰
가서다 아니흔 不改
기음 매 鋤
어울은
비속흔 斜
모지 驕、峽深 對 虎 騎

—14—

애끌흣 斷腸
날호야 徐ㅣ 亦緩, 容易, 遲回
재우 亟
시내 버려 빗난 谿溪
고ᄉᆞᆫ 吐 香
이프, 戶, 扉, 口
노ᄒᆞᆫ 노ᄒᆞᆫ 嫋嫋
보ᄃᆞ라 [illegible]
둗겁 濃
블을 重 [illegible]
어드운 [illegible]
뎌주운 [illegible]
조각 [illegible], 危ㅣ
모올 마다 村ㄴ
둔듥 마다 岸ㄴ
아줄ᄒᆞᆫ 昧
두무 [illegible]
그지업 無限

다 都 [illegible]
닥머 [illegible]
흔하기 [illegible]
여위 凋
수북ᄒᆞᆫ 소리 喧聲
호얏 李
스승 巫, 禁ㅣ
간곡ᄒᆞ, [illegible]
효히ᄒᆞ, 美
조ᄋᆞᆫ 외 安
장ᄒᆞ 形 [illegible] 太, 切
고쳐 [illegible]
[illegible]
구위실 官事
녀 行, 征
밧 解, 衣
갇 收
신 [illegible]
빗 梳

세 帶
품 懷
대초 棗
아욱 葵
마ᄉᆞ래 會
히야디 傷
매ᄒᆡ [illegible]
뵈아 催
이울 [illegible] 信宿
되포 [illegible]
나얀 [illegible] 家
호 乘, 上ㅣ馬
도렬ᄒᆞ 圍
설ᄑᆞ 疎
더위 瘴
이어 떠러디 搖落
[illegible]
놀 利, 兆民ㅣ

뵈 麻布
미조ᄎᆞ [illegible] ㅣ
두루혈ᄒᆞᆫ 迴斡
서ᄉᆞ래 [illegible] 月
므르듣게 爛熳
[illegible] 知
다ᄉᆞ 重, 更
거릿 [illegible] 濟, ㅣ時 十終
곻 十二
드ᄅᆞ에 輪, 暈
절로 自
두텨비 蟾
머구리 蛙
알 驗
너르디 [illegible]
거우루 鏡
갈공이 [illegible]
門 人 부쳐 [illegible]

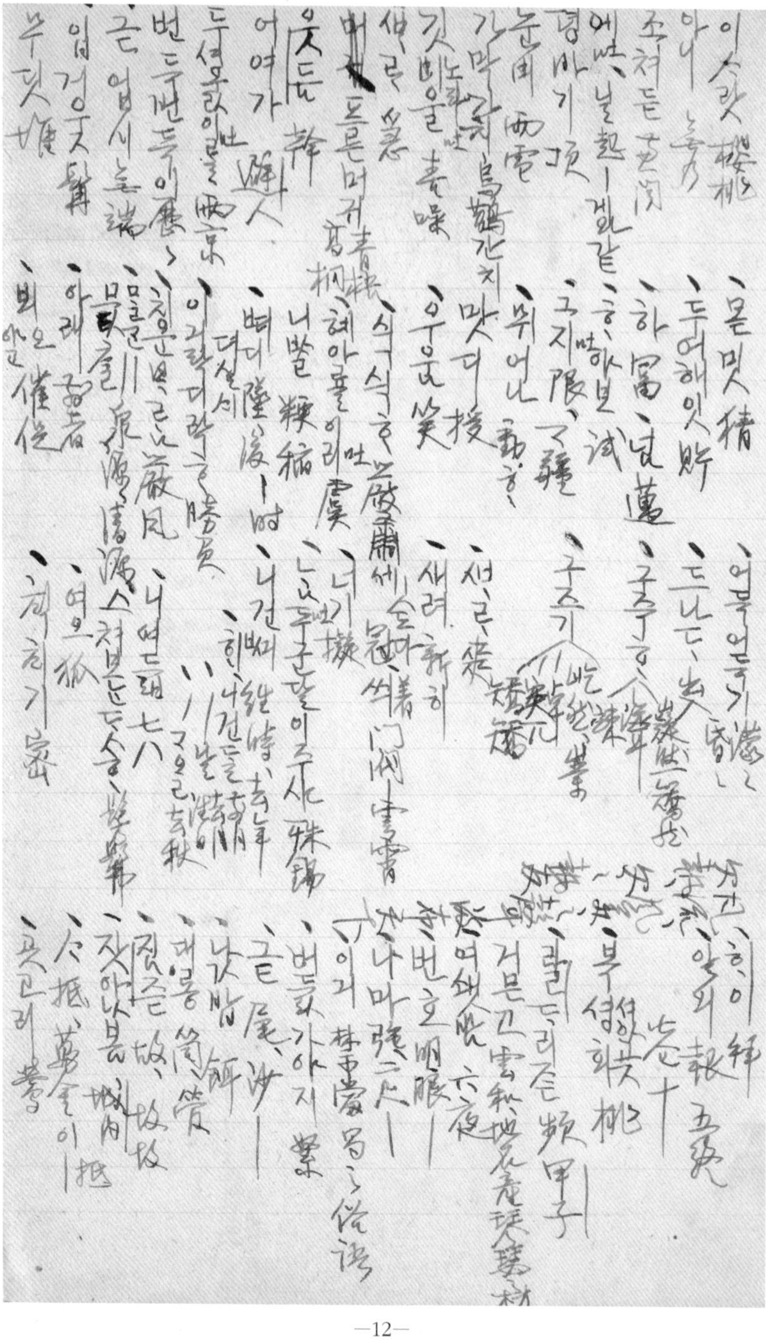

—12—

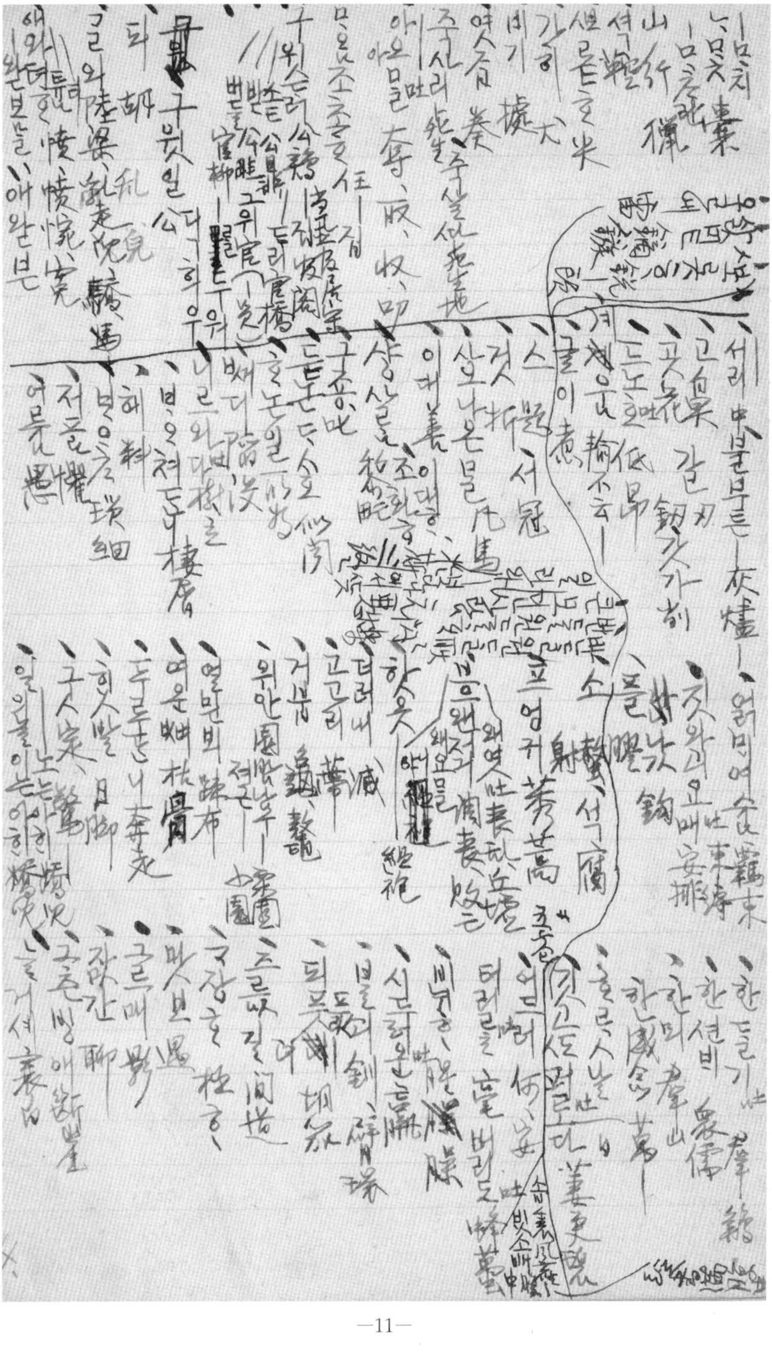

—11—

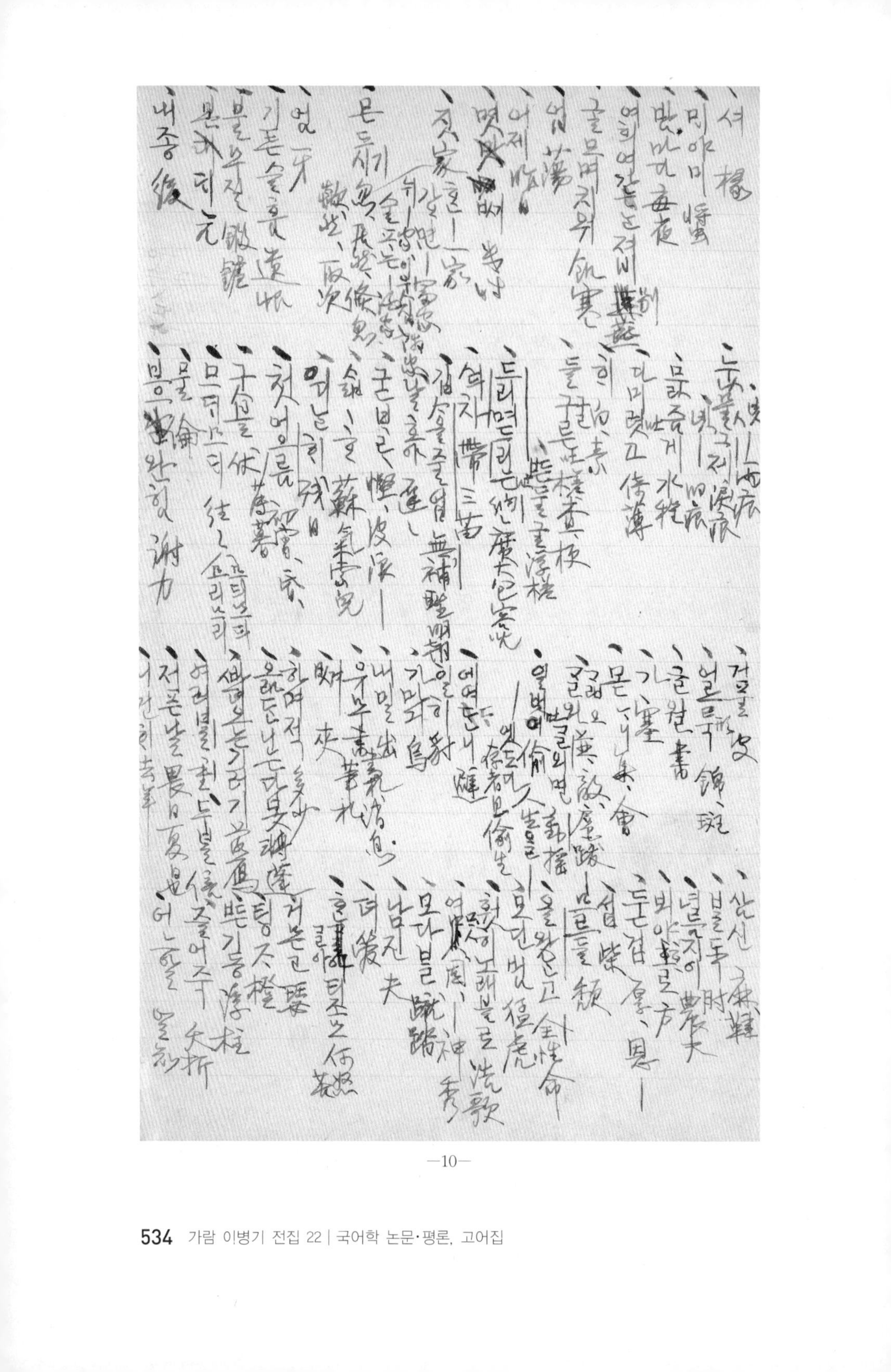

—10—

허튀 脚
히ᄃᆞᆯ 歲月
아쳐ᄅᆞᆫ 惡
머리털 髮
신남 楓
섯거 和
말왐 萍艾
올긔미 鷗
빼디 陷
녀름지어 農
토 來、二絃
옴ᄂᆞ
도ᄅᆞ혀 [illegible]
구틔여 必
여희 別
다여ᄉᆞᆺ히 五六年
벙으리 [illegible]

아ᄋᆞ 弟
허티 破
앒 [illegible]
[illegible] 擁 [illegible]
오온 全
모라 [illegible] 完히 完全히
ᄀᆞ이업 [illegible]
열ᄒᆡ 十年
넉슬 [illegible] 魂傷
므의여ᄇᆞ 畏
기우스ᄅᆞ 傾
어즐ᄒᆞ [illegible]
내는 빗 [illegible]
수ᄅᆞᆨ나락ᄒᆞ 隱見
이시락업스락ᄒᆞ 有無
나이 [illegible]
ᄀᆞ론 [illegible]
드리 [illegible] 夜雨
[illegible]

비치 [illegible]
모 [illegible]
[illegible] 滅
올ᄋᆞ며 [illegible]
[illegible] 濃淡
[illegible]
잇는ᄃᆞᆺ 업는ᄃᆞᆺ ᄒᆞ 有無
[illegible] 淚
[illegible]
모ᄃᆡ [illegible]
치 [illegible]
찰 [illegible]
아니 [illegible]
부치 [illegible]
[illegible]
[illegible]
[illegible]

삿기 [illegible]
저 [illegible]
[illegible]
[illegible]
머 [illegible]
블기 [illegible]
[illegible]
오래 [illegible]
ᄂᆞᆫ [illegible]
[illegible]
저기 이저 [illegible]
비 [illegible]
[illegible] 市
브르 [illegible]
내 [illegible]
거리셔 [illegible]
더운 [illegible]
[illegible]
지 [illegible]

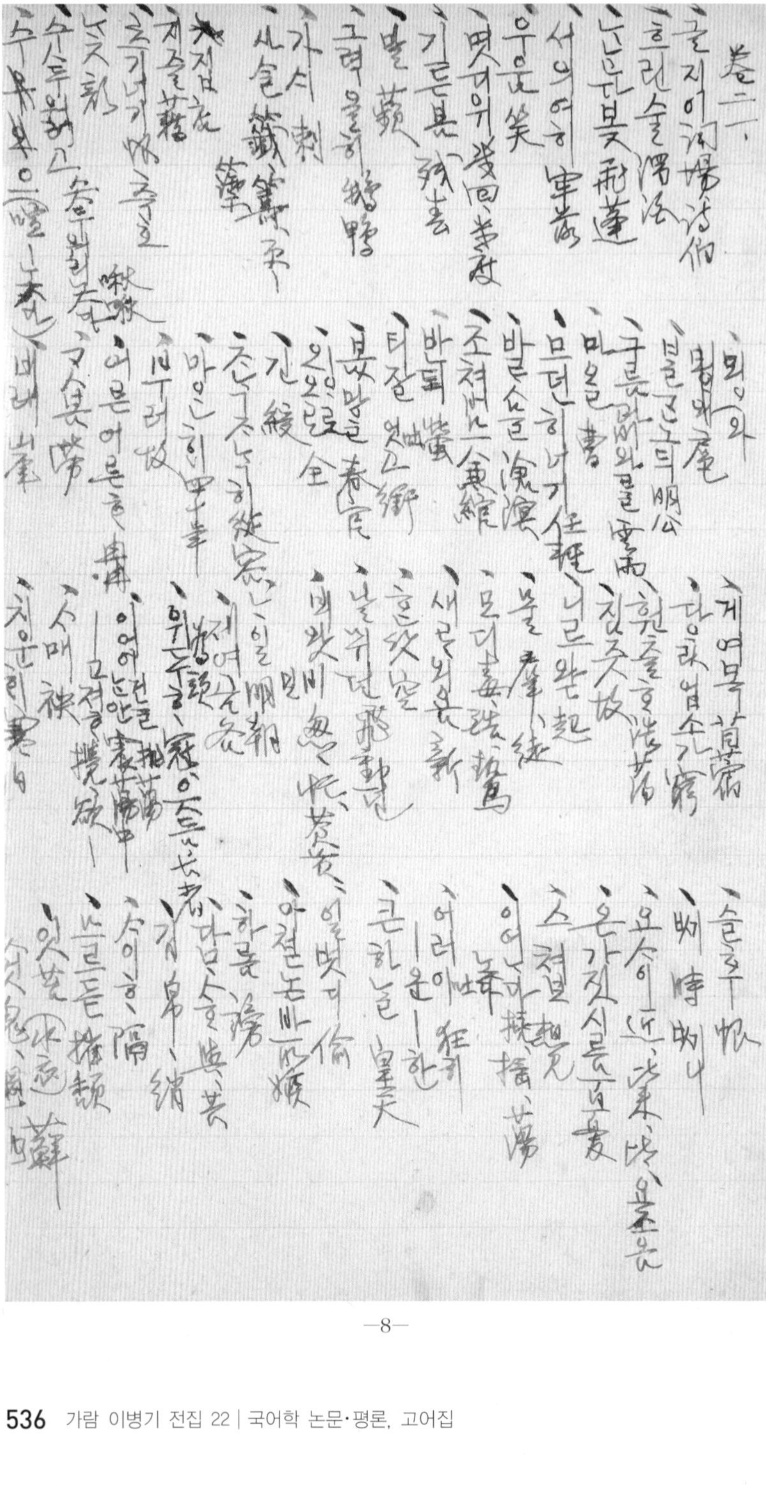

—8—

지여 倚
더위 熱 치위 寒
다뫼 舶
새롭 要、[illegible]
무리 羣 [illegible]
모의여우 咸 嚴
부시고 沸
너흐 噬、相 — (—놋다)
잡 취 制
앗 라 [illegible] 迴、遠、杳[illegible]
하히 漠、[illegible]茫、茫[illegible]
서의하 蕭 索
寂寞 蕭條
비야ㅎ 方
회로리 [illegible] 回風
니르와다 奮 (버를 —)
판직혈 으의 [illegible]

• 마음야ㅎ니 合
• 이바 吟 어 [illegible]
• 배 滅 되 [illegible] 야의 거집 娘
• 아 초 아는 姪
• 므스 [illegible] 何
• 서리와 [illegible] 霜雪
• 갓 휘 韓
• 되아비 되아ㅎ 美 [illegible]
• 말미 由
• 서의여ㅎ 凄涼
• 두모 泥
• 깃ㅎ 棲
• 고[illegible] 伏
• 모든 [illegible]
• 장 數、刻、
• 하 危
• 와 誤 (—도다)

• 두레 盃
• 마 [illegible] 張
• 버고 [illegible] — 니
• 이르 吐
• 회 [illegible] 迪
• 흐 [illegible]
• [illegible] 鈒
• 써 [illegible] 湖
• 명에 [illegible]
• 깃 [illegible] 衣
• 고 [illegible]
• 허 [illegible]
• 나든 [illegible]
• 하 [illegible]
• 수브와리 [illegible]

• 가슴 [illegible]
• 거우루 鏡
• 강 별 [illegible]
• 기터 遺 —
• 디러 [illegible] 俯
• 뷔오 [illegible]
• 여러 [illegible]
• 져 [illegible] 故
• 엇 [illegible] 府
• 사 올 三 日
• 바 [illegible] 危
• 노 [illegible] 遊
• 등 [illegible] 草
• ㅎ 옷 [illegible]
• 물 먹어 飲 [illegible]
• 일든 [illegible]

2.

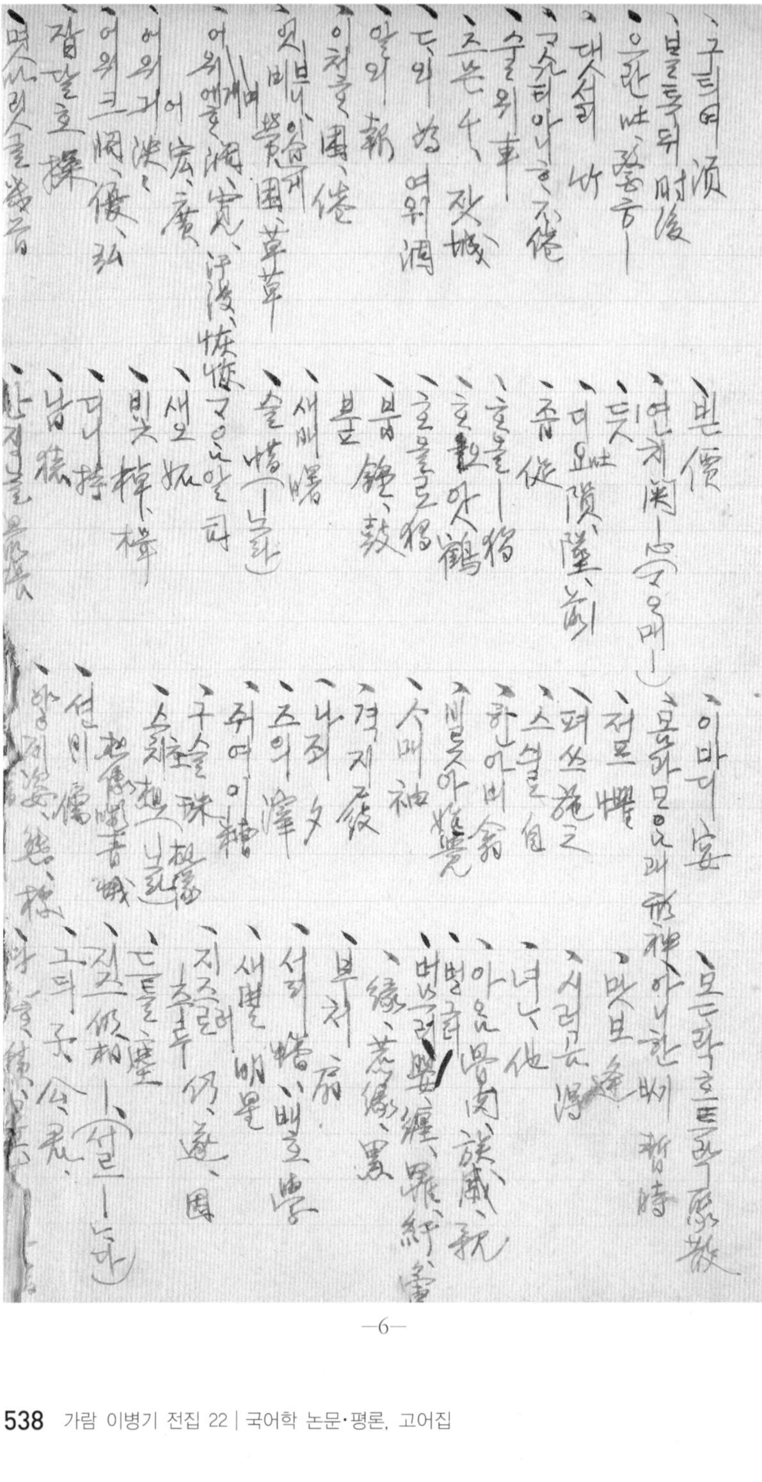

—6—

分類杜工部詩諺解 卷之六

、도르랏 蔡

、위안 園、일훔난 名園、녯위안 故園

、ᄌᆞ모 頗、何

、ᄉᆞ랑ᄒᆞ、思

、반ᄌᆞᆸ [illegible] 반ᄌᆞᆸ지아니ᄒᆞ

、ᄆᆞ올 州郡

、드위티 翻 [illegible] 反覆 翻

、갈ᄂᆞ 갈ᄂᆞ혀 노라 收 간놈

、포 [illegible]

、ᄆᆞᄅᆞᆫ 바와 風雨

、닐희 [illegible] 起 [illegible] 激、激起

、ᄃᆞ시온 노니는 與、[illegible]

、고요ᄒᆞᆫ ᄆᆞᅀᆞᆷ 情人 [illegible]

、반ᄃᆞ기 必

、ᄉᆞ위 [illegible]

、민 [illegible] 自依

、즈음 [illegible] 隔

、두듧 鳩

、ᄌᆞ모 頻

、넌 過

、ᄒᆞ마 既

、칙칙ᄒᆞᆫ 密 叢密

、신ᄒᆞ 若

、나죗빗 晩色

、저허 가니 길 [illegible] 저ᄒᆞ메 [illegible]

、윤ᄒᆞ 救

、야처ᄅᆞᆫ 榛棘 [illegible]

、퇴우잡 挾

、다시 절로 再拜

、ᄉᆞ치엿 [illegible] 宮、法

、ᄆᆞᄅᆞᆺ [illegible] 村

、드르ᄒᆞ 野

、아쳗다 [illegible] 아쳗ᄒᆞ

、젼ᄎᆞ 緣由、因

、다본 門 蓬門

、차반 餐、饌

、머기 飮

、비첫 野의 [illegible] 山의

、져근 빈 扁舟

、비 郎

、브엽 廚

、곳갈 帽

、기르마 鞍이

、헌 衣

、어위요 寬

、아ᄋᆞ라ᄒᆞ 迴、紫門

、놀요 弄

、늘근 녀름 지ᄉᆞᆫ 老農

、새집 白屋、茅屋

、더아 덥 (腰帶)

、놀ᄋᆞ 戲

、모ᄃᆞᆯ 次、會 — 聚息

、ᄉᆞᄆᆞ차 通

、훈ᄒᆞᆺ 空

、두어 ᄆᆞᆯ 트니 [illegible]

、물 輩

、얼우 寸

、ᄇᆞᄅᆞᆷ 壁

、구럭 筐

、흰 ᄒᆞ 練

、[illegible] 곳갈 葛巾

、드믄 너 [illegible]

、낙대 釣竿

—5—

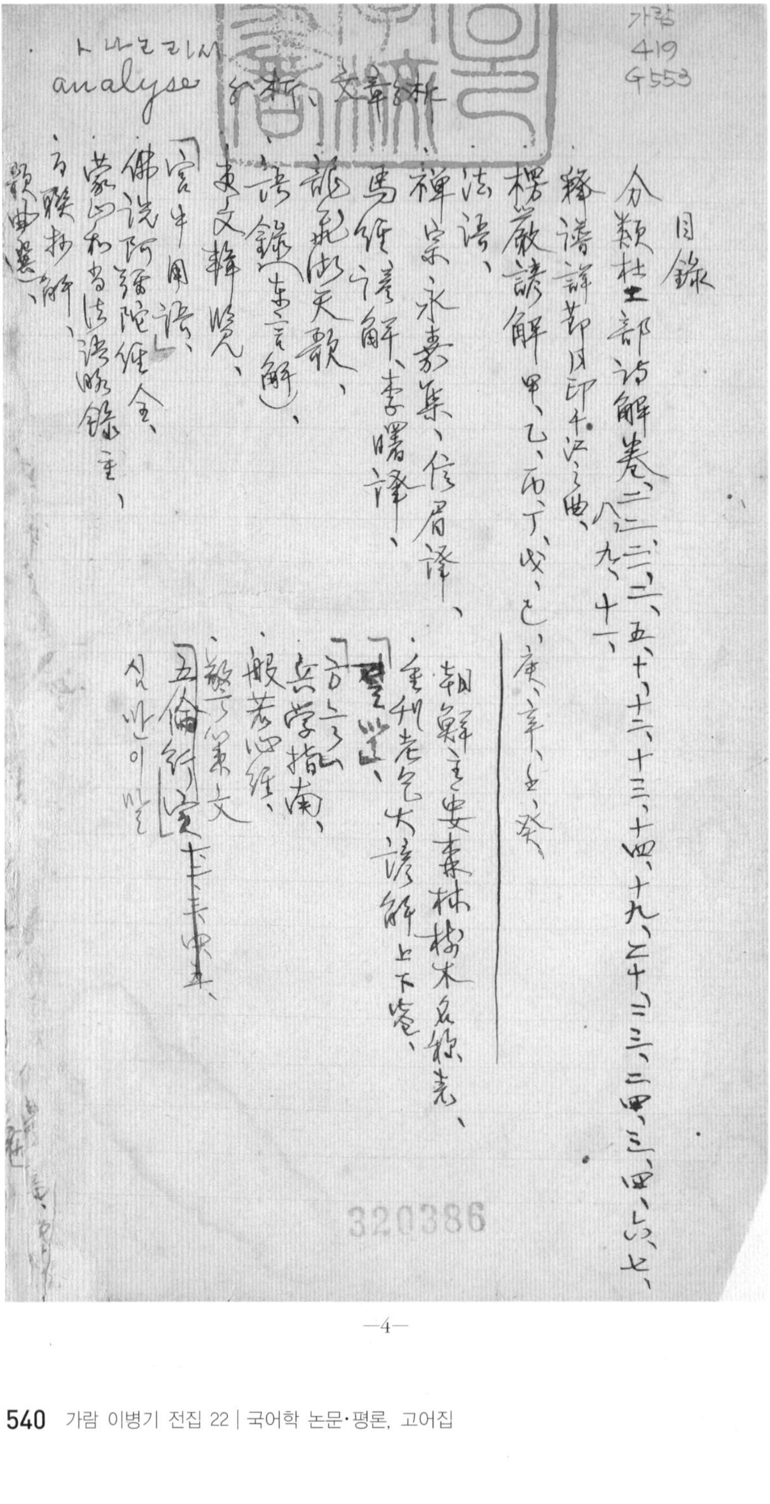
가람
419
G553
目錄
分類杜工部詩解卷二、三、五、十、十二、十三、十四、十九、二十三、二四、三、四、六、七、八、九、十一、
釋譜詳節 月印千江之曲、
楞嚴諺解 甲、乙、丙、丁、戊、己、庚、辛、壬、癸
法語、
禪宗永嘉集、信眉譯、
馬經諺解、李曙譯、
龍飛御天歌、
語錄(老乞解)、
吏文輯覽、
「宮中用語」
佛說阿彌陀經全、
蒙山和尚法語略錄 重、
百聯抄解、
歌曲選、
ㅏ나ㄹㅣ지
analyse 分析、文章分析
朝鮮主要森林樹木名稱表、
重刊老乞大諺解上下卷、
「言覺、」
「方言」兵学指南、
般若心經、
緩子東文
五倫行實
싱 만 이 말
320386
—4—

古語集

—3—

—2—

—1—

고어집

영인본입니다. 여기부터 확인해 주세요.

[부록] 22권 국어학 논문·평론, 고어집 상세목록

1) 국어학 논문 · 평론

순	제목	출전	연도	비고
1	朝鮮語로 보는 佛教	불교 7호	1924.12.	
2	漢ㅅ字의 音	신민 13호	1926.5.	
3	말의 慣習으로 된 變化	동광 10호	1927.2.1.	
4	遊戲로 된 말 工夫	한글 1권2호	1927.3	동인지
5	原始語와 變成語	한글 1권3호	1927.4	동인지
6	새말新語	조선일보	1927.5.4.	
7	겹말	한글 1권4호	1927.6	
8	漢ㅅ字의 닮이 이르는 音	한글 1권 5호	1927.7	동인지
9	이것이 이거시냐 이거디냐 (一)	조선일보	1927.10.24.	
10	朝鮮語와 우리 任務	조선일보	1928.11.13.	
11	世宗大王의 訓民正音 頒布	별건곤 3권 2호	1928.5.	
12	朝鮮語와 作文	학생 1권 2호	1929.4.	
13	朝鮮語研究가 必要	문예공론 1호	1929.5.	
14	朝鮮文法講話 1	조선강단 1권 1호	1929.9.	연재 전5회
15	朝鮮文法講話 2	조선강단 2권 1호	1930.1.	
16	朝鮮文法講話 3	대중공론 2권 2호	1930.3.	
17	朝鮮文法講話 4	대중공론 2권 5호	1930.6.	
18	朝鮮文法講話 5	대중공론 2권 6호	1930.9.	
19	朝鮮語研究의 現狀	조선일보	1930.11.19.	
20	한글운동의 전개 2	중앙일보	1932.1.2.	
21	한글의 經過	한글1권6호	1932.12.	
22	朝鮮語講話 (一)	가톨릭青年 1권 1호	1933.6.	연재 전6회
23	朝鮮語講話 (二)	가톨릭青年 1권 2호	1933.7.	
24	朝鮮語講話 (三)	가톨릭青年 1권 3호	1933.8.	
25	朝鮮語講話 (四)	가톨릭青年 1권 4호	1933.9.	
26	朝鮮語講話 (五)	가톨릭청년 1권 6호	1933.11.	
27	朝鮮語講話 (六)	가톨릭청년 2권 1호	1934.1.	
28	말과 글	한글 2권 5호	1934.8.	
29	世宗大王과 한글	동아일보 한글 3권 10호	1935.10.28. 1935.12.	한글 創製와 世宗大王
30	말은 人間의 거울; 우리말을 찾으라	동아일보	1938.1.4.	

31	朝鮮語時間 ① 당주 윤생원 -반절공부-	조선일보	1939.4.23.	
32	朝鮮語시간 ② 참새	조선일보	1939.4.30.	
33	朝鮮語공부 ③ 봄노래	조선일보	1939.5.7.	
34	朝鮮語공부 景慕宮의 어릴 때-閑中錄의 一節	조선일보	1939.5.14.	
35	朝鮮語공부 곡조문哭鳥文	조선일보	1939.5.21.	
36	朝鮮語공부 동요童謠	조선일보	1939.5.28.	
37	朝鮮語공부 감고당感古堂	조선일보	1939.6.4.	
38	말 모르는 作家들 (上)-(下)	동아일보 한글 7권 8호	1939.6.9.-10. 1939.9.	
39	朝鮮語공부 '의'와 '에'의 쓰이는 법	조선일보	1939.7.2.	
40	朝鮮語공부 속담俗談	조선일보	1939.7.9.	
41	'특집 하기방학준비' 조선어공부	조선일보	1939.7.16.	특집하기 방학준비
42	"諺音捷考" 解說	한글 8권 9호	1940.12	
43	우리 문학文學의 교양敎養을 높이자	경향신문	1947.1.22.	
44	漢字存廢에 대한 所感	백민 3권 5호	1947.9.	
45	緊急한 國語問題 (一)	조선일보	1949.2.11.	연재 전 3회
46	緊急한 國語問題 (二)	조선일보	1949.2.12.	
47	緊急한 國語問題 (三)	조선일보	1949.2.15.	
48	世宗大王과 國文學	전북대학교보 삼남일보	1954.10.22. 1954.10.9.	
49	三官餘錄 漢字音讀	전북대학교보	1955.5.25.	
50	한글과 한글날 (상)	전북일보	1955.10.11.	
51	한글과 한글날 (하)	전북일보	1955.10.12.	
52	우리文化의 聖祖이신 世宗大王	삼남일보	1956.10.10.	

2) 기타

순	제목	출전	연도	비고
53	우리글 表記例의 몇몇	동광 9호	1927.1.	설문 이병기 외 17명
54	한글 講習會 盛況으로 開講	중외일보	1927.7.25.	
55	한글整理에 對한 諸家의 意見 (十六)	동아일보	1928.11.20.	설문 이병기 외 6인, 전23회중 16회

56	한글整理에 對한 諸家의 意見 (十七)	동아일보	1928.11.22.	전 23회중 17회
57	한글 整理는 어떻게 할가 (二) 斯界專門家의 意見	조선일보	1929.5.30.	설문 이병기 외 16인, 전 13회중 3회
58	'한글硏究家諸氏의 感想과 提議 -新綴字法을 實行하라	동아일보	1930.11.19.	설문 이병기 외 7인
59	漢字制限程度와 實現할 具體的方法 (一) '委員選定調査가 必要 徽文李秉岐氏'	동아일보	1931.1.1.-1.2	설문 이병기 외 10인
60	한글날記念 (一) 斯界의 權威를 網羅 한글座談會開催	동아일보	1931.10.29.	좌담 이병기 외 11인
61	한글날記念 (二) 斯界의 權威를 網羅 한글座談會開催	동아일보	1931.10.30.	좌담 〃
62	한글날記念 (三) 斯界의 權威를 網羅 한글座談會開催	동아일보	1931.10.31.	〃

3) 고어집

순	제목	연도	출전		비고
1	古語集	19--	서울대 중앙도서관 소장	가람 육필 노오트	복사본으로 수록
2	국문단어의 종합적 정리	1949	유문사	이병기 감수	가람 저술 불분명 수록치 않음

가람 이병기 전집 ㉒

국어학 논문·평론, 고어집

지은이 이병기
펴낸이 양오봉
펴낸곳 전북대학교출판문화원

초판 1쇄 인쇄 2024. 12. 16
초판 1쇄 발행 2024. 12. 25

전북대학교출판문화원 전북특별자치도 전주시 완산구 어진길 32 (풍남동2가)
전화 (063) 219-5319~5322
FAX (063) 219-5323
출판등록 2012년 8월 20일 제465-2012-000021호

값 38,000원

ISBN 979-11-6372-245-8 04810
ISBN 979-11-87892-59-5(세트) 04810

* 이 책은 2024년도 익산시와 전북특별자치도의 지방보조금으로 제작되었습니다.